科学家学术成长资料采集工程
国工程院院士传记丛书

高能汇聚 承载经纬
孙承纬 传

姜洋 汤淼 蓝欣
肖琳 凌晏 ◎ 著

1939年	1963年	1982年	1987年	1992年	2002年	2003年	2003年	2007年	2011年
出生于上海市	毕业于北京大学	赴华盛顿州立大学进修	参加国家高技术研究发展计划	被评为国家级"中青年有突出贡献专家"	专著《应用爆轰物理》被评为全国研究生优秀教材	荣获全国"五一劳动奖章"	当选为中国工程院院士	译著《磁通量压缩发生器》出版	译著《爆炸物理学》出版

老科学家学术成长资料采集工程
中国工程院院士传记丛书

高能汇聚 承载经纬
孙承纬 传

姜洋 汤淼 蓝欣
肖琳 凌晏 ◎著

中国科学技术出版社
·北京·

图书在版编目（CIP）数据

高能汇聚　承载经纬：孙承纬传 / 姜洋等著．
北京：中国科学技术出版社，2024.11．--（老科学家学术成
长资料采集工程丛书）（中国工程院院士传记丛书）．
-- ISBN 978-7-5236-0874-6

Ⅰ. K826.16

中国国家版本馆 CIP 数据核字第 2024QG0864 号

责任编辑	彭慧元
责任校对	邓雪梅
责任印制	徐　飞
版式设计	中文天地

出　　版	中国科学技术出版社
发　　行	中国科学技术出版社有限公司
地　　址	北京市海淀区中关村南大街 16 号
邮　　编	100081
发行电话	010-62173865
传　　真	010-62173081
网　　址	http://www.cspbooks.com.cn

开　　本	710mm×1000mm　1/16
字　　数	400 千字
印　　张	26
彩　　插	2
版　　次	2024 年 11 月第 1 版
印　　次	2024 年 11 月第 1 次印刷
印　　刷	北京顶佳世纪印刷有限公司
书　　号	ISBN 978-7-5236-0874-6 / K·407
定　　价	178.00 元

（凡购买本社图书，如有缺页、倒页、脱页者，本社销售中心负责调换）

老科学家学术成长资料采集工程专家委员会

主　任：韩启德

委　员：（以姓氏拼音为序）

　　陈佳洱　方　新　傅志寰　李静海　刘　旭
　　齐　让　王进展　王礼恒　赵沁平

老科学家学术成长资料采集工程丛书组织机构

特邀顾问（以姓氏拼音为序）

　　樊洪业　方　新　谢克昌

编委会

主　编：老科学家学术成长资料采集工程领导小组办公室

编　委：（以姓氏拼音为序）

　　艾素珍　陈维成　定宜庄　董庆九　胡化凯
　　胡宗刚　吕瑞花　孟令耘　潘晓山　秦德继
　　阮　草　谭华霖　王扬宗　熊卫民　姚　力
　　张大庆　张　剑　张　藜　周德进

编委会办公室

主　任：董　阳　董亚峥

副主任：韩　颖

成　员：（以姓氏拼音为序）

　　高文静　胡艳红　李　梅　刘如溪　罗兴波
　　王传超　张珩旭　张佳静

老科学家学术成长资料采集工程简介

老科学家学术成长资料采集工程（以下简称"采集工程"）是根据国务院领导同志的指示精神，由国家科教领导小组于2010年正式启动，中国科协牵头，联合中组部、教育部、科技部、工信部、财政部、文化部、国资委、解放军总政治部、中国科学院、中国工程院、国家自然科学基金委员会等11部委共同实施的一项抢救性工程，旨在通过实物采集、口述访谈、录音录像等方法，把反映老科学家学术成长历程的关键事件、重要节点、师承关系等各方面的资料保存下来，为深入研究科技人才成长规律，宣传优秀科技人物提供第一手资料和原始素材。

采集工程是一项开创性工作。为确保采集工作规范科学，启动之初即成立了由中国科协主要领导任组长、12个部委分管领导任成员的领导小组，负责采集工程的宏观指导和重要政策措施制定，同时成立领导小组专家委员会负责采集原则确定、采集名单审定和学术咨询，委托科学史学者承担学术指导与组织工作，建立专门的馆藏基地确保采集资料的永久性收藏和提供使用，并研究制定了《采集工作流程》《采集工作规范》等一系列基础文件，作为采集人员的工作指南。截至2021年8月，采集工程已启动592位科学家的学术成长资料采集项目，获得实物原件资料132922件、数字化资料318092件、视频资料443783分钟、音频资料527093分钟，具有重要的史料价值。

采集工程的成果目前主要有三种体现形式，一是建设"中国科学家博物馆网络版"，提供学术研究和弘扬科学精神、宣传科学家之用；二是编辑制作科学家专题资料片系列，以视频形式播出；三是研究撰写客观反映老科学家学术成长经历的研究报告，以学术传记的形式，与中国科学院、中国工程院联合出版。随着采集工程的不断拓展和深入，将有更多形式的采集成果问世，为社会公众了解老科学家的感人事迹，探索科技人才成长规律，研究中国科技事业的发展历程提供客观翔实的史料支撑。

总序一

中国科学技术协会主席 韩启德

老科学家是共和国建设的重要参与者，也是新中国科技发展历史的亲历者和见证者，他们的学术成长历程生动反映了近现代中国科技事业与科技教育的进展，本身就是新中国科技发展历史的重要组成部分。针对近年来老科学家相继辞世、学术成长资料大量散失的突出问题，中国科协于2009年向国务院提出抢救老科学家学术成长资料的建议，受到国务院领导同志的高度重视和充分肯定，并明确责成中国科协牵头，联合相关部门共同组织实施。根据国务院批复的《老科学家学术成长资料采集工程实施方案》，中国科协联合中组部、教育部、科技部、工业和信息化部、财政部、文化部、国资委、解放军总政治部、中国科学院、中国工程院、国家自然科学基金委员会等11部委共同组成领导小组，从2010年开始组织实施老科学家学术成长资料采集工程。

老科学家学术成长资料采集是一项系统工程，通过文献与口述资料的搜集和整理、录音录像、实物采集等形式，把反映老科学家求学历程、师承关系、科研活动、学术成就等学术成长中关键节点和重要事件的口述资料、实物资料和音像资料完整系统地保存下来，对于充实新中国科技发展的历史文献，理清我国科技界学术传承脉络，探索我国科技发展规律和科技人才成长规律，弘扬我国科技工作者求真务实、无私奉献的精神，在全社会营造爱科学、学科学、用科学的良好氛围，是一件很有意义的事情。采集工程把重点放在年龄在 80 岁以上、学术成长经历丰富的两院院士，以及虽然不是两院院士、但在我国科技事业发展中作出突出贡献的老科技工作者，充分体现了党和国家对老科学家的关心和爱护。

自 2010 年启动实施以来，采集工程以对历史负责、对国家负责、对科技事业负责的精神，开展了一系列工作，获得大量反映老科学家学术成长历程的文字资料、实物资料和音视频资料，其中有一些资料具有很高的史料价值和学术价值，弥足珍贵。

以传记丛书的形式把采集工程的成果展现给社会公众，是采集工程的目标之一，也是社会各界的共同期待。在我看来，这些传记丛书大都是在充分挖掘档案和书信等各种文献资料、与口述访谈相互印证校核、严密考证的基础之上形成的，内中还有许多很有价值的照片、手稿影印件等珍贵图片，基本做到了图文并茂，语言生动，既体现了历史的鲜活，又立体化地刻画了人物，较好地实现了真实性、专业性、可读性的有机统一。通过这套传记丛书，学者能够获得更加丰富扎实的文献依据，公众能够更加系统深入地了解老一辈科学家的成就、贡献、经历和品格，青少年可以更真实地了解科学家、了解科技活动，进而充分激发对科学家职业的浓厚兴趣。

借此机会，向所有接受采集的老科学家及其亲属朋友，向参与采集工程的工作人员和单位，表示衷心感谢。真诚希望这套丛书能够得到学术界的认可和读者的喜爱，希望采集工程能够得到更广泛的关注和支持。我期待并相信，随着时间的流逝，采集工程的成果将以更加丰富多样的形式呈现给社会公众，采集工程的意义也将越来越彰显于天下。

是为序。

总序二

中国科学院院长　白春礼

　　由国家科教领导小组直接启动，中国科学技术协会和中国科学院等12个部门和单位共同组织实施的老科学家学术成长资料采集工程，是国务院交办的一项重要任务，也是中国科技界的一件大事。值此采集工程传记丛书出版之际，我向采集工程的顺利实施表示热烈祝贺，向参与采集工程的老科学家和工作人员表示衷心感谢！

　　按照国务院批准实施的《老科学家学术成长资料采集工程实施方案》，开展这一工作的主要目的就是要通过录音录像、实物采集等多种方式，把反映老科学家学术成长历史的重要资料保存下来，丰富新中国科技发展的历史资料，推动形成新中国的学术传统，激发科技工作者的创新热情和创造活力，在全社会营造爱科学、学科学、用科学的良好氛围。通过实施采集工程，系统搜集、整理反映这些老科学家学术成长历程的关键事件、重要节点、学术传承关系等的各类文献、实物和音视频资料，并结合不同时期的社会发展和国际相关学科领域的发展背景加以梳理和研究，不仅有利于深入了解新中国科学发展的进程特别是老科学家所在学科的发展脉络，而且有利于发现老科学家成长成才中的关键人物、关键事件、关键因素，探索和把握高层次人才培养规律和创新人才成长规律，更有利于理清我国科技界学术传承脉络，深入了解我国科学传统的形成过程，在全社会范围内宣传弘扬老科学家的科学思想、卓越贡献和高尚品质，推动社会主义科学文化和创新文化建设。从这个意义上说，采集工程不仅是一项文化工程，更是一项严肃认真的学术建设工作。

中国科学院是科技事业的国家队，也是凝聚和团结广大院士的大家庭。早在1955年，中国科学院选举产生了第一批学部委员，1993年国务院决定中国科学院学部委员改称中国科学院院士。半个多世纪以来，从学部委员到院士，经历了一个艰难的制度化进程，在我国科学事业发展史上书写了浓墨重彩的一笔。在目前已接受采集的老科学家中，有很大一部分即是上个世纪80、90年代当选的中国科学院学部委员、院士，其中既有学科领域的奠基人和开拓者，也有作出过重大科学成就的著名科学家，更有毕生在专门学科领域默默耕耘的一流学者。作为声誉卓著的学术带头人，他们以发展科技、服务国家、造福人民为己任，求真务实、开拓创新，为我国经济建设、社会发展、科技进步和国家安全作出了重要贡献；作为杰出的科学教育家，他们着力培养、大力提携青年人才，在弘扬科学精神、倡树科学理念方面书写了可歌可泣的光辉篇章。他们的学术成就和成长经历既是新中国科技发展的一个缩影，也是国家和社会的宝贵财富。通过采集工程为老科学家树碑立传，不仅对老科学家们的成就和贡献是一份肯定和安慰，也使我们多年的夙愿得偿！

鲁迅说过，"跨过那站着的前人"。过去的辉煌历史是老一辈科学家铸就的，新的历史篇章需要我们来谱写。衷心希望广大科技工作者能够通过"采集工程"的这套老科学家传记丛书和院士丛书等类似著作，深入具体地了解和学习老一辈科学家学术成长历程中的感人事迹和优秀品质；继承和弘扬老一辈科学家求真务实、勇于创新的科学精神，不畏艰险、勇攀高峰的探索精神，团结协作、淡泊名利的团队精神，报效祖国、服务社会的奉献精神，在推动科技发展和创新型国家建设的广阔道路上取得更辉煌的成绩。

总序三

中国工程院院长　周　济

由中国科协联合相关部门共同组织实施的老科学家学术成长资料采集工程，是一项经国务院批准开展的弘扬老一辈科技专家崇高精神、加强科学道德建设的重要工作，也是我国科技界的共同责任。中国工程院作为采集工程领导小组的成员单位，能够直接参与此项工作，深感责任重大、意义非凡。

在新的历史时期，科学技术作为第一生产力，已经日益成为经济社会发展的主要驱动力。科技工作者作为先进生产力的开拓者和先进文化的传播者，在推动科学技术进步和科技事业发展方面发挥着关键的决定的作用。

新中国成立以来，特别是改革开放30多年来，我们国家的工程科技取得了伟大的历史性成就，为祖国的现代化事业作出了巨大的历史性贡献。两弹一星、三峡工程、高速铁路、载人航天、杂交水稻、载人深潜、超级计算机……一项项重大工程为社会主义事业的蓬勃发展和祖国富强书写了浓墨重彩的篇章。

这些伟大的重大工程成就，凝聚和倾注了以钱学森、朱光亚、周光召、侯祥麟、袁隆平等为代表的一代又一代科技专家们的心血和智慧。他们克服重重困难，攻克无数技术难关，潜心开展科技研究，致力推动创新发展，为实现我国工程科技水平大幅提升和国家综合实力显著增强作出了杰出贡献。他们热爱祖国，忠于人民，自觉把个人事业融入到国家建设大局之中，为实现国家富强而不断奋斗；他们求真务实，勇于创新，用科技为中华民族的伟大复兴铸就了辉煌；他们治学严谨，鞠躬尽瘁，具有崇高的科学精神和科学道德，是我们后代学习的楷模。科学家们的一生是一本珍贵的教科书，他们坚定的理想信念和淡泊名利的崇高品格是中华民族自强不息精神的宝贵财富，永远值得后人铭记和敬仰。

通过实施采集工程，把反映老科学家学术成长经历的重要文字资料、实物资料和音像资料保存下来，把他们卓越的技术成就和可贵的精神品质记录下来，并编辑出版他们的学术传记，对于进一步宣传他们为我国科技发展和民族进步作出的不朽功勋，引导青年科技工作者学习继承他们的可贵精神和优秀品质，不断攀登世界科技高峰，推动在全社会弘扬科学精神，营造爱科学、讲科学、学科学、用科学的良好氛围，无疑有着十分重要的意义。

中国工程院是我国工程科技界的最高荣誉性、咨询性学术机构，集中了一大批成就卓著、德高望重的老科技专家。以各种形式把他们的学术成长经历留存下来，为后人提供启迪，为社会提供借鉴，为共和国的科技发展留下一份珍贵资料。这是我们的愿望和责任，也是科技界和全社会的共同期待。

周济

孙承纬

2019年3月12日，孙承纬院士与采集小组合影
（前排左1起王桂吉、桂毓林、刘常龄、孙承纬、刘强、谭多望、姜洋
后排左1起张东杰、王春晓、孙卫兵、孙奇志、曹科峰、汪斌、凌晏、汤淼）

2024年6月，采集小组合影
（前排左起王豫、谭多望、张凌、刘强、姜洋、凌晏、蓝欣
后排左起汤淼、王伟平、王桂吉、汪斌、陆禹、肖琳）

序

我与孙承纬是半个多世纪的老同学、老同事、老战友。在北京大学数学力学系，我们同是力学专业1957级的同学，那个时候认识他，知道他学习挺好。后来我被派到莫斯科工程物理学院留学，改读核物理专业。孙承纬从北京大学毕业后，被分配到位于青海草原的二机部九院实验部工作，我回国后也来到九院，我们成为一条战壕里的"战友"。20世纪80年代后期国家开始实施高技术"863计划"，我们都是"863计划"激光技术的参加者，在首任首席科学家陈能宽先生的带领下合力奉献。私下里，他管我叫"老杜"，我称他为"老孙"。作为著名的爆炸力学专家，老孙无论是在学术成就方面还是在精神品格方面，都是很值得称赞的。

孙承纬出生在上海的一个知识分子家庭，自幼受到了良好的家庭和学校教育。1957年进入北京大学数学力学系后，老孙与北大众多的年轻学子一道，受到北京大学爱国、民主、科学的优秀传统和思想活跃、严谨求实的深厚学风的熏陶，孜孜不倦地追求科学知识，打下了坚实的数理基础，具备了为国效劳的实力。

1963年秋，老孙来到青海高寒草原，加入了正在为研制我国第一颗原子弹日夜奋战的九院实验部的科技队伍，成为陈能宽院士指导下的起爆元件关键课题组的一员，从此，"让炸药更加有效、准确、安全地为武器做功"成为他锲而不舍的研究目标。1965年，他依据大量实验数据和计算工作，提出新型起爆元件设计模型，该型元件成功应用于我国核武器试验。

1966年，他在王淦昌院士指导下开始激光引爆炸药的研究。在弄清物理机制的基础上，他提出光学窗口的正确设计，实现了激光对猛炸药的直接热引爆。"文化大革命"后，他领导建立了流体物理研究所激光引爆实验室，成功实现百路激光雷管高水平同步起爆。从此，他就在爆轰物理和激光效应两个领域辛勤耕耘。

在美国华盛顿州立大学物理系冲击动力学实验室深造期间，他刻苦钻研了当时美国洛斯·阿拉莫斯国家实验室发表的爆轰计算编码，自己编写了两个通用源程序：SSS（一维）和WSU（二维）。30多年来，他不断扩充SSS的功能，如今已成为功能强大的MHD程序，成为基础研究的有力工具。他深入钻研爆轰物理基础，调研国外钝感炸药的爆轰性能，开展了独到的实验和理论研究，指导爆轰技术团队迅速掌握几种更先进的起爆技术，有力推动了关于重大技术途径的决策，为武器综合性能的提高做出了重要贡献。在此基础上，撰写了富有理论结合实际特色的专著《应用爆轰物理》。

从1986年开始，老孙先后担任了"863计划"激光技术某专题组长、某领域委员会成员和顾问。我作为当时的首席科学家，把这方面工作交给他很放心。30多年间，他系统梳理激光辐照对材料引起的热和力学效应的理论基础，编写了专著《激光辐照效应》；他提出的热-力、热-爆炸等联合作用机制，取得了明显降低激光参数和提高作用效应的结果，圆满完成了一系列重要实验任务；他带领出来的激光效应研究团队一直保持着思想活跃、勇于创新的朝气，成为国内强激光高技术研究领域的一支重要力量。

1990年前后，他积极组织论证开展爆炸磁通量压缩技术研究，并扩大为有关的脉冲功率技术研究。在他的领导和实际参与下，爆磁压缩驱动高功率微波（HPM）技术进入"863计划"，得到重要应用和发展。他带领课题组在国内率先开展电磁发射技术的研究，并取得系列实验成功。在洞察到身管式电磁发射技术的局限性之后，他倡导开展了电磁内爆加载技术研究，领导建立的 FP-1 设施成为重要的实验手段。

21 世纪以来，高能量密度物理交叉领域发展势头强劲，他独具慧眼，提出以快放电电容器组进行磁驱动实验的方案，带领团队建成了 CQ-4 和 CQ-7 装置，并在高功率激光设施"神光Ⅱ"上率先做出了激光等熵压缩实验等，在国内开辟了重要的高能量密度动力学学科方向。

老孙获得过多项科技奖励，通过大量著述、论文和学术会议，在爆炸力学、激光效应和高能量密度动力学等领域作出许多学术上的重要贡献。纵观孙承纬的人生轨迹和科研学术生涯，他身上展现出的许多优秀的精神品格值得同行学习、后辈敬仰。

严谨认真、实事求是是老孙鲜明的学术特点。他做事认真细致、一丝不苟，他读过的书常常满页都是他手写的注解、注释、公式推演、补缺、更正，还有相关理论的应用说明、进一步的参考书目等。他很注重各类公式的准确无误，即使是已出版书籍中的公式，他也会反复推导来确认。他讲求科学面前人人平等，在各种评审会、研讨会上常常直言不讳、一针见血地提出自己的质疑和见解。

老孙有着敏锐执着的科研追求。他善于把握科技前沿，具有敏锐的科研嗅觉，也很重视学术交流。他敢想敢干、敢于创新，对于认准的科研方向会锲而不舍做下去，并且不断拓展自己的知识结构，即使屡屡受挫，依然保持恒心，像电磁内爆、磁驱动等熵压缩等高能量密度物理研究方向的开辟就是很好的范例。

老孙有着甘当人梯的师者风范。他曾任我院研究生部主任，在教书育人方面有口皆碑。平常随和的老孙一旦进入教学模式就变得极其严格，时常听他的学生说他修改的论文"红字比黑字多"；他注重夯实学生的基础科研能力，要求学生理论与实验兼长，从不同维度培养锻炼学生的综合能力。严师出高徒，他培养了 40 多名硕士、博士研究生，许多学生已成长为该领域的领军人才、科研骨干。即便现已离开科研一线，他依然十分关心年轻人才的成长。

生活中的老孙可以说是个"书呆子"。他淡泊名利、宁静致远，除了工作就是写书。生活上要求不高、勤俭质朴，往往一包方便面就能满足所需。他酷爱从书籍中汲取营养，尤其喜欢一个人在台灯下静静地读书。他对书籍的涉猎极为广泛，不仅是热爱本专业、自然科学方面多领域学术专著，而且是人文科学、社会科学等书籍的阅读爱好者，藏书占满满一墙。

时光流逝，回首往事，艰辛的岁月、时代的使命，仍历历在目。从青春年华至耄耋之年，老孙始终保持对科学研究的执着追求和对科技发展的敏锐观察，身体力行地随时跟踪科学前沿，始终保持为祖国国防科技事业竭尽才智的赤诚初心。借此机会，祝愿孙承纬院士健康长寿，让我们继续开拓进取，一起为祖国科学事业的繁荣昌盛作贡献。

2023 年 8 月 25 日

自　序

2019年，中国科协给我所在的单位流体物理研究所下发了任务书，要开展我的学术成长资料采集工作。得知这件事后，我原本是拒绝的，因为我只不过是武器科研队伍中的普通一员，尽了自己应尽的本分而已，无意为自己著书立传。后来采集小组和我进行了深入的沟通，详细介绍了中国科协组织开展院士学术成长资料采集工程的作用和意义，我改变了想法。

我在核武器和高新技术武器研制的岗位上工作了近60年，参与了我国多项开创性的工作，也亲眼见证了这其中的酸甜苦辣。遗憾的是，有很多史料由于那时档案管理不健全，已经随着机构变迁和人员更替，湮没于时间的洪流之中。通过采集工作，对我个人微不足道经历的追溯，或许能使我国武器研制历程的片段留下印记，让历史更加真实、多方面地呈现于世人面前。我想，这也许是采集工程应有的意义吧。同时，我也希望把特定历史条件下我们这一代人的奋斗心态或实际面貌留存下来，让后继者有所裨益和启迪，走得比我们更好更快。对我说来，这更是于心足慰了。

1939年年底，我出生于上海市静安区一个知识分子家庭中，父亲身为教师和高级职员，十分爱好书法、篆刻、楹联和灯谜。父母对孩子们的教育尤为重视，经常悲愤地谈起国家沦陷后同胞受到日寇欺凌、殴打的情景，希望儿女努力学习，将来能报效国家。我还依稀记得，抗战胜利时上海市民欣喜若狂、侵略者惶惶不可终日的情形。更清楚地记得，1949年春天人民解放军开进上海市区的威武阵容，上海人民盛大游行、庆祝解放的热烈场面。耳边仍然回响着"雄赳赳，气昂昂……"这样保家卫国响彻云霄的战歌。在翻天覆地的历史时期中，我度过了自己的童年，自幼对"落后就要挨打""天下兴亡，匹夫有责"等基本道理有所体会。

20世纪50年代前期是我人生成长关键的中学阶段，那时物质生活并不丰富，但人民安居乐业，充满希望，新社会朝气蓬勃，欣欣向荣，美好的回忆至今使人留恋。

然而，我并不是一名勤奋的好学生，功课作业往往置之脑后，沉湎于自己的"玩"中。对于不感兴趣的一些课程，"不求甚解"只求及格。好在高中时期实行苏联教学法，学生对于课程的理解、复习、巩固等都在课堂上解决。上课时思想集中，效率很高，放学后很轻松，课外活动丰富多彩。我参加过船模、航模和无线电小组，学到不少实用知识和本领。

中学的图书馆很好，我经常在里面任意翻阅、超额借阅。除了学习资料和文艺作品外，我印象深刻的书籍还有《大众哲学》《形式逻辑》等，它们使我逐渐形成人生观、世界观。在老师同学帮助下我积极要求上进，加入了共青团组织。苏联科幻小说和《知识就是力量》杂志开阔了我的眼界，如阿·托尔斯泰写的《伽林的双曲线体》讲述科学家发明一种光线发射装置，可以远距离切割铁门、墙壁甚至开挖地球深处的金矿。当时激光尚未发明，人造卫星也未上天，想不到几年后这些奇思幻想就成为现实，更想不到十年后竟成为我们这一代科研人员奋斗的目标。

充分应用数学工具，精确描述从钟摆、质点到导弹、天体等各种物体运动的科学——力学，自然引起我莫大的兴趣，成为毕生的专业方向。1956年，党中央号召向科学进军，华罗庚、钱学森和吴文俊的数学、力学著作荣获国家科学奖，更加激起青年学生的无限向往。当时在数学系内开设力学专业的只有北京大学。1957年夏季，我幸运地考取了这个专业，进入宽广的未知世界。

北京大学的六年学习生活正是反右派、大跃进、反右倾和经济困难时期，各种政治运动和劳动锻炼大约占了一半时间。所遭遇到的许多事情，不论是悲剧还是喜剧，现在看来都是匪夷所思。即使如此，北京大学爱国、民主、科学的优秀传统，思想活跃、严谨求实的深厚学风，陶冶了一代又一代青年学子。学术造诣深厚的老师们授业解惑，诲人不倦，使我们潜移默化地懂得了如何做人、读书、做学问。同学少年风华正茂，争胜斗长、认真执着，学术上刨根问底，容不得半点含糊。当时北京大学的教学秩序和纪律比较松散，不少课程计划被删减，还要大反"白专"道路。出于对知识的渴求，这样的境遇反而迫使我们养成自学自励、独立思考的习惯，也许这就是我体会到的北京大学特色吧。

1963年从北京大学毕业后，我被分配到二机部九院（中国工程物理研究院前身）实验部工作，地处青海湖畔金银滩草原。其时基地建设尚未完成，天寒地冻、供应困难，但是大家心里有团火在燃烧，一定要尽早造出我国第一颗原子弹，尽快增强国防实力。在爆炸工号做实验首次见到外观如同肥皂的炸药竟然有巨大的威力，不禁感到既神秘又害怕。不久，我开始承担第一个课题，几个月就完成了90多次实验，与雷管炸药打交道也就习以为常了。

炸药爆轰是实现核武器动作的主要动力，陈能宽先生领导的聚焦元件研制是那时期的关键课题。当时，无论是多年后荣获"两弹一星"功勋奖章的大专家，还是刚出校门的学生娃，学术面前人人平等，技术讨论各抒己见，集腋成裘、众流汇海。我在刘文翰等"老同志"帮助下较快理解了爆轰的流体力学理论，从此钻研爆炸力学、解决实际问题便成为我学术生涯的重要部分，几十年来在爆轰传播及驱动、冲击动力学和数值模拟编码方面做出了一系列创新性工作。

我的科研工作很早就得到王淦昌、郭永怀、陈能宽等老一辈科学家的关怀指导，他们的严谨学风和垂范作则精神使我终身受益。王淦昌先生在建议进行激光照射冻氘靶产生中子实验的同时，也提出利用激光直接引爆炸药的设想。1966年，我写了激光引爆的调研报告，在王老直接指导下我们与上海光机所大力协作，使这个设想很快实验成功。"文化大革命"之后，进一步发明了具有当时国际先进水平的百路激光同步引爆装置，荣获国家发明奖三等奖。

改革开放带来了我国科学技术的春天。通过国家考试我得到出国深造的机会，1982—1984年作为访问学者，在开展爆轰和冲击动力学研究的美国华盛顿州立大学（WSU）物理系度过了两年难忘的研究生活。"他山之石，可以攻玉"，在WSU工作效率高，思想活跃，是我系统钻研专业文献、理解和改造计算编码的大好机会，有力推动了我以后的学术进步。

回国后我逐步担任科研室以至所科技委的工作，1992年加入了中国共产党。我同时肩负武器爆轰物理和高功率电脉冲技术（爆炸磁压缩技术、电磁发射、电磁内爆……）带头人的重任。爆轰团队系统地研究了钝感炸药的性能，为核武器综合性能的提高作出重要贡献。我们依靠简陋的条件，在国内率先做出电磁轨道炮、重接线圈炮和电热化学炮高水平的发射实验；我们建立了10兆安爆炸磁压缩发生器和国内第一个电磁内爆装置FP-1。

在王淦昌等前辈倡议的国家高技术"863计划"旗帜下，朱光亚、于敏、陈能宽等老科学家带领我们走向高技术研究的新战场。国内优势单位强强联合、群策群力、协同攻关，较快实现了跨越式发展。我长期负责的激光与物质相互作用及效应专题研究，是激光技术主题的物理基础和关键问题。我们的激光效应团队齐心协力，从基本不懂、有所掌握到成为内行，形成了先进的实验能力，完成了重要实验任务，我荣获一次国家科技进步奖二等奖。激光效应团队成长为高水平专业技术队伍，开创了可持续发展的大好局面。由于多方面工作的牵引，我的研究领域随之扩展和加深，这些学科之间的共同性成为我迈向更前沿领域的基础。

由于科研和研究生教育等方面的成绩，党和国家给予我很多奖励和荣誉。我得到国务院特殊津贴，被人事部批准为有突出贡献的中青年专家，中国工程物理研究院授予我"九五"期间特等劳模称号，2003年又获得全国五一劳动奖章。感谢领导和专家们的厚爱，我于2003年当选中国工程院能源与矿业工程学部院士，新的荣誉意味着更大的责任和使命。

由于年岁趋老、架构变革等原因，我逐渐退出了高技术计划研究。21世纪以来，孕育巨大潜力的科学世界——极端物理学发展势头汹涌，其中涉及物质高密度压缩、物质与辐射相互作用的领域，即高能量密度物理，是核武器物理的学科基础和生长点。流体物理所面向未来，必须从依靠冲击爆轰转向更先进的激光和电磁技术，进入更高层次的高能量密度动力学研究领域。十多年来在各种基金支持下，我的团队建立了电流幅度最高达7兆安的磁驱动等熵压缩和高速飞片实验设施CQ-7，实现了重金属100吉帕量级的等熵压缩和15km/s的高速飞片，系统建立了先进计算软件和诊断技术。我们率先在国内神光Ⅱ和神光Ⅲ高功率激光装置上做成了金属材料激光等熵压缩实验。近年来，我们团队的柱形内爆磁通量压缩实验取得了上千特斯拉高磁场和数百吉帕量级轻物质等熵压缩的良好结果。国内唯一的高能量密度动力学实验研究新构架正在形成。

三十多年来我指导毕业了几十位研究生，为国防科技事业培养有用人才，他们已成为开拓新科技领域的主力军。世界的科技进步日新月异，他们恰逢盛世，必将大有作为，我倍感欣慰。

我与同事们合作撰写了两部专著《应用爆轰物理》和《激光辐照效应》，各种报告和论文四百多篇。在钻研新学科过程中感到国外专著的水平较高，若能高质量翻译过来更为有用。为此，在十余年时间里花费很多功夫翻译了从爆炸力学到高能量密度物理学科的四本专著，其中译自俄文的《爆炸物理学》（上、下册）有1427页、180万字，是爆炸力学扛鼎之作。

我有一个幸福和睦的家庭。妻子陶洁贞很早就跟我到四川山沟里工作，任劳任怨辛勤操持家务，而且十分细致、耐心地用计算机录入、整理文稿，给予我极大的支持和帮助。

我已年届八旬，来日无多。借开展采集工作之机，回眸平生虚度时光不少，面对许多未成之事也无可奈何。保持健康的身体和良好的心态，做些力所能及的事情，助力青年一代顺利成长，为所热爱的科技事业略尽绵薄之力，就是我晚年的心愿。

2021年12月

目 录

老科学家学术成长资料采集工程简介

总序一 ·· 韩启德

总序二 ·· 白春礼

总序三 ·· 周　济

序 ·· 杜祥琬

自　序 ·· 孙承纬

导　言 ·· 1

| **第一章** | **家风浸润，积善传习** ······································ 7

　　常州孙家 ·· 8

父亲的"座右铭" ………………………………………… 10
培育良好家风 …………………………………………… 14
积善之家 ………………………………………………… 20

| 第二章 | 少年立志，科学报国 ………………………………… 28

喜欢"琢磨"的孩子 ……………………………………… 28
善于"思考"的少年 ……………………………………… 40
从"独立小队"到"青年团员" ………………………… 47
从"不主动"到"主动"学习 …………………………… 54
立"向科学进军"之志 …………………………………… 60

| 第三章 | 求学燕园，夯实基础 ………………………………… 68

基础课上遇严师 ………………………………………… 68
"白专"学生 ……………………………………………… 74
"优等"毕业论文 ………………………………………… 83

| 第四章 | 投身原子弹起爆元件的研制 ………………………… 95

一波三折上草原 ………………………………………… 95
承担新型号的研制任务 ………………………………… 99

| 第五章 | 探索激光引爆炸药的新方向 ………………………… 104

艰难起步 ………………………………………………… 104
停止工作挨批斗 ………………………………………… 107
暴风雨过去之后 ………………………………………… 111

| 第六章 | 赴美进修 ······ 115

参加英语培训准备出国考试 ······ 115
努力挖掘"他山之石" ······ 118
学成归来报效祖国 ······ 122

| 第七章 | 推动有关重大技术途径的决策 ······ 127

提出"一步到位"的研究方案 ······ 127
不能只做"打炮工" ······ 132

| 第八章 | 致力于爆炸力学学科的发展 ······ 135

撰写科技专著《应用爆轰物理》 ······ 135
翻译国外专著《爆炸物理学》 ······ 138
倡议汇编《爆轰研究论文集》 ······ 142

| 第九章 | 探秘激光的神奇力量 ······ 147

抢占高技术"桥头堡" ······ 147
寻找可行的效应机理 ······ 152
率先开展激光加载下材料动力学研究 ······ 158
搭建学术交流平台 ······ 163
国内首本激光辐照效应专著的诞生 ······ 170

| 第十章 | 追求电磁发射技术的"三高" ······ 174

探秘电磁轨道炮 ······ 174
再创轨道炮的"新高" ······ 183
开展线圈炮的研究 ······ 186

聚焦于电热化学炮的研究 ·············· 188
建设国内首个电磁发射技术实验室 ·············· 193

第十一章 | 开拓我国电磁内爆新研究方向 ·············· 198

坎坷的论证之路 ·············· 198
FP-1 装置的诞生 ·············· 203
让实验和理论"齐头并进" ·············· 207
Z 箍缩内爆技术的"探路者" ·············· 212

第十二章 | 引领电磁驱动等熵压缩实验技术发展 ·············· 223

前瞻性布局 ·············· 224
首台磁驱动斜波加载装置诞生和开展物理实验 ·············· 228
向着"更强更高"迈进 ·············· 233
探求材料内部的"真相" ·············· 238
推动等熵压缩新学科发展 ·············· 243

第十三章 | 深谋爆磁压缩技术发展 ·············· 249

牵住高功率微波的"牛鼻子" ·············· 249
高新装备研制能力迈上新台阶 ·············· 255
锚定兆安量级大电流 MC-2 装置 ·············· 260
唤醒"沉睡"的 MC-1 技术 ·············· 263
角逐"高压物理学界的圣杯" ·············· 270
搭建爆炸磁通量压缩技术国际学术交流舞台 ·············· 276
著书立说，授之以渔 ·············· 286

| 第十四章 | 从容一贯　守一得多 ········· 291

  师之以严 ······················· 292
  贤妻良助 ······················· 298
  爱如长风 ······················· 302
  精神富足　生活简朴 ············· 306

附录一　孙承纬年表 ················· 313

附录二　孙承纬主要论著目录 ·········· 362

参考文献 ······················· 375

后　记 ························ 377

图片目录

图 1-1　1950 年，孙启粹手书的座右铭 ········· 13
图 1-2　1953 年 4 月，孙启粹、周静诤一家九口的第一张全家福 ········· 16
图 1-3　1985 年 5 月，孙启粹、周静诤一家十一口最后一张全家福 ········· 19
图 1-4　1983 年，中华妇女联合会授予的全国"五好家庭"奖章 ········· 25
图 1-5　2019 年 8 月 24 日，孙承纬和姐弟合影 ········· 27
图 2-1　1940 年 11 月 30 日，孙承纬与父母、兄姐合影 ········· 29
图 2-2　孙承纬初中学籍档案 ········· 41
图 2-3　20 世纪 50 年代的虹口中学 ········· 42
图 2-4　1950 年 7 月 7 日，上海市虹口中学全体教职员合影 ········· 43
图 2-5　孙承纬初中成绩档案 ········· 44
图 2-6　1955 年 6 月，朱贻琯日记 ········· 50
图 2-7　1955 年 7 月 9 日，孙承纬和"独立小队"队员合影 ········· 51
图 2-8　2009 年 10 月，孙承纬和"独立小队"队员合影 ········· 52
图 2-9　孙承纬学习《形式逻辑》的笔记本 ········· 64
图 2-10　1957 年 7 月，孙承纬高中毕业时留影 ········· 66
图 3-1　1957 年 9 月，孙承纬在北京大学留影 ········· 69
图 3-2　2019 年 11 月 8 日，孙承纬在北京大学留影 ········· 69
图 3-3　2021 年 4 月 16 日，孙承纬手写大学教材手稿 ········· 87
图 3-4　1962 年，孙承纬的学年报告《连续梁的自由振动》手稿 ········· 89
图 3-5　1963 年，孙承纬毕业论文手稿 ········· 91
图 3-6　1963 年，孙承纬大学成绩单 ········· 92
图 3-7　1963 年 6 月，北京大学数学力学系 1957 级固体班毕业合影 ········· 93
图 4-1　221 基地概貌 ········· 99
图 4-2　青海 221 厂 6 厂区爆轰实验场地 ········· 100
图 6-1　1983 年 5 月，孙承纬在华盛顿州立大学计算机终端上工作 ········· 120

图 6-2	1983 年 11 月，孙承纬拜访导师 Fowles 教授	121
图 6-3	孙承纬当年装箱运回国内的资料编目记录本	124
图 6-4	1989 年 5 月，孙承纬与毕业的硕士研究生合影	125
图 7-1	于敏致孙承纬"关于炸药爆轰性能与其安全性能等问题的信"	131
图 8-1	陈能宽为《爆轰研究论文集》（1977—1993）题词	144
图 8-2	孙承纬主编的《爆轰研究论文集》（1977—1993）三卷本和陈军、刘仓理主编的《爆轰物理研究论文集》（1994—2010）四卷本	146
图 9-1	1987 年 9 月，孙承纬组织召开激光辐照效应专题专家组首次会议	151
图 9-2	1989 年 4 月，孙承纬组织召开首次"激光的热和力学效应学术会议"	164
图 9-3	部分"激光的热和力学效应学术会议"论文集	166
图 10-1	1987 年 10 月，孙承纬与来访的美国专家鲍姆合影	179
图 10-2	1988 年，孙承纬在实验室向王淦昌介绍小型轨道炮实验装置	183
图 10-3	1997 年研制成功的我国第一台重接三级线圈炮	188
图 11-1	1994 年 6 月，孙承纬在中物院的讨论会上向于敏等人做报告	201
图 11-2	1998 年 4 月，孙承纬在北京香山与于敏先生交谈	215
图 11-3	2000 年 1 月，孙承纬所写的"金属丝阵 Z 箍缩的内爆动力学问题"手稿	216
图 11-4	2013 年 10 月，孙承纬与利伯曼教授合影	219
图 11-5	2007 年，陆续刊登于《高能量密度物理》上的四篇关于电磁加载研究的系列文章	221
图 12-1	2007 年，中国首台磁驱动加载实验装置 CQ-1.5 诞生	231
图 12-2	2014 年 1 月，等熵压缩团队在实验室 CQ-4 装置前合影	235
图 12-3	CQ-3 装置及其靶区照片	236
图 12-4	2019 年 10 月 16 日，孙承纬在 CQ-7 实验现场讨论技术问题	237
图 13-1	1992 年 11 月，孙承纬在实验室向朱光亚等专家汇报课题进展	253
图 13-2	2008 年 7 月，与俄罗斯实验物理研究院高能量密度科技专家 Selemir 交流并合影	265
图 13-3	1986 年 7 月美国新墨西哥州圣塔菲，参观完美国洛斯·阿拉莫斯实验室合影	279

图 13-4	2002 年 8 月孙承纬对第九届百万高斯磁场会议记录手稿 ········ 282
图 13-5	2010 年 7 月，第十三届百万高斯磁场会议会务组部分成员合影 ··· 285
图 13-6	2010 年 7 月会议期间，孙承纬与俄罗斯 Selemir 教授 ········ 286
图 14-1	2005 年 5 月，孙承纬在流体物理研究所与青年学者讨论 ····· 292
图 14-2	2014 年 6 月，孙承纬作为中国工程物理研究院研究生部主任向毕业研究生授予学位证书 ···························· 295
图 14-3	1972 年 11 月，孙承纬与陶洁贞在上海友谊照相馆合影 ······ 298
图 14-4	2019 年 3 月，孙承纬与陶洁贞在上海嘉定 ·················· 301
图 14-5	1995 年 11 月，孙承纬到上海看望在华东理工大学上学的孙今人 ··· 304
图 14-6	孙承纬在家中书房留影 ·· 308
图 14-7	孙承纬常用的放大镜 ·· 309
图 14-8	孙承纬家中加装了 4 个抽屉的书桌 ···························· 310
图 14-9	2021 年 2 月 11 日，除夕，孙承纬在上海家中的电脑前阅读 ···· 312

导 言

孙承纬，爆炸力学专家。他提出的爆轰传播和驱动的计算模型，论证激光辐照效应的联合作用模式，为中国核武器起爆技术和综合性能的提高以及强激光技术的发展作出了重要贡献；倡导并开拓中国电磁发展、磁通量压缩技术的实验研究，领导开展对电磁驱动准等熵加载前沿领域的探索，推动了核武器物理实验室模拟研究工作。

孙承纬曾任中国工程物理研究院流体物理研究所科技委主任，现任该所和上海激光等离子体研究所研究员，国家"863 计划"领域专家委员会顾问，中国物理学会常务理事，国际百万高斯磁场会议国际协调委员会委员。在国内外学术交流、学科建设和培养青年科技人才等方面颇多建树，为中国战略武器和国防高技术的发展作出重要贡献。已出版专著 2 部、译著 3 部，获国家发明三等奖 1 项，国家科技进步二等奖 1 项，部委级科技进步奖 40 项以上，国防发明专利一项，发表文章 400 余篇；培养博士、硕士研究生 30 余名；荣获 2003 年全国"五一劳动奖章"，2003 年当选为中国工程院院士。

2019 年 7 月，孙承纬被列入"老科学家学术成长资料采集工程"名单，中国工程物理研究院流体物理研究所成立了采集小组。

为准确、完整、清晰地描述老科学家家庭背景、求学历程、师承关系，以及对其后学术风格、科学成就产生的深刻影响，采集小组紧锣密鼓地开展采集工作。随着采集工作的深入，小组成员逐步深入掌握了孙承纬在学术研究方面的特点，这既是本书需要浓墨展现之处，也是采集过程中所面临的难点。

一是学术研究内容敏感，脱密任务艰巨。孙承纬从事的学术研究内容与武器研制密切相关，涉密程度极高。采集小组在资料收集和整理过程中，必须进行繁琐的甄别和脱密处理，同时又要如实、深刻反映其学术成就，存在较大的困难。

二是多学科交错，纵横皆深。孙承纬长期从事炸药爆轰、激光辐照效应、应用脉冲功率技术和高能量密度动力学等研究。一方面，多学科相互交错，为采集小组准确厘清他的研究经历和科研贡献带来困难；另一方面，孙承纬在每一个专业领域的研究都极为精深，采集小组成员大多对孙承纬所涉及的学科专业知识知之甚少，深感"隔行如隔山"，下手维艰。

面对这两大难点，采集小组在流体物理研究所领导的关心和大力支持下，邀请了各学科方向的技术专家，成立采集工程专家小组，形成合力，共同开展技术咨询和保密审查工作，为采集人员把好"专业"关。

在开展采集工作的过程中，小组成员先从查阅孙承纬人事档案和收集其发表的各学科论文入手，梳理出大事年表，以此为主线，顺藤摸瓜，以口述访谈与实物收集同步进行的方式展开。首先通过在孙承纬的亲属子女、同事、学生中大范围发放征询表，请他们提供所了解的与孙承纬相关的事件，并提供知情人线索；据此确定了一批关键人物，按照年表中梳理出来的重大事件和重要节点，对他们进行重点访谈。每次外出前都与访谈对象沟通联系、确定访谈时间，并将准备好的采访提纲通过电子邮件等方式提前交予访谈对象，帮助他们开启封存已久的记忆，整理出相应的佐证资料，以便小组成员同步获取访谈口述资料和实物资料。除此之外，小组成员每到一处都会到当地相关档案馆、学校收集查阅资料，找寻孙承纬在不同历史阶段留下的蛛丝马迹，从中窥探时代在他身上打下的烙印。

每一次外出采集都有精心的谋划。为了获得最佳的外出采集成果，每次均指定一名外出采集负责人，召开外出小组行前会议，共同商议确定本次出行的采集日程安排、采集对象、拟达到的采集效果；外出采集过程中，"前线""后援"通力协作，由负责人根据具体情况进行全面协调和工作部署；采集完成后，积极撰写外出采集总结，将各自的采集成果整理和汇总，上交项目负责人并分发给其他相关成员，有利于项目负责人全面把控采集工作的整体进度及部署，也促进了组内信息的交流。特别是在疫情影响严重的时期，这种外出采集工作模式能够进一步提升采集的效率，最大限度地降低疫情对外出的干扰。

由于采集工作任务量大且多在业余时间开展，为了把握好工作进度，采集小组定期召开工作布置会，总结上一阶段的工作并部署后续的进程；不定期适时交流，探讨采集工作中存在的问题并商讨对策。由于大部分工作需要在业余时间进行，采集小组建立专门的采集工作微信群，将搜集到的公开信息资料在群里共享；通过微信群，及时向外出采集的人员提供信息支持及人力支援。

通过全过程的系统化和科学化管理，始终保持"组织有力，调动有序"的管理原则，使采集小组凝心聚力，献计献策，全力推动采集工作。

历经两年半的时光，采集小组多次到孙承纬家中、办公室、实验室和院所档案室等，找寻每一条线索；辗转档案馆、派出所和国家图书馆等，不放弃每一个可能。当然，在整个采集工作中，更是离不开孙承纬的高度配合和大力支持。

采集工作之初，孙承纬便捐出了珍藏数十年的两弹元勋于敏院士、陈能宽院士以及张兴钤院士写给他的信件，同时将诉说着岁月变迁的老照片相簿、承载着无数荣誉的证书证件和使用多年的科研用品一并捐赠给采集小组。不仅如此，在采集过程中，孙承纬经常为小组成员答疑解惑。只是每当问及他自己的学术成就时，孙承纬总是鲜有言语，但谈及昔日与同事攻坚克难之事，他又总是侃侃而谈。孙承纬始终认为："我们不能随便地认为谁比谁高明。把最简单的事情做到最好，我就觉得是成功的。"针对孙承纬这一特点，采集小组成员总是充分做好案头准备工作，想尽办法从他的只言片语中深挖细究，通过搜罗细节以凸显其学术精神。

经过两年的努力，采集小组获得了一系列重要采集成果，随着采集工作的不断深入，孙承纬的学术思想和精神特点逐渐明晰地呈现在采集小组面前，主要是三个层面。

一是孙承纬所从事科研领域的特点。孙承纬的研究覆盖多个领域方向，这些领域的共同点均为通过各类介质和不同加载方式，最终汇聚形成极高能量，这些领域特点可综述为高能量密度物理，对国防尖端武器研制具有极高的价值。

二是孙承纬开展科研的工作模式。他以极高的学术敏锐性把握前沿，在不同方向均研究精深，理论、实验、数值模拟三维并重，纵横捭阖，在我国多个领域发挥了开拓性的作用，其学术影响力之强大深远，令人敬佩不已。

三是孙承纬孜孜以求和好学不倦的品格。他始终能量充沛地投身于研究工作，数十年如一日，几乎每天都要工作到半夜12点，乐此不疲地看文献资料、写科研笔记。

根据上述三个特点，采集小组将本书确定为《高能汇聚　承载经纬：孙承纬传》。其中"高能汇聚"紧扣他所开展的高能量密度物理研究的特点，同时也是为了映射他的"高能"人生；"承载经纬"不仅将其名字嵌入，同时也指明了他在学术精深和广博两个维度的突出特点。

遵循时代背景，以史料为据，紧密围绕孙承纬的生活经历、求学经历和工作经历，采集小组进一步明确了本书的框架和内容。书稿将孙承纬的学术成长过程展现给读者，全文共分十四章。

第一章讲述孙承纬的九口之家，其父母的教育和家风的浸润为孙承纬日后性格的形成和成就的取得打下了良好的基石。

第二章讲述孙承纬在上海市虹口中学度过的六年中学时光，在"勤奋、踏实、俭朴、友爱"的校风浸润影响下，他形成了朴素、谦虚的品质，培养了主动学习的学习习惯，并立下"向科学进军"之志。

第三章介绍孙承纬在北京大学的六年时光，虽然这个阶段适逢"反右""大跃进"等政治运动和"三年困难时期"，但正是北京大学的优秀传统和深厚学风的影响，在这期间他打下了坚实的理论基础并培养了他独立思考的能力。

第四章讲述孙承纬大学毕业后，投身发展初期的中国核科技事业，首次承担的科研任务就与原子弹的起爆元件相关，从此钻研爆炸力学、解决实际问题成为他学术生涯的重要部分。

第五章讲述在 20 世纪 60 年代，孙承纬敏锐地意识到激光在未来应用中的可能性，并提出了开展相关探索研究的调研报告。由于"文化大革命"的影响，研究工作被迫中断。艰难的环境并没有消磨掉他潜心科研的初心，恢复工作之后，孙承纬立即以极大的热情重新投入工作，取得了突出的成绩，获得国家发明奖三等奖等重大成果。

第六章讲述孙承纬通过 1981 年高教部英语选拔考试后，得到了在美国华盛顿州立大学物理系冲击动力学实验室进修两年的机会。在出国进修期间，除了筹建和调试该实验室的激光实验设备外，孙承纬将当时美国大型计算机专用的爆轰反应流动计算编码进行了改编，扩充了程序的其他功能，带回国内应用于许多课题，成为基础研究的有力工具。

第七章阐述在 20 世纪 80 年代初，孙承纬敏感地意识到钝感炸药发散爆轰理论与实验研究将会是近期的发展方向，组织开展高比例 TATB 钝感炸药的研究工作，同时建立了一种简便而适用的爆轰冲击波动力学（DSD）模型——非均匀几何光学模型，使钝感炸药爆轰规律研究工作取得了成果。

第八章阐述为了将爆轰实验和理论研究事业传承下去，孙承纬将该学科内容进行系统性总结，撰写《应用爆轰物理》，翻译《爆炸物理学》，汇编《爆轰物理研究论文集》，在撰写专著和推动学术交流方面倾注了大量的心血。

第九章讲述在国家"863 计划"的旗帜下，孙承纬长期负责的激光效应研究工作，在理论和实验上验证了热－力联合作用机理和热－爆炸联合机理的有效性，确立了激光辐照导致典型靶失效的可行途径；同时把激光的力学效应与材料动力学等研究结合起来，开创了诸多前沿方向。他牵头编写了《激光辐照效应》专著，倡议每年召开一次激光的热和力学效应学术会议，有力促进了该领域学术交流、研究水平的提高和青年人才的培养。

第十章讲述孙承纬为开展电磁发射技术研究，在国内首次提出开展电磁发射技术研究的建议，主持和领导了首个电磁发射实验室的建立；实现电磁发射技术的"三高"，使电磁"三炮"的主要技术参数居于国内领先水平。

第十一章介绍孙承纬为发展电磁内爆技术研究，领导建立的国内唯一电流峰值达到4兆安的电磁内爆设施FP-1，达到国际先进水平；开拓了等离子体内爆研究方向，为核武器辐射输运的实验室模拟研究提供了新的手段。

第十二章讲述孙承纬在建立电磁驱动准等熵加载系列装置和探寻极端条件下材料的动力学研究方面取得的丰硕成果，推进了中国爆炸力学前沿基础研究新发展。

第十三章讲述孙承纬提出紧凑型MC-2装置作为高功率微波驱动源的新方向和具体技术路线，推动其进入国家高技术"863计划"，研制出的系列紧凑型MC-2装置在高新武器装备研制方面得到的重要应用；领导课题组掌握了10兆安大电流MC-2装置，使高新武器装备研制能力再上新台阶；同时基于低密度材料等熵压缩实验需求，指导课题组成功研制单级和多级MC-1装置，建立相关精密物理实验技术，为极端条件下材料的动力学行为研究提供新途径。

第十四章讲述孙承纬长期奋战在科研一线，不吝心力地指导学生、带领团队。在学问和事业这一"单线条"的背后，孙承纬得到了妻子陶洁贞无私的奉献与支持；他对待科研严谨、执着的态度，潜移默化地影响着学生、女儿；他守着思想上的淡泊，收获着内心的丰富与宁静，更得以在学问的世界里纵横翱翔。

随着一步步走近孙承纬，采集小组成员不仅为他的学术成就所震撼，更为他坚忍不拔的毅力所折服。希望通过我们的努力，把这样一位令人由衷敬佩的老科学家真实而又全面地呈现给读者，也为我国爆轰、激光、电磁、等熵加载等多个领域的发展留下宝贵的历史资料。

第一章
家风浸润，积善传习

孙承纬出生于上海市一个知识分子家庭，兄弟姊妹共7人。父亲孙启粹历任学校教师和银行高级职员，中华人民共和国成立后任职于中国民主促进会上海市分会。孙启粹性格温和，善于学习，十分爱好书法、篆刻、楹联和灯谜。母亲周静诤从事居民委员会工作数十年，任劳任怨、为人直爽、待人热情。孙承纬父母关系和睦，重视家庭教育，7个子女好学上进，全部进入大学深造，孙启粹、周静诤家庭于1983年9月被评为全国五好家庭，培育了良好家风：敏思、笃学、自强、进取。父母的教育和家风的浸润为孙承纬日后性格的形成和取得的成就打下了良好的基石。

在八十自述中，孙承纬曾写道：

> 父母对孩子教育尤为重视，经常悲愤地谈起国土沦陷后同胞受到日寇欺凌、殴打的情景，父母希望儿女努力学习，将来能报效国家。[①]

[①] 孙承纬：八十自述。见：《孙承纬院士八十华诞文集》编辑组编，《孙承纬院士八十华诞文集》。北京：中国原子能出版社，2019年，第2页。

常 州 孙 家

孙承纬是家中的第四个孩子，1939年12月12日出生于上海市静安区赫德路赵家桥（现常德路赵家桥路）七十六号，孙家的祖籍是江苏省常州市。

"我们都是凡人，就像枝繁叶茂的大树上的众多的小树叶。每个人的出生、成长是绝对的小概率事件，但具有根枝脉络的联系是每片树叶存在的首要条件……常常会想起父母养育之恩，聊发寻根问脉之情。"① 这是孙承纬的文章"家世渊源"中的开篇语，深情地表达了他追寻家族发源的缘由。

文中寻找的根是曾位于常州西大街新街巷仁里弄8号的一座孙家老宅，那里承载着孙承纬对故乡、对血脉传承的追思之情。1893年，孙承纬的曾祖父孙寿松及弟弟孙宝松携家人迁入居住，兄弟二人同在常州西门外同元吉冶坊工作。

孙承纬的曾祖父孙寿松（字少安）生于1852年3月18日（农历），娶妻黄氏，黄氏是孙寿松姑母之女，黄氏恭谨和顺，素有贤惠之名，后辈称其为黄太夫人。②

孙承纬的祖父孙锡荣是孙寿松的独子，生于1876年4月8日（农历），娶妻周氏，后辈称其为周夫人。周夫人知书达理、温文尔雅，嫁到仁里弄后孝敬公婆，爱护小姑，夫妇举案齐眉，家庭和睦。③

1904年11月10日（农历），孙寿松不幸病逝，黄太夫人随独子孙锡荣生活。孙锡荣子承父业，也到了同元吉冶坊工作，担起了养家糊口的重

---

① 孙承纬：家世渊源。见：孙承永主编，《温暖——孙承纬家庭纪念文集》。内部文集，2014年，第1页。资料存于采集工程数据库。
② 孙承永：《仁里弄孙家旧事》。2021年，内部文集。存地同①。
③ 同②。

任，幸而收入足以支撑一家人的生活。孙锡荣夫妇育有两子两女，长子孙启宗，次子孙启粹，七口之家和乐融融，幸福美满。

不料天有不测风云，1911年夏季当地流行瘟疫，孙锡荣偶染风寒后便一病不起，在病榻上躺了一个多月之后，于当年农历七月十七日病逝，享年35周岁，留下了母亲、病妻及四个年幼的子女。本来就有病在身的周夫人经受了丈夫离世的重大打击后内心悲痛万分，身体更是每况愈下，不久也与世长辞。

孙锡荣的母亲黄太夫人当时已年届六十，承受丧子之痛后，雪上加霜再次承受儿媳离世的沉重创伤。黄太夫人虽然内心悲痛万分，但也不得不强打起精神，承担起抚养四个遗孤的重担。是年，孙启粹不满六岁。

1927年，在黄太夫人辛勤抚养下，她的长孙孙启宗已成家，两位孙女均已出嫁，孙启粹也在北京大专毕业后回到常州县，在县立乙种商业学校工作，黄太夫人终于可以停下辛苦操劳的脚步，尽享天伦之乐。

不幸又一次降临到这个家庭，1927年，年仅23岁的孙启宗得病后不到一个月意外离世，长孙的英年早逝，令黄太夫人痛不欲生，面对孙启宗留下的三个年幼的孩子，她只有再次强忍内心的悲痛，帮助长孙媳哺育孩子。经过连续几次至亲相继离世的打击，黄太夫人的身心备受摧残，在长孙病逝三年之后也溘然长逝，享年78岁。

临终前，黄太夫人最放心不下的就是孙启粹的婚事，孙启粹曾为祖母立传，文中写到"犹殷殷以未能为余娶媳，引为愧对，其爱护孙辈，有如是者"。[①] 饱含着对祖母的深深追思之情。

在祖母去世五十周年时，年近耄耋的孙启粹再写纪念文章"长歌当哭"追溯往事：

> 我生甫六岁，父母即见背，遗下四儿女，伶仃实堪哀。大姊年十四，阿兄方八岁，吾妹年最幼，出生未一载，悲哉此茕独，亲顾咸堕泪，怆痛最甚者，祖母心已碎。[②]

[①] 孙承永：《仁里弄孙家旧事》。2021年，内部文集。资料存于采集工程数据库。

[②] 同①。

文中字字泣血，孙启粹对祖母的感恩之情力透纸背，感人至深。由黄太夫人抚养长大的孙启粹，深受其贤良品性和坚韧性格的影响，将这种品格传习下来。同时，孙启粹心怀感恩之心，孝老爱亲的行为对子女也产生了较大影响，为后来孙家家风的形成奠定了基础。

父亲的"座右铭"

孙家有一个传统，男孩长到十二三岁时便要确定他的职业方向，孙启粹11周岁时，祖母决定送他到药店当学徒，自小酷爱学习的孙启粹很想继续上学，但又不愿忤逆辛苦操劳的祖母。正在左右为难之际，孙启粹在北京教育部当监事的姑父谢仁冰提出可以资助侄子到北京上学。同时，堂叔孙锡翰十分同情他的遭遇，并认为孙启粹是可造之才，应该继续深造。祖母看见同族的亲戚们都支持孙启粹继续求学，便也同意他去北京求学。

孙锡翰给了孙启粹120块大洋，买了火车票请人把他带到了北京，住在姑父母谢仁冰、孙璇位于西绒线胡同的家中，开始新的求学生涯。因感念姑父母对自己的养育和教育之恩，孙启粹后称呼姑父母为"寄父母"（常州对"义父母"的称呼）。

1924年夏，18岁的孙启粹从北京政法专科学校大专毕业后，因惦念家中年事已高的祖母和家里的兄长姊妹，便回到常州县，先后在常州县立乙种商业学校、江苏省立常州中学、启英学校工作，照顾祖母和一家老小。在哥哥孙启宗去世之后，孙启粹就成为这个家庭唯一的顶梁柱，也成为祖母黄太夫人的主要精神支柱和希望所在，时年21岁。

在贤良孝勤的祖母膝下长大的孙启粹深受其善良、坚韧的个性及其对孙辈的舐犊之情的影响，他性格温和，办事积极认真、努力谨慎。孙启粹年幼时父母双亡，二十多岁时与他相依为命的兄长和劳碌终生的祖母相继去世，坎坷的人生经历造就了他坚韧不拔和自强学习的精神，同时也更加深了他对家庭的珍视。孙启粹在自己有经济能力之后，反哺回馈常州家中族人，对妻弟和兄长的儿女多有照顾，充分显示了他善良和淳厚的品性。

1928年，孙启粹经姑父谢仁冰介绍，到南京江苏省测丈人员养成所工作，1931年来到上海，先后在江海关监督公署、江海关直属的税务专门学校、大夏企业银行、成荣行业公司工作[①]，1947年应聘到武进县银行工作，经过自己的不断努力，先后担任过教务处注册科科长、江海关录事、银行服务主任、航业公司文书主任、银行襄理等职务。抗战结束后，他曾经有机会去美国洛杉矶培训进修一年，终因家里孩子多无法照顾而放弃。中华人民共和国成立后，孙启粹一度为养家，同时做了三份工作，1951年5月开始，由谢仁冰介绍进入中国民主促进会上海市分会，担任助理干事直至1966年退休。

孙启粹善于学习，同时也有很强的求知欲和学习能力，培养了广泛的兴趣爱好，十分爱好书法、篆刻、楹联和灯谜，他的字俊朗飘逸，雕刻浑厚有力，古文功底尤其深厚，英语水平也很高。孙承纬和兄弟姊妹小的时候，孙启粹手把手地教他们写字，从坐姿、握笔到一撇一捺，孩子们写完以后孙启粹不仅要一一点评，同时对写得不好的字立即纠正和示范。

孙承纬的女儿孙今人曾经在文章中回忆祖父教她如何写名字，并亲自给她示范，孙启粹对她说："人字的一撇一捺，一定要站起来，倒下去就不是一个人字了。"[②] 这段话一直深深地印刻在孙今人的心中，并在工作生活中时时想起。

孙启粹做事极有条理、仔细认真、思路清晰，每个孩子出生或家里有大事发生时，他总是要用俊朗的小楷记录下自己当时的感想。孙启粹还有一个习惯，如果有条件就尽可能多地拍摄家庭相片，隔一段时间就带孩子们去照相，记录他们的成长经历，并在照片背后题词，写下拍摄时间和相关事由，这个习惯一直坚持到他的晚年，为后辈留下了弥足珍贵的记录。

[①] 孙承永：孙启粹、周静诤生平简介。见：孙承永主编，《温暖——孙承纬家庭纪念文集》。内部文集，2014年，封2。资料存于采集工程数据库。

[②] 孙今人：沪滨欢聚殊可珍，留得鸿爪堪重认。见：孙承永主编，《温暖——孙承纬家庭纪念文集》。内部文集，2014年，第57页。存地同①。

在子女心中，孙启粹做事一丝不苟，房间里的东西总是干净整洁，孙承纬的六弟孙承绶曾经回忆：

> 爸爸平时做的家务主要是叠被子、扫地、整理房间等，每天起身后爸爸总会把被子叠得整整齐齐，吃过晚饭后又会把被子铺好；收下洗净的衣服后爸爸总是把它们放在床上，先撸平再折叠整齐放入抽屉。打开爸爸的写字台、大衣橱或是存放他藏物的抽屉，都是那么整洁、那么有条理，爸爸无论做什么事情都是认真仔细，思路清晰，给我们留下了极其深刻的印象。[1]

孙启粹的性格和习惯影响了子女们，孙承纬曾经说："我的性格好像跟我父母差不多，不容易发怒，也不发愁，比较平和。"[2] 除了性格上的相像，孙承纬还继承了父亲坚持写随笔、记笔记的好习惯，他说："记笔记的最大意义是有助于当时的理解和记忆，即把书读薄的途径。同时，以后也可用于参考，翻笔记比翻书容易。"孙承纬保存至今的数十本学习、工作笔记横跨近四十年，真实地再现了他的学习、工作状态和心路历程。

从辛亥革命到北洋军阀再到国民党执政，特别是抗日战争爆发后，上海沦陷，民不聊生，孙启粹一家也开始了动荡的生活。在多变的时局中，物价不停地飞涨，孙启粹的工作难以保持长时间稳定，经常为了一家人的生活四处奔波，非常辛劳。

1945年夏天，为了迫使日本投降，美军飞机轰炸了上海市区，孙启粹家附近仁济医院旁边一栋四层楼的旅馆被炸毁，家里的窗玻璃也被震得嘎嘎直响，全亏事先贴满纸条固定才没掉下来，而对面邻居家墙上的两片飞来弹片更是让大家心有余悸。

暑假开始后，每天上午11时就会响起空袭警报，孙启粹赶紧关闭电灯，把孙承纬和他的五个兄弟姐妹藏在客堂方桌子下面，四周再用棉被遮

---

[1] 孙承绶：我的回忆。见：孙承永主编，《温暖——孙承纬家庭纪念文集》。内部文集，2014年，第15页。资料存于采集工程数据库。

[2] 孙承纬访谈，2019年5月7日，四川绵阳。存地同[1]。

挡住，时值夏天，很是难熬，只有等警报解除了才敢让孩子们出来。孙承纬那时虽然年仅六岁，但是躲在棉被下听到飞机、高射炮、机关枪交织在一起的轰鸣声、爆炸声让他终生难忘，也是这一记忆让孙承纬对"落后就要挨打"有了最初的认识。

住所附近旅馆被炸毁后，附近的市民恐慌情绪日益高涨，纷纷设法逃离上海。孙启粹夫妇害怕孩子们遭遇危险，也决定全家重返常州老家，暂时寻得一时的庇护之所。

孙启粹一家八口半夜到达上海北站，孙启粹自己先从车窗爬进火车，再把子女一个个从车窗接进来，在拥挤的车厢中艰难地保护着六个幼小的儿女，于次日中午才到达常州，而在平时原本只需要三个小时的车程。孙启粹对孩子们说："你们一辈子也不会忘记这次逃难的经历，它会帮助你们成长。"①

中华人民共和国成立以后，特别是进入中国民主促进会上海市分会工作以后，孙启粹一家的生活终于进入正常状态。特别是公立学校创办后，孩子们都可以顺利进入学校读书。孙启粹对此深有感触，中华人民共和国成立前，他自己虽然曾经很渴望受到更高的教育，但是由于条件的种种限制而未能如愿，面对中华人民共和国成立后欣欣向荣、人人安居乐业的局面，孙启粹坚定信心，他说："我要让我所有的孩子都能读大学，接受良好的

图1-1　1950年，孙启粹手书的座右铭（孙承永提供）

---

① 孙承永：我们的兄弟孙承纬。见：《孙承纬院士八十华诞文集》编辑组编，《孙承纬院士八十华诞文集》。北京：中国原子能出版社，2019年，第24页。

第一章　家风浸润，积善传习

教育。"①

丰富的人生经历以及曾经的动荡生活培养了孙启粹的卓越见识,他认为如果国家不富强,老百姓的生活就会很动荡。为此,孙启粹曾经手书座右铭放在书桌上,以此自勉并激励子女:

"只有一代胜一代,社会才能发展,国家才能前进,民族才有希望。要看看别人,努力前进;想想自己,莫虚我生。"

培育良好家风

1931年,祖母临终念念不忘的孙启粹的婚事再次被提上日程,常州仁里弄的邻居于老太太将仁里弄12号院居住的周瑞芳家庭的三女儿周静诤介绍给他,没想到见面时发现,孙、周二人早在六年前就已相识,周静诤曾经还是孙启粹的学生。

1925年,孙启粹利用家中的几间大厅和朋友一起办了一间"启英学校",当时11周岁的周静诤因为住在附近便也进入启英学校读高小。

周静诤有着和孙启粹相似的经历,8岁时,原本殷实的家境因父亲的去世而家道中落。周静诤的母亲缪萱永太夫人会做针线活,平日里用缝纫机帮棉纺厂做些汗衫背心,这便是唯一的经济来源,缪太夫人一人拉扯两子一女艰难度日。

启英学校一学年分四个学期,按学期收学费,为了节约开支,周静诤和大弟一般只上两个学期,另外两个学期就在家里自学,这种间断式的上学模式还要靠不断争取才得以维持。

周静诤聪慧好学、活泼可爱,给孙启粹留下了深刻的印象。为了周静诤能够继续上学,作为教师的孙启粹曾经上门劝说周母,希望能够让周静诤连续上学,不要中间辍学。

---

① 孙天人:记忆中的爷爷和奶奶。见:孙承永主编,《温暖——孙承纬家庭纪念文集》。内部文集,2014年,第62页。资料存于采集工程数据库。

周静诤对孙启粹的印象是工作认真、书教得好，就是太严厉了。当时班里有女生上课玩沙包，孙启粹发现后很严厉地告诉学生下课可以玩，上课不能有小动作。随后，孙启粹用剪刀把沙包剪坏，把里面的谷子喂给家里的鸡吃了。孙启粹这番举动让女生们不免对他有些望而生畏，也让周静诤对他印象深刻。

1928年，孙启粹关闭了启英学校，去往南京的江苏省测丈人员养成所[①]工作，而周静诤因为家贫在初中毕业后未能继续升学。

当孙启粹和周静诤相亲时再次见面，过去的记忆复苏，曾经的好印象不仅拉近了彼此的距离，也让二人心生爱恋之情。虚龄18岁的周静诤漂亮能干，远近闻名；25岁的孙启粹在上海江海关直属的税务专门学校工作，年轻有为、英俊潇洒。双方长辈都很满意，当年就订下了这门亲事，约定来年成婚。

1932年3月9日，孙启粹和周静诤在常州仁里弄8号院完婚，婚后，在上海共同建立起了自己的小家庭。1933—1947年，孙启粹夫妇共生育七个子女。夫妇二人在以后五十六年岁月里，互相支持、彼此爱护，一起度过了幸福的一生。

虽然家中子女众多，但是孙启粹、周静诤夫妇却把小家打理得井井有条，孙启粹负责在外工作挣钱养家，周静诤则在家里一心一意地照顾孩子们，二人相濡以沫，家庭氛围温暖而和谐，给孩子们创造了良好的成长环境。

孙启粹曾经有过十年在税务学校工作的经历，同时也当过小学代理校长、高中老师，对教育颇有心得。七个子女在一起难免会产生争执，孙启粹始终坚持一个原则：不管发生怎样的纠纷，年长的孩子必须要让着年幼的孩子。两个孩子发生了争执，首先批评年龄大一点的孩子，然后再去详细了解事件的原委，循循善诱地给孩子们讲道理。在这个原则下，兄弟姊妹之间形成了互相谦让、互相爱护的风气，哥哥姐姐总会让着弟弟们，随着长大彼此之间发生的纠纷越来越少。

---

① 孙承永：孙启粹、周静诤生平简介。见：孙承永主编，《温暖—孙承纬家庭纪念文集》。内部文集，2014年，封2。资料存于采集工程数据库。

图 1-2　1953 年 4 月，孙启粹、周静诤一家九口的第一张全家福①（后排右一为孙承纬）
（孙承永提供）

　　孙启粹总是用自己艰难求学的经历教育孩子们，让孩子们珍惜可以读书的机会。他根据自己的教育经验，认为首先要把长子长女教育好，成为弟弟妹妹的榜样，年纪的孩子自然会向年长的孩子学习，在家庭中形成一个良好的学习风气。

　　因而，孙启粹花在管教长子孙承绪上的时间就相对多些，他告诉长子，学做事前首先要学会做人，要做一个正直的人。孙启粹从来不赞成死读书，但他坚信"国有国法，家有家规，没有规矩，不成方圆"，他经常告诫儿女做事一定要踏实认真，一再教导子女："对于不明白的问题一定要想清楚，不可以囫囵吞枣；不懂装懂是自欺欺人的表现；要想做成一件事是没有捷径可走的，认真努力永远是成功的基本要求；万事不可投机取巧；

---

①　前排从左至右：孙承维、周静诤、孙启粹、孙承绥。后排从左至右：孙承统、孙承平、孙承绪、孙承永、孙承纬。

坐有坐相、站有站样。"① 这些家训奠定了孙家儿女今后为人处事的态度和方式。

孙启粹常常告诉子女"凡事要留有余地",就是要求子女们在做事前一定要预先做好准备工作,仓促上阵难免会考虑不周,做事容易出现纰漏,这和《朱子家训》中的"宜未雨而绸缪,毋临渴而掘井"有着相同的道理。孙启粹的这句话对孙承纬影响至深,在以后的人生中,做事之前孙承纬都会提前做好各种准备,正如他常常说的那句话"不打无准备之仗"。

家教严格的孙启粹不仅教导子女怎样做人、做事,同时自己也以身作则,偶有空闲就看书、写字、做文章,书桌前也总摆着他喜欢的字画书籍,在孙承纬的女儿孙今人的回忆中,爷爷总是坐在书桌前的圈椅里看书写字。

孙启粹在家中塑造的浓厚文化氛围在孙承纬和兄弟姐妹们的心中播下了喜爱读书的种子,等到孩子稍大,孙启粹就会教他们识字认数。20世纪50年代初期,孙启粹所在的民进市委机关逢年过节都举行联欢会,为开启子女们的智育,他经常带孩子们去参加猜灯谜的游戏。长长的绳子上挂着红红绿绿写着谜面的字条,猜中了可以取下兑换奖品,有一回奖品是大苹果,孙承纬和二姐孙承平开动脑筋,接二连三猜中谜底,抱了一大袋苹果回家,这让孙启粹很是为儿女们感到自豪。

孙承纬中学时期,父亲书房的"基本装备"中《辞源》和《辞海》对他学习的帮助很大,每每学习和作文遇到不懂或理解不深的词汇,他就会拿来寻找答案。渐渐地,漫无目的地翻翻辞书也成了孙承纬的爱好之一,好奇心很强的他常常捧着一条接一条地翻看,无意间拓展了知识面。1986年,新编《辞海》(缩印本)第二次印刷发行,工作单位尚在四川大山深处的孙承纬马上写信回上海请父亲代为购买,当时已是八十高龄的孙启粹接到信后赶紧到南京路新华书店为儿子抱回了这本2200多页如砖头重的大部头,让孙承纬深深感受到父爱的伟大。

自1945年起,孙启粹将家搬到黄埔区山西南路31弄7号,更是给子

---

① 孙承永:我们的兄弟孙承纬。见:《孙承纬院士八十华诞文集》编辑组编,《孙承纬院士八十华诞文集》。北京:中国原子能出版社,2019年,第24页。

女们的读书学习创造了天时地利，山西南路旁边的福州路上遍布各种书店，中华人民共和国成立前就有世界书局、龙门书店、大中华书局、广益书店等服务不同群体的书店，特别是距离福州路不远处还有一个社区图书馆，孩子们在图书馆和书店里都可以任意翻看自己喜欢的书籍，无论看多久只要不闭馆就不会有人来驱赶。因而，孙家的孩子们自上小学识字开始，书店便成了他们流连忘返之地，孙承纬也在哥哥姐姐的带动下养成了逛书店的习惯，从小就培养了浓厚的读书兴趣。

在孙启粹立规矩、以长带幼的教育理念下，长子长女自小就表现优秀，1943年刚满六岁的长女孙承永获得了武进县（当时常州市的名称）低年级模范儿童称号，上学后更是表现突出，学习成绩一直名列前茅。在长子长女的示范下，弟弟妹妹也培养了热爱知识、自觉学习的习惯。孙承永回忆到：

> 严格的家教使我们从小就明白自己该怎么做，用功读书已成为我们每个人的习惯。考试成绩在前五名在我们家不算什么，我爸爸看到成绩单顶多说句不错，没有什么过多的表扬词，也不会说以后一定要大有作为之类的话，更不会认为你有什么超人之处，因为我爸爸说过，人绝对不能够骄傲自满，过分的夸赞会毁了孩子以后的前途，是绝对不可以的。①

在子女教育的问题上，孙启粹有自己的分寸，面对子女考试取得的好成绩，他从不会盲目夸奖，一句"不错"，已是很高的褒奖了。如果发现哪个孩子的成绩有所下滑，孙启粹会很细心地考量，到底是孩子身体不好还是遇到了什么问题，在用心找到症结后想办法帮助孩子一起克服困难。

孙启粹在一点一滴的言传身教中影响着儿女们，以自己的成长经历告诫儿女，正是因为中华人民共和国的成立，他们才有了进入高等院校深造的可能，而自己当年是孤儿，受到种种条件的限制，不可能有进入大学的

---

① 孙承永访谈，2019年5月22日，上海。资料存于采集工程数据库。

机会。他总对儿女们说，一定要珍惜现在的幸福生活，要严格要求自己，正如他的座右铭那样"只有一代胜一代，社会才能发展，国家才能前进，民族才有希望"。不仅是勉励自己也是激励子女，孙启粹每次在写给儿女们的信件中都会提道："要积极进取，努力为国家、为社会建设贡献力量。"孙启粹用自己的言行塑造了良好家风"敏思、笃学、自强、进取"，对于传世家风，孙家子女这样理解："敏思是善于思考，积极钻研；笃学是踏实认真，治学严谨；自强是为国效力，不落人后；进取是学无止境，勇攀高峰。"①

孙承纬这样说："我们当时的想法是，能够考上一个好学校对我父亲是很大的安慰。我们将来能够工作有成绩对父母更是很大的安慰。"②

图1-3 1985年5月，孙启粹、周静诤一家十一口最后一张全家福（孙承永提供）

---

① 孙承永：我们的兄弟孙承纬。见：《孙承纬院士八十华诞文集》编辑组编，《孙承纬院士八十华诞文集》。北京：中国原子能出版社，2019年，第24页。
② 孙承纬访谈，2019年5月7日，四川绵阳。资料存于采集工程数据库。

孙启粹的七个子女均不负其所望，陆续进入大学深造，实现了他"每个孩子都要上大学"的愿望，孙承永和孙承纬先后在访谈中也提到，中华人民共和国成立前的大学学费高昂，正因为中华人民共和国的成立，孙启粹的愿望才得以实现。

积 善 之 家

《周易》坤卦中有"积善之家，必有余庆"，大意是有行善积德之风的家族，子孙后代都会有好报。孙启粹、周静诤的家庭正是这样一个和睦、仁善之家，孙承纬曾说："我觉得生在这样的家庭，是很大的幸福、幸运。"①

在街坊四邻的眼中，孙家是一个读书人的家庭，有知识有文化，每当邻居们家里遇到问题时都来向孙启粹请教，他也乐于帮助邻居们，总是尽力去帮助来讨教的人。尤其是到了逢年过节，上门的访客更是络绎不绝，请孙启粹帮助写上一副对联仿佛是过年必备。孙启粹从来不拒绝，铺纸研墨，用他那俊朗飘逸的字体非常用心地为来者写上一副喜庆吉利的对联，然后微笑地看着来者欢欣地离开。那时弄堂里多户共用一个电表和水表，费用公摊，每个月都是孙启粹帮助大家计算电费、水费，而平日里帮助邻居们起草信件、读报、修理更是经常之事，孙启粹总是很热心地为大家服务，从来不会有半点厌烦之色。

周静诤在中华人民共和国成立前主要在家操持家务、照料七个子女的日常生活。1949年12月，周静诤开始参加居委会工作，1973年9月退休。周静诤为人非常直爽，做事干练，待人很热情，非常善于团结群众，长期担任妇代会主任兼居委会副主任，1956年曾被评为优秀工作者，1958年被评为上海市妇女参加社会主义建设积极分子，孙承纬在1961年的自传中

---

① 孙承纬访谈，2019年5月7日，四川绵阳。资料存于采集工程数据库。

写道："我母亲经常和街道支部联系，积极理解和贯彻党的方针政策，群众关系密切，上进心强，常以今昔对比教育我们，要我们按党的话去做。"①

周静诤非常热爱居委会工作，最初的十几年并没有工资，都是义务为大家服务，孙承纬曾说："我母亲有很好一个精神，就是愿意为大家服务，不挑剔。"②

20世纪60年代开始，国家号召青年人到新疆参加生产建设兵团建设边疆，周静诤提出，如果是独生子女的话，考虑将来要照顾家里老人，就不要动员这样的青年去新疆了。当时国家还没有独生子女不用插队落户的政策，每一个未考取大学的青年都是动员对象，当时年仅十几岁的七子孙承维感觉妈妈这样做有点违背政策，但是内心又隐约觉得妈妈做的有道理，有悲悯之心。

50—60年代的上海工作也不好找，生活困难是普遍现象。曾经有一个推荐居委会干部到工厂工作的名额，开始推荐的是周静诤，可当她得知另一位居委会干部的丈夫没有工作，家里还有孩子，周静诤想到自己的丈夫还在工作，生活没有那家人困难，于是就把工作机会让给了她。

孙启粹和妻子周静诤的一言一行，都被孩子们看在眼里记在心间，孙承统说："我觉得我们家的人性格都比较温和，这可能和遗传有关，不去和别人争执什么事情。我父母一直辛辛苦苦在工作，是我们的榜样，让我们知道既要辛苦工作，还要待人宽厚。"③

孙启粹和妻子周静诤不仅为人善良、乐于助人，对儿女们更是倾尽全力地关心爱护。因平日里要为九口之家的生计四处奔波，孙启粹在家的时间并不多，经常晚上回到家时已是八九点钟，然而他总是竭尽所能地去关爱每一个孩子。在孩子们心中，这个家教严格的父亲并不严厉，孙承永曾经在文章中写道："我的父亲从小失去父母，由祖母抚养长大，因此他异常珍惜亲情，特别关怀疼爱儿女，是一位名副其实的慈父。"④

---

① 孙承纬履历表。存于上海激光等离子体研究所档案室。
② 孙承纬访谈，2019年5月7日，四川绵阳。资料存于采集工程数据库。
③ 孙承统访谈，2019年5月22日，上海。存地同②。
④ 孙承永：父母关爱永世难忘。见：孙承永主编，《温暖——孙承纬家庭纪念文集》。内部文集，2014年，第30页。存地同②。

孙承纬终生难忘的是烈日炎炎下父亲的身影。刚上初中不久，家里的房子因年久需要翻修，家人因而分散到四处暂住，孙承纬住到了寄祖母（父亲的姑母孙璇）家中。每逢星期日，住在各处的家人都会到母亲周静诤借住的地方相聚。一次中午聚会后，父亲送他到电车站回去，当时正值盛夏十分炎热，父亲突然叫住他，让他等一下，话毕便返身跑到路边的一个小店里买了一顶草帽，父亲细心地给他带上帽子，并细细叮嘱他要多喝水、注意防暑。孙承纬坐在电车里，看着烈日下的父亲站在路边目送自己离开，那个渐渐远去的身影一直深深印刻在他的脑海，如同父母给予的爱护从来没有离开过。

大学时期，孙承纬买了几本外文书，假期带回家中，父亲看见后细心地用牛皮纸包了封面，并用毛笔写上俄文书名，还细心地指导他怎样刻藏书章和名章，并且给这些印章刻边款、做封套，这些行为习惯对孙承纬都影响至深，无论工作还是生活，他做事都非常注重细节。

如果说孙启粹是慈父，那么周静诤是名副其实的慈母，九口之家的大家庭，每天的家务从早到晚都忙不完。孙承纬曾感叹地说：

实际上家里要照顾这么多小孩，我母亲是很累的。光家里每天做饭、烧菜、洗衣服，就很辛苦了，那时候的衣服跟现在不一样，就是卡其布、华达呢的裤子，小孩子一年下来，膝盖、屁股上面都有洞，50年代时很多人衣服都打补丁，屁股上一个大圆疤是很普遍的。袜子也是一两个月就破掉了，这种缝补衣服的工作量都是很大的。

我母亲觉得小孩子读书是第一要务，只要看到我们在做功课，她再苦再累也不叫我们做家务。①

在孙承纬心中，母亲不仅任劳任怨地操持家务，而且对每个子女都体贴爱护。孙承纬上中学后每天中午都要带饭，那时的饭盒比较小，周静诤担心儿子吃不饱，装饭时总是压得紧紧实实的，经常还变着法子更换饭菜

---

① 孙承纬访谈，2019年5月7日，四川绵阳。资料存于采集工程数据库。

的花样，譬如罗宋面包夹蒸咸肉、炒面等，这些在 20 世纪 50 年代都是难得一见的好东西。

刚上高一，孙承纬的后脑勺突然出现了白头发，后来渐渐变成了一圈花白头发，周静诤看见了心里很着急，买来黑芝麻碾成粉给他吃，在吃了两年妈妈坚持精心研磨的黑芝麻粉后，到了高三他的头发慢慢地都变黑了。

孙承纬酷爱看书，一次在旧书店里看到一本《初等方程式论》的精装旧书，售价一元，相当于他半个月的车钱，他非常想买但苦于囊中羞涩，于是回家向母亲求助。周静诤得知他要买书，二话没说马上掏钱给他，让他得以如愿。

每逢孩子们考试，周静诤都会把时间记牢，叮嘱孩子们不要睡过了头。孙承纬考大学时一共三天，每天早上要先赶到虹口中学，然后坐学校包车横穿整个市区，才能到达设在华东纺织学院的考场。孙承纬回忆，因为第一天考试比较紧张，考完试后又从考场长途走回家，第二天早上没能按时起床，幸而母亲发现赶紧叫醒他，才得以正好赶上去考场的校车。

中华人民共和国成立后，孙启粹进入民主促进会工作，一人工资供养全家，经济上有些拮据，自长子孙承绪 1956 年参加工作后，就开始分担养家的重担，出钱供弟弟妹妹们读大学，年长的孩子供年幼的孩子读书，也就成了孙家的传统。

孙承纬和二姐孙承平于 1957 年一起考入北京大学，姐弟俩的生活费在 1961 年以前是由大哥孙承绪提供，1961 年之后由留苏归来的大姐孙承永负责。到了周末，孙承平和孙承纬便经常去同在北京的大姐家里，"用半斤肉炖上五斤或十斤白萝卜，热气腾腾地吃上一大碗，大家都开心得不得了。"[①] 当时正值困难时期，半斤肉票是一个人一个月的供应份额，这样的美食，把姐姐姐夫的份额都算上，一个月也就只能享用两次。

孙承平知道弟弟孙承纬喜欢看书、买书，还不时买些电子器件搞无线电，每个月就从大哥或大姐给的生活费中多分一元给他，好让弟弟手头宽

---

① 孙承平谈，2019 年 5 月 22 日，上海。资料存于采集工程数据库。

裕些。三年困难时期，大家生活上非常艰苦，有一次食堂难得发了两个豆沙包，孙承纬便赶忙拿着一路小跑找到孙承平分给她一个，这也让孙承平非常感动，终生难忘。

1963年孙承纬参加工作，1964年三弟孙承统、四弟孙承绶同时考入复旦大学物理系，他自己省吃俭用开始接力给两个弟弟提供生活费，只要弟弟们有需要，哪怕是自己节省一些，也要满足他们的需要。

在弟弟们的心中，二哥一直对他们非常好，二哥喜欢看书、思考和动手的习惯，对他们也产生了很大的影响，培养了对物理、数学的相同兴趣。

三弟孙承统、四弟孙承绶和五弟孙承维都曾经说过，孙承纬作为一个哥哥，对弟弟们来说是很亲近的，从来没有跟弟弟们发过脾气。孙承纬自小就培养了很强的动手能力，弟弟们小的时候，他带着他们一起做过很多玩具，特别是动手组装收音机更是每个弟弟都很感兴趣的科学实践。①

四弟孙承绶回忆，高二时因为迷恋装收音机花费了太多的时间，同时还有其他很多业余爱好过多地占用了时间，期末考试成绩全是4分，这个成绩在兄弟姐妹中已经是较低水平了。正巧那一年孙承纬出差回沪，他马上找来弟弟，第一次也是仅有的一次很严厉地对他说，不要本末倒置了，兴趣爱好是可以发展的，但是主课不能忽略。孙承纬告诉弟弟，目光要远大一点，不能只看到眼前好玩。②

自和孙承纬谈话后，孙承绶感觉哥哥讲得很有道理，于是主动把自己的各种安装、游戏的用具装在一个木箱里放在床底下，暗暗发誓考上大学以前决不再去碰这个箱子，全力以赴考大学。功夫不负有心人，高三时孙承绶取得了全5分的优异成绩，并于1964年顺利考上复旦大学。

孙承纬最小的弟弟孙承维1966年高中毕业时正值"文化大革命"，高考停止了，他响应国家的政策到淮北农村插队，后又在水泥厂工作，当时是家里唯一没有上大学的孩子。1977年恢复高考后，他以30岁的年龄报名

---

① 孙承统访谈，2019年5月22日，上海。资料存于采集工程数据库。
② 孙承纬访谈，2019年5月7日，四川绵阳。存地同①。

参加考试，家里哥哥姐姐们历年存留下来的参考书籍给了他很大的帮助。

因为年龄偏大，孙承维非常担心自己可能无法考取大学。孙承纬出差回到上海后，热切地询问弟弟考得如何，大概能得多少分数，孙承维仔细估算后把分数告诉了哥哥，孙承纬听后对弟弟说，放心吧，这样的分数没有问题的。果不其然，孙承维顺利被复旦大学录取。

作为二哥，孙承纬非常爱护弟弟们，大姐承永从苏联留学归来给他带回万用电表以及在国内还不能生产的半导体管等电子元器件，他自己舍不得用一直珍藏着，后来看见弟弟喜欢搞半导体，就拿出来给弟弟用。

从北京大学毕业时，孙承纬好不容易攒了近20元钱，当他在北京菜市口的一家旧货店里看见一只五灯变压器时，想到做收音机和电视机可以用上，权衡再三，"狠心"花了16元买下，一直当作宝贝收藏着。当他知道四弟孙承绶装电视机需要时，立刻割爱送给了弟弟，正如孙承永所说"他这个精神很值得称赞"。①

"家里对我的教育有两点，一个是父母做人很本分，乐于助人，不自私，这一点很重要；另一个是对花花绿绿的世界、对奢侈生活没有兴趣。"②孙承纬在总结家庭对他的影响时这样说，家庭教育是他以后养成低调谦逊、淡泊为人品格的基石。

孙承纬和兄弟姐妹们在良好的家庭教育下养成了团结互助、孝敬父母的良好风气，孙承纬考中学时，在择校、复习等问题上都得到了大哥孙承绪和大姐孙承永的很大帮助，他回忆说："怎么复习，我也不知道，就靠我哥哥姐姐给我的书，后来我

图1-4　1983年，中华妇女联合会授予的全国"五好家庭"奖章（孙承永提供）

---

① 孙承永访谈，2019年5月22日，上海。资料存于采集工程数据库。
② 孙承纬访谈，2019年5月7日，四川绵阳。存地同①。

也这样帮助我的弟弟。"①

幸福、美满的孙启粹和周静诤家庭多年被评为上海市"五好家庭",1983 年被评为全国的"五好家庭",并被中华妇女联合会授予奖章。

1985 年,孙启粹迎来耄耋之年,当时因病住在医院里的他想到儿女们都努力奋进,实现了自己当年"一代胜过一代"的愿望,国家也日渐昌盛,不禁有感而发,作诗一首:

岁月蹉跎八十春,几经沧桑几浮沉。
鸿案相庄唱随乐,砚田耕耘硕果盈。
五好家庭评全国,三代同堂聚天伦。
桑榆尤庆逢盛世,竭尽驽骆共驰骋。②

孙启粹一句"桑榆尤庆逢盛世"也是孙家子女们的心声,孙承永曾在文章中写道:"我们兄弟姐妹七人都是祖国培养出来的高级知识分子,长期接受中国共产党的教育,深深懂得没有共产党就没有新中国的道理。长江后浪推前浪,一浪更比一浪高。为中国的富强昌盛奋斗终生就是实现党和父亲对我们的期望,也是报答祖国和父母的培育之恩的最佳体现。"③

孙启粹和周静诤树立了良好的家风,在他们自身的品格和行为的影响下,子女各自在工作岗位上都做出了成绩,孙承纬也是兄弟姐妹公认的传世家风的杰出传承人。

孙承纬的兄弟姐妹之间一直保持着密切的联系,传习着从父母身上继承的孝老爱亲、善良仁爱、努力进取的品质,父母给予他们的深切关爱,一直被他们记在心间。2014 年,为了纪念孙启粹和周静诤诞辰 108 周年、100 周年,他们共同编写纪念文集,以文字表达对逝去父母的思念和养育

---

① 孙承纬访谈,2019 年 5 月 7 日,四川绵阳。资料存于采集工程数据库。
② 孙启粹:序言。见:孙承永主编,《温暖——孙承纬家庭纪念文集》。内部文集,2014 年,第 70 页。存地同①。
③ 孙承永:我们的兄弟孙承纬。见:《孙承纬院士八十华诞文集》编辑组编,《孙承纬院士八十华诞文集》。北京:中国原子能出版社,2019 年,第 24 页。

图1-5 2019年8月24日，孙承纬和姐弟合影（采集小组提供）

之恩的感激之情，以继续传承敏思、笃学家风的特殊方式来怀念、追忆父母。

这本名为《温暖》的文集，共收入20篇文章，包含了孙家第二代至第四代的心声，从不同层面诠释了血脉亲情的深远影响，《温暖》的主编孙承永在序言中写道：

> 足以告慰你们的是，众多儿孙一贯本着你们的教导，自立自强，好学上进，努力工作，认真做人，整个家族呈现一片欣欣向荣的景象。
>
> 父母的爱心和家族的优良传统也将通过这本纪念文集流传后世，发扬光大。①

---

① 孙承永：序言。见孙承永主编，《温暖——孙承纬家庭纪念文集》。内部文集，2014年，第30页。资料存于采集工程数据库。

第一章 家风浸润，积善传习

第二章
少年立志，科学报国

孙承纬自幼喜欢看书和手工制作，在青少年时期培养了阅读、科学制作、听音乐等广泛的兴趣爱好，并在此过程中，养成了善于琢磨、主动思考、勤于动手、坚持不懈的良好习惯。

孙承纬在上海市虹口中学度过了6年中学时光，在"勤奋、踏实、俭朴、友爱"的校风浸润下，他形成了朴素、谦虚的品质，培养了主动学习的习惯，并和同学们结下了终身友谊。1957年，孙承纬积极响应党中央"向科学进军"的号召，与同学共同制订了"向科学进军"学习计划，自此立志科学报国。

喜欢"琢磨"的孩子

孙承纬是家中的第4个孩子，出生时父亲孙启粹在上海海关直属的税务专门学校教务处工作，担任教务员、注册主任，家境小康。1940年4月15日，出生刚满123天的孙承纬在照相馆留下了人生中第一张相片，11月30日，与父母、哥哥、姐姐拍下了第一张幸福的全家合影。

孙承纬幼时活泼好动，1942年，他经历了人生第一次风险。春季的一天下午，已经上小学的大哥孙承绪和大姐孙承永坐在二楼窗边的圆桌旁写作业，两岁多的孙承纬在窗边的一排椅子上跑来跑去，随后又爬到了圆桌上，在桌子上拿起一根筷子插在窗户的搭扣里，蹲在窗边来回推拉着窗户玩耍，没承想竹筷突然被弄断了，承纬因为重心不稳一下就冲到了窗户外面，从二层倒栽了下去，承绪、承永听见哇的一声，忙从作业本中抬起头来，再一看小弟不见了，慌忙中赶紧大声喊着母亲："妈妈，小弟掉下去了。"①

图 2-1　1940 年 11 月 30 日，孙承纬与父母、兄姐合影（周静诤怀中抱者为孙承纬）
（孙承纬提供）

周静诤听见喊叫也慌了神，待她冲到一楼，承纬已经躺在一楼的地板上昏迷了。所幸，碰巧楼下邻家女孩正蹲在那里收拾晾晒的鞋子。孙承纬先落到她的肩膀再滑到铺有蚕豆壳的水泥地上。中间的"缓冲"使这次坠楼有惊无险。当孙启粹夫妇从医院把神志清醒的承纬抱回家时，大家才松了一口气。孙启粹也为此写了一篇文章，名为"纬儿坠楼记"，详细记录了这次事件发生的过程，并期盼他"大难不死，必有后福"。

1942 年暑假，孙启粹所在的税务专门学校决定西迁，因子女年幼同时妻子怀有身孕，因而孙启粹只能离开学校另谋职务。周静诤的前四个子女都是在母亲的守护下出生的，而这一次周静诤的母亲住到了正在武汉治病的大儿子家中，孙启粹担心即将临产的妻子身边无人照顾，便决定举家回到常州仁里弄的老宅居住，这样也可以得到大嫂谈瑛的帮助和照料。

---

① 孙承永访谈，2019 年 5 月 22 日，上海。资料存于采集工程数据库。

1943年年初，周静诤的大弟不幸病逝，两周后周静诤的第五个孩子孙承统出生。由于心情忧伤影响奶水质量，同时当时的常州医疗条件较差，导致刚出生的承统时常生病。春天，孙启粹夫妇决定带着小女儿孙承平和刚出生的儿子孙承统先回上海，把已经在常州上小学的承绪、承永和三岁不到的承纬留给了周静诤的母亲照顾。

父母离开常州后，白天大哥、大姐到学校上学，外婆也要忙着做家务，很多时间，三岁多的承纬只能独处，"他的性格有些内向，有一部分原因是那时养成的，"孙承永这样回忆，"承纬自幼就是一个性格倔强的男孩，他总是自己默默地玩，并不拖累大人。"①

每天下午承永放学后走到家门口，就能看到承纬已经坐在外婆家附近洗染店的门槛上在等她了，于是承永马上放下书包，从外婆手中接过零钱，快步跑到马路对面的府桥馒头店买两个中间涂有红点的糖馒头，然后和弟弟一起坐在门槛上边吃馒头边玩过家家，直到天色渐渐变暗，外婆来叫他们吃晚饭，承永才领着弟弟回家。

很快，暑假便到了，父亲也回到常州接外婆和承绪、承永及承纬到上海位于曹家渡的家中，一家人终于又团聚了。

孙启粹自1943年从常州回来后，便在位于外滩的大夏企业银行谋得一个职位，由于曹家渡距离外滩太远，每天上下班骑自行车很不方便，1944年10月，孙启粹便将家从曹家渡搬到了山西南路31弄7号。由于山西南路的房子面积较小和学期间隔的缘故，承绪、承永和承纬只好再次跟着外婆一起单独生活，留在了曹家渡的老房子，承绪、承永继续在曹家渡附近的小学就读。

孙承纬的外婆非常能干，特别是针线活做得非常好，跟随女儿生活后，周静诤一家老少的衣服和鞋袜基本都是她亲手缝制的。

尚未上小学的承纬年近5岁，哥哥姐姐去上学了，年幼的他大多数时间里除了外婆没有人可以交往。游戏是孩子的天性，没有小伙伴的承纬开始学着自己找材料做玩具，外婆做衣服用剩下的线筒便成了他第一次做手

---

① 孙承永访谈，2019年5月22日，上海。资料存于采集工程数据库。

工的原材料。

孙承纬在线筒两个端面的边上分别刻一排齿口钉上两个小钉子，挂住一根穿入线筒孔里的橡皮筋，另一端架一根小木棍揽住从线筒中孔穿出并经过一颗算盘珠孔的橡皮筋，用小木棍转动橡皮筋，放到地上线筒就会滚动，一辆"坦克车"就做好了。他常常拿着它在家门口玩耍，经过不断的改进，小小的"坦克车"不仅可以在平坦的路上开，而且还可以爬坡下坎。童年做"坦克车"的经历给孙承纬留下了深刻的印象，他从那时起开始喜欢动手做东西，小船、官帽子、纸飞机都是他经常做的玩具，在跌跌撞撞的摸索中开始了科学实践启蒙。

1945年年初，孙承纬及哥姐跟随外婆搬到了山西南路和父母团聚，也在这年9月，他进入了私立华华小学读一年级。华华小学是一所胡同里的"大楼小学"，设在福州路复兴里内的一栋大楼的第三层，条件比较简陋，学生们只能在楼下的弄堂里活动。华华小学距离孙承纬的家非常近，从山西南路的家中出来，不用经过马路就能拐入学校，这也是父亲选择让年幼的承平和承纬就读华华小学的主要原因。

华华小学的校长朱由龙年轻有为，立志投身教育事业，大学毕业后和妹妹及几个同学合办了这所小学。华华小学虽然只是一所普通小学，但是老师们都是年轻的大学毕业生，教学秩序规范有序，教学质量很好，每学期期末都会下发学生考试成绩单，以便家长了解学生的学习情况。特别是到了四年级以后，成绩单改为学期通讯，上面不仅有学生的考试成绩，同时班主任会写下本学期对学生的评语及期望。假期结束时，家长也会写下学生在家中的表现及希望学校加强教育的内容，学期通讯成为学校和家长联系沟通的一种方式。由于孙启梓的妥善保管，孙承纬小学六年的期末成绩单全部完好留存至今。

华华小学一、二年级主要开设了公民、国语、算术、常识、美术、音乐、劳作7门课，三年级开始增设英语课，四年级又增设了珠算、自然、地理等。

孙承纬的班主任毛蓓蕾是音乐老师也是校长的妹妹，不仅教课非常认真，而且非常和蔼可亲，把学生们当成自己的孩子一样爱护。朱由龙亲自作词作曲谱写校歌，由毛蓓蕾在音乐课上教给学生们，其中"做国家栋梁"[1]一句从幼时就深深植入孙承纬的心中。上音乐课时毛老师弹着风琴教孩子们唱歌，孙承纬回忆"大家都很愉快"[2]地跟着唱，也是从那时起，一颗喜欢音乐的种子悄悄地种植在承纬幼小的心田上，直至成为陪伴他终身的兴趣。

虽然学校离家很近，但孙承纬每天总是早早就背了书包去上课，这是遵照父亲孙启粹"凡事要留有余地"的嘱咐。有哥哥姐姐的榜样作用，孙承纬养成了良好的学习习惯，课堂上就把作业全部完成了，偶有家庭作业也在放学回家后第一时间完成，从来不需要父母催促。他一到二年级的学习成绩始终保持在前十名左右，有时也考到过第五名。

1947年春天，孙启粹离开上海应聘到武进县（即常州）银行任襄理，当时，周静诤的母亲已经迁到小儿子在上海茂名南路的家里定居，并且年老多病，已无暇照顾外孙儿女。孙启粹独自在常州工作，十分牵挂留在上海的妻子和七个子女。考虑再三，孙启粹夫妇决定将全家一起搬到常州仁里弄暂住，这样一家九口也可互相照应。1947年7月，全家从上海再次回到了常州老宅。

1947年9月，孙承纬插班进入武进县县立崇法镇小学读三年级，直到1948年12月返回上海重新入读华华小学。对于这段学习经历，孙承纬这样回忆：

> 那年冬季是一个严寒的冬天，手、脚和耳朵都生了冻疮，早上还要起来上学，街上的风吹得透心凉，上课迟到站在教室门口的尴尬场面还有所记得，至于学了什么，怎么学的则已忘之夭夭。[3]

虽然孙承纬不记得在学校里学了什么，但是保留下来的成绩报告单显

---

[1] 孙承纬访谈，2019年5月7日，四川绵阳。资料存于采集工程数据库。
[2] 同①。
[3] 孙承纬：父母杂忆。见：孙承永主编，《温暖——孙承纬家庭纪念文集》。内部文集，2014年，第40页。存地同①。

示他在常州近一年半的学习成绩良好，三年级下学期的期末考试在全年级85人中排名第26名[1]。让孙承纬印象深刻的是，在常州的夏天他喜欢上了看书，也就是从那时起他培养了看课外书的兴趣。

下午放学之后，孙承纬常常去外婆的弟弟缪汝翔舅公家玩。舅婆很喜欢他，因为两岁时坠楼造成的颅骨接缝处凹陷，舅婆亲切地称呼他为"金元宝"。缪舅公家在仁里弄的尽头，承纬爬上一个又窄又陡的木梯子便到了舅公家的二楼阁楼，在那里他发现了很多线装本旧书，看着看着就着了迷。孙承纬记得看完的第一本书是木刻线装书《说岳全传》，此书让承纬兴趣盎然，借回家来认认真真地看了一遍，书里面的人物刻画得活灵活现，让承纬看得忘记了吃饭。《说岳全传》读完后他对历史故事产生了浓厚的兴趣，以后接着又看了《万花楼》《七侠五义》等历史和武侠小说。

孙启粹一家在仁里弄正院住了一年多，1948年解放战争进展迅速，国民党军队节节败退，常州社会秩序日益混乱，从淮海战场上溃退下来的国民党残兵败将到处游荡，孙家大厅里住满了伤残军人和他们的家属。孙承纬和兄弟姊妹们不仅无法正常学习，甚至连正常生活作息也不能保证，不仅小孩感到害怕，大人内心也感到非常不安。

面对如此动荡的局势，孙启粹夫妇商量后认为不能再继续在常州居住了，决定立刻返回上海的家，不等孩子们放寒假。孙启粹四处托人，好不容易买到了回沪的火车票，历经千辛万苦，一家九口及周静诤的母亲于1948年12月10日回到上海山西南路的家里。由于正处于学期中间因而无法插班，孩子们也就只能在家中"放羊"，直到1949年寒假过后，春季开学孩子们才分别插入自己的年级恢复正常学习，孙承纬也回到华华小学，插入四年级下学期学习。

在常州近一年半的时间对孙承纬的学习还是造成了影响。回到华华小学后，成绩一直良好的孙承纬在学习上遇到了两只"拦路虎"。同学们在三年级就开始学习英语，到了这时已经学习了一年半，四年级开始的珠算课，承纬也缺了半学年的学习，因而英语和珠算成了拖后腿的两门功课，

---

[1] 1947年1月，武进县崇法镇中心国民学校三年级学生孙承纬成绩报告单。资料存于采集工程数据库。

四年级下学期的期中考试，孙承纬的英语和珠算都不及格（珠算20分、英语16分），老师特意在成绩单上写下"注意不及格科目"的提醒。①

每到上这两门课时孙承纬就感觉非常痛苦，英语不知道怎么读，同学们都会读而他不会；珠算则搞不懂"口诀"到底是什么意思，虽然他记得每一条口诀，但就是搞不懂该如何运用。他想不通既然笔算能做出答案，要这些口诀有什么用呢？每次做珠算题，他用笔算做出答案，再凑几句口诀交账。

在发现孙承纬学习这两门功课有障碍后，孙启粹专门拿了一个小本子把英语的发音都写清楚，每天认真地教孙承纬英语，并把珠算口诀专门写在一个小本子上给他讲解，孙承纬的英语和珠算渐渐地有了一些起色，四年级下学习期末考试，这两门功课的成绩有了提升，但依然还是都没有及格，全班排名第20名。②

1949年5月27日，上海迎来了解放，举行了盛大的解放军入城仪式，街上挂着长幅标语，人们举着五颜六色的小旗帜热情地欢呼着庆祝解放的口号，孙承纬和同学们趴在学校教室的窗口观看庆祝解放的大游行。一年多以后，抗美援朝开始，保家卫国的战歌再次响彻云霄，这些热烈的场面都给他留下了深刻的印象。

中华人民共和国成立后，英语课取消了，这对孙承纬来说是好事，短板少了一项，但是珠算依然是他的"老大难"。除此之外的其他功课都学得很轻松，尤其是他的记忆力非常好："自然、地理我一看就记住了，不用花很多脑筋。比如说有多少个省，每个省的省会是哪里，别人会记不住，但是我看看地图很快就记住了。"③ 自然课要做实验，动手能力一直是承纬的强项，因而也难不倒他。五年级的上学期期末考试，在珠算只考了47分的情况下，班里排名第六名。④

那时的小学基本没有家庭作业，学生回到家便有了很多业余时间，"放

---

① 1949年4月，私立华华小学四年级下学期期中考试孙承纬成绩报告单。资料存于采集工程数据库。
② 1949年7月，私立华华小学四年级下学期期末考试孙承纬成绩报告单。存地同①。
③ 孙承纬访谈，2019年5月7日，四川绵阳。存地同①。
④ 1950年1月，私立华华小学五年级学生上学期期末考试孙承纬学期通讯。存地同①。

学回家都在玩，但我玩的方式和别人不一样。"孙承纬的玩就是阅读课外书籍和手工制作，也正是这一时期孙承纬培养起了酷爱阅读和擅长动手制作的习惯。

孙承纬的父亲孙启粹平常喜欢看书，偏爱古典文学、唐诗宋词等一类的书籍，在他的影响和教育下，子女们从小也养成了爱看书的习惯，孙家所处的地理位置则为孩子们看书提供了得天独厚的条件。

孙家位于上海市中心山西南路清河里（即31弄）内第二个支弄百福里7号，是一条百年以上的陈旧石库门弄堂，旁边的福州路上遍布书店。[①] 孙承纬的兄姐们自小就喜欢去福州路上的书店看书，孙承纬最喜欢在书店里随意翻翻各种书籍，常常是拿到一本心仪的书，就席地而坐如饥似渴地埋头阅读，有时甚至忘记了回家的时间，《三国演义》《水浒传》等名著都是那一时期阅读的。

五年级时，孙承纬有一位住在昭通路的同学经常带书到学校，昭通路是旧书店集中的小马路，街道两边的人行道上布满了旧书摊。那个同学总是变着花样带各类武侠小说借给大家看。孙承纬回忆说："例如《蜀山剑侠传》等，念书也不太专心，回来就看这个东西。"[②]

孙承纬不仅借书看，也常常买书，旧书店的书因为价格便宜尤其是书源广泛，因而经常去逛。他把书放在床和写字台之间搭起的隔板上，到了小学六年级的时候，三层隔板上已经放不下了，于是就自己动手做了一个木书架，不想竟有六七十本之多，主要是科普和历史类读物，正在读小学的孙承纬已经感受到了读书的魅力。武侠和历史书籍中描绘得活灵活现的人物及生动有趣的故事情节都让他手不释卷。

孙承纬不仅酷爱课外书籍，同时也爱思考问题，从学龄前开始做的第一台"坦克车"起，经常独处的他就不断地琢磨着做各种玩具，有时也喜

[①] 孙承纬家往北靠近上海市第一大街南京路，往南仅几十米便是"中华第一文化街"福州路。福州路"文化街"历史悠久，1864年就有墨海书馆，1916年之后，中华书局、大东书局、世界书局、龙门书局、商务印书馆等相继迁入福州路，形成全国报纸图书出版业的中心。中华人民共和国成立后，福州路因拥有新华书店、科技书店、外文书店、各类艺术书店、古籍书店、旧书店、出版机构、文化用品商店等，继续享有著名文化街的美誉。

[②] 孙承纬访谈，2019年5月7日，四川绵阳。资料存于采集工程数据库。

欢钻牛角尖，做一件事情一定会坚持到底，不会轻易放弃，慢慢地培养起了很强的动手能力。

孙承纬的外婆有很长一段时间住在孙家，帮助照料外孙儿女们，十口之家，那么多孩子的布鞋棉鞋都是她一针一线缝制的，最让孙承纬感兴趣的是外婆做衣服的工具和原料，如剪刀、锥子等，他常常拿去干"私活"，外婆对他非常宽容，从来不会责骂他，只是叮嘱他用时要小心别弄伤了自己。

家里还有一台老式的"胜家"牌缝纫机，这是孙承纬最早接触到的机械工具，看到外婆用缝纫机很快就能做好衣服，他产生了浓厚的兴趣，缠着外婆学会了使用缝纫机补袜子、做沙包之类的针线活。他更喜欢仔细观察缝纫机，琢磨其中的机械原理，开始拆装外婆的缝纫机玩。

孙启粹擅长篆刻，也经常动手修理家里的水电器具，家里备有一些基本工具，例如治印刻刀、榔头和老虎钳、各色钉子和小五金等，放在家中写字台的抽屉里。这些工具都成了孙承纬动手学本领的起步家当，他经常拿着做玩具，父母非但不会阻拦，而且经常帮助他找工具、找材料。

时隔多年，孙承纬依然很感叹孙启粹的教育理念：

我印象里是这样的，你成绩每次都还可以的话，我父亲就不会过多地过问学习。他关心的是什么？关心的是你这个小孩有什么自己特别喜欢的东西要帮助发展的，他这是很开明的。[①]

孙启粹不仅仅只是盯住子女们的考试成绩，在日常生活中他会仔细观察子女的兴趣所在、有什么专长、喜欢什么，他会帮助子女朝喜欢的方向发展。

一次，刚上小学的孙承纬站在写字台旁看父亲写字，孙启粹看见写字台上水盂中的水干了，于是便问他："把一滴水放在什么里面才干不了？"

---

① 孙承纬访谈，2019年5月7日，四川绵阳。资料存于采集工程数据库。

承纬回答:"放在水里面。"孙启粹听后很高兴,连连称赞承纬会动脑筋。①

观察到孙承纬对科学实践感兴趣后,孙启粹还给他买过很多有技术趣味的玩具,如从纸管中吹出去的降落伞、转轮式的小手枪等。

有一次上海市举办少年儿童科技作品展,孙启粹得知后托人搞到两张票,晚上下班后专门带了承纬去看展览。展览上的作品基本是设施条件好的学校的学生作品展示,华华小学并没有能力和条件支撑学生们的科学实践发展,这让承纬不禁心生羡慕之情,非常渴望自己也能够做出这样的作品来。

孙启粹在发现承纬喜欢做木工活之后,为了让他做得更方便顺手,特意请商务印书馆的木工师傅把一截断锯条装上把手,做成一把"鸡尾锯"送给承纬。依靠这把"鸡尾锯",孙承纬做了很多家庭常用的小物件,使用了很长时间,特别是两个木书架,几十年后孙启粹依然在使用。

孙承纬家的楼下是一个大药房的仓库,经常会有装药的废弃木箱丢在院子里,孙承纬就把箱子板捡回来使用。孙承纬的舅父生肺病在家休养,只能坐在床上吃饭,承纬就为他做了一张小炕桌。

孙承纬做东西主要有两个驱动力,一个是兴趣,另一个是需求。一次,承纬看见父亲刚买回来一套刻刀,感觉应该很锋利好用,便想用这套新工具一试身手。承纬决定在家里的竹筷筒上刻上"人民"两个字,没承想越刻越起劲,把竹筒壁刻通了,于是索性把两个字全部刻通,虽然没有达到最初的想法,但是也感受了刻刀锋利的快感。像这种凭着兴趣做的东西很多,并不是每次都能达到原先的预想,可即便做坏了,孙承纬的父母也从来不会责备他,让他自由地发挥自己的爱好。

能让孙承纬动手探索的"需求牵引"就更多了,比如为了看书方便就组装床头灯、台灯;家里的门锁、电灯、自来水出现故障,承纬就主动去尝试维修,一来二去,日常家居出现的小问题的维修都不在话下,很少再需要孙启粹亲自出马了。

1951年,家里买了一台电子管收音机,当时是家里仅有的大件电器。

---

① 孙承永:我们的兄弟孙承纬。见:《孙承纬院士八十华诞文集》编辑组编,《孙承纬院士八十华诞文集》。北京:中国原子能出版社,2019年,第24页。

孙启粹很喜欢这台收音机，每天用来听国内外新闻，空闲时也听听京戏放松心情。当时收音机是个稀罕物件，也是仅有的家庭娱乐来源，不仅孙启粹喜欢收听节目，子女们也都爱不释手，已经上小学五年级的孙承纬也经常用来收听音乐。这时就遇到问题了，收音机只有一台，但是大家都想听，每个人的喜好不同，于是孙承纬新的"需求牵引"就又出现了。

很喜欢听音乐的孙承纬非常渴望能拥有一台属于自己的收音机，于是他想法子组装一台收音机。恰好家里有一套组装矿石机的元器件，这是大哥孙承绪在初中时买回来的安装半成品，包括一个小收音机木外壳、一个可变电容器，一张组装电子线路图。因为有修理电灯、组装台灯的经验，孙承纬对电子线路并不陌生，于是他准备完成这台矿石机的组装。

矿石机的核心是硅铁矿石，利用其半导体特性实现检波器的功能，作用是把收到的高频调幅波信号"整流"为直流信号，再通过滤波取出音频成分，这些道理也是他在高中阶段才懂得的。孙承纬去旧货摊上淘零件，买了大块硅铁矿石回来，敲下一些芝麻大的小块，选取晶面平整的矿石颗粒装在矿石座子里，再装到收音机的线路中。随后开始进行调试，重点是将矿石座里的金属针磨细，改变针尖和矿石晶面的接触点，形成良好的点接触二极管。调试时承纬常常忘了吃饭睡觉，终于能够通过耳机听到声音了，他非常高兴，"空中无线电波已收到了"[①]。通过制作矿石收音机，孙承纬不仅感受到了手工制作成功的快乐，获得收听音乐的喜悦，更扩大了对科技世界的了解。

虽然矿石机的效果有些差强人意，时不时还会窜到别的频道，但在当时也是青少年"科技前沿"的作品。到了初中阶段，他和弟弟们一起改进组装了多台矿石机，在旧货摊淘些更好的零器件换上，买了号筒式喇叭代替耳机等。为了增强音量，经过一番琢磨后，孙承纬决定在屋顶上加装一个天线，他爬到家里灶间（平房）屋顶上架了一根天线杆，再拉了一条很长的电线通到矿石机，这样矿石机的声音果然就响了很多。有了矿石机，孙承纬常常一边听音乐一边做自己喜欢的手工，这种用听音乐放松自己的

[①] 孙承纬访谈，2019年5月7日，四川绵阳。资料存于采集工程数据库。

方式成为孙承纬的终身习惯。

不上课的日子里,除了做手工,好奇心很强的孙承纬还喜欢利用星期天和同学们去近郊"探险"。当时公共交通不发达,出行经常是步行或者骑自行车。随着年龄的增大,好奇心的驱使,使得孙承纬非常想要了解外面的世界,"对上海市区外的'景点'到底是什么样的很感兴趣"。[①]

孙承纬找到了一本上海旧地图册,每一块地区为一页,绘制得很细致,小到一个弄堂之内怎么穿行都清清楚楚。孙承纬按着地图,首先找到位于紧临淮海路和南昌路的茂名南路上的外婆家,当他喊着"外婆,我来了"时,着实让外婆吃了一惊,她怎么也想不到,这5千米的距离年仅11岁的孩子是怎么摸索到的?

经历这次成功找到外婆家,孙承纬产生到更远的地方去"探险"的想法。于是,他找来住在附近的小伙伴,说出自己的想法,听到能去外边的"世界"看看,大家也都跃跃欲试,热烈地讨论着探险的地点,承纬在上海市地图上面寻找想去的地方,确定"探险"路线,充当引路人的角色。

利用星期天,孙承纬和小伙伴们先后去了杨浦区东面的复兴岛、现在南浦大桥旁的半淞园、西边的中山公园、北边的联义山庄等地,不仅学会怎样使用地图,而且扩展了承纬的见识,同时也锻炼了他勇于探索未知世界的胆量。

1951年夏天,孙承纬即将小学毕业,六年级期末的考试成绩在班里排名第七[②],老师的评语是:思想进步,爱科学,学习认真。面对考中学的问题,家里非常重视,当时上海市仅有12所公立中学,学费比私立学校低很多,而且是第一批招生,考不上可再考私立重点学校,因而家里决定让孙承纬去报考公立学校。一家人在一起商量报考哪一所学校,大姐孙承永推荐武进路上的虹口中学,她曾经到虹口中学去参加过一次活动,对那里的游泳池、大操场记忆深刻,感觉条件很不错。于是,孙承绪、孙承永就去虹口中学给孙承纬报了名。

孙承纬的虹口中学同学朱贻琯回忆起当时报名的"盛况":

---

① 孙承纬访谈,2021年4月16日,四川绵阳。资料存于采集工程数据库。
② 1950年7月私立华华小学六年级下学期期末考试孙承纬成绩报告单。存地同①。

报考那天，共有三千余人，从一楼到四楼，从东到西，盘旋蜿蜒排成长龙队伍。我从早上7时到校，直到下午2时才报上名。①

善于"思考"的少年

孙承纬和家里都把小学升初中的考试看成头等大事，特别是当了解到报考虹口中学的人数有三千余人之后，大家不能确定孙承纬一定能考上。父母给孙承纬报了一个升学指导班，一间大教室里乌压压挤下了近几百人，混乱中根本无法听清老师讲了些什么，于是承纬去上了两天课便不再去了。已经在苏州东吴大学上学的大哥给孙承纬买了一本由上海中学校长孙伏园编的《小学升学复习指导》，让承纬在家里"恶补"，"居然在考试时那些复杂算术难题都对付过去了"，孙承纬这样回忆②。

虹口中学录取了前二百人，用一张大红纸张榜张贴在主楼二楼的阳台外墙上。孙承纬挤在人群中好不容易才找到自己的名字，他反反复复看了三遍，确认无误之后才非常开心地回家报喜。一周后他又通过了面试，虹口中学最终录取了一百五十人，孙承纬以1∶20的比例顺利考取了虹口中学初中部。初一全年级有甲乙丙三个班，后来又增加了一个春季班，孙承纬被分在乙班，学籍字号：原编V121。

上海市虹口中学（原址武进路86号）建立于1949年，这所与共和国同龄、与行政区同名的学校，前身是国立上海师范专科学校和新陆师范学校。1949年上海解放后两校迁出，原师专附中由人民政府接管，命名为上海市虹口中学。③

---

① 朱贻琯：虹中哺育我成长　虹中激励我前进．见：朱正邦编，《孕育生命的沃土》．上海：学林出版社，2009年，第58页．

② 孙承纬访谈，2021年4月16日，四川绵阳．资料存于采集工程数据库．

③ 1954年，被列为上海市重点中学；1959年，被列为虹口区重点中学．1977年，上海市武进中学并入；1978年，虹口中学重新被确认为区重点中学，2003年5月更名为虹口高级中学．2006年8月，学校迁入广粤路138号．

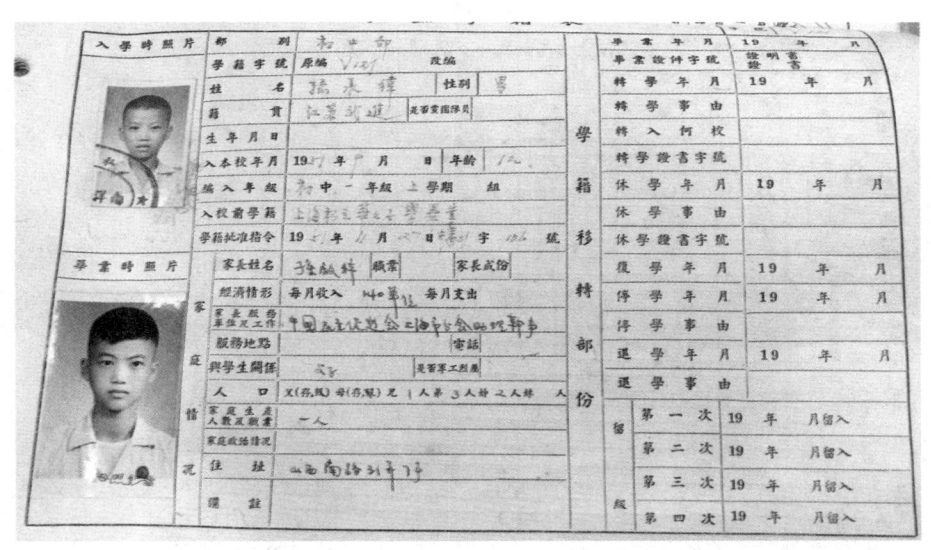

图 2-2　孙承纬初中学籍档案（虹口中学提供）

虹口中学拥有一栋四层教学楼和二层的大礼堂及室内体育场。室外操场设有篮球场、田径跑道、沙坑和游泳池。教室的单人课桌椅很有特色，采用铸铁架整体结构，敷设木板的翻盖桌面和座椅。教学楼每层东端有一间大教室，依次为四楼是校图书馆，三楼是物理化学实验室，二楼是配有钢琴的阶梯音乐教室、少先队大队部和团委，一楼是校长办公室和教导处。

虹口中学成立后，虹口区教育局从各学校选调了一大批思想进步、有教育经验的教师到虹口中学任教，他们课堂上认真讲课，课堂下有问必答，带来了新思想、新内容，语文课不是一味讲古典文学，而是更多地讲现代文学。

这些老师大都是名校毕业，他们调入后虹口中学可谓名师云集，像生物老师于运联，化学老师鲍婉仪，语文老师张政平、莫仲介，数学老师翟宗荫、罗洁玉，物理老师郁青田，音乐老师唐森，体育老师钱泽民等，都是有着丰富教学经验的老师，不仅知识渊博、经验丰富，而且有着良好的师德，在他们的努力下，虹口中学营造出了"勤奋、踏实、简朴、友爱"的良好校风，孙承纬和同学们正是在这样的校风浸润下成长起来，成为他

图 2-3　20 世纪 50 年代的虹口中学（虹口中学提供）

身上不可磨去的印记。

　　幸运的是，这些名师先后成了孙承纬的老师，为他的中学阶段奠定了良好的学习基础。初中时从头开始学英语，这对于小学只学过半年英语的孙承纬实在是个福音，英语基础得到了巩固。初一时的英语老师是陈朴，上课时经常用英语进行提问；初二的英语老师是冯树藩，不仅讲课非常清楚，还经常会讲些英语小故事吸引学生注意听讲；初三的英语老师是蒋琳瑜，留美回国，英语口语非常流利，是学生们非常喜欢的一位女老师。

　　初二开始学习代数，从算术过渡到代数，由于数学概念上发生了变化，孙承纬回忆一开始还不能很好地理解，他的代数老师是一位叫罗洁玉的女老师，毕业于复旦大学数学系，罗洁玉讲课带点四川口音，最突出的特点是教学深入浅出，将数学概念分析得条理清楚，罗洁玉教得轻松，学生们也能够很愉快地接受新知识，孙承纬在短时间内顺利地度过了适应期。

　　物理、化学都是初二新增的课程，这两门课程都有实验课，这对从小

图 2-4　1950 年 7 月 7 日，上海市虹口中学全体教职员合影（虹口中学提供）

就喜欢动手实践的孙承纬可谓如鱼得水，他从一开始就喜欢上了这两门功课，每次实验课都做得非常认真、仔细。化学老师鲍婉仪，是一位德高望重的化学专家，化学课讲解清晰，对待学生更是亲如家人，孙承纬和同学们都对她印象深刻。

历史、地理课程也一如小学时期，记忆力超强的孙承纬看一遍就记住了知识点，并不需要花费太多的时间；博物课老师戴洁，教学经验非常丰富，博物课分成植物和动物两部分，戴洁讲课生动，经常将生物标本带到课堂展示。

从小学就喜欢听音乐的孙承纬非常喜欢唐森老师的音乐课，唐森会弹钢琴，经常教学生们唱悦耳动听的少儿歌曲、中外歌曲，潜移默化地培养了学生的乐感。孙承纬虽然嗓子一般，但是很喜爱听音乐，对歌曲的简谱和歌词记忆力强，对旋律会产生共鸣。孙承纬初中喜欢的歌曲有《拉兹之歌》《梭罗河》等，到了高中学习俄语后，孙承纬爱上了俄语歌曲，比如《喀秋莎》《共青团员之歌》更是他和同学们经常哼唱的歌曲。音乐给他带来愉悦、灵感，在科研攻关时，即便遇到再大的困难，音乐也会给他带来启发和勇气。

孙承纬的初中阶段成绩单显示，他的平均分从初一时的 76.8 分上升到初三时的 82.8 分，成绩稳步提升，据他的同班同学回忆，孙承纬的成绩应该是班里的中上水平。孙承纬也这样回忆：初中阶段学习并不主动自觉，

第二章　少年立志，科学报国

整天都在玩。① 孙承纬所说的"玩",是指大部分课余时间都花在阅读课外书籍和手工制作上,放学后并没有再想着要去复习和预习课本知识。

升入初中之后,孙承纬从一个弄堂小学来到设施完备的虹口中学,偌大的操场、众多的老师和同学,让他感到目不暇接,更大的变化则是他的世界仿佛也变得更宽广了。从家到学校不再是出门即达,单程步行需要半个小时左右,在当时算是比较远的距离了。因而,每星期周静诤会给孙承纬几角钱,让他乘坐电车上下学。大多数时间里孙承纬并没有乘坐电车,每天一早,天还没有亮就拿着妈妈准备的饭盒走路去学校,下午放学后再走路回家,这样节省下了的车费便可以买自己喜欢的书籍了。中学六年,孙承纬一直坚持走路上下学,大姐孙承永曾说:"我妈是给了他车费的,他自己要锻炼,原来我以为他就是走走,后来坚持了6年,而且风雨无阻的,每天背着书包拿着饭盒就走了,很有毅力。"②

走路上学不仅节约了车费,同时也满足了孙承纬探索新天地的强烈好奇心,从学校到家的路上,要经过很多琳琅满目的小货摊,还有各种各样的游戏摊子,承纬觉得很新奇,每天放学后一边走一边看,往往到家天都黑了。

初中时期,孙承纬阅读的范围开始渐渐拓宽,阅读书籍的种类也开始逐渐增加,他看书的速度很快,习惯中午在学校边看书边吃饭,往往一两天就换一本书。除了看科幻小说之外,他还看了大量的外国翻译小说和人物传记,像《鲁滨孙漂流记》《卓雅和苏拉的故事》《彼

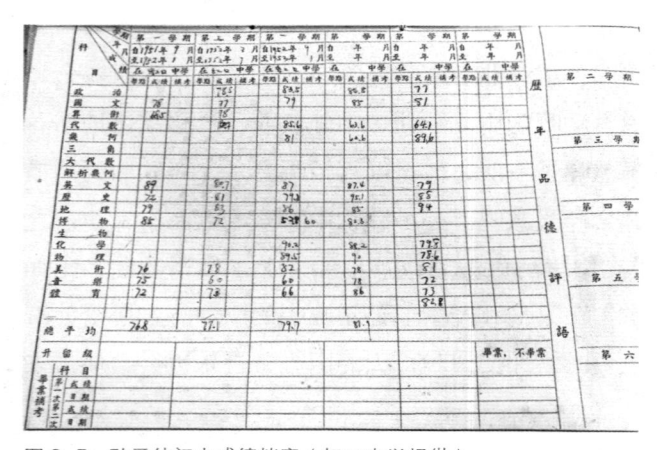

图 2-5 孙承纬初中成绩档案(虹口中学提供)

---

① 孙承纬访谈,2019 年 5 月 7 日,四川绵阳。资料存于采集工程数据库。
② 孙承永访谈,2019 年 5 月 22 日,上海。存地同①。

得大帝》等，还从父亲的藏书中找书看，其中有瞿秋白编的《鲁迅杂感选集》以及茅盾、冰心、高尔基的作品。

福州路上的世界书局、龙门书店、中华书局、新华书店、古籍书店等都是他经常流连忘返之地，他常常一个一个书店挨着逛，任意翻阅，遇到感兴趣的书就坐在地上慢慢看。渐渐地，孙承纬发现有时候在书店浏览比上图书馆借书还方便，这时他认为："不求甚解，不亦说乎。"[1]

福州路上有一家最大最集中的"上海旧书店"，数量众多的不同学科书籍分门别类摆放在书架上，很多是中华人民共和国成立前中学或者大学的参考书。孙承纬经常在这里翻看，特别是一位中华人民共和国成立前的数学家樊畿编写的多册"数学小丛书"，孙承纬看后感觉很好，陆续买了七八本。这些书在高中成为他学习的有用参考。

同时，新华书店还有很多从外文翻译过来的科普图书，这类书往往让孙承纬迈不开脚，他回忆道："经常到书店去翻翻，慢慢地就对科学有点兴趣了。"[2]

1951年春节，孙承纬花费了"巨款"从世界书局买了一直心仪的两本书：《玩具制造》和《机械工艺》，都是美国科普杂志的选编本，里面讲述了怎样做玩具步枪、蒸汽机、小火车、潜水艇等。之后，他陆续又买了从俄文翻译的《少年机械工程师》《少年电机工程师》等青少年技术书。孙承纬认真地将这些书看了很多遍。他最心仪的是制作潜水艇模型，在当时做潜水艇的很多原材料无法搞到，因而也无法付诸实践，但孙承纬从书中学会了很多手工技术、机械原理和设计方法，对于提升他的动手和思考能力帮助很大。

初一时，因家里位于山西南路的房子翻修，孙承纬借住在虹口区的寄祖母孙璇家里约半年，这里距离虹口中学不远，走路15分钟，距离著名的旧货市场所在地虬江路也很近，孙承纬经常去虬江路买些小五金回来，琢磨着做各种各样的东西玩。

当时正值夏季，大雨过后，虹口中学的游泳池蓄满了水，孙承纬发现

---

[1] 孙承纬访谈，2019年5月7日，四川绵阳。资料存于采集工程数据库。
[2] 同[1]。

白玉兰树的叶片不仅大而且厚实坚硬，便捡了掉在地上的叶片放在游泳池里当小船玩。他在叶片上面做了一个风帆控制方向，小船便不再任意乱漂了，借着风力可以漂得很远，这样玩还不过瘾，他又找来一块十几厘米长的木板，在木板下面用铁皮做成龙骨用以降低重心，木板上面加上桅杆和布帆，一艘像模像样的小船在游泳池里开始乘风破浪，这便是孙承纬航模的处女作。

秋天到了，孙承纬家里的房子也翻新完成，全家人从各处搬回家居住。孙承纬的大姐孙承永参加了学校的航空模型兴趣小组，卧室的墙上挂着简单的滑翔机模型，孙承纬看到之后很羡慕，就请大姐教他做。

孙承永给他讲了飞机机翼产生升力的原理，因为大气施加于机翼下表面的压力比施加于机翼上表面的压力大，二者的压力差便形成了飞机上升的升力，还仔细讲了机翼要怎样做、怎样设计弧度才能产生升力。

孙承纬听后感觉非常有兴趣，就拿着姐姐给的航模原材料尝试做弹射小飞机。除此之外，孙承纬也想做滑翔机，但是因为做大的航模需要很多原材料，尤其是发动机，价格动辄就是十几二十元，自己攒的钱完全不足以支撑他做一个像模像样的航模，因而也只能是向往而已，动手制作是一个当时无法实现的梦想。

孙承纬经常做一些容易找到原材料的小模型。他回忆说，初中时主要对机械制造很感兴趣，经常在家里一楼的天井里敲敲打打。一楼住着给药房开货车的司机师傅，看着孙承纬总是做这做那，觉得这个小孩子很有趣，经常和他聊聊天，并送了孙承纬自己修理汽车用的手虎钳和鲤鱼钳。[①]

孙承纬带着弟弟们做了一些玩具在弄堂里玩，只要有"需求"，他就会去主动琢磨怎么实现，比如雕刻了图案的木剑、木手枪，用铁丝做成可以发射子弹的铁丝手枪等。他还收集了很多牙膏皮，融化了做的锡枪，用木头刻的军棋，用火药纸和小爆竹做的"子弹"等，都让弟弟们觉得很了不起。

孙承纬的三个弟弟受他的影响，都学着动手做各种玩具，不仅培养了

---

① 孙承纬访谈，2019年5月7日，四川绵阳。资料存于采集工程数据库。

动手能力，同时也培养了对无线电的爱好，成年后也都从事着电子学相关的专业。五弟孙承统曾回忆：

> 我们当时受他的影响，都是到上海旧货店去买半成品，然后自己买零件动脑筋组装好，这对我们来说就是启发智力。①

从学龄前做的第一台"坦克车"开始，到组装矿石收音机、制作小型模型，在其中不仅学会了很多手工技能和科普知识，同时养成了善于思考、勤于琢磨的习惯。大姐孙承永曾经评价他："好奇心比较强，对什么事都有钻研精神。"②这样一种好奇心和钻研精神保持了终身，耄耋之年的孙承纬思维依然活跃，他的学生曾经感叹："他虽然体力下降了，但他的好奇心和思维敏捷度一点不比年轻人差，甚至是我们远远所不能及的。"③孙承纬工作后从事的学科跨度很大，但是每个学科他都能钻研得很深入，对未知领域深入探索的求知欲是其中一个推动力。

从"独立小队"到"青年团员"

1954年7月，15岁的孙承纬从虹口中学初中部毕业，考入虹口中学高中部。同年，虹口中学被上海市人民政府命名为市重点中学。当年虹口中学的高一招收了甲、乙两个平行班，报考的学生包括虹口中学初中部四个毕业班中的大部分学生以及外校报名考试的学生，在考入虹口中学高中部的一百多人中，外校的学生约占三分之一。孙承纬被分在高一乙班，学生人数有五十余人，很多虹口初中时的同学再次和他成为同学，并将这份同学情谊保持了下去。

---

① 孙承统访谈，2019年5月22日，上海。资料存于采集工程数据库。
② 孙承永访谈，2019年5月22日，上海。存地同①。
③ 汤淼：走近，方知山高水长——孙承纬印象.《中国科学报》，2019年12月6日。

1954年10月1日，中华人民共和国迎来了第一个五周年大庆，全国各地都开展了热烈的欢庆活动。当天，孙承纬也和同学们一起参加了上海市的庆祝游行，游行从上午十点二十分开始，一直延续到中午十二点。朱贻瑄在日记中记述："晚上全校上千人穿各种民族服装参加狂欢，庆祝国庆，一直到夜里十二点。之后我们再去了人民广场参加军民联欢，凌晨五点半才回到家中。"[1]

那一幕幕高举红旗尽情欢唱的热烈场面，让孙承纬和同学们感慨万千[2]，孙承纬曾经在自传中回忆：

> 20世纪50年代前期是我人生成长关键的中学阶段，那时物质生活并不丰富，但人民安居乐业，充满希望，新社会朝气蓬勃、欣欣向荣，美好的回忆至今使人留恋。在翻天覆地的历史变化时期，我度过了自己的童年，使我自幼对"落后就要挨打""天下兴亡，匹夫有责"等有所体会。[3]

孙承纬刚升入高一时，班上共有七位男同学没有到少先队员退队的年龄，他也是其中之一，但是高中班里已经没有少先队组织了，孙承纬、朱贻瑄、黄孝安、雷国兴、施定基、吴祈晖、吴廷瑜七位同学在一起商量，既然没有退队，那么能否申请在高中部成立一个少先队小队呢？

1954年10月25日，七位同学在课间操时间来到少先队总辅导员盛一平老师的办公室，表达了希望在高一乙班成立少先队小队的愿望，得到了盛老师的同意和支持。

经学校大队部批准，于1954年11月7日，成立了少先队虹口中学高中"独立小队"，由孙承纬、朱贻瑄、黄孝安、雷国兴、施定基、吴祈晖、吴廷瑜共七人组成，选出的第一任正小队长为吴祈晖，第一任副小队长是

---

[1] 朱贻瑄：日记。1954年，内部文集。存于朱贻瑄处。
[2] 吴廷瑜：虹中友谊 地久天长。见：《孙承纬院士八十华诞文集》编辑组编，《孙承纬院士八十华诞文集》。北京：中国原子能出版社，2019年，第35页。
[3] 孙承纬：八十自述。见：《孙承纬院士八十华诞文集》编辑组编，《孙承纬院士八十华诞文集》。北京：中国原子能出版社，2019年，第2页。

孙承纬。1955年3月25日，利用课间操时间，"独立小队"进行了改选，黄孝安和雷国兴当选第二任小队长。

从小队成立的第二天开始，每个队员都坚持天天佩戴红领巾，这在大多数学生都已经退队了的高中部是一道独特的风景线，甚至在上海市其他的高中年级也是绝无仅有的。朱贻琯曾回忆，想到自己是一个少先队员，就是要为共产主义奋斗到底，"时刻准备着"的誓言鼓励着他们，大家都积极主动参加学校的各项活动。小队成员之间团结友爱，互相督促，积极要求进步，深得同学们的好评。

"独立小队"不仅在学习上互相帮助，政治上也互相促进，在班级里发挥了模范带头作用。在三年后的高考中，孙承纬、施定基考入北京大学，黄孝安考入清华大学，吴廷瑜开始考上了上海师范学院，第三年又被保送到了复旦大学，雷国兴考入长春拖拉机制造学院。

1955年6月4日，为了庆祝"六一"儿童节，虹口中学大队部在大操场上搭起了营火，晚上7时举行了"大队齐步前进"营火晚会，"独立小队"负责点燃和管理营火，整整两个小时的时间，要不断添柴加薪以保证营火不能熄灭，近距离挨着熊熊燃烧的火苗，大家都热得满头大汗，"但小队队员感觉这是一项非常光荣的任务，因而心里高兴极了"。①

在营火晚会上，对先进个人、先进集体进行了表彰，"独立小队"被评为校级少先队优秀小队。党支部奖励了一本《优秀团员和青年的故事》，团支部送给小队队员每人一本《团章》，四位辅导员送给小队的礼物是《海鸥》《生活的目的》《关于青年思想修养的几个问题》《培养独立思考能力的主要关键》四本书，朱贻琯在当天的日记中写道："这说明党、团、队都在关心我们。"②

1955年6月24日，"独立小队"在虹口公园举行小队活动，邀请了辅导员参加。大家纷纷畅谈自己的理想，孙承纬说自己的理想是当设计家、军事家。

1955年7月9日，由于超龄，"独立小队"的队员全体离队。傍晚，正

---

① 朱贻琯：日记。1955年，内部文集。存于朱贻琯处。

② 同①。

第二章 少年立志，科学报国

值学校高三、初三毕业班在拍毕业照，因而7个小队队员最后一次戴着红领巾，拍下了一张非常珍贵的合影。

1955年7月30日，上海市召开了第一次少年先锋队员代表大会，上海市团委在会上宣布少先队虹口中学"独立小队"为"优秀少先队集体"，予以表扬嘉奖。8月2日，"独立小队"受到团市委表扬的消息传来，大家都非常高兴，虽然小队解散了，但是队员之间的友谊一直

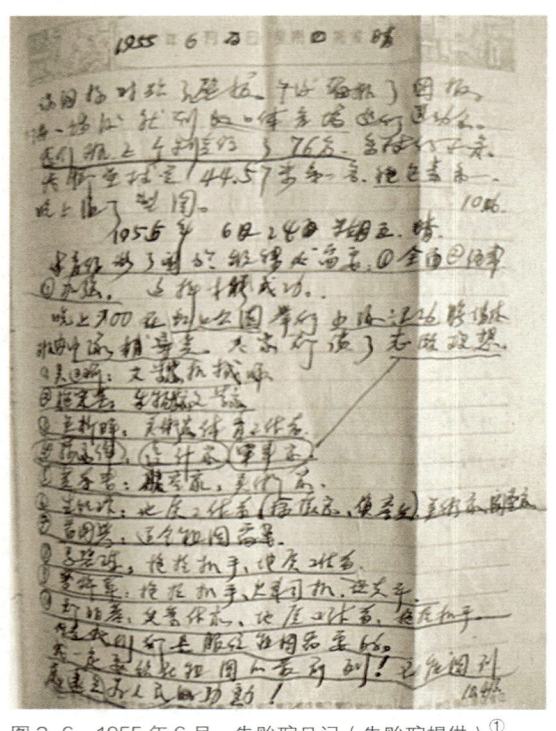

图2-6　1955年6月，朱贻琯日记（朱贻琯提供）[1]

保持了下来，正如孙承纬在1957年给朱贻琯的信中所写[2]：

> 我们一定竭力保持"独立小队"的光荣。1957年在我们一生中多么重要呀！这一年中我们开始踏上生活之路，各条道路都要为着一个目的——共产主义的理想努力。

五十年后，2009年10月，6名当年的"独立小队"队员相约来到虹口中学新校区，参加虹口中学60周年校庆活动。孙承纬作为特邀代表，在大会上作了发言。

"谁言寸草心，报得三春晖"，孙承纬以这句名言作为开场白，表达了

---

[1] 朱贻琯：日记。1955年，内部文集。存于朱贻琯处。
[2] 孙承纬给朱贻琯的信，1957年12月16日。资料存于采集工程数据库。

图 2-7　1955 年 7 月 9 日，孙承纬（前排右一）和"独立小队"队员合影（孙承纬提供）

对母校的感恩之情。接着，他又深情地说道[①]：

> 入学伊始，我们都是懵懵懂懂的孩子，是学校和老师教我们懂得了做人、做事的基本道理，学会了表达、理解和思考，锻炼了健全的体魄，培养了对大自然的热爱，引发了对美好事物的向往。离开母校之后，无时无刻都感到中学教育对我们以后学习和工作的巨大影响，始终鼓励着我们做一个有益于人民的人，做一个对国家和社会有用的人。

1955 年 9 月，孙承纬升入高二，在虹口中学浓厚的积极上进的气氛熏陶下，在组织的启发教育下，孙承纬有了入团的愿望，觉得一个人总要有组织，才能受教育，才能有进步。

---

① 吴廷瑜：虹中友谊，地久天长。见：《孙承纬院士八十华诞文集》编辑组编，《孙承纬院士八十华诞文集》。北京：中国原子能出版社，2019 年，第 35 页。

第二章　少年立志，科学报国

"独立小队"的队员朱贻琯和沈林根已经入了团,经常邀请孙承纬一起参加支部的组织活动,他看到同学们互相关怀又毫不留情相互批评与自我批评,每个团员同学都以一个共产主义建设者的标准要求自己,这让孙承纬很羡慕,深感自己要学习他们对祖国事业的主人翁感。

在入团申请书中孙承纬这样写道:[①]

> 自从离队之后我就没有了组织,回想以前在小队中大家团结友爱、互相帮助,使我进步了不少,在那时我们都决心要争取入团。离队后我比以前散漫了,同时也因为没有了组织很苦闷。经过很多次组织生活使我认识到青年团是个团结友爱的集体,在其中可以提高自己的政治觉悟、工作能力,能在相互帮助下不断改正缺点,永远前进。在这个组织中能成为一个有伟大理想的、勇敢勤劳的、朝气蓬勃不怕

图2-8 2009年10月,孙承纬(前排左一)和"独立小队"队员合影(孙承纬提供)

---

① 2-1,1959年8月29日孙承纬档案。存于上海激光等离子体研究所档案室。

任何困难的青年，而且只有这样，青年才能担负起建设中国人民许多年来所为之奋斗的社会——社会主义社会。

孙承纬和争取入团的同学们在支部组织下一起学习团纲、团章，一起学习了《论共产主义道德》《改造我们的学习》等书，经常开生活批评会，互相检查、互相激励，支部也在会上耐心帮助他们，提出需要进步的地方，也指出尚待改进的地方，大家都感到心里热乎乎的，进步都很大，政治热情高涨，对团的模糊认识逐渐澄清，入团动机也进一步端正。①

1956年前后，在中国刚刚进入社会主义社会的历史背景下，中国共产党的第一代领导集体，表现出了极大的勇气，大胆探索具有中国特色即不同于苏联的社会主义建设新道路，掀起了社会主义建设的高潮。②通过这一段时期的所见所闻，孙承纬目睹祖国发生着翻天覆地的变化，年轻的他欢欣鼓舞，同时在团组织的指导下，他开始看一些青年道德修养的书籍和哲学书籍，通过阅读《大众哲学》《形式逻辑》开始懂得人生观、世界观的意义，对他产生了至深影响的书籍则是苏联教育家马卡连柯著的教育小说《塔上旗》和中国哲学家、教育家冯定所著的《平凡的真理》。特别是《平凡的真理》一书，"包括对外面的看法，对自己的看法，之后突然豁然开朗，觉得人生一定要有追求"。③孙承纬这样回忆此书对他产生的影响。

孙承纬的入团介绍人朱贻瑨和沈林根也经常和他在一起讨论个人的生活目的，给了他很大的启发，那一时期孙承纬特别向往美好的共产主义，向往无压迫无剥削的美好的世界，同时十分钦佩为这种理想献身的人们。

最初，孙承纬认为党团员只是一种荣誉，但是通过参加团组织的活动，他对党团的性质有了进一步了解，他认为人的一生必须有一个政治理想来充实，这个政治理想无疑是共产主义，"既然大家都有共产主义的志愿，志同道合的人必须组织起来，团结更多的人，才有进步才有力量。"④

---

① 2-1，孙承纬1959年自传。存于上海激光等离子体研究所档案室。
② 赵东萍：1956年前后中共探索社会主义建设道路的特点.《成都大学学报（社科版）》，2011年第1期，第14-16页。
③ 孙承纬访谈，2019年5月7日，四川绵阳。资料存于采集工程数据库。
④ 同①。

思想上的转变使得孙承纬入团的愿望更加热切了，在入团志愿书中他写下了自己的入团动机：

> 我有一个志向，就是要把一生贡献给壮丽的共产主义事业。为了在组织的教育下使自己更快地进步，为了能作为青年团这个战斗行列中的一员更好地为共产主义奋斗，我要求参加中国新民主主义青年团。①

1956年12月7日，在入团志愿书中，入团介绍人沈林根（支部委员）、朱贻琯（虹口中学团委干事）这样评价了孙承纬：

> 孙承纬同学热爱祖国，关心时事，决心为使祖国赶上世界先进科学水平而努力，有强烈的求知愿望，学习努力认真，工作主动负责，并能开动脑筋。能积极地准时地参加各项活动。②

1956年12月19日，团支部大会通过了孙承纬入团的决议，并对他提出了要求：希望今后注意锻炼身体，搞好群众关系，克服骄傲自大情绪，培养尊重别人和谦逊的品德，继续加强政治学习，不断提高思想认识。③团龄从1956年12月19日算起。

从"不主动"到"主动"学习

在虹口中学高中部，孙承纬不仅政治上要求进步，从一名少先队员成

---

① 6-1，孙承纬1956年中国新民主主义青年团入团志愿书。存于上海激光等离子体研究所档案室。
② 同①。
③ 同①。

长为一名青年团员，心怀报效祖国的理想，同时学习成绩也渐入佳境，从初中时的中等偏上水平逐渐提升，到高三时一跃进入班级前五名。

2009年，在虹口中学六十周年校庆典礼上，孙承纬作为嘉宾发言，他心怀感恩之心，饱含深情地回忆了曾经的恩师：

> 中学是青少年最重要的思想品质和学习能力的奠基阶段。我的许多老师，如戴洁、鲍婉仪、陆志芳、翟宗萌、郁青田、于运联、钱泽民等，循循善诱，诲人不倦，无愧于"人类灵魂工程师"的崇高称号。他们点燃了自己，照亮了我们，为人师表的崇高印象使人终生难忘。①

莫仲介老师教授孙承纬国文，他毕业于清华大学，是陈寅恪、赵元任、朱自清、闻一多等大师的高足，在孙承纬的记忆中，戴金丝边眼镜的莫仲介永远是风度翩翩的，教授古诗词时总是声情并茂地吟诵，让学生仿若身临其境，很容易引起情感上的共鸣。高中时期的国文课主要是学习古诗文，从诗经、乐府到唐诗宋词元曲，这些课文老师多要求背诵，孙承纬记忆力好，总是能很快记住，并不需要花费很多时间。作文则是要求一定用白话文，对于写作文，孙承纬认为重要在于构思立意、结构分段和用词，这几部分掌握了一篇作文也就不难写出来了，因而作文对于博览群书的孙承纬来说从来不是一件难事。

代数老师是初中时就教过孙承纬的罗洁玉，孙承纬和同学们都非常喜欢罗洁玉，她简洁清晰的授课，使得学生们很轻松地就能掌握知识点。

张元书老师教授三角课，边画图边讲课，将知识前后贯穿在一起，善于总结归纳知识点。张元书后来调到上海师范大学，中国数学会曾经授予他对数学教育有卓越贡献的荣誉证书。

北京航空学院调来的立体几何翟宗萌老师和化学老师鲍婉怡在20世纪50年代就被评为中学二级教师，翟宗萌不仅善于归纳总结，还会补充

---

① 孙承纬：上海市虹口中学62周年校庆发言稿。2009年，内部文集。资料存于采集工程数据库。

一些课本以外的知识。孙承纬的高中同学于沪宁回忆："翟老师教学认真，讲解清晰，甚至令我感到数学的引人入胜、数学殿堂的渊博与深邃。"①

鲍婉仪老师是孙承纬初中的化学老师，兢兢业业，教学非常认真，爱生如子。孙承纬至今记得，化学课上鲍婉仪娴熟的教案和精湛的教学艺术对大家来讲是一种享受，使好多同学对化学产生浓厚的兴趣。

物理老师是毕业于上海交通大学的郁青田老师，他采用启发式教育，讲课条理非常清楚，物理概念的阐述非常明确，是学生们一致认为水平高超的老师。郁青田通过许多例题阐明如何应用力学的几个守恒定律解题的要诀，使学生们终身受益。

生物老师于运联后来成为虹口中学的校长，孙承纬回忆，于运联老师讲课语言生动、风趣、精练，常常边讲边画图，将一堂课的知识要点都写在黑板上，学生们只要认真听课就能够很容易理解并记住。

20世纪50年代初期，掀起了向苏联学习的运动，1950年2月24日中国与苏联签订《中苏友好互助同盟条约》。条约的缔结标志着两国亲密关系的建立，也标志着中国向苏联全方位学习的开始。②教育界也掀起了学习苏联先进教育经验的热潮，不仅是高等教育以苏联的高等教育为蓝本，对全国的数百所高等院校进行了大规模的院系调整，在中学教育中也开始了向苏联学习。③

从高一开始，孙承纬的外语课从英语改为俄语。当时中学里并没有俄文老师，所有中学改学俄语后，市里组织英语老师上俄语培训班，结业回来后就走上讲台教学生。孙承纬高一的俄语老师是一位中年女教师，教得非常耐心、认真，特别是针对发卷舌音，专门花费了很长一段时间教授学生们，使得学生们有了很好的俄语入门基础。高二的俄语老师叫陆志芳，孙承纬回忆："陆老师懂得很多，不仅教学生看俄文书，还教学生唱俄文

---

① 于沪宁：怀念虹口中学的同窗岁月。见：《孙承纬院士八十华诞文集》编辑组编，《孙承纬院士八十华诞文集》。北京：中国原子能出版社，2019年，第48页。

② 代维：试论建国初期中国向苏联学习的原因。《湘潮》，2012年第1期（总第373期），第10页。

③ 孙其明：评50年代全面学习苏联的运动。《同济大学学报（社会科学版）》，1999年3月第10卷第1期，第40页。

歌，我中学时的俄语基础还是不错的。"①

孙承纬进入高中后，虹口中学开始全面实行苏联式教学法，采用五个环节（组织、复习旧课、讲授新课、巩固新课、布置课堂作业）教学，特别强调课堂考查，主张课堂消化吸收，即课堂笔试、课堂提问、黑板上现场答题三者相结合，俗称"海陆空"方式。②其中，课堂提问和黑板答题的时间几乎占了三分之一课时，涉及的学生人数也接近全班的三分之一。复习、巩固与学习新课都在课堂上解决。上课时学生们精力高度集中，效率很高。

在名师的教授下，同时也因为实行"苏联教学法"没有家庭作业，记忆力、理解力都很好的孙承纬感到学习很轻松，虽然升入了高中，孙承纬依然延续了初中时期的学习模式，主要学习任务都在学校完成，课余的大部分时间都投入手工劳作及课外阅读上。

虹口中学十分重视素质培养，孙承纬上高中时，学校里开展了丰富多彩的课外活动。兴趣爱好广泛的孙承纬，积极参加了航模小组、无线电小组、船模小组和口琴小组。

孙承纬不仅在学校学习航模、船模、无线电制作，放学回家后各种小手工制作也不间断地做，花费了大量的时间和精力，一心沉醉于自己的兴趣爱好之中。

此时的孙承纬正如他自己回忆的那样，学习习惯依然和初中时相同，"学习上并不主动，整天就是'玩'"。③

让孙承纬的学习习惯发生改变的是一次数学课堂测验。高一上学期的一天，正是秋高气爽之际，十分钟的课间操时间里，孙承纬和小伙伴们玩得热火朝天，上课铃响后，孙承纬急匆匆地跑回教室刚刚坐下来，代数老师罗洁玉就出了一道因式分解题作为课堂测验，检查学生们对刚讲过的因式分解问题掌握的程度。

---

① 孙承纬访谈，2021年4月16日，四川绵阳。资料存于采集工程数据库。
② 于沪宁：怀念虹口中学的同窗岁月。见：《孙承纬院士八十华诞文集》编辑组编，《孙承纬院士八十华诞文集》。北京：中国原子能出版社，2019年，第48页。
③ 同①。

一拿到题，孙承纬就蒙了，似乎感觉头脑还在课间时的游戏里没有回来，对着题目完全无从下手，因式分解的公式早已忘到九霄云外，他怔怔地看着题目，想了许久也想不起来，于是只能胡乱凑了个式子，随便写了几笔。可想而知，这次的考试结果不理想，孙承纬得到了升入中学后的第一个不及格。

罗洁玉面对这个成绩也很诧异，她对孙承纬说："你怎么能考的这个样子呢？"① 罗老师的这句话至今让孙承纬记忆犹新，当时犹如当头棒喝，让孙承纬陷入了深深的沉思中。

老师的质问让孙承纬无言以对，同时他也感到羞愧，上了这么多年学，成绩一直都是中上水平，从来不觉得学习是一件很困难的事情，今天却遭遇滑铁卢。孙承纬思考的结果是，不能只是上课听听课，课后也要复习，不然很多知识很容易就忘掉了。②

回到家里，孙承纬翻出来从前买的樊畿编写的数学小丛书，其中有一本是关于因式分解的，大致有三四十页。孙承纬把书认真地看了一遍，明白了其中的道理，也知道了白天学校的题目该怎样做。

这以后，孙承纬调整了自己的学习方法和课外活动安排，回家逐渐减少手工制作的时间，开始对课本知识进行复习和预习。对于思想上发生的转变，孙承纬这样回忆："整天捣鼓这些事情就会分心，当时我觉得数学、物理也很有趣，所以我到了高一以后，慢慢手工制作我就放弃了，不再花过多的时间在上面了。"③

从此之后，手工制作在孙承纬的课余生活变成了一件次要的事情，而看书学习渐渐成为孙承纬课余生活的重心。将精力逐渐转移到学习上以后，孙承纬开始不再仅仅满足于掌握课堂上老师教授的知识，而是开始主动去找课外习题集来做。

家里大哥大姐留下来的辅导书《金品几何》、上海中学校长朱凤豪编写的《新三角学讲义》都被孙承纬找来认真地做了一遍，边做边自己琢磨

---

① 孙承纬访谈，2021 年 4 月 16 日，四川绵阳。资料存于采集工程数据库。
② 同①。
③ 孙承纬访谈，2019 年 5 月 7 日，四川绵阳。存地同①。

题型，找出其中变化的逻辑规律。物理则是用的苏联中学九、十年级的习题集，这些书都是孙承纬自己在家对面的旧书店里淘回来的。慢慢地，孙承纬的学习习惯由以前的被动学习变为主动学习。

孙承纬总结了两个学习秘钥，第一个，一定要搞懂弄透教科书上的例题，这些题目都具有一定代表性，掌握了例题的解题基本方法就可以融会贯通，"你如果想什么地方打马虎眼，就找不到这个诀窍"；第二个，基本公式一定要熟练掌握并牢记，解题时就不会茫而无知，因为它们是通向解题方法的台阶。

孙承纬在以上两个学习秘钥基础上开始大量做题，攻克难题动脑筋的过程在他看来是一件很有趣的事情。孙承纬尤其喜欢做数学题，平面几何、立体几何、三角等方面的数学题题型变化多，在做了大量题目的基础上就可以找出解题规律，到了高三的时候，书上能找到的各种类型难题几乎都练习过，题目做多了，孙承纬对数学题就有了把握，曾被推荐到市里代表虹口中学参加数学竞赛。孙承纬在"八十自述"中写道："也许数学思维较少受到客观物质条件的限制，思考数学解题成为我更大的活动空间。"[①]

数学老师翟宗萌对高才生孙承纬倍加关爱，经常和孙承纬一起讨论几何难题的解法。有一次翟老师提出，希望孙承纬将自己做过的几何难题汇编成卷供教学参考。几天之后，孙承纬就将包含200多道几何难题的汇编本交给了翟宗萌。

孙承纬虹口中学的同班同学于沪宁回忆：

初中时我与孙承纬同年级而不同班，高中时不仅同班而且是前后排的邻座，彼此间就有了更多的交流与了解，共同经历了许多事，留下了许多难忘的记忆。在同学们心目中，孙承纬对老师讲课的内容理解很快，有较强悟性，特别是数理与外语成绩名列前茅，是尊师守纪、品学兼优的好学生。老师的课堂提问，他似乎都能不假思索地对

[①] 孙承纬：八十自述。见：《孙承纬院士八十华诞文集》编辑组编，《孙承纬院士八十华诞文集》。北京：中国原子能出版社，2019年，第3页。

第二章 少年立志，科学报国 59

答如流，他的理解力令人羡慕。每当一个提问许多同学解答不上来，或者不能令老师满意时，课堂气氛凝重，此时老师点名孙承纬答题，大家似乎都松了口气，他的回答肯定能使老师满意，教学就可以顺利进行。①

于沪宁对孙承纬的另一个深刻印象是，在物理、数学课后或课前，都有几位同学前来向孙承纬求助，他总是耐心地加以解说，有时在纸上写点关键性解说，直到求助者满意地回归座位。

通过课外大量做题，孙承纬的自学能力也得到逐步提升，从而对课堂学习的知识理解得更加深入系统，解题的能力和速度得到明显提高，学习成绩开始快速进步。高一上学期平均分为85.7，到了下学期平均成绩增长为88分，期末成绩报告单上的教师评语从上学期的"学习上肯作一定的努力，还不够深入和踏实"，转变为下学期的"本学期进步很快，尤其在学习和关心集体方面表现较突出"。② 高二下学期开始，实行5分制计分，到高三下学期时，孙承纬已经做到代数、几何、三角、物理、化学、文学、俄文等课程都是5分，成为班里尖子生。

从初中时的"不主动"到高中的"主动"学习，孙承纬不仅学习成绩得到了提高，同时也养成了课后拓展的良好学习方法，培养了独立思考的能力，这样的学习方法成为他终身的学习和工作习惯，使得他总是能先行一步，对知识的掌握不仅有深度而且有广度。

立"向科学进军"之志

找到适合自己的学习方法后，孙承纬的学习渐入佳境，"升入高二后感

---

① 于沪宁：怀念虹口中学的同窗岁月。见：《孙承纬院士八十华诞文集》编辑组编，《孙承纬院士八十华诞文集》。北京：中国原子能出版社，2019年，第48页。

② 孙承纬虹口中学1954—1955年度成绩手册。资料存于采集工程数据库。

到学习很轻松"[1]，他这样回忆，同时也因为实行苏联教学法，孙承纬的主要学习任务基本上在课堂都完成了，课后除了主动去找他喜欢的数学、物理题来做，也会继续参加兴趣小组的活动。

在航模小组，通过老师的指导，初中时就已经有些航模基础的孙承纬对航模制作有了更深的认识。高一寒假，航模小组接到任务，制作一架在虹口区中学生运动会上展示的航模。一直渴望能够亲手制作一个大航模的孙承纬跃跃欲试，和兴趣小组的同学们一起展开了热烈的讨论。孙承纬提议，既然任务的目标是放在运动会入场处展示用，那么飞机模型一定要做大一点展示效果才会好。孙承纬被小组同学一致推举设计这架飞机模型，他找来当时航模小组普遍参考的蒂沙科夫滑翔机的图纸，决定将1米多的蒂沙科夫滑翔机等比例放大4倍，机翼展开将达到4米多。做这样一个大家伙必须有图纸，孙承纬高一时课程里有"制图"课，所以绘制飞机图纸对他并不算一件难事，按照几何学的方法他很快就完成了图纸绘制。

孙承纬和小组同学在寒假花了半个多月的时间，大家每天都要去学校做飞机模型，一起设计、画图、采购竹条铁丝和纸张，弯竹筋、做翼型、糊蒙皮，虽然占用了假期时间，但是大家做得兴趣盎然，在大家的齐心努力下终于完成了外观很大的飞机模型，在学校操场里试飞时发现头部过轻，就塞了一个6磅铅球进去还加了一把钢丝钳配重。

1955年2月10日，虹口体育场彩旗飘扬，热闹非凡，参加虹口区中学生运动会的运动健儿们踏着整齐而有力的步伐依次入场，孙承纬和同学们制作的4米多长的"蒂沙科夫滑翔机"走在虹口中学运动队的前列，引来了一阵阵赞叹声，圆满完成了展示任务。

1955年的秋天，孙承纬参加了上海市少年宫无线电兴趣班，教材使用的是《电磁波——少年无线电之友》杂志月刊，通过无线电知识的培训学习，孙承纬了解了电子管和收音机的一些原理，对无线电的兴趣更加浓厚了，于是自己找来杨士芳所著的《无线电数学》一书，虽然其中有些内容已经超出了高中物理和数学的范畴，但孙承纬看得很起劲，每天晚上认认

---

[1] 孙承纬访谈，2019年5月7日，四川绵阳。资料存于采集工程数据库。

真真做笔记，还把最后一章中无线电数学习题都做了一遍，这些题目对他掌握物理知识起到了很大的帮助。

无线电兴趣班结课后，孙承纬又趁热打铁，找来了很多和无线电相关的科普文章或读物，大多是从俄文翻译过来的，包括电视、雷达、电子计算机、电子显微镜、无线电技术原理等。这里值得一提的是物理老师郁青田对孙承纬和同学们的影响，朱贻琯回忆："郁青田老师教学并不拘泥于课本，当时还没有电视，他就在黑板上给同学们讲电视的信号是怎么发出来的。我认为郁老师在学习上对我们这个班的学生影响很大。"[①]

孙承纬将与无线电技术相关的读书笔记写在"无线电数学"同一个本子上。从那时起，他养成了分类做读书笔记的良好习惯，相同类型的读书笔记即便是跨越几年，他也会记在同一个本子上，便于以后查阅。这些被"读薄了"的读书笔记都成为孙承纬的知识库，被妥善保存下来，六十多年后当采集小组看到当时的少年在笔记上写下的"电视正向五彩及立体电视方面发展着"，禁不住让人感叹科技的迅猛发展，通过这些笔记，也真实再现了少年孙承纬对科学技术的浓厚兴趣。

航空模型的制作，无线电、数学等活动小组，带给孙承纬的影响是培养了对科学异乎寻常的热爱和探求知识的欲望迅速增长。进入高中以后，酷爱读书的孙承纬承担了班里图书馆代表的任务，主要负责班级借书的集体办理事务。每天课间休息的时候，孙承纬都要抱着一大摞插着同学们借书证的书籍去四楼的图书馆，帮着同学们借书、还书。图书馆的女老师待人非常和气，去了几次以后，孙承纬就和老师熟悉了。老师也很喜欢这个白皙、秀气、爱看书的男生，同意他进到书库里任意挑选，特别是放在书橱顶上的中华人民共和国成立前出版的商务印书馆的"万有文库"等旧书。孙承纬从旧书中借阅了大仲马的《侠隐记》（即《三个火枪手》）至今让他印象深刻。他的阅读面不仅广还很杂，从文学名著、人物传记、历史哲学到科幻小说，因为读书速度快，记性特别好，孙承纬的阅读量要超过同班同学好几倍，经常"超额"借阅图书。

[①] 朱贻琯访谈，2019年5月23日，浙江慈溪。资料存于采集工程数据库。

高中阶段，孙承纬的阅读兴趣逐渐集中，主要喜欢看数理辅导书、科普以及哲学等。科幻小说和《知识就是力量》杂志开拓了他的眼界，如小说《康爱齐星》描绘了人类进行宇宙飞行、移民其他星球的故事。孙承纬还喜欢阿·托尔斯泰写的《伽林的双曲线体》，讲述科学家发明了一种光线发射装置，可以远距离切割铁门、墙壁，甚至开挖地球深处的金矿。这让少年的孙承纬大开眼界，当时他并没有想到，几年之后激光的发明让这些幻想成为现实，更想不到十年后，竟成为自己为之长期奋斗的科研目标。

　　高一物理开始学习力学，孙承纬知道了许多机械运动（如炮弹、火箭的弹道）可以通过计算得到定量结果，于是对物理学的科普知识更加有兴趣。孙承纬回忆："充分应用数学工具，精确描述从钟摆、质点到导弹、天体等各种物体运动的科学——力学，引起我莫大的兴趣。"①

　　1956年1月14日，周恩来总理在中央关于知识分子问题的会议上作报告，发出"向科学进军"的号召，强调"科学是关系我们的国防、经济和文化各方面的有决定性的因素"。②3月29日，物理老师郁青田把"向科学进军"的号召在班里向学生们进行了传达，③鼓励学生们努力学习科学知识，刚过完16岁生日的孙承纬和同学们听得热血沸腾，为响应党中央号召，他和同学朱贻琯共同制定了"向科学进军"的学习计划。④

　　此时，孙承纬正在阅读《大众哲学》《形式逻辑》《平凡的真理》等人文科学书籍，使他开始了解人生观、世界观的意义以及如何使自己思维更加有效地拓展，也开始理解如何辩证地思考问题，多方面的学习和外界的影响使得正在积极追求入团的孙承纬感受到"人生一定要有追求"⑤，并在入团申请志愿书中写下"我有一个志向，就是要把一生贡献给壮丽的共产

---

① 孙承纬：八十自述。见：《孙承纬院士八十华诞文集》编辑组编，《孙承纬院士八十华诞文集》。北京：中国原子能出版社，2019年，第3页。
② 张久春，张柏春：规划科学技术：《1956—1967年科学技术发展远景规划》的制订与实施。《专刊：中国科技70年.道路与经验》，2019年，第34卷，第9期，第984页。
③ 朱贻琯：日记。1956年3月29日，内部文集。资料存于采集工程数据库。
④ 朱贻琯访谈，2019年5月23日，浙江慈溪。存地同③。
⑤ 孙承纬访谈，2019年5月7日，四川绵阳。存地同③。

图2-9 孙承纬学习《形式逻辑》的笔记本（孙承纬提供）

主义事业。"与此同时，孙承纬在自己学习《形式逻辑》一书的笔记本封面端正写下"立志攀登科学高峰"，孙承纬科学报国的初心就此奠定。

1957年1月，钱学森的"工程控制论"、华罗庚的"典型域上的多元复变数函数论"、吴文俊的"示性类及示嵌类的研究"同获中国科学院1956年度自然科学奖一等奖。这也是中华人民共和国第一次颁发国家自然科学奖。[①] 孙承纬从报上看到这一消息，对控制论产生了兴趣，他在新华书店买到苏联科普读物格林尼斯基著的《控制论浅说》中文译本，这是一本概述性的入门书，其论述深度介于专门论著与通俗介绍，阅读后孙承纬得到很多启发，他盼望求索的知识正是从火炮导弹发射、桥梁房屋建造、航海航空航天直至自动机的运行等令人眼花缭乱的事物背后的共同规律——力学基础，因而，这些阅读不仅增强了他学习数理的积极性，也找到了他希望报考的大学专业志愿——力学，"我想这里面有很多奥妙的东西我不懂，想要去了解"，[②] 进入高三后，孙承纬明确了志向，决定报考当时国内唯一开设力学专业的北京大学数学力学系，希望将来能够从事这方面的研究。

高考前的各科总复习，孙承纬记忆最深的就是物理课。郁青田出的高

[①] 姜玉平：钱学森创建的"工程控制论"在中国的传播和发展.《西安交通大学学报（社会科学版）》，2005年，第25卷，第4期，第64页.

[②] 孙承纬访谈，2019年5月7日，四川绵阳. 资料存于采集工程数据库.

考模拟试卷一次比一次难，再牛的学生也不敢懈怠。孙承纬回忆："我对郁青田老师印象比较深，因为他出的卷子很难，所以我觉得他对我们的鞭策作用还是很大。"后来，孙承纬和同学们得知，郁青田出的物理题都是来自《大学普通物理习题集》，这些题对高中生来说自然是难度很大的。每次模拟考试后，郁青田都会对试卷进行分析讲解，学生们在恍然大悟的同时对物理知识又有了更深的认识。

孙承纬的弟弟孙承统还清晰地记得二哥高考前复习的样子：

> 1957年的夏天，天气比较热，我们家里人口多，两个姐姐上大学去了，我们兄弟5个加上父母，一共7个人，房子就是两大间，人多，天气也闷热，但是二哥毫不受影响，自己很认真地复习。
>
> 那时候我妈妈给了我们一些糖，我们的糖都吃完了，他的糖还没动。我们就问他，为什么不吃呀？他说一定要到考上大学才吃，考不上他不会吃。他的糖一直到考完大学以后才拿出来吃，毅力很强。①

孙承纬在高考前做足了充分的复习，等到距离考试前还有两三天的时间，孙承纬反而不看书复习了，每天晚上早早就上床睡觉了，这下不免让弟弟们感到奇怪：快高考了难道心里不是应该很紧张吗？为什么反而不复习了呢？知道了弟弟们的疑虑，孙承纬告诉他们，自己已经准备好了，考试前放松休息好，上了考场精力充沛，答题时也就顺利了。

孙承纬的这段话对弟弟们产生了很大的影响："受到他的影响，我们考试的时候也是这样，前面抓紧学习，到了临考的时候就会很自然地放松。"②

1957年6月19日，高考前夕，一起共同学习了六年的同学们即将分离，朱贻瑁请孙承纬给自己提提意见，同时也表达了自己的理想是将来从事地质工作，孙承纬写了一封信回复朱贻瑁，信中写道：

---

① 孙承统访谈，2019年5月22日，上海。资料存于采集工程数据库。
② 同①。

> 青年人都有美好的理想，推动世界进步，但是困难是不少的，我希望你能下定决心，为地质干一辈子，唯有这样，祖国才能在百十年内跃进先进国家行列。①

从孙承纬对朱贻琯的寄语中也可以看出，孙承纬从那时起就下定决心，为科技报国的理想奋斗终生。同时，他坚信少年强则中国强，只要青年人不懈努力，祖国就会越来越强大。

孙承纬和同学们回忆，1957年是中华人民共和国成立后高考最难的一年，因为招生名额大大缩减了，全国只招生77000名学生，录取比例为42%，虹口中学录取率为70%，位居上海市当年高考录取率第二名。②虹口中学的尖子生孙承纬也如愿考上了北京大学数学力学系的力学专业。

图2-10 1957年7月，孙承纬高中毕业时留影（孙承纬提供）

即将告别精心培育自己6年的母校，孙承纬和同学们对老师们心存感恩之情，孙承纬和吴廷瑜来到物理老师郁青田的家里，得知两位学生的物理都得了高分，郁青田非常开心，同时语重心长地对他们说："你们中学的时候打了很好的基础，到了大学你们还要继续努力，因为课程内容更深了，你们要很好地、扎扎实实学好知识，这样才能展翅高飞，报效祖国。"③

1957年8月，18岁的孙承纬带着母校老师的嘱托即将奔赴北京求学，临行前夕，收到了来自北京大学热情洋溢的欢迎信。

---

① 孙承纬给朱贻琯的信，1957年6月19日。资料存于采集工程数据库。

② 黄孝安：难忘在母校的日子。见：朱正邦编，《孕育生命的沃土》。上海：学林出版社，2009年，第43页。

③ 孙承纬访谈，2019年5月7日，四川绵阳。存地同①。

亲爱的孙承纬同志：

热诚地祝贺你考取了北京大学，衷心地欢迎你加入我们的战斗行列！让我们为北京大学这一拥有一万多名师生员工融乐的大家庭迎来了新的弟妹而高兴，让我们为祖国增加了又一批未来的红色科学工作者和光荣的人民教师而欢呼吧！

战友们、弟妹们：

当你报考北京大学的时候，首先你一定想到，北京大学在中国的历史上已走过了59年的光荣路程，北京大学与"五四"运动与李大钊、毛泽东等伟大的名字有着血肉的联系。你的亲友和同志们更多地了解北京大学的人，也许还向你描绘过北京大学未名湖的湖光塔影，垂柳依依，向你介绍过北京大学图书馆的藏书180万册，占居全国第二位。但是，我们也要告诉你，北京大学紧张的学习和某些物质条件的缺乏有待你本着新中国主人翁的精神去克服困难。我们更要请你牢牢记住！你是在我们祖国第一个五年计划即将胜利完成、第二个五年计划即将开始的时刻，是在我国政治上、思想上的社会主义革命高潮中进入北京大学的。

……

在新的学年里，北京大学和全国各地一样，反右派的斗争有待继续深入，让我们在这社会主义革命的熔炉里更好地锻炼自己，胜利地通过社会主义关吧！毛主席"身体好，学习好，工作好"的指示，共青团三大"学习、劳动、团结"的号召在鼓舞着我们前进。

谨致革命的敬礼

共青团北京大学委员会　北京大学学生会
一九五七年八月[1]

---

[1] 共青团北京大学委员会、北京大学学生会给孙承纬考入北京大学的信，1957年8月。资料存于采集工程数据库。

第三章
求学燕园，夯实基础

在北京大学（以下简称北大）的 6 年，孙承纬受教于名师，培植了牢固的专业基础。虽然这个阶段适逢"反右倾""大跃进"等政治运动和"三年困难时期"，但北京大学爱国、民主、科学的优秀传统，以及思想活跃、严谨求实的深厚学风，为他打下了坚实的科研基础并培养了独立思考的能力和习惯。回忆起北大的学习生活，孙承纬说："在北大，我们养成自学自励、独立思考的习惯，也许这就是我体会到的北大'特色'吧。"

基础课上遇严师

1957 年 9 月，18 岁的孙承纬满怀着对大学生活的向往来到了北大，被分配在北大数学力学系 57 级力学（1）班，全年级分为力学、数学各 3 个班，计算数学 1 个班，共约 300 名学生。报到后不久，他就去了未名湖畔游览，并拍照留念。彼时的孙承纬风华正茂，心怀科技报国的理想；半个多世纪过去后，2019 年 11 月 8 日下午，孙承纬在采集小组的陪同下重返母校，再次在未名湖畔留影，此时的他，耄耋之年满头银发，通过数十年的努力，早已成为闻名全国的爆轰物理学家，实现了最初科技报国的理想。

当孙承纬再次站在曾经上课的第一教学楼前时，微笑始终挂在脸上，大楼的风貌一如往昔，楼前是依然挺拔苍翠的古柏，让多年前的记忆再次鲜活起来，说起当年的老师们，孙承纬感念师恩，心潮澎湃。

1952年，全国高等院校进行了院系调整，北京大学、清华大学、燕京大学的数学系合并，成为当时数学力量最强的队伍，同时增加了力学专业，成立数学力学系。中国第一个力学专业——北京大学数学力学系力学专业创立。

从创立之日起，迅速汇聚了一批力学界的精英，奠定了北京大学力学学科的基础。周培源、钱敏、吴林襄、叶开沅、陈耀松等先后从当时的北京大学、清华大学、燕京大学等高等院校来到北京大学力学专业主持工作，开设与承担力学专业的基础课程。庄逢甘、陆士嘉、钱伟长、郑哲敏、胡海昌、林鸿荪等也先后来力学

图3-1 1957年9月，孙承纬在北京大学留影（孙承纬提供）

图3-2 2019年11月8日，孙承纬在北京大学留影（采集小组提供）

第三章 求学燕园，夯实基础

专业授课或兼职。

　　孙承纬在北大数学力学系上学期间，名师云集。当时北大数学力学系的课程设置主要是借鉴莫斯科大学力学数学系，教材也是从俄文翻译过来的，而且俄语作为第一外语。课程主要分为三类：数学、力学和物理。主要的数学课程有张锦炎、周民强、钱敏、冷生明等老师讲授的"数学分析"，裘光明老师讲授的"解析几何"，聂灵昭老师讲授的"高等代数"，丁同仁老师讲授的"常微分方程"，申又枨老师讲授的"偏微分方程"以及沈燮昌老师讲授的"复变函数"等；主要的力学课程有吴林襄、朱照宣、钱敏老师讲授的"理论力学"，叶开沅老师讲授的"材料力学"，孙天风、黄敦老师讲授的"流体力学"，王仁老师讲授的"弹性力学"和"塑性力学"以及后来由董铁宝老师开设的"固体力学若干问题"课程等；主要的物理课程是李椿、钱尚武等老师讲授的"普通物理"。①

　　北大历来非常重视基础课程教育，武际可回忆说："当时最好的教员都在教学第一线，越是名气大的、越是系里负责的教授，越要教低年级的基础课。基础课非常重要，扎实的数理基础，培养了学生严谨缜密的逻辑思维能力，对学生的一生都有很大的影响。"②

　　孙承纬上学时的教材和教学方法都是参考莫斯科大学，其特点就是重视基础，数学分析和理论力学课都上了两年多，基础非常牢靠。老师们虽然教学风格各异，对学生的认真负责却是如出一辙，吴林襄老师纸片上的教案就是其中之一，让如今已是耄耋之年的学生们念念不忘。

　　"吴老师就是爱抽烟啊，上课前几分钟，他只需看一下香烟壳背面的几行提纲，就能轻松自如不紧不慢地讲两个小时，再难得的公式推导也随手写出来。"③孙承纬接着回忆，"吴老师讲的'理论力学'课深入浅出，非常流畅，听着很简单，但回去一看，所有内容都在里面，很多难点都被分解了。"特别是吴老师所举的"小虫爬环"等例子，生动鲜活，回味无穷。

---

　　① 访谈黄筑平：勤于教学，谨于科研。见：北京大学力学专业建立65周年采访文集编委会编，《师道心语》。北京：北京大学出版社，2018年，第143页。
　　② 武际可访谈，2019年11月5日，北京。资料存于采集工程数据库。
　　③ 同②。

学生们总感觉理论力学的内容全部装在这位有着丰富教学经验的燕大教师的心中，是力学系多年来教学口碑最好的老师之一，无论是深度和难度各方面都无可挑剔。

孙承纬最喜欢的课程是"理论力学"，让孙承纬牢记不忘的考试，正是钱敏教授的理论力学考试："他的考试有一个传统，从上午八点一直考到吃晚饭后，中午可以自行外出用餐或休息，也可以开卷参考，没有低于12个小时的。"孙承纬接着说，"那时无所谓作弊不作弊，你看书也不会。题目也不是很多，有5～6道题，但就是做不出来。"从中可以看出钱敏对学生严格和认真的要求。

朱照宣老师讲课条理非常清晰，板书也非常漂亮，让孙承纬印象深刻的是朱照宣对他的一次批评。有一回，因作业写得比较潦草，朱照宣把孙承纬叫到自己的宿舍，指着作业本语重心长地说："作业怎么能这样潦草，这样怎么学得会呢？"① 随后，朱照宣拿出自己的笔记本给孙承纬看，整洁的字迹漂亮、端正，书写非常认真，孙承纬感到很惭愧心中暗想："一定要改正错误。"朱照宣还给孙承纬讲了做事情如何安排有序、条理分明，至后孙承纬始终牢记老师的教诲，即便再忙，他的手稿总是字迹清晰、清清楚楚。在朱照宣的房间里，孙承纬看到了朱老师正在研究的常微方程稳定性理论的讲义和参考文献，就向朱老师请教，朱老师给他讲了如何做研究，孙承纬听后大有感触，多年以后回忆起这段经历，还能深深感受到朱照宣老师严谨治学的风范。②

数学分析是一、二年级最主要的课程，曾经教授该课的张锦炎老师非常严格，不允许使用积分表，所有的积分问题必须一步一步积出来。张老师不是照着某个教材讲，而是沿着一个思路把定义、定理和逻辑推导介绍得丝丝相扣，让学生听得明白，并且在课上介绍她自己的不同推导方法。张锦炎还特意教给学生们如何做笔记及如何掌握知识点的方法。

孙承纬曾选修过后来任北大校长的丁石孙老师的"近世代数"课程，丁石孙一直活跃在教学前沿，教授了几十届的代数和解析几何，武际可曾

---

① 孙承纬访谈，2021年4月16日，四川绵阳。资料存于采集工程数据库。
② 同①。

经这样回忆丁石孙的教学："他教课的逻辑性非常强，而且深入浅出，没有废话，他黑板上写的话记下来，都可以出书。"孙承纬回忆："丁老师讲课很细致，讲得非常好。"

周培源虽然没有直接教过孙承纬，但是他编写的经典教材《理论力学》却是孙承纬一直津津乐道的，"你别看周教授他年纪大，人非常聪明，而且记忆力极好，数学、物理、特种函数公式随手都写得出来，他的《理论力学》一书中挑的题都很难"[①]，孙承纬理论力学课的教材是一本从俄文翻译的书籍，周培源编著的经典教材《理论力学》是孙承纬自己找来看的，为他的学习提供了非常大的帮助。

关于北大教学的严格，正如孙承纬的大学老师、北京大学教授王大钧曾经提到的，那时的教学不会因为学生畏难，就不把难点教给学生，恰恰是要培养学生对攻克难点的兴趣。[②]孙承纬的大学老师、北京大学教授武际可回忆他读力学系时的老师们说："当时我们的老师就是越难的越要引领，要敢于攻关，难点决不绕开。"[③]武际可于1958年从北大数学力学系本科毕业后留校当了助教，传承着他的老师们的教学理念继续教孙承纬和他的同学们。

关于教育，丁石孙曾说："要教好书，首先是要让学生感兴趣。学生对这门课不感兴趣，老师怎么教也教不好。"[④]怎样提升学生的兴趣呢？武际可这样说："一个是严格的严密逻辑，另一个是讲一些和课程相联系的应用背景、历史情况等。"[⑤]

在孙承纬记忆中，讲课趣味横生的老师很多，叶开沅讲授"材料力学"带有戏剧性，活泼生动。叶老师讲授圆杆扭转时，先做了个扭腰的动作，让大家忍俊不禁，印象深刻。

黄敦老师讲授流体力学也很风趣，联想比喻很多。由于当时教改要求老师进行"抛纲式"教学，黄敦经常把讲课内容的要点句子总结为几句

---

① 孙承纬访谈，2020年4月16日，四川绵阳。资料存于采集工程数据库。
② 王大钧访谈，2019年11月7日，北京。存地同①。
③ 武际可访谈，2019年11月5日，北京。存地同①。
④ 同③。
⑤ 同③。

诗，帮助大家记忆掌握。孙承纬清楚记得，有一次整节课黄敦就是在解说他写的四句"打油诗"，诗的最后一句是"绕过暗礁庆叠加"，说明一个非线性问题可以设法"绕过暗礁"转化为线性问题，这样就可以利用叠加原理了。

孙承纬的北大同学、北大教授黄筑平对采集小组提起一桩当年的趣事，一堂习题课上，张锦炎在黑板上推导公式，坐在下面听课的张锦炎的丈夫钱敏突然走上讲台，一把推开张锦炎，"不对不对，应该是这样"，随后钱敏拿起粉笔自己在黑板上演算起来。这个镜头让学生们永生难忘，老师之间这种学问上没有半点虚假的作风，深深地植入孙承纬和同学们的心里，并将这种作风传承下去。

北大不仅注重基础课程教育，同时还倡导培养学生学术思想自由，武际可说："培养学生独立思考，北大尤其突出。不人云亦云，独立思考是传统，学生是敢于和老师争论的，课间休息时经常可以看见学生和老师在辩论。"[1]

为了培养学生独立思考的能力，吴林襄在授课时，学生犯了错误他不会马上指出，他会跟着学生的思路走两步，当学生自己发现推论的结果很荒谬后，会转过头再思考老师的方法，因而也会印象很深刻。"世界上有名的教育家都是这样认为，能够独立思考的才是人才。有独立思考才会有创造。创造和犯错误都是一样的，都是违背既有的常规。不允许犯错误，就不可能有创造。"武际可这样说。[2]

采集小组在访谈中，曾经听到过北大教授董铁宝和孙承纬之间的一则小故事。

董铁宝1945年赴美获博士学位，后参与第一代电子计算机ENIAC的设计编程，1956年放弃一切，绕道欧洲花费三个月辗转回国，任教北大，得到了周恩来总理的亲自接见。钱学森称其为"中国某些问题的先行者"。

当时，董铁宝任"固体力学若干问题"课程的授课老师，讲课方法新颖，深受学生的喜爱。一次课堂上，孙承纬认为董铁宝讲的一个数学问题

---

[1] 武际可访谈，2019年11月5日，北京。资料存于采集工程数据库。

[2] 同[1]。

有待商榷，课后他向董铁宝提了出来。董铁宝并没有生气，也不认为学生挑战了老师的权威，而是在经过和孙承纬的一番讨论后，认可了他的说法。

可以说，孙承纬工作后所表现出来的发现问题，敢于直言不讳的性格在这时就已经培养起来了。孙承纬在北大上学时，课后学生们经常围着老师讨论问题，学生们彼此之间为某个问题热烈争辩的现象也比比皆是，正因如此，孙承纬和同学们培养起了独立思考的品质。孙承纬的北大同学、北大教师王颖坚曾说："北大要求比较严格，比如拿过一个问题，你要真正把它看懂，结果要自己一步一步推导出来。我觉得孙承纬也有这个特点，一般不愿意随便去接受别人的结论，就是要自己真正把它搞懂了。"[①]

当时数学系副主任程民德教授曾说过一句话："我不是教书，我是要教人，要教人，首先要做好人。"[②] 学术造诣深厚的北大名师们严谨认真的教学态度，鼓励学生积极思考的方法，极大地感染和带动了孙承纬和同学们。

孙承纬后来回忆，刚走上工作岗位时，"很多东西都不懂，能不能很快适应，就看大学的基础知识学得是否扎实，是否灵活"。[③] 孙承纬正是得益于北大名师们的教导，打下了坚实的学科基础，工作后很快就能够独当一面，并取得攻关突破。

孙承纬在北大的六年学习给他奠定了非常好的学科基础，尤其是打下了深厚的数理基础。

"白专"学生

孙承纬在北大的六年学习生活，除上课外，更多的是各种各样的政治

---

① 王颖坚访谈，2019 年 11 月 6 日，北京。资料存于采集工程数据库。
② 王大钧访谈，2019 年 11 月 7 日，北京。存地同①。
③ 孙承纬访谈，2021 年 4 月 16 日，四川绵阳。存地同①。

运动和下乡下厂改造思想的劳动锻炼，占去了大约一半的时间，对孙承纬和同学们的学习造成了一定的影响，但是也提供了一些理论联系实际的机会，可以说这是一段有着时代烙印的特殊大学经历。

1957年9月，刚跨入北大校门的孙承纬就参加了学校组织的两次考试，一次是俄语分班考试，留苏预备部转来的学生免修，成绩在80分以上的学生，俄文课只需要修一年，成绩在60分以上的学生俄文课需要修两年，成绩不及格的学生俄文课要修三年。孙承纬所在数学力学系57级学生，考试成绩下来后，有10个左右的学生俄文只需要修一年，孙承纬就在其中。虹口中学陆志芳老师听说大学外语一般要进行分班考试，高考后，就用了一周时间给孙承纬和同学们补习了俄语，把中学不教的一些语法内容包括形动词、副动词等，都给学生们讲了一遍。果然，这些内容在俄语分班考试中派上了大用场，孙承纬顺理成章地进入俄文修习的一年班。第二次考试是机械制图，成绩合格可以免修机械原理，孙承纬高中时，在虹口中学上了一年的机械制图课，成绩优良，也顺利通过了这次考试，免修了机械原理课程。

孙承纬进入大学的第一学期，开设的课程主要有数学分析和解析几何、俄文、机械原理，一周学生们要参加两到三次的反右批判会，当时还能保证正常上课，学生并不需要过多地参与。

孙承纬回忆，刚进入高等数学的殿堂，尤其是"数学分析"有很多新的概念，比如变量、无穷小、极限、微积分等，在这一段时间最初一两个月是很痛苦的，从高中数学的概念、思维方式，到变量数学的转变，使很多同学深刻体会到大学学习与中学的显著差异。

"数学分析"将孙承纬和同学们带入一个崭新的世界，当时北大的理论力学、数学分析及普通物理课程安排是大课和习题课相结合，一周是三堂大课三堂习题课。孙承纬回忆，习题课的重要性要超过大课，原因是光听大课是不会做题的，比如课堂上讲了一次，讲得不够详细，习题课老师就补充讲，习题课老师基本上是半堂讲课，半堂练习，练习包括黑板答题、卷子笔试以及口头回答三种模式。"如果习题课上不下来，就不会做题，也没法考试。数学专业就是要做题，不做题不行的。"[1]孙承纬这样说。

---

[1] 孙承纬访谈，2021年4月16日，四川绵阳。资料存于采集工程数据库。

教数学分析习题课的老师周民强关于极限 $\varepsilon-\delta$ 的授课让孙承纬印象深刻。周老师对于极限、连续等基本感念扣得特别严密。有一次上课他出了一道题：如果某极限不存在，用 $\varepsilon-\delta$ 的语言应怎样陈述？让学生回答，回答不对的不能坐下。从自告奋勇到周老师指定回答，半堂课下来，教室里的三十多个学生差不多都站起来了。最后还是在周老师的启发之下，大家凑出了合格的答案，方才坐下。

这堂习题课让大家都感受到进入大学后思维方式需要转变，从中学数学的具体数值运算到高等数学的抽象论证，数学概念不仅扩大而且抽象化了，不能再拘泥于具体的数值和形状，一两个月之后，大家才慢慢地适应了这种转变。

当时"数学分析"课程采用莫斯科大学的辛钦编著《数学分析简明教程》。"这本教材薄薄的一本，内容提纲挈领，不仅深而且很跳跃，很不好看懂。想要看懂它就得自己找书来看。"孙承纬这样说。

因为《数学分析简明教程》不容易读懂，孙承纬就主动找辅导书来看，经典的书籍有菲赫金戈尔兹的《微积分学教程》，上面不仅例题很多，而且讲解细致，课后还有很多难度很大的练习题，此书（三卷八分册）几乎人手一套；到了一年级下学期，孙承纬买了吉米多维奇的《数学分析习题集》，厚厚的一本，1400多道习题。这两套书孙承纬都利用大一、大二的课余时间认认真真地做完了，孙承纬遵循的学习方法正如周培源所说"题做多了，自然就会了"。[1]

数学基础课为孙承纬和同学们打下了坚实的基础，培养起了数学分析的思维方式，对其后续专业课程的学习大有益处。

《数学分析简明教程》中文版是数学分析课的教材，俄文版则是孙承纬俄文课的教材，俄文课的主要教学方式是在不看中译本的情况下练习翻译该书。每节课开始三分之一的时间，老师布置翻译任务，然后老师会要求学生在限定时间内弄清楚中文意思和主要语法。时间一到，学生们便轮流站起来分段口头翻译，"所以这很艰苦啊，等于真刀真枪去做笔译。写个

---

[1] 访谈武际可：以勤为本，诲人不倦。见：北京大学力学专业建立65周年采访文集编委会编，《师道心语》。北京：北京大学出版社，2018年，第60页。

草稿的时间都来不及,因为阅读量很大!"①孙承纬感慨地说。刚开始孙承纬和同学们都不太适应这种教学方式,经过不断的训练,学期结束时,大家都把这本书的俄文搞懂了,俄语阅读能力得到显著提升,这对学生们无疑非常有益,因为大一时很多辅导书都是俄文的,大家都是学着直接看俄文书,"我觉得大学培养的俄文阅读能力跟这个俄语课是很有关系的。"②孙承纬这样说。

1957年11月,学校公布了《关于学生参加体力劳动的暂行规定(草案)》,这预示着学生们去农村和工厂参加生产劳动活动即将开始,课堂学时将被大大压缩。

第一学期结束,孙承纬数学分析考试成绩良好,解析几何成绩优秀。俄文是考查科目,依据平常成绩考查及格(通过考查成绩均为及格)。

1958年2月,"反浪费反保守"运动(以下简称"双反运动")开始了,全国高等院校和科研机构将"双反运动"的矛头指向了知识分子的"资产阶级思想",由此形成了所谓的"争取红透专深"的运动。③3月底,数学力学系开展了"红专辩论"。④

"红专辩论"开始后,学校号召共产党员和共青团员勇敢地暴露自己的思想,勇敢地进行辩论,孙承纬所在班级也要人人写思想汇报,挖错误思想根子。孙承纬当时的想法是:我好好念书,以后好好工作不也是红嘛。⑤可是,随着"双反运动"的深入,外文书不能看了,业余时间自己钻研学习也不行了,就连去图书馆也要偷偷地去,整个教学的秩序开始变得很不正常。

1958年5月17日,北大召开了全校万余师生员工继续思想革命、深入教学改革誓师大会。教育革命开始后,认为资产阶级的教育体系完全不对,开始批判牛顿、爱因斯坦等,随着红专辩论的升级,课也不上了,组

---

① 孙承纬访谈,2021年4月16日,四川绵阳。资料存于采集工程数据库。
② 同①。
③ 朱地:1958年"反浪费反保守"运动述评.《中共党史研究》,1995年第3期,第68页。
④ 王学珍,王效挺,黄文一,郭建荣主编:《北京大学纪事1898—1997》(第2版)。北京:北京大学出版社,2008年,第634页。
⑤ 孙承纬访谈,2019年5月9日,四川绵阳。资料存于采集工程数据库。

织学生勤工俭学，孙承纬和同学们被分到数学力学系的一个自 1954 年开始建设的供教学和科研使用的木工车间当学徒。这个车间是为低速大型风洞加工、生产吹风试验用飞机模型的。

因为孙承纬自小就对手工制作有很大的兴趣，到了木工车间后，通过给老师傅打下手，聆听老师傅认真传授的方法，酷爱动手的他学得非常认真。虽然磨一把木刨刀常常需要两三个小时，费时费劲，但孙承纬感觉摸到了木工的门道，学会了很多基本操作手艺，"那个老师傅教了我很多基本操作，自己的收获也挺大，设计了一个'土'牛头刨但没有实现，还干了一些很有意思的事情"。① 这段经历为孙承纬将来较强的实验能力打下了另一类基础。

1958 年 6 月，北大各个系纷纷召开了跃进大会，陆续开始筹建自办工厂，孙承纬所在的班级委派他做筹备建厂工作，主要原因是孙承纬在木工车间劳动时表现突出。

接到筹建工厂的任务后，孙承纬开始了认真的准备工作。经过考虑，他认为建工厂首先要机床化，准备自己制造车床、刨床，于是便设计并绘制了一张刨床的图纸。孙承纬带着老师指定的几个同学开始准备材料，加工造刨床所需要的零件。大家每天从早干到晚，除了孙承纬以外的几个同学对造刨床并没有多大的兴趣，一个月之后就感到厌烦透了，不想再继续做下去。有人说孙承纬的主意"只专不红"，是"技术挂帅"，办工厂首先要思想红，而不是具体做一个机床，其他人也跟着附和，纷纷离开，办工厂的计划就这样流产了。

因为这些活动，耽误了很多学习时间，第二学期结束，高等代数和普通物理都没有考试，改为考查科目。到了 1958 年暑假，学校提出要过一个革命化的暑假，没有放假。孙承纬和同学们在学校等着去农村参加大跃进劳动的通知。当时还有大炼钢铁、体育大跃进、科研大跃进等许多活动，活动并不持久，经常有变动。

虽然课程停了，孙承纬和很多同学心里总是念念不忘有很多课程要上、很多教科书要好好读，心里时时刻刻想着青春时光不能虚度。孙承纬

---

① 孙承纬访谈，2019 年 5 月 9 日，四川绵阳。资料存于采集工程数据库。

依然延续着自己的老习惯，有空就做做苏联数学辅导书上的数学题，"题要自己做。做题好比打猎，要自己打，不要学清朝皇帝，在西苑南苑养了鹿，由太监把鹿或猎物赶到自己跟前，再去射"。[①] 这番话，正是北大力学系组建者周培源所说，目的就是要培养学生独立钻研的学习精神。孙承纬自高中起，就体会到了在大量地做题后水到渠成的解题快乐，这种学习方法正是周培源所讲的学习上要独立捕获"猎物"。

北大藏书丰富的各类图书馆以及北京市里各大书店依然是孙承纬流连忘返的地方，虽然那一时期去图书馆、看书学习都会被指责为走"白专"道路，但是从小就养成的读书习惯使孙承纬依然不自觉会去找书看。在北大阅览室的开架外文杂志区，孙承纬非常喜欢一本苏联杂志《无线电爱好者》，1958年某期刊登的一篇介绍电动自动乌龟的文章引起了他的浓厚兴趣，文章中介绍的电动乌龟依靠光电控制，会自动前进和倒退，采用了晶体管电路，这些在当时都是很先进的技术。孙承纬感觉很有意思决心将这篇文章翻译出来，顺便也练练俄文翻译能力。

因为杂志不能借阅回来，孙承纬每天一大早便来到阅览室，在信纸上一面抄写一面翻译，还将电动龟的模型线路图画到透明纸上，遇到不懂的词语就查字典。一个月后，不仅完成了译文同时还学了很多俄语无线电技术词汇。孙承纬一直将这份翻译手稿珍藏至今，作为学生时代的回忆。

1958年8月，数学力学系接到去通县某人民公社抢收的通知，当时北京下暴雨，公路都被淹了，孙承纬和同学们就头顶着被子行李，蹚着齐胸深的水走进村里。很多麦田都被水淹了，那时不是用镰刀割麦子，因为麦子长得太矮了，要用手拔，半天下来，孙承纬和同学们腰都直不起来了，手上也都打了水泡。大雨过后，收起来的麦子还没有撒下的种子多，学生吃住在人民公社，很快就将农民当年收上来的小麦和玉米吃完了，接下来的日子就只有靠白薯度日。第二次是1958年的九十月份在海淀区东升人民公社参加生产劳动。

1958年在高等学校中开展了以贯彻党的教育方针为主要内容的"教育

[①] 访谈武际可：以勤为本，诲人不倦。见：北京大学力学专业建立65周年采访文集编委会编，《师道心语》。北京：北京大学出版社，2018年，第60页。

革命"，实行教学、科研、生产三结合。1958年8月，北大上报教育部《关于修改教学计划情况的报告》，报告中说，各专业的教学计划加强了马克思列宁主义理论课程，贯彻了教育与生产劳动相结合的方针；学时较少，适当减少专门化和选修课时数。[①] 采集小组在北京大学查到的孙承纬学习成绩档案中显示，孙承纬大学二年级（1958—1959年度）课程表的学时数被修改过，理论力学每周的课时减少了一学时。

1958—1960年的三个学年里，每年都安排了9~12周的生产劳动，孙承纬和同学们去过十三陵水库建水库劳动、京郊的人民公社劳动夏收抢收和抢种秋播等，和农民一起同吃同住同劳动。

学时减少了，劳动变多了，孙承纬却抓住一切可以利用的时间偷偷地学习。大学二年级开始学习第二外语（简称二外），学校指定必须是英语，没承想刚上了一节英语课，第二天学校就宣布下乡劳动，两个月之后再回来，不知何因英语课就没有再上了。从二年级开始，很多参考书都是英文版，例如积分学教程、理论力学教材。孙承纬只能依靠初中学过的英语基础，一本从俄文翻译的中学英语语法手册以及一本英汉词典边看边学，坚持阅读英文读物。这样学习当然有很大难度，毕竟距离初中学英语已经过去三四年了，而且孙承纬中学的英语课是不教语法的。

孙承纬想着一定要把英语补起来，转眼就到了1959年7月大二的暑假，依然是不放假，要去京郊公社或工厂进行生产劳动。孙承纬找来一本薄冰编写的《简明英语手册》深入系统地学习语法，同时还有一本大哥孙承绪给的英文版小说《一千零一夜》，孙承纬将这两本书随身带着，利用劳动时中午休息时间和晚上的时间如饥似渴地学习。一个暑假过后，两本书都看完了，打下了英文阅读的基础，孙承纬也感到自己的英文有了很大进步，再看英文参考书已经比较轻松了。

1960年9月，孙承纬升入四年级，结束了基础课的学习，进入了"专门化"课程学习阶段。孙承纬对理论力学很感兴趣，同时一直在自学控制论，因而分专业时自愿报名到"一般力学"专门化班，但是等到名单下来，

---

① 王学珍，王效挺，黄文一等：《北京大学纪事 1898—1997》（第2版）。北京：北京大学出版社，2008年，第640页。

却被分配到了"固体力学"专门化班,固体力学教研室是在力学专业创立之初就成立的,由王仁担任主任。未能如愿分到心仪的专业,孙承纬难免思想上有些想不通,但是转念又想:"外面有的是书,想要学什么自己可以学啊,又不牵扯到实验,都是数学问题嘛。"同时,孙承纬觉得,到考研究生的时候还可以再选择,因而专业分配带来的不愉快很快就过去了。

1960年9月,为进一步贯彻党的教育方针,加速知识分子劳动化,北大与长辛店机车车辆厂建立了长期协作关系,作为北大师生下放锻炼的固定基地。1960年9月9日晚,北大校党政领导举行大会,欢送第一批赴长辛店机车车辆厂进行劳动锻炼的师生。

第二天,孙承纬所在的57级数学力学系师生来到了长辛店机车车辆厂,孙承纬被分到翻砂车间,主要任务是将不合格的铸件砸碎之后重新放进化铁炉中冶炼。

每天一大早,喝一碗稀粥之后,学生们就来到车间劳动。孙承纬要使出全身力气去抢起大铁锤砸碎铸铁件,不知道是方法不得当还是胳膊没劲,经常是无论怎样用力就是砸不坏,善良的工人师傅看着这些没有锻炼过的年轻学生娃娃也是心疼,"干这个活都是每个月要吃60斤粮食的,你们吃这么一点点,怎么干得了呢?"当时正值三年困难时期之始,学生每月的定量从36斤减到了27斤。工人师傅们的定量也从原来的60斤减到了50斤,但是工人师傅们干劲依然很大,同时也非常照顾这些年轻的学生们。面对如此情景,孙承纬心里不免检讨自己:"工人师傅觉悟多高,一下减了10多斤,干劲还翻番。我们学生减那么几斤就觉得肚子饿得不得了。"[1]特别是带孙承纬干活的任师傅,他告诉孙承纬:"要想变,就得干!"[2]这句话给孙承纬留下了深刻印象,回到学校后,他在日记中回忆任师傅的教导时这样写道:

工人之中出真理,实践是工人世界观的核心。主席的话说得最深刻"钟不敲不响,桌子不搬不走",工人的思维活动简单但是深刻,

---

[1] 孙承纬访谈,2021年4月16日,四川绵阳。资料存于采集工程数据库。
[2] 孙承纬:日记。1960年12月—1961年6月,内部文集。存地同[1]。

反映了知行统一观，这一点是我要终生去理解、去追求的。①

一天活干下来，学生们每顿只能喝点稀粥吃点窝头之类，晚上回到宿舍已经非常劳累，根本没有精力再看书了。进入冬天后，天气越来越寒冷，学生们睡的是大通铺，一层木板上只是垫了薄薄的一层麦草，日子过得饥寒交迫的，很多人开始生病。学校得知了这种情况，立即决定马上让师生们返回学校，检查身体补充营养。

关于这段经历，孙承纬在1963年的毕业生鉴定表中写下："我出生于非劳动人民家庭，'万般皆下品，唯有读书高'的想法比较重，经过各次劳动特别是长辛店工厂的劳动，这种想法有了很大转变，感情上和劳动人民靠近了一大步。"②

孙承纬和同学们回到学校后被安排住到集体病房，经过医生检查后发现学生们都浮肿了，面对这种情况，学校发了营养票，每天可以喝一碗营养汤来补养身体，其实汤里面也只是漂着几只小虾皮而已。

由于时值困难时期，粮食严重缺乏，每顿经常就是一碗白菜汤和一个杂面窝窝头，饿了有人就拼命喝酱油汤，很快又浮肿了。全年级只好停课，学校要求学生们躺在宿舍好好休息，观看学校阅览室送来的画报杂志作为消遣，同时定期派校医来检查身体。

经过休整，学生们的身体渐渐恢复，但是粮食蔬菜依然很紧张，白薯、玉米窝头、树叶子窝头都是日常的主食，食堂也曾经出过"水煮树叶"之类的菜品。直到1961年春天，终于有菠菜长出来了，学生们才能勉强吃到一点蔬菜。

生活虽然艰苦，但是休整期间有了大量的时间可以看书和学习，孙承纬非常珍惜这失而复得的学习机会。1960年12月12日，是孙承纬21岁的生日，他在日记中写道："今天是生日，生命开始日的纪念，猛醒，猛醒，别虚度年华。打起战鼓来，追求科学真理的殿堂，驰而不息。"③

---

① 孙承纬访谈，2021年4月16日，四川绵阳。资料存于采集工程数据库。
② 4-1-3，上海激光等离子体研究所1963年8月14日孙承纬档案——高等学校毕业生鉴定表。存于上海激光等离子体研究所。
③ 孙承纬：日记。1960年12月—1961年6月，内部文集。存地同①。

在这一篇日记里，孙承纬还提到几天前买的两本书，其中有一本是法国数学家、力学家阿佩尔（Appell）于 1893 年出版的 5 卷巨著《理论力学》的俄文版第一卷，这是一套非常经典的理论力学教材。孙承纬写道："愿它象征以后的方向，猛进，猛进！"

1961 年 1 月 17 日，北大教务处草拟《关于安排下学期教学科研生产劳动工作计划的意见》。总的精神是：贯彻中央"调整、巩固、充实、提高"的方针，以教学为主全面安排各项工作。适当减少劳动，增加课时数。上课不少于 17 周，劳动不多于 3 周。[①]

1961 年春天，北大终于恢复了正常上课，虽然当时依然处于困难时期，大家还是吃不饱，但是学生们高兴啊，孙承纬感慨地说："上课我们很欢迎啊，我们那么多年就劳动了，不上课，你说这个多难受！"[②]

至此，北大的教学秩序逐渐恢复正常，政治运动减少了，北大浓厚的学习钻研的风气便渐渐开始恢复。在宝贵的正常学习时间中，虽然不少课程计划被删减，教学秩序和纪律松散，但出于对知识的渴求，这样的境遇反而迫使孙承纬和许多同学养成爱惜时间、自学自励、独立思考的习惯，他们抓住短暂机会，尽量多学几门外语，多选修几门专业课以外的课程，为将来参加工作打下坚实基础，也许这就是那个时期的北大学生的"特色"吧。

"优等"毕业论文

1961 年 9 月 15 日，教育部印发了《教育部直属高等院校暂行工作条例（草案）》（简称高教六十条），[③] 10 月 14 日，北大召开了全校教职员和

[①] 王学珍，王效挺，黄文一等：《北京大学纪事 1898—1997》（第 2 版）。北京：北京大学出版社，2008 年，第 673 页。

[②] 孙承纬访谈，2021 年 4 月 16 日，四川绵阳。资料存于采集工程数据库。

[③] 参见：高军峰："教育大革命"与《高教六十条》，《文史精华》，2011 年 4 月，总第 251 期，第 22 页。

学生大会，传达了《高校六十条》。10月18日崔雄崑教务长召开系主任会议，传达学校对当前工作的意见：要确保教师六分之五时间用于业务工作上，要保证学生每天有6小时学习时间。① 为充分保证学生的学习时间，早在1960年2月10日，北大党委就上报了关于理科延长学制的请示报告，建议北大理科改为6年学制，到了1961年3月18日，教育部同意北大理科按六年制计划培养。②

因而，孙承纬入校时学制是五年，后来是按六年制进行学习，从1961年开始，孙承纬在北大的后三年的学习生活已逐渐恢复了正常，面对失而复得的学习机会，他异常珍惜"正常上课时间就是三年多嘛，我没浪费多少时间，就说很多不该我上的课我也去上了，都要感谢北大的自由。"③

孙承纬所说的北大的自由是指北大自由的学风，学生不仅可以自由听课同时也可以自由讨论、思辨。学生要上必修课和选修课，同时如果对哪门课感兴趣，可以直接去听课，老师并不会管谁该来或者谁没来。当年孙承纬还把旁听课程的小窍门告诉同在北大上学的二姐孙承平："你想听什么课，都可以去听的。"这句话可以感受到当时孙承纬对能有机会学到更多知识的喜悦。

孙承纬所在的"固体力学专门化"专业课程不仅限于固体力学专业相关的课程，流体力学、固体力学、弹性力学都上了两年，结构力学、塑性力学、气体动力学均上了一年，因而，也给孙承纬打下了坚实广泛的连续介质力学专业基础。

特别值得一提的是气体动力学课程，当时授课的老师是莫斯科大学留学归来的苏林祥，1963年孙承纬大学毕业后分配到了西北核武器研究基地（即221基地），再次遇见刚刚调来此地的苏林祥老师，昔日的师生成了同事，共同投入中国核武器研制工作中。气体动力学课程采用的教材是苏联列宁格勒大学到北大来任教的流体力学专家别洛娃专门写的《气体动力学

---

① 王学珍，王效挺，黄文一等：《北京大学纪事1898—1997》（第2版）。北京：北京大学出版社，2008年，第682页。
② 同①，第675页。
③ 孙承纬访谈，2021年4月16日，四川绵阳。资料存于采集工程数据库。

讲义》，孙承纬刚参加工作时，依靠重温这本书迅速进入了工作状态，因为当时他所从事的爆轰技术的基础就是气体动力学。

除了自己的专业课外，孙承纬特意找来物理系的课程表，挑选和自己的课程不冲突的课去听，基本上物理系的基础课都旁听了，包括电动力学、量子力学、分析力学等，还选修了很多数学专业的课程。

孙承纬听课多，同时还擅长做笔记，至今还保存了二十多本大学时期的学习笔记，清晰而认真的字迹真实地记录了当年孙承纬的所学所思所想，其中就包含丁石孙的"近世代数"、王仁的"塑性力学"、陈滨的"分析力学"课程的笔记。

这一时期，孙承纬关于如何做好读书笔记进行了有针对性的学习，有别于高中时的学习笔记仅仅是抄录书上的精华内容，他开始思考读书时怎样才能做到真正地学懂。

孙承纬主动从名人身上、书中去寻找答案，他专门将马克思和列宁的学习方法摘录在日记中，在一本名为《大学生的独立工作》的书中，他看到了关于读书方法的介绍，在该书的笔记中，孙承纬提到了列宁曾说"把自己不了解或不明白的地方记下来，反复研究，将来在看书、听讲和谈话中继续把它们弄清楚。"接着孙承纬又提到马克思经常翻阅自己的笔记，并引用马克思的话"如果不是为了修改它，就一定是为了掌握材料。"写到这里，孙承纬在日记中有感而发："可见笔记应是思维的中途站，而不是抄书记录。否则书又有什么用？图书馆又有什么用？"[1]

经过这些学习，孙承纬认为，读书的过程应该是学习和独创相结合，"过去的文献中虽有不少精华，但也有错误的观念，发扬独创精神就是不做这些错误观点的俘虏。"孙承纬在日记中写到，"摸索学习和独创的规律是当务之急"。他总结读书应该先粗看，摸清问题的实质；然后提出自己的见解丰富发展；最后在吸收前人的经验基础上获得提高。[2]

孙承纬还特别喜欢学习科学家们的学习做事方法，钱学森、华罗庚、苏步青是他非常敬仰的科学家或数学家：钱学森的关于基础和专业的辩证

---

[1] 孙承纬：日记。1960年12月—1961年7月，内部文集。资料存于采集工程数据库。
[2] 同[1]。

关系，先基础后专业，有专业需要进一步扩大基础。学校里打第一个回合，工作需要再打第二，第三个……；华罗庚的如何将"书从'薄读到厚'，再从'厚读到薄'"，特别强调由"厚到薄"就是培养独立思考能力的过程；苏步青的四个"基本"，即基本理论、基本知识、基本技能、基本操作；结合教师指导，独立啃完一本书，在学习上"依靠自己是最可靠的力量"。① 这些方法都被孙承纬"移花接木"到了自己的学习之中，并成为终生一以贯之的学习和工作习惯。

为了提高读书效率，孙承纬学习了目录学的知识，掌握了如何查文献、找资料、做读书卡片、记读书笔记以及写读书报告。这些知识和方法有效地帮助了孙承纬的学习进入了高效的轨道。孙承纬听课认真，课后做题也多，知识掌握得牢固，每次考试前，拿出一天半天的时间将之前学过的知识点捋一捋，按着课程的逻辑大概想一想，想通了复习就完成了，没想通就翻看书再看一看，等到考试成绩出来大多都是优等。因而，孙承纬有更多的时间去看课外的书籍。

孙承纬主动找了很多教辅书籍，像理论物理学的英文名著《刚体动力学》、德国物理学家索莫菲的经典名著英文版《理论物理学》等，以及控制论、无线电等方面的书籍，特别是控制论，自从高中因钱学森的工程控制论获奖引发了兴趣之后，孙承纬一直在自学相关书籍，大学之后，因知识体系的拓宽，对控制论也有了更进一步的认识，当时购买的由控制论的创始人维纳著的《控制论》一书也一直保存至今。

与此同时，学有余力的孙承纬还看了很多科学、文艺方面的书籍，自学了法语的孙承纬当时已经能够阅读法语小说简写本《悲惨世界》，黄筑平回忆："孙承纬看书很快，他看小说一个晚上就能看完，第二天都能全部讲出来，我印象很深。"②

孙承纬说："这得益于北大的图书馆丰富的藏书。"酷爱读书的孙承纬通过博览群书，为自己构建了丰富多元而扎实的知识体系。

当采集小组请孙承纬回忆当年使用过的教材时，他当下随手在白纸上

---

① 孙承纬：日记。1960年12月—1961年7月，内部文集。资料存于采集工程数据库。
② 黄筑平访谈，2019年11月7日，北京。存地同①。

写了下来，在场的人无不惊奇于他超强的记忆力，同时也有力地证明了当年孙承纬学习的扎实。

孙承纬的勤奋好学给老师和同学们留下了深刻印象，在论文导师王大钧老师记忆中，当年的孙承纬特点比较突出，比较清瘦、机灵、反应快；①武际可是孙承纬五年级结构力学课的老师，在他的印象中，孙承纬是比较用功的学生，不是非常活跃。②

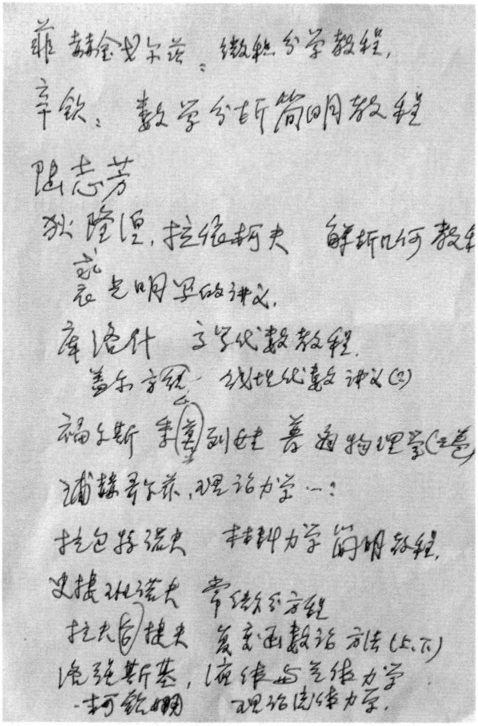

昔日的大学同学对孙承纬也是好评如潮，北京大学教授黄筑平认为："他的理解力很强，推理比较快，学习速度很快。"③北京理工大学的教授范天佑这样

图3-3　2021年4月16日，孙承纬手写大学教材手稿（孙承纬提供）

说："他很谦虚、认真、踏实，对自己要求严格，学习比较好，博览群书，看书的速度非常快，喜欢帮助同学。"④航天科技集团研究员胡明志回忆说："他考虑问题细致，思想很敏捷，在科学问题上有很强的前瞻性，几年前同学聚会，大家讨论问题，别的同学问题还没有搞清楚，孙承纬已经有了结论。"⑤北京大学教授王颖坚印象中，"孙承纬的学习很踏实，很刻苦，对人也是诚恳、真诚的"。王颖坚认为孙承纬工作上所取得的成绩，关键在于他个人非常努力和钻研的品质，"他本来就是踏踏实实干事的人，所以取得成绩也是必然的"。在王颖坚记忆中，"孙承纬的学习很扎实，并不好高

---

① 王大钧访谈，2019年11月7日，北京。资料存于采集工程数据库。
② 武际可访谈，2019年11月5日，北京。存地同①。
③ 黄筑平访谈，2019年11月7日，北京。存地同①。
④ 范天佑访谈，2049年11月6日，北京。存地同①。
⑤ 胡明志访谈，2019年11月5日，北京。存地同①。

第三章　求学燕园，夯实基础

骛远，当别人遇到难题向他请教时，他会帮着讲讲，有一个口头禅是'我给你讲'"。①

1961年9月，孙承纬升入五年级，课程中开始有了讨论班，固体力学专业下有结构力学、塑性力学和机械振动三个方向的讨论班，孙承纬根据自己的兴趣，选择了机械振动讨论班，班里加上他一共六七个人，讨论班老师是王大钧。

讨论班课程是北大的传统，一周上两次课，讨论班主要是对新学科、新思想及新方向进行研讨，主要是由讨论班的老师牵头提出一个研究方向，学生们围绕这个方向查资料做调研。同时，在老师的引领下在上课时开展讨论，主要目的是启发思考，确定研究方向，但是讨论班不一定产生成果。可以说，讨论班对北大浓厚的学术氛围起到了良好的促进作用。孙承纬和同学们在三年级时，就会跑到高年级的讨论班去旁听，这对他们开阔眼界和扩展知识面起到了一定的作用。

王大钧给孙承纬所在的振动讨论班选择的研究方向是空气弹性振动，这在当时是机械振动中最尖端的问题，是非常复杂前沿的一个方向。当时在美国有一位华人科学家叫冯元桢，②在当年没有数值模拟计算工具的情况下，他第一个提出了空气弹性的公式，他的第一部专著《空气弹性动力学》是气动—弹性力学领域的经典著作。王大钧给学生们推荐了这本书，但是同学们学起来感觉非常艰难，研究飞机机翼的振动，其主要原理是机翼的振动引起外面的空气跟着振动，产生一个流体的运动，并反过来影响机翼的振动，这是一个流固耦合问题，其中的公式极为复杂，其中用到的"张量分析"是孙承纬和同学们没有学过的课程，因而空气弹性振动研究做了一个学期不到，学生们实在做不下去了。孙承纬回忆："当时搞飞机的颤振太难了，因为一是理论非常复杂，我们有好多数学工具都不掌握，二是没计算机数值模拟，更谈不上进行实验。"③ 于是，只有另辟蹊径，王大

---

① 王颖坚访谈，2019年11月6日，北京。资料存于采集工程数据库。

② 冯元桢（1919—2019），生于中国江苏，祖籍江苏武进，美籍华人，国际知名学者。在生物力学、航空工程、连续介质力学等领域有重要成就。美国国家科学院院士、美国国家工程院院士、美国国家医学院院士、中国科学院外籍院士及台湾"中央研究院"院士。

③ 孙承纬访谈，2021年4月16日，四川绵阳。存地同①。

钧将讨论班的研究方向改为梁①振动。

王大钧指定了俄文参考书，同时也布置了十五六篇参考文献。这些文献不仅有俄文也有英文的，王大钧让学生自己看文献，然后进行讨论。孙承纬认认真真地把这些资料都看了一遍，同时自己又找到一本俄文书《连续梁的振动问题》，关于连续梁②，孙承纬打了一个比方："一个火车桥有好多桥墩，一段一段的，这个就叫连续梁。每个桥墩之间的振动是互相干扰的。"这本书很系统地把连续梁的公式都推导了出来，孙承纬仔细研读之后，发现梁振动可以排成很好看的方程组，用解析解计算也相对比较容易。1962年5月，孙承纬在这本俄文书的基础上，结合之前看的十几篇文献，完成了读书报告《连续梁的自由振动》。

据孙承纬大学同学回忆，当时讨论班并没有强制要求一定要完成一篇学年论文，很多同学只是了解了新的技术方向，大家在一起讨论一下，就算完成了学习任务。③

通过撰写学年论文，

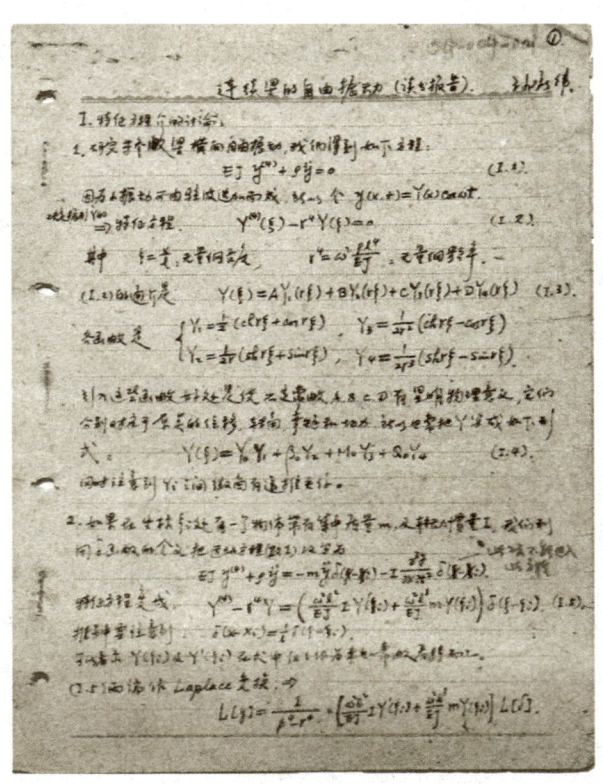

图 3-4　1962 年，孙承纬的学年报告《连续梁的自由振动》手稿（孙承纬提供）

---

① 依据梁的具体位置、详细形状、具体作用等的不同有不同的名称。大多数梁的方向，都与建筑物的横断面一致。

② 在建筑、桥梁、航空以及管道线路等工程中，常遇到一种梁具有三个或更多个支承，称为连续梁。

③ 胡明志访谈，2019 年 11 月 5 日，北京。资料存于采集工程数据库。

第三章　求学燕园，夯实基础　　*89*

孙承纬发现了一些更深入的问题，从一个简单的梁到形状变化的梁，比如三角形或者梯形，他发现各种奇形怪状的梁的固有振动都是可以有解的，他最为感兴趣的便是铁木辛柯梁（Timoshenko，简称 T 梁）。

1962 年 5 月，孙承纬所在的固体力学专门化班按照课程的安排来到中国水利水电科学院进行生产实习，为期 6 周。在水利电力科学院实习期间，孙承纬和同学们参加了重力坝实际问题的计算。正是在此期间，触动了孙承纬的灵感，他发现重力坝的截面可以看成三角形非正规截面，可以看成铁木辛柯梁，同时再考虑水弹性问题，研究重力坝的固有振动是一个很有现实意义的研究方向，因而毕业论文的题目"三角形截面重力坝的固有振动"应运而生。

孙承纬写了一两页纸的提纲，找到了导师王大钧，王大钧看过之后很快就答复："你可以自己选题目，不一定要老师指定题目，你有把握就加油干吧！"

在这之后，孙承纬全身心投入毕业论文的研究中，计算重力坝固有振动频率是重力坝的抗震设计中非常重要的一环，因为重力坝的固有频率一旦和地震波的频率一致，就会因同频共振发生大事故。同时，在重力坝满库条件下还要考虑水弹性，同理，重力坝中的水波的振动频率和重力坝的固有振动频率也不能一致。

在重力坝的抗震设计中，空库和满库时重力坝的固有频率是重要的数据。前人在这方面的工作都是基于把坝当作刚性地基上的欧拉－伯努利梁（Euler-Bernoulli，简称 E—B 梁）的假定，孙承纬从实际坝体尺寸出发，因为坝高并不比坝底宽度大很多，认为有必要考虑剪切和旋转惯性因素，即采用铁木辛柯梁模型，这就是孙承纬论文工作的出发点。铁木辛柯梁和欧拉梁都是当代应用较多的梁理论，简单地说，铁木辛柯梁是考虑剪切的梁，欧拉梁就是材料力学里讲的梁，忽略剪切作用。孙承纬在这篇论文中两种梁理论都应用了。

当时因为信息不畅通，能得到的参考文献非常有限，等截面铁木辛柯梁固有振动找到了一些英文文献，但是变截面铁木辛柯梁的工作甚为稀少，基本没有什么资料可供参考，这时孙承纬独立思考的能力就充分发挥了作用。导师王大钧回忆："孙承纬学习很好，是班里的尖子生，毕业论文整个过程基本是独立完成的。"① 孙承纬采用函数级数方法得到了重力坝空库时正三角坝的固有振动振型和频率的近似解析解，同时用变分原理推导了重力坝满库时正三角坝固有频率的数值解，主要特点在于处理"库水—坝体"的水弹性系统时，考虑了动水压力的公式，从而这个水弹性系统固有振动问题就化为坝体在特殊外力作用下的"强迫"振动问题。

孙承纬的论文结构完整，不仅用了解析方法同时还用了变分方法解决问题，创新点在于用解析法解出了一次近似解。在用变分原理推导数值解时，因为有大量的计算，孙承纬用大姐孙承永从苏联带回来一把计算尺花了两个月的时间完成了计算。

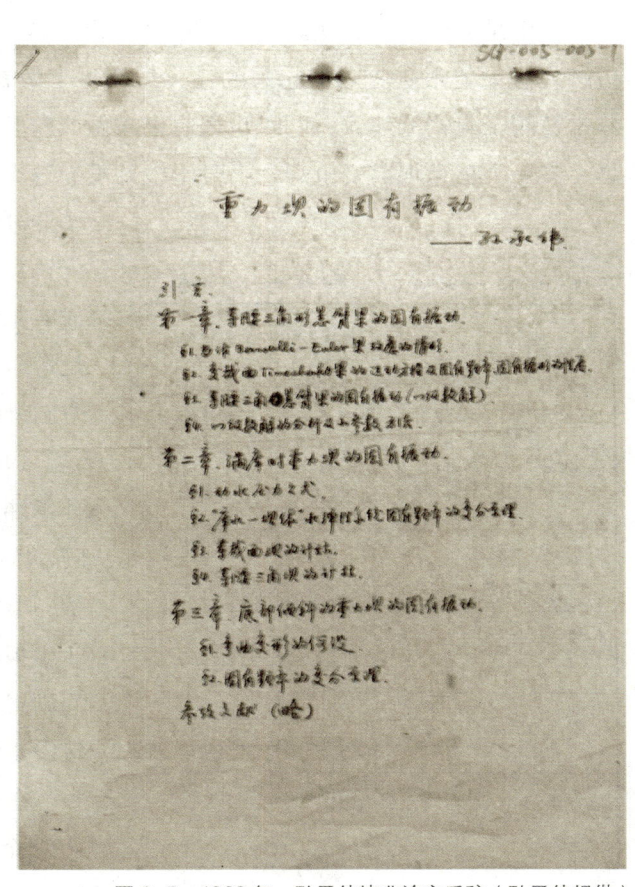

论文答辩时，学校请了中国科技大学弹性力学的专家、水利水电科学院的专家以及北大数学力学系的老师组成了答辩委员会，朱兆祥任答辩委员会主席②。孙承纬很顺利地完成了答辩，对评委提出的问题对答如流，他的表现得到了在场评委的赞赏。因论文选题结合实际，采用的理论

图 3-5　1963 年，孙承纬毕业论文手稿（孙承纬提供）

---

① 王大钧访谈，2019 年 11 月 7 日，北京。资料存于采集工程数据库。
② 范天佑访谈，2019 年 11 月 6 日，北京。存地同①。

和结论都有实际意义，同时结合孙承纬平时的成绩，答辩委员会给孙承纬的毕业论文打出了"优等"的好成绩，当年，固体力学专门化班仅有五个人的毕业论文获得"优等"。

在当时，孙承纬所在的固体力学专门化班也只有他一个人是自己拟定的题目。毕业论文的撰写过程为孙承纬培养了科研工作的模式和方法，是他进行科研工作的第一次实践，他说："学会怎么做题目，怎么调研，对自己有很大的帮助。"为孙承纬走上工作岗位后很快能开展工作奠定了基础。

王大钧对孙承纬的毕业论文非常满意，他对孙承纬说："你的理论很有意思，但是最好能够做实验验证。在这种非正规三角形截面上得到一些解析解，假如能跟实验对得起来的话，继续往下做就很有意义。"孙承纬也非常赞同王大钧的建议，同时也很有兴趣做实验验证自己的理论。遗憾的是，搭一个三角坝需要电焊，当时学校并没有这个条件，同时孙承纬面临毕业分配即将离校，因而和王大钧约定，有机会重回学校完成实验。孙承纬工作后从事的是爆轰物理，也没在机械振动方向继续做下去。

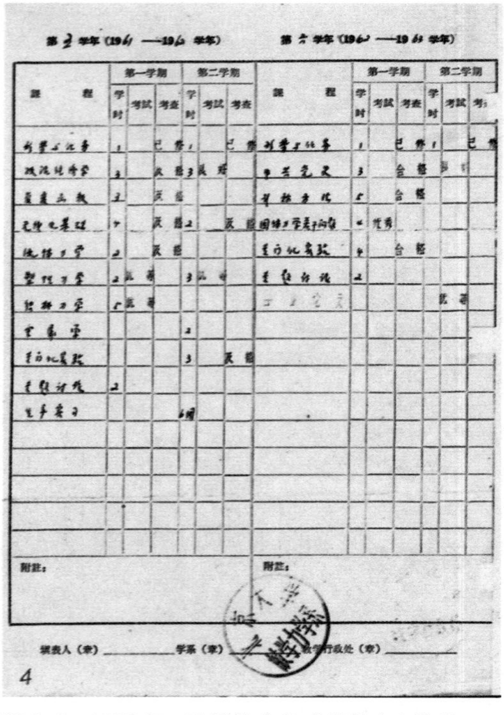

1963年7月21日晚8时，孙承纬作为应届大学毕业生和同学们一起来到了人民大会堂，参加了北京市高等院校毕业生报告会，见到了仰慕已久的周恩来总理，聆听周总理的报告。

在这次报告会上，周总理从六个方面概括了应该学习和掌握的内容，一是掌握学习工具；二是学好哲学；三是学习社会科学；四是学习

图 3-6　1963 年，孙承纬大学成绩单（上海激光等离子体研究所档案室提供）

生产知识；五是加强科学研究；六是学点革命文艺。特别是在加强科学研究方面，周总理向在场的青年学生提出了努力"突破科学技术尖端，赶上世界先进水平"的期望。[①] 周总理告诉大学生们："考虑问题都应该用五千年历史的角度和眼光。"[②] 孙承纬回忆："总理很了不起啊！总理的意思是我国五千年历史上比这严重得多的风浪也过来了，这个困难时期我们也过得去，年轻人要有历史观念。"可以说，周恩来总理对孙承纬影响至深，从17岁时响应周总理提出"向科学进军"的号召立下科技报国的志愿，到24岁大学毕业时再次聆听到周总理的"赶上世界先进水平"的殷切期望，孙承纬更加坚定了自己科技报国的初心，正如他在1960年12月19日的日记中摘抄的句子那样，"人们已经几千次地证明了，'他要成为怎样的人，就能成为怎样的人'"，此时的孙承纬内心坚定，胸怀一腔报国之志，即将奔

图3-7 1963年6月，北京大学数学力学系1957级固体班毕业合影
（前排左4为王大钧，左6为王仁，2排右1为孙承纬）（孙承纬提供）

---

① 毛胜：恩来的读书学习生涯。《新民晚报》，2021年8月10日。
② 孙承纬访谈，2021年4月16日，四川绵阳。资料存于采集工程数据库。

第三章　求学燕园，夯实基础

赴工作岗位，并在其中施展他的抱负和才华。

1963年6月，孙承纬和朝夕相处了六年的老师及同学们拍摄了毕业照，六年的时光里，北大爱国、民主、科学的优秀传统，思想活跃、严谨求实的深厚学风，陶冶着孙承纬和同学们，使得日后他们在工作中都能有所建树，成为物理、力学领域的知名学者。

1963年7月，成绩优异的孙承纬将面临毕业后的去向问题，之前他参加了研究生考试，按常理，成绩优异的他应该会如愿考上研究生，即便考不上也会顺利分配。然而，他万万没有想到，顺理成章的毕业去向却是一波三折。

第四章
投身原子弹起爆元件的研制

大学毕业之后，孙承纬投身到发展初期的中国核武器事业，在北京大学学习时打下的坚实数理基础让他在同龄人中出类拔萃。他首次承担的科研任务就与原子弹的起爆元件相关，从初见炸药的巨大威力时感到的既神秘又害怕，到后来与雷管炸药打交道后的习以为常，孙承纬很快理解了爆轰的流体力学理论，从此钻研爆炸力学、解决实际问题，让炸药更加有效、准确、安全地为武器做功，成为他锲而不舍研究爆轰的目的。

一波三折上草原

1963年2月，即将大学毕业的孙承纬对自己的未来做了一番认真思考。他的毕业论文《重力坝的固有振动》得到了答辩组老师们的一致好评，获得了少有的满分5分，学校教研室强力推荐他报考南京工学院机械振动专业的研究生。孙承纬喜欢数学，于是报考了北京师范大学的理论力学研究生，并且顺利地通过了初试。接下来的日子，孙承纬一直安心地等待北京师范大学的复试通知，可是直到被录取的同学都陆续得到通知了，他的复试通知还杳无音信。他不知道，自己已经被另行安排了。

这时候，有同学跟他说："上海嘉定新成立了一个力学所，叫'华东力学所'，需要大量大学毕业生，已经过去的师兄拉了一张名单，其中也有你的名字，你应该已经被他们录取了，就等着吧。"[1] 然而，事情并没有他想象得那么顺利，在华东力学所来学校要人的时候，名单上其他的十几个学生被顺利分配，偏偏孙承纬被卡了下来，说是已经另有安排，到底是怎样的安排却没人知道。

7月底的一天，数学力学系突然通知开会，说是宣布分配情况，孙承纬的名字出现在二机部北京地区的名单里。他心想："自己并没有填报分配志愿呀，怎么被分去二机部了呢？"[2] 考研、回上海工作、留在北京，孙承纬在内心思忖了好几天，后来觉得工作地点在北京也还是不错的，于是他去系里领取派遣证。可是，学校说他的派遣证被二机部收回去了，要重新开一张，一个星期后再来领。一周之后，孙承纬终于领到了他盼望的派遣证，打开一看却愣住了，报到地址变成了青海省西宁市西关大街甲18号。这到底是怎么一回事？会不会弄错了？他问负责分配的老师，老师说："这个派遣证是二机部调换的，你先回去等着，我们再去二机部问问。"两三个星期之后，孙承纬得到了学校的答复："没有错，你就是去这个地方报到，什么原因我们也不知道。"

毕业分配的一波三折让孙承纬十分困惑，想去的地方不让去，让去的地方是什么单位都不清楚，他有点苦恼，该不该服从这样莫名其妙的分配呢？此时，他的论文指导老师王大钧看出了他的心事，语重心长地对他说：

> 我了解了一下分配你去的地方到底是什么样的单位，据我所知，已有很多有名的学者、科学家到那儿去了，这肯定是国家非常重要的工作，你放心去吧，绝对不是一般的工作，这应该是一个机会，你不要放弃。[3]

---

[1] 孙承纬访谈，2020年12月7日，四川绵阳。资料存于采集工程数据库。
[2] 同[1]。
[3] 孙承纬访谈，2019年5月9日，四川绵阳。存地同[1]。

王大钧的一席话让孙承纬定了心。他想："很多有名的学者、科学家都去那儿了，应该是非常重要的工作，服从国家的需要吧。"孙承纬立即买了火车票，托运了简单的行李，奔赴青海。

火车到达西宁站已是半夜时分。一出站，孙承纬就看到接站的人群中有人高举一个牌子，上面写着"西关大街国营综合机械厂"，地址与他派遣证上写的差不多。他上前询问，出示报到介绍信，那人确认之后便让他爬上停靠在一旁的解放牌大卡车。

困乏至极的孙承纬迷迷糊糊地被卡车拉到西宁大厦休息。第二天天亮，司机说要换个地方，他又再次上车，先到火车站取了托运的行李后，被送到位于西宁城区西边的西宁饭店，他在西宁饭店看到了很多前来报到的大学生。领取了高原防寒"四大件"——毛毡床垫、棉大衣、棉帽子、大头鞋，之后他们被告知待在西宁饭店集训，等待厂里政审，有通知了就"上去"（即到厂里参加工作去）。这期间，每天都有人到火车站搭乘去海晏的火车"上去"，也有新报到人员住进来。孙承纬跟着同样等候进厂的年轻人逛街，好奇地寻找甲18号到底在什么地方，交流关于"厂里"的传闻。十多天后，孙承纬得到正式进厂的通知。坐火车、转汽车，当天下午四点多，到达一幢黄色三层楼附近，总算到"新家"了。

10月初的草原已经很冷，冰冻的土地硬邦邦的。一下车，孙承纬他们就被一群同事热情地围住，大家七手八脚帮忙拿行李，把他们带到各自的房间。一个戴着眼镜的瘦高个儿男同事开心地说："来了一个小师弟。"这位同事叫刘文翰，也是北京大学毕业的，比孙承纬早两年分配到这个单位。收拾好床铺之后大家一起去食堂吃晚饭，在这海拔3200米的高原，同事们的热情和大自然寒冷的环境形成了极大的反差。

第二天，孙承纬来到办公室的时候受到了大家的热烈欢迎，实验部兼二室主任陈能宽跟他谈了话，把他安排到二室一组工作。一组有4个课题方案组，孙承纬被分配到爆轰元件设计和实验方案组，组长正是他的北大师兄刘文翰。那时的孙承纬尚未意识到，自己已经投身于中国核武器研制事业。

早在1958年，当中国与苏联签订了《国防新技术协定》之后，二机部就设立了九局,专门负责核武器研制和西北核武器研究基地的筹备与管理工作。同年,北京第九研究所,也就是中国工程物理研究院的前身(以下简称中物院或九院)在北京花园路诞生,许多蜚声中外的著名科学家汇聚在这里,拉开了中国研制核武器的大幕。1959 年 6 月,苏联突然毁约停援,拒绝向中国提供原子弹教学模型和有关资料,中央决定自力更生,研制核武器。二机部遵照中央确定的方针,根据我国当时的条件,制定了科学研究工作计划,明确规定核武器研制工作要完全建立在自己科学研究的基础上,自己研究、自己实验、自己设计、自己装备。[①]

当时的西北核武器研究基地(即 221 基地)主要建设还没有完成,还不可能集中大批的科研力量开展工作,于是二机部决定先在北京地区创造条件开展工作。

1960—1963 年,短短三年的时间,北京第九研究所在不断探索中,逐步掌握了原子弹的基本理论和关键技术,并完成了原子弹的理论计算。与此同时,221 基地建设也在迅速发展,科研人员和设备仪器向青海逐步转移的条件已具备。1963 年年初,实验部大批人员从北京先后迁往青海。

位于青海湖北岸的 221 基地,对外名称叫青海西宁国营综合机械厂,是一个绝对机密的地方。这里高寒缺氧,自然环境恶劣,海拔高、气压低,年平均气温不到零摄氏度,霜冻期长,一年中有八九个月要穿棉衣。[②]

1963 年和 1964 年,新分配的大中专学生 1600 多人陆续来到 221 厂,进一步加强了核武器研究的技术力量;一批德才兼备的部队转业干部,也被充实到党、政、后勤部门;从全国抽调的优秀工人和部队转业的五好战士,被送到沈阳、哈尔滨的国防工厂进行专业技术培训后来到青海,221 基地形成了科技人员,生产工人,党、政、后勤人员三位一体的攻关团队。[③]

尽管条件艰苦,但是这里的人却个个精神饱满,工作热情高涨。孙承

[①] 邓力群,马洪,武衡:《当代中国的核工业》。北京:中国社会科学出版社,1987 年,第 258 页。

[②] 吴明静,凌晏,逄锦桥:《许身为国最难忘:陈能宽》。上海:上海交通大学出版社,中国科学技术出版社,2015 年,第 95 页。

[③] 王菁珩:《金银滩往事》。北京:中国原子能出版社,2009 年。

图 4-1　221 基地概貌（中国工程物理研究院提供）

纬强烈感受到所从事工作的重大意义，使命感和责任感油然而生，他很快安下心来投入了工作。

承担新型号的研制任务

孙承纬所在的课题组承担的是原子弹起爆元件的理论设计和实验工作。组里给他发了一本参考资料——《爆炸物理学》译著。上大学的时候他学的是力学，但从来没见过爆炸、爆轰，这本书上的知识让他感觉既熟悉又陌生。雨贡纽关系、冲击波特性等，跟他以前学的流体力学、气体动力学虽然同属一门学科，但也需要仔细研读才能完全明白。那时，他们组正在进行我国第一颗原子弹起爆元件的第二轮设计调整，孙承纬除了看书学习，还要经常去 6 厂区的 608 爆轰实验场地做实验。

221 厂 6 厂区具有多个大型爆轰实验场，每次实验被称为"打炮"。实

第四章　投身原子弹起爆元件的研制

验前要堆沙堆，在上面立一个木架子，把试验件放木架子上，校准照相光路。如果实验件爆炸之后有污染物，实验后就得把场地上的沙堆全部清理运走，换上新沙子。场地清理是很重的体力活儿，而且有沾染放射物的风险，这些事都是全组人员一起上，体力活儿、脑力活儿统统自己解决。

图4-2 青海221厂6厂区爆轰实验场地（中国工程物理研究院提供）

很快，起爆元件第二轮设计调整实验取得成功。几个星期之后，孙承纬接到一个任务，整理组里以前的技术文件准备归档。这些文件都是早期在北京17号工地的爆轰实验记录和总结报告，是当年探索起爆元件设计方法时的设想模型和各种实验数据，因为没有统一记录格式，记录很不规范，这次整理等于把当年的许多实验报告重新整理后再写一份。

在整理档案过程中，孙承纬一直感到疑惑，这个起爆元件到底是做什么用的呢？他问比他早一个月到岗的赵同虎："我们到底是干什么的？"赵同虎摇摇头说不知道，他又悄悄地问："在西宁的时候我听说是搞原子弹的，对不对？"赵同虎困惑地说："我们的工作跟原子弹有啥关系啊？"①

临近春节的某一天，室里通知大家去小食堂开会，会前党支部副书记刘长禄把新参加工作的人员一个一个叫去谈话，进行保密"交底"，内容就一句"我们从事的工作是原子能的军事应用"。"原子能的军事应用，不是原子弹还能是什么！"孙承纬终于明白了自己工作的重要性。

此时，孙承纬所在的课题组已经完成了第一颗原子弹起爆元件的设计，新的目标是如何把元件做得更小，便于武器化。课题组长刘文翰是我

---

① 孙承纬访谈，2020年12月7日，四川绵阳。资料存于采集工程数据库。

国第一颗原子弹起爆元件设计工作的大功臣。在十七号工地，他在陈能宽主任的指导下，在没有任何技术资料可以借鉴的情况下，独创性地建立了一套有效的计算方法和测试方法，掌握了起爆元件的运动规律。这种设计方法还存在较大局限性，必须探索更好的不依赖于实验数据的理论计算方法。

面对新的目标和任务，刘文翰原本可以轻车熟路地继续负责新课题，取得更多的成果，但是他却没有这样做，他觉得如果想让年轻人尽快地成长起来，就应该给他们压担子，在工作中"边干边学、干成学会"①，只有年轻人不断成长起来，事业才可能有更好的发展。他的目光锁定了参加工作不到半年的孙承纬，因为通过工作接触和交流，他很快发现：

这个学生跟其他人不一样，一是基础扎实，二是知识面比较广。因为一个人只有基础知识面比较广的时候，知识才可能堆得高，就像堆金字塔。②

刘文翰决定让孙承纬担任新课题的负责人，自己则以小组成员的身份助他一臂之力。多年以后，孙承纬每每回忆起当时的情景都很动情地说：

我非常感谢刘文翰，他一开始就树立这么好的榜样。如果前面会做的人一直做，后面的人就永远得不到锻炼的机会。③

就这样，孙承纬开始了他人生中的第一个科研课题，探索新型号爆轰元件的设计调整。由于数理力学基础深厚、基本功扎实，他很快就进入了状态。1965年年初，他正式担任"降低元件总高探索实验"方案的负责人，负责新型号爆轰元件设计调整实验。

由于原子弹起爆元件是复杂空间曲面形状的金属薄壳，想把元件缩小

---

① "边干边学、干成学会"是当年221基地实验部研究工作的指导方针。
② 刘文翰访谈，2020年12月2日，北京。资料存于采集工程数据库。
③ 孙承纬访谈，2019年5月9日，四川绵阳。存地同②。

首先要掌握大参数范围内元件高度与飞行规律的关系，而这一实验探索过程，需要一次又一次地进行各种装药高度和元件厚度的实验，测量得到大量数据。孙承纬看仓库里有许多过去实验中多余的实验部件闲置，他动起了脑筋："可以用它们来做缩小元件高度的探索实验，把这些废弃药盘稍作加工，就可以提供元件中部无量纲参数的较大实验范围。"他把自己的想法告诉了生产部的师傅们，大家都表示赞同。

一年之中，孙承纬主持的课题方案打了 90 多炮，每次打炮用的元件都是闲置元件的修改品，大大节约了实验成本。在做实验的同时，他通过大量的数值计算，发现"散心爆轰驱动"模型与大范围内实验数据能较好符合，并且不依赖人为拟合的经验参数。同事周之奎回忆那时计算的场景：

> 当时，设计计算的唯一工具是手摇计算机，一个坐标点参数的计算需要手摇几十次甚至几百次手摇计算机的手柄，就是这种简单的计算机也不能达到人手一台，工作任务紧急，只能大家轮流上阵，计算机不停机。[①]

在计算和实验比对的基础上，孙承纬编写出元件总高设计公式以及相关的参数允差公式，利用这个公式，不使用有效药量经验参数也可以设计起爆元件，而且计算出来的元件高度比较准，预见性比过去提高很多。以前为了调整元件总高需要打好多炮才能确定下来，现在基本上两轮实验就可以完成，即通过计算预估之后设计实验模型，第一轮实验之后再根据实验结果对模型进行细调，第二轮实验验证之后就可以确定，大大减少了实验次数、缩短了研制周期、节约了实验成本，波形质量也得到了显著提高。

1965 年 10 月，"降低元件总高探索实验"基本完成，新型号进入定型加工阶段。这项工作让孙承纬充分体会到了理论和实验相结合的作用。此后，这种设计方法一直沿用于后续的多个型号产品，在我国第一枚两弹结

[①] 周之奎：学习孙承纬院士勇于探索的创新精神。见：《孙承纬院士八十华诞文集》编辑组编，《孙承纬院士八十华诞文集》。北京：中国原子能出版社，2019 年，第 62 页。

合的飞行实验中，导弹上携带的核弹头起爆元件就是采用孙承纬这一方法设计的。

1965年下半年，他起草了聚焦元件设计总结草稿。1967年上半年，又与刘文翰一起编写完成了这部两卷本的聚焦元件设计原理总结。刘文翰回忆道：

> 爆轰聚焦部件取得的突破性成果需要全面总结，以便指导以后的工作。他是这个大总结的主要编写人之一。这份大总结凝聚了众人的智慧。他在执笔的章节中给出了具有创造性的实验方法及数学分析，至今仍有很重要的参考价值。[1]

---

[1] 刘文翰：往事并不如烟。见《孙承纬院士八十华诞文集》编辑组编，《孙承纬院士八十华诞文集》。北京：中国原子能出版社，2019年，第17页。

第五章
探索激光引爆炸药的新方向

20世纪60年代，激光的出现吸引了科技工作者探索的目光。孙承纬敏锐地意识到激光在未来实验技术应用中的可能性，提出了开展激光引爆炸药实验研究的调研报告。在王淦昌先生的大力支持和直接指导下，依靠与中国科学院物理研究所和上海光学精密机械研究所的协作，基本实验很快取得成功。但是由于"文化大革命"的影响，研究工作被迫中断。艰难的环境并没有消磨掉他潜心科研的初心，恢复工作之后，他立即以极大的热情重新投入工作，取得了突出的成绩，获得国家发明奖三等奖等重大成果。从那以后的几十年中，孙承纬多次把激光引爆炸药的技术及物理规律应用于高技术计划的重大综合演示实验中，取得相关工作的重大突破。

艰 难 起 步

从1965年春天起，实验部各室开始"四清运动"①，科研工作断断续

---

① 四清运动：是指1963年至1966年，中共中央在全国城乡开展的社会主义教育运动。一开始在农村是"清工分、清账目、清仓库和清财物"，后期在城乡中表现为"清思想、清政治、清组织和清经济"。

续，部分人员受到限制。除少数人以外，正常科研已中止。1966年1月，在降低起爆元件总高探索实验和新型号元件设计调整工作完成之后，孙承纬被安排到实验部七厂锅炉房劳动锻炼，日常工作变成了推煤车、往大锅炉里铲煤、清煤渣，每天三班倒。干完一班高强度的体力活儿，他仍然抽空阅读专业书籍。

1966年4月，为期三个月的劳动锻炼结束后，孙承纬回到科研室，很快完成了"降低元件总高探索性实验总结"的编写。紧接着，221基地开始抽出科研人员参加青海农村"四清运动"，主要任务一是调查农村生产队干部"四不清"[①]问题；二是接受贫下中农的再教育。孙承纬被派往青海省互助土族自治县高山顶上最贫穷的红崖子沟公社加克大队某生产队，在这个缺水少土的贫困山坡上，他与当地农户同吃、同住、同劳动整整六个月。

1966年10月，他从农村回到221厂的时候，"文化大革命"的狂潮已经波及草原，孙承纬冷静地置身事外，一有时间他就去院图书馆翻阅资料文献。对科学研究的心无旁骛让他的大脑思维活跃，他想："如果武器要进一步实现小型化，起爆元件应继续做薄，薄到极限就相当于只有雷管，或者多点起爆，也就是在主药球表面插上很多个雷管进行同步起爆，这样是否可行呢？"[②]

一天，孙承纬在图书馆碰到了副院长王淦昌，他向王淦昌提出多点起爆的想法，认为雷管多到一定程度，也可以实现光滑的球面聚心波。王淦昌十分谨慎地说："如果雷管的同步性好的话，理论上讲是可以的，但是我们在没有绝对把握的情况下不能随便去试。国家太穷了，我们试不起啊！"[③]当时应用于核武器的电雷管同步起爆的电子学装置能力有限，无法实现多点同时起爆，孙承纬的这一想法只能搁置。

一次，他注意到图书馆里1965年年初的俄文期刊《燃烧与爆炸物理》

---

① 农村干部"四不清"问题：主要是指三年自然灾害的困难时期有些干部利用职权多吃多占的现象。

② 孙承纬访谈，2021年10月25日，四川绵阳。资料存于流体物理研究所。

③ 同②。

中有一篇文章，论述用 Laser 引爆泰安（PETN）炸药，Laser 后来被钱学森用中文命名为"激光"。由于激光照射在物体上能形成极高的温度，俄国人不仅把它作为引爆炸药的一种手段，而且与通常的电引爆方式相比，激光引爆具有抗静电、射频安全性强、引爆瞬发性好等优点。孙承纬意识到，激光的这些特色可以解决多雷管起爆的同步性问题。经过进一步调研，1966 年 11 月，他撰写了"关于激光引爆炸药调研报告和设想方案"，提出用"激光器—光导束—雷管系统"实现产品主药球多点起爆。

王淦昌当时也已经注意到了激光的发展应用前景，在收到孙承纬递交的报告之前，他已经派人前往北京工业学院，实验用激光引爆炸药的可能性。当王淦昌看了孙承纬的报告之后，安排孙承纬和同组的曾元良立即前往北京中国科学院物理研究所开展激光引爆炸药实验。

激光引爆首先要有激光发生器，20 世纪 60 年代，激光器还是一种稀罕设备，院里负责外协的卢登贵了解到中国科学院物理研究所有一台自由振荡红宝石激光器，1967 年 4 月初，孙承纬与张鹏程等人立即去联系。经过一个月的实验，他们发现这台激光器的激光束功率不够，打在炸药上虽然响声很大，看上去火光冲天的样子，但都是低速燃烧甚至喷溅，不是爆燃，更不是爆轰。孙承纬与物理所的人员商讨，决定改用 Q 开关激光器。这是一种产生功率高得多的短脉冲激光器，可使炸药达到更高的温度。当时，有能力研制转镜 Q 开关激光器的只有从中国科学院长春光学精密机械与物理研究所搬迁到上海不久的中国科学院上海光学精密机械研究所（简称上海光机所）。

1967 年 10 月，通过二机部的协调，孙承纬课题小组的实验工作从北京中国科学院物理研究所转移到了位于上海嘉定的中国科学院上海光学精密机械研究所，因为那里有满足他们实验要求的 Q 开关钕玻璃激光器。在上海的实验过程中，激光束的功率不足问题解决了，但表面炸药喷溅问题仍然困扰着他们。孙承纬通过理论考虑和实验研究，提出了光学窗口结构和高密度装药等措施，很快解决了表面炸药喷溅和温升不足的问题，实现了激光在炸药表面的热能沉积，促成了热爆炸的发生。他们终于看到了激光对高能炸药的直接引爆，并得到了系统的实验结果。

孙承纬写信将实验结果向王淦昌汇报,王淦昌回信指点了实验数据如何记录等细节问题。之后,他们继续探索激光瞬发引爆泰安炸药,研究激光引爆后炸药从快速爆燃转变为爆轰的问题,以期实现多雷管的同步起爆。

正当他们在上海光机所干得热火朝天的时候,1969年9月,孙承纬再一次被叫回草原,令他完全没有想到的是,这一次返回草原,竟让他的研究工作中断了近五年。

停止工作挨批斗

"文化大革命"中的221厂,为保证核武器研制工作能够正常进行,从1967年3月到11月,毛泽东、周恩来、叶剑英、聂荣臻等中央领导人,向核工业主要生产厂、研究所、建设工地签发了22份电报,其中周恩来签发了11份。电报均明确指出,这些单位的"'文化大革命'只能在业余时间进行",各个群众组织必须"按行政单位调整改组""不准夺权""不准停产""不准串联""不准武斗"。同年6月底到8月中旬,中央又三次派出调查组,到相关单位了解情况,制止武斗,维持正常生产。所有这些措施,对核工业在"文化大革命"开始后相当一段时间内各项工作仍能大体按计划进行,起了重大作用。[①] 1967年3月5日,国务院、中央军委对221厂实行了第一次军事管制。1967年6月17日,221厂的科研人员终于克服重重困难,成功爆炸了中国第一颗氢弹。

1969年3月,东北珍宝岛爆发了中苏两国边界武装冲突。10月18日,为防止苏联对我国实施核打击,林彪下达了"加强战备,防止敌人突然袭击的'一号命令'"。由于221厂过去是根据苏联专家的设计修建的,上级

---

① 邓力群,马洪,武衡:《当代中国的核工业》。北京:中国社会科学出版社,1987年,第74页。

要求要抢在敌人发动战争之前，以最快的速度向"三线地区"①转移。10月21—24日，221厂召开了调整体制，迁移"三线"的工作会议，紧急动员战备转移。

大家赶忙收拾仪器、设备装箱、整理家私、打包行李。在忙乱之中，221厂连续发生了三起重大事故：电厂年久失修的输出电缆突然短路引起爆炸，造成大面积停电；第二生产部车间在加工炸药时发生爆炸，炸死了3名在场工人；实验部七厂区在装箱、整理资料时，发现办公室和办公桌被撬，丢失了工作笔记本……事故上报到中央后，周总理指示："要加强领导，充分发动群众，查清问题。"1969年11月28日，军委办事组派赵启民、赵登程（简称"二赵"）②率军管工作团进驻221厂。"二赵"到达后，立即暂停了搬迁工作，把周总理的指示丢在一边，在不听汇报、不做调查的情况下，给"三大事故"定性为"三大反革命破坏案件"，宣布三起事故是阶级敌人有组织、有计划、有目的进行的重大反革命破坏。于是，以清理阶级队伍为目的的"清队破案运动"③开始了。孙承纬的爆轰理论讲义和学习笔记以及一些书籍在抄家中被搜走。据同事周之奎回忆：

> 新中国自己培养的许多年轻的技术人员，可能因对一些事情的看法、认识不同，甚至因为一两句话就被揪出来打成反革命分子、阶级敌人来批斗。孙承纬受到了严重冲击，坐走廊、蹲牛棚、写检查、挨批斗，身心遭受了极大伤害。④

给孙承纬扣上"反革命分子"帽子的缘由，是他跟大学同学聊天时谈到的一则"小道消息"引起的。孙承纬的一个大学同学当年被分配在上海

---

① 为了适应战备需要，国家作出战略安排，从1964年起陆续在三线地区选址并建设一批核工业科研、生产基地，因为贯彻"靠山、分散、隐蔽"方针，决定把九院迁到四川，代号902基地。

② 赵启民：原海军副司令、国防科委副主任；赵登程：原空八军副军长。

③ 清队破案：指221厂清理阶级队伍，侦破三大案件。

④ 周之奎：学习孙承纬院士勇于探索的创新精神。见《孙承纬院士八十华诞文集》编辑组编，《孙承纬院士八十华诞文集》。北京：中国原子能出版社，2019年，第63页。

的华东化工学院工作,两人叙旧聊天时谈起当时某位元帅说:毛主席身体很好、很健康,医学专家给他老人家体检之后说至少要活到140岁;林副主席也很健康……爱较真的孙承纬随口接了一句:"如果这些消息都对的话,那么林副主席至少要活到毛主席140岁以后才能接班了。"那个同学在"文化大革命"中为了争取立功表现,把这件事写成检举信上交到学院,再被转到了221厂,这下正撞在"清理阶级队伍"的枪口上,孙承纬马上被停止了工作,关进牛棚,失去了人身自由。

孙承纬被关在原科室由办公室改成的"牛棚"里。原先的办公室被腾空后里面放上一张上下铺的单人床,屋顶中间吊了一盏2千瓦的大电灯泡。室里安排两个积极分子负责24小时看守,要孙承纬交代问题:加入了哪个反革命集团?跟谁结的团?"不就是随便聊聊天嘛,怎么就成了反革命集团了?这有什么好交代的呢?"孙承纬想不通,他无声地抗拒诱供、逼供。刘文翰曾回忆道:

> 记得有一次他被连续批斗72小时后实在太疲倦了,竟然在罚站的过程中,睁着眼睛站着睡觉,还发出了鼾声。看守人员对他大吼一声:"孙承纬,你要顽抗到底吗?"他一下从梦中惊醒,几乎跌倒……[1]

大约两个月之后,"孙承纬反革命集团"的事情仍然没有任何进展。对于这种本来就是子虚乌有的事,尽管承受了巨大的精神压力和身体痛楚,孙承纬始终坚持实事求是,没有无端牵扯进来一个人。审查他的人也失去了兴趣,放松了对他的看守,让他参加劳改队。他搬回宿舍,白天参加劳动或者在走廊上坐小板凳、写检查交代问题。

一次,他在劳动中被同伴一铁锹打到小手指上,当时手指甲盖立刻充血变黑,鲜血涌了出来。医生拔去了指甲,稍作包扎就算处理完毕。可是回去后他越来越觉得身体不对劲,先是发烧吃不下饭,后来竟然连小便也成了酱油色。几天后一检查才发现,他被传染上了急性黄疸性甲型肝炎。

---

[1] 刘文翰:往事并不如烟。见:《孙承纬院士八十华诞文集》编辑组编,《孙承纬院士八十华诞文集》。北京:中国原子能出版社,2019年,第17页。

后来才知道是一个职工将患了黄疸性肝炎的小孩带到办公楼，躺在他床铺上休息过。这种病传染性很强，需要立即隔离，孙承纬住院了。

1969年12月，孙承纬在医院只隔离了一个多星期就回到室里，跟随大部队向"三线"地区大搬迁。由于还在传染期，他尽量与其他人保持距离。忆及那段辛酸旅程，孙承纬说道：

> 我这样的人，他们不接触，因为有传染病，所以让周复方照顾我，周复方帮我买饭、洗碗，我很感激他。①

列车开了几天几夜，钻过了一个又一个山洞，车外的景致渐渐有了一片片的绿色，终于离别了大西北。到四川之后，孙承纬被送到位于梓潼的九院汉江医院继续隔离，身体逐渐恢复，各项指标也在好转。此时"清队运动"还没有结束，军代表认为不能让他躲在医院里逃避劳动，于是住院两周之后，在他身体还没有完全恢复健康的情况下，又勒令他出院归队。

迁入四川后，孙承纬所在的中物院流体物理研究所（简称一所）的两个科研室被安置在位于四川省剑阁县马灯乡，一处被当地人称为"西沟"的大山之中，远离所部。孙承纬所在的科研室就在半山腰上，每天在山里过着放羊、养猪、砍柴、种地、开批斗会、写检查交代问题的生活。曾一同关押的刘文翰回忆说：

> 我们住在西沟老百姓以前的房子里，孙承纬跟我天天挑大粪、种地，干重体力劳动，一天最多睡三个小时。不干活时十几个人关在一个小屋里写检查，冬天屋里四面透风，晚上十二点以后有人来看，态度不好的就继续写，写到凌晨两三点钟才让回去睡一会儿，早晨五点钟就被叫起来，烧开水、打水、出去劳动。
>
> 我们还做了一次野营拉练，从住的地方起，背着行李、铺盖、口粮，徒步行军，翻山越岭到华林大队，一百多公里山路，尽找山爬，

---

① 孙承纬访谈，2020年12月7日，四川绵阳。资料存于流体物理研究所。

哪儿不好走选哪儿，走了三天，来回六天。出发前几天我们先预演，围着西沟转几圈，孙承纬身体实在不行，他病还没好就被拉回来参加拉练，预演的时候他晕倒了。孙承纬命大，得了那么重的病，受了那么大的折腾，还居然缓过来了。①

暴风雨过去之后

  1972年9月21日，经中央批准，在北京京西宾馆召开了中物院临时党委扩大会议，纠正"清队破案"运动的严重错误。为保住和稳定这支难得的科研队伍，中央指派李觉和赵敬璞、周秩、胡若嘏四人作为国防科委学习组，分别前往四川902地区和青海221基地处理善后事宜，挽回因"二赵"破坏带来的损失。学习组从安定团结、恢复正常的科研生产秩序出发，在四川和青海两地为在"二赵"制造的动乱中以各种莫须有罪名加害的干部、工人、科技人员平反冤、假、错案，恢复名誉；同时，妥善安排原有各级领导和技术骨干的工作，集中精力把科研生产搞上去；对请辞或请调的科技人员做好劝服工作，动员他们继续为核武器事业再立新功。②

  孙承纬终于重新回到了他所热爱的科研岗位。恢复科研生产之后，围绕核武器进一步小型化的目标，起爆部件的小型化被再一次列入研究计划。当时，全院上下思想十分活跃，各所都在研究新的起爆方式，从多方面开展探索研究。几个不同的研究所分别提出了五种不同起爆方式的研究方案，通过不同的技术路径，对引爆技术进行探索研究，这五种方案被誉为"五朵金花"，激光引爆就是其中的一朵"金花"。

  老同事陈俊祥曾谈起当时的情况：

---

  ① 刘文翰访谈，2020年12月2日，北京。资料存于采集工程数据库。
  ② 中国工程物理研究院党委宣传部编：《大国基石——中国核武器事业发展纪实》。内部资料，2021年，第258页。

第五章　探索激光引爆炸药的新方向

领导仍安排他担任激光引爆课题组的技术负责人。他毫不丧气，重下决心，勇挑重担。在那时，小型激光器、光导索、激光能量计、激光雷管等，在国内都是新技术。作为武器部件，要求重量轻、体积小、多路引爆的同步性和可靠性极高。新的起爆装置从基础规律、单元技术到系统设计必须从头做起。①

激光引爆炸药的关键技术涉及激光器、光导束、激光雷管等三个部分。孙承纬利用早期在上海光机所开展实验所积累的经验，以及光机所支持的器材，领导大家自己动手建立了激光引爆实验室，较快地恢复和完成了研究任务，研制成功安全性、瞬发性好、激光能量低、引爆性能稳定的2号激光雷管，实现批量制造。随后，研究进入了百路激光雷管同步引爆的阶段。

为了研制专用的小型激光器。他带领课题组成员到兵器部有经验的研究所和实验室，学习了解小型激光器的构造、设计和加工工艺等。因为对方不提供设计图纸，他就让大家把看到的东西分别详细记录，然后再画成图纸，进行加工。动手能力很强的他不仅自己绘制图纸，还亲手组装部件。就这样，他们不等不靠、自力更生，研制出了性能很好的小型高效Q开关激光器。那时候国内研制的激光器都很大，而他们研制的这台激光器不仅体积小，而且重量轻，包括两只大电容器在内，总重量不到6公斤，可以输出激光能量1.2焦耳、功率80兆瓦、光斑直径1厘米的单脉冲激光束，满足了百路同步引爆方案的需要，并为后续应用打下了基础。

激光的传输在引爆装置中也是一个难点。光导束怎么跟激光器进行衔接、怎么把一束激光分支成上百束、各分支光导束的输出如何均匀化？这对激光实现同步引爆多发雷管至关重要。

激光引爆组从重庆买回玻璃光导纤维，组里的女同志用绕线机做成"纺车"，把光导纤维绕制成一根根光导束以及12路分叉的多路束，成功支持了光导束传光引爆的实验研究。

---

① 陈俊祥：执着敬业 亦师亦友．见：《孙承纬院士八十华诞文集》编辑组编，《孙承纬院士八十华诞文集》．北京：中国原子能出版社，2019年，第9页。

由于输出激光在横截面上是很不均匀的，各分支光导束的几十根纤维在总束的输入面上得到的激光能量不可能均分，这样多路引爆的同步性必定很差。孙承纬提出了改造多路"纺车"的方案，让每一分叉束的各条光导纤维在输入端面上的分布是相仿的。这样无论激光束自身的输出如何不均匀，各分叉束得到激光输入的位置和份额大体相同，可以控制各个雷管的起爆感应期大致相同。这个办法在方青、李玉莲等女同志的努力下得到实现，做成了两根 130 路均匀分叉的大光导束。

同时，孙承纬和同事谷荫堂等用研究室里的小车床，车削成功了壁厚 0.5 毫米以下的小碳斗，制成了可测量 0.1 毫焦以下的激光能量计。他们详细地逐一测量了光导束各分支的传输性能，确定了 130 路分支光导束中传光最好的 100 路为正式实验样品，另外 20 束光导束端部也放置了雷管，作为参考样品，最后 10 路传光最差的分支束只好放弃。

在孙承纬的带领下，小组成员经过近 5 年的努力，建立了激光实验室，搭建起激光雷管百路同步起爆系统，掌握了激光雷管的起爆规律和参数范围，从基础研究到激光雷管的成功，由 12 路到 120 路同步引爆的实现，不仅解决了激光传输到多雷管的时间差等问题，而且探索了相关的测试技术和手段。

1978 年 4 月，他们最终实现了 120 个雷管的同步起爆，其中 100 个正式分路的起爆同步时间极差为 0.21 微秒，达到了预计目标。为此，孙承纬编写了总结报告"激光雷管百路同步引爆装置的研制及实验"，并将这几年在工作中的积累撰写成多篇文章，"激光引爆炸药的机理和实验""激光引爆炸药的实验装置和测试技术""国外激光引爆炸药问题研究概况"在《激光引爆》文集上陆续发表。1985 年，"激光雷管百路同步引爆装置"获得国家发明奖三等奖，孙承纬在主要完成人名单中排名第一。尽管在激光引爆方面只是做了阶段性的工作，但却掌握了激光引爆炸药的技术，摸清了物理规律，培养了一批专业技术人才，并在后续相继开展的猛炸药激光雷管研究及其 12 路同步引爆实验、2 号雷管用于一般爆轰实验、光导束及激光器的 γ 辐照实验等工作中得到了很好的应用与发展。

1982 年，在摘下"五朵金花"之一的"激光引爆炸药"这朵小金花

第五章　探索激光引爆炸药的新方向

之后，院里将另一朵小金花"网络起爆元件"的研究工作从五所调整到一所。已经是室主任的孙承纬，负责了交接过程的技术商谈和网络板研究的起始工作。

基于流体物理研究所研究团队多年来在从事炸药部件起爆、传爆研究工作中对爆轰波传播规律的了解和掌握，在多点同步起爆方面积累了丰富的经验，技术优势十分明显。他们了解到炸药网络多点起爆的原理是利用直径很小的炸药线型装药，组成许多炸药线分支，控制各分支爆轰波到达扩爆药柱的时间相等，实现多点同步引爆主炸药。实验过程中，如何测量爆轰波到达薄药球壳的时间，在当时是一个很困难的重大光学问题。在孙承纬的指导下，103室5组仍然发挥自己动手克服困难的精神，理论与实验并重，用在激光引爆炸药研究过程中的土办法，解决了这一难题，很快摘下了第二朵金花。1985年，网络起爆元件被正式确定为新一代尖端武器某型号的起爆部件，实验取得圆满成功，孙承纬被任命为负责相关工作的型号副总师。

由于新一代尖端武器产品综合性能研究有很多新的要求，基于这项任务，一些新的爆轰实验计算模型也得到了同步发展。作为该项任务的技术责任人，看到这些成果又上了一个新台阶，为新一代国防尖端武器的发展建立了重大功绩，孙承纬感到由衷的高兴。这份喜悦不单单是研究技术成功应用于产品的成就感，更是实现了任务和学科融合，任务带学科，学科促发展，从而不断进步而带给一个科学家的内心的满足。

在后续的工作中，孙承纬将激光引爆技术转移到高技术研究领域，指导学生谷卓伟在国内首次进行了激光驱动飞片瞬发冲击引爆猛炸药获得成功，独创性开展的激光引爆炸药机理的理论和数值模拟研究，一直走在国内这一研究领域的前沿，并始终在不断发展，培养出了国内最有实力的激光效应研究队伍。

第六章 赴美进修

改革开放带来了我国科学技术的春天。通过 1981 年国家高教部英语选拔考试，孙承纬得到了在美国华盛顿州立大学物理系冲击动力学实验室进修两年的机会。除了筹建和调试该实验室的激光实验设备外，他将当时美国大型计算机专用的爆轰反应流动计算编码 stretch SIN 和 2DL 进行了改编，扩充了这些程序的其他功能，编制成功了一维编码 SSS 和二维编码 WSU，带回国内应用于许多课题，成为基础研究的有力工具。

参加英语培训准备出国考试

伴随着国家经济建设的恢复和发展，20 世纪 80 年代初，各行各业对外交流与合作的力度日益加强，科研院所纷纷选派优秀人员出国学习，了解和掌握国际先进的科学技术。在这种大环境下，学习掌握英语成为热潮。1980 年春天，流体物理研究所在院内举办了第一个高级英语口语培训班，聘请中国科学技术大学的奚瑞森、张爱丽两位资深教授到大山深处的流体物理研究所厂区授课。

当时这个班有"三高"：第一个是教师水平高，资深教授奚瑞森是我们国家新闻界的一位值班编辑、外语编辑，口语是国际水平。两口子到我们所里来讲英语；第二教材水平高，用的进口教材《新概念英语》第二册原版的英文版；第三个是学生的基础高，他们都有一定的英语基础。[1]

这个培训班招收全院英语基础较好的人员，考试合格者进入，学习3～4个月后再考试结业，孙承纬是其中之一。

1981年4月，核工业部在中物院选拔出国进修人员，这一次不限专业，自由报名。孙承纬首先通过了院内的选拔考试，5月初又通过了核工业部西南地区的英语选拔考试，参加了在苏州医学院举办的核工业部出国留学预备人员培训班。在他的"选拔出国进修预备人员审查表"上有这样一段评价："该同志知识面广，肯钻研，接受新事物较快，成绩是优良的。在爆轰物理理论和实验技术方面有扎实的基础，有独立进行课题研究及指导实验工作的能力，希望出国进修能安排爆轰物理专业。"[2] 时任流体物理研究所副所长的陈俊祥在回忆中说：

根据事业发展的需求，当时院里确定派青年人出国做访问学者，规定年龄不得超过四十岁。孙承纬同志在完成激光雷管用于武器引爆的可行性论证之后已到不惑之年，但是流体物理研究所却力荐孙承纬赴美做访问学者。[3]

对于组织的推荐，孙承纬意识到：

党组织选派我参加出国留学预备人员的外语培训，是对我的信

---

[1] 李振坤访谈，2016年1月26日，四川绵阳。资料存于采集工程数据库。
[2] 5-9，上海激光等离子体研究所1981年4月28日孙承纬档案—选拔出国进修预备人员审查表。存于上海激光等离子体研究所档案室。
[3] 陈俊祥：执着敬业 亦师亦友。见：《孙承纬院士八十华诞文集》编辑组编，《孙承纬院士八十华诞文集》。北京：中国原子能出版社，2019年，第9页。

任,也是交付给我的重任。为了更好地为社会主义建设贡献力量,我决心积极学习外语,为进修、学习国外先进的科学技术做好语言上的和思想上的准备。①

他到核工业部在苏州医学院举办的出国留学预备人员培训班,参加了为期半年的英语强化学习。班里一共30人,比国家规定的名额多出近一倍,也就意味着学习结束之后的国家考试淘汰率至少是50%。到国家考试之前的半个月间,培训班又增加了前面两年未通过国家考试,本年度再考一次的十多名人员,竞争十分激烈。

孙承纬的英语阅读原本基础就很好,长篇文章他看得很快,但听力水平却并不好。每天上午老师讲课,下午听录音,所有课程都是全英语教学,一开始他有点跟不上节奏。他利用一切时间多听多练。10月,培训班转入备考阶段,每天两次托福考试,大家逐渐适应了。11月,参加教育部在上海外国语学院举办的正式国家考试时,他感觉非常顺利,最终成绩是笔试、听力双线达标。在中物院进入这个培训班的2个学员中,他被择优通过,获得了公派美国深造的机会。

得到教育部通知后,马上可以自行联系美国的学校和研究部门,落实进修的具体单位。考虑到学成之后回国一定要对自己未来工作有所帮助,孙承纬选择了美国华盛顿州立大学物理系,因为这是国外唯一开展爆轰和冲击波物理研究的大学,与孙承纬的工作十分贴近。于是,他写信给该大学的冲击动力学权威福尔斯(Fowles)教授,希望到他那里进修,参加爆轰和冲击波物理研究,为期两年。

两周之后,收到福尔斯教授回信,称他们正在开展相变爆轰方面的研究,想利用激光做相变爆轰波的面驱动源,而孙承纬发表的文章很多都是激光引爆炸药的工作,正是福尔斯教授实验研究所需要的。

在此之前,由于研究工作背景的原因,这个实验室从来不接受社会主义国家公派学者的进修或合作研究。福尔斯教授与冲击动力学实验室主任

---

① 4-4-2,上海激光等离子体研究所1981年11月11日孙承纬档案——出国留学预备人员培训结业鉴定表。存于上海激光等离子体研究所档案室。

杜瓦尔（Duvale）多番交涉，几经努力之后杜瓦尔终于同意破例，接受孙承纬为第一个进入该实验室的来自社会主义国家的公派学者。

努力挖掘"他山之石"

对于即将开启的访问学者生活，孙承纬早已有了清晰的目标和规划。他了解到，随着计算机硬件和偏微分方程数值方法的进展，数值计算将作为一种通用工具，全面替代无解析解及无法（或昂贵）实验的爆轰研究方法。当时国内爆轰物理研究工作的现状是，理论、实验和数值计算三方面的能力都明显落后于国际水平。孙承纬前瞻地看到，掌握刚兴起的爆轰反应流体动力学数值模拟技术，将对爆轰物理研究产生重要影响。早在国内他已有意识地自学计算机编程语言 FORTRAN 77，到了华盛顿州立大学之后更是全身心地投入学习之中。他的学生谭多望曾回忆道：

> 出国前，老师了解到我所 105 室计算产品使用是的 717 程序（汇编语言），计算时间较长且精度不够，不能计算爆轰的反应流动过程。因而到美国后，老师便开始着手了解是否有类似的计算程序。当时在华盛顿州立大学图书馆，查阅资料是在许多文献柜中的一个个抽屉中存放的大量的缩微胶片上，并没有内容目录，需要一张张地翻看，非常耗时耗神费眼力。老师不厌其烦地翻看缩微胶片，每张胶片上有三百页文稿的照片，每一页只有绿豆大小。借助阅读机，耗时一个多月，老师找到了专用于 7760 大型计算机的 SIN（汇编语言）程序使用说明书，这是一个可以算爆轰反应过程的程序。[①]

为了方便阅读，孙承纬在图书馆秘书的帮助下，把这些绿豆粒大小的

---

① 谭多望：点滴小事映师心。见：《孙承纬院士八十华诞文集》编辑组编，《孙承纬院士八十华诞文集》。北京：中国原子能出版社，2019 年，第 83 页。

缩微胶片放大翻印成了用硫酸纸制作的很厚的一叠纸本。对当时的孙承纬来说，这叠厚厚的纸简直就是"天书"，因为这些程序的导程序都是用大型计算机的专用指令写成的，他看不懂。孙承纬之前从来没有系统学习过计算机语言，一切相关知识都是自学得来的。他随身带着一本很小的 FORTRAN 语言的工具书，在钻研"天书"的时候遇到不懂的地方，他就对照着去翻看。慢慢地他终于弄明白，这 4000 多条源程序中，前面有很大部分的主程序或导程序都是用 7760 计算机专用的操作子程序表述的，即操作磁带机输入和输出的过程。要使 SIN 编码可以在一般普通计算机上运行，其导程序必须重写才可能利用其各个子程序，完成新编码。明白之后，他终于顺利地把计算程序 SIN 读完，着手将这个专用程序改造为通用程序 SSS。

SSS 程序写好后到学校的计算中心上机运行，如何使用计算中心的计算机终端，对于孙承纬来说又是一件从头开始的事——怎么上机？怎么操作？这些跟国内都不一样。好在他英语流利，找到计算中心的工作人员虚心求教，用了两周的时间就把自己改编的 2000 多行程序输入完成。初写好的程序 SSS 运行起来时，怎么也调不通，经过半个月逐行逐句的测试，他终于发现原来的 SIN 编码的子程序中有一行代码的不等式写反了，导致负比容而停机。修正此错误后，SSS 程序运行顺利，计算例题结果与 SIN 报告的完全一致。

事后，他很认真地将发现 SIN 编码中的错误告诉导师福尔斯教授，并说自己做了哪些修改，教授笑着对他说："你以后可以叫 FORTRAN 孙"了。

在实验室工作两三个月之后，福尔斯教授就去澳大利亚履行交换访问教授任务，为期一年。临走之前，教授把自己办公室和实验室的钥匙都交给了孙承纬，并允许他随时使用办公室内专用的学校计算机终端，为孙承纬在华盛顿州立大学期间学习和编写爆轰流体动力学程序创造了良好条件。从此，他更是废寝忘食，每天从早上工作到深夜十一二点。1983 年秋天，他又找到了二维 Lagrange 爆轰计算程序 2DL，同样进行了改编，得到了通用的二维程序 WSU。由于有了修改 SIN 编码的经验，写起来快了很

图 6-1　1983 年 5 月，孙承纬在华盛顿州立大学计算机终端上工作（孙承纬提供）

多。他在这两个程序的基础上，编写了计算冲击波和爆轰反应流动的一维程序 SSS（Simplified Stretch Sin）和二维程序 WSU。在计算机终端上调试好 SSS 程序后不久，他又将其扩充为可以计算激光引爆炸药问题的程序。

在这两年中，孙承纬每天都沉浸在学习与思考之中。他从事激光引爆冷却剂 Freon-22 相变爆轰的实验工作，以及关于冲击波爆轰不稳定性的数值模拟计算，将移植和改进的 SSS 计算程序，用于产品计算、冲击引爆研究等课题，开发了程序在激光效应、爆轰增长、强爆炸波、散心爆轰和瞬时爆轰等方面的特殊功能。除了参与实验室的工作之外，他提交了"One-Dimensional Diverging Detonation Waves（一维散心爆轰波）"等五篇论文，翻译了许多爆轰和冲击波物理方面的文献资料，撰写了大量的学习笔记。

回忆自己在美国工作学习的经历时，孙承纬说：

国外学校中的科研环境既宽松又紧张，除了要向"老板"汇报研究进展外，工作计划及时间支配全取决于自己。或是出于敬业精神或

图 6-2　1983 年 11 月，孙承纬（中）拜访导师 Fowles 教授（右）（孙承纬提供）

是由于竞争、淘汰的机制，人人都感到无形的压力，"无需扬鞭自奋蹄""他山之石，可以攻玉"，那里虽然没有复杂的行政管理和技保后勤系统，但工作效率很高，创新思维活跃。有了这么多属于自己支配的时间，为我提供了系统钻研爆轰和冲击波物理的文献、理解改造计算编码以及深入思考一些理论问题的大好机会。[1]

他的钻研精神受到了实验室同行们的一致称赞，乃至多年以后仍被大家提及。1989 年 6 月，时任流体物理研究所所长的董庆东跟随经福谦[2]院士、朱建士[3]院士等去美国参加第九届国际爆轰会议和第六届国际冲击波会议，会议期间联系顺访华盛顿州立大学冲击动力学实验室。对方听说这

---

[1]　孙承纬：《中国工程院院士自述（第二卷）第 1 版》，北京：高等教育出版社，2008 年，第 345 页。

[2]　经福谦（1929.6.7—2012.4.20），中国科学院院士，爆炸力学、高压物理学家。

[3]　朱建士（1936.3.28—2011.12.18），中国工程院院士，流体力学、爆炸力学专家。

第六章　赴美进修　　*121*

一行人是孙承纬的同事，欣然接受并热情接待。董庆东在回忆中说：

> 偶与一位认识孙承纬的人接触，他赞誉了孙院士做学问的才华和坚韧耐力，并显露些许敬佩。印象更为深刻的是，他言语之间已将个人印象笼统提升到你们中国学者是很"行"的形象。须知在刚刚走出国门与外界交流之初，国人还普遍被自傲的西方学者歧视、小觑。那年代能令国外学者抛弃偏见转而赞誉是难得的。孙承纬当时对外的访问提高了流体物理研究所的学术影响，扩大了对外科技交流的窗口。[①]

学成归来报效祖国

1984年夏天，孙承纬在结束美国访问学者生涯之前，利用假期到弗吉尼亚州去看望在威廉斯堡读博士的幼弟孙承维，交谈中他们聊到当时一些中国访问学者为了继续留在美国而改读博士研究生的事，孙承维也曾探问过哥哥，得到的回答令他难以忘怀：

> 承纬表示他无此打算，他要赶紧回国，因为所里有很多事情等着他回去做呢！承纬非但自己按时回国，还劝说其他留美学生回国效力。由此可见承纬对祖国的热爱和对事业的执着。[②]

对比当年知识分子留美热盛行的现象，时任流体物理研究所副所长的陈俊祥在回忆中说：

[①] 董庆东：流彩岁月，熠熠华章。见：《孙承纬院士八十华诞文集》编辑组编，《孙承纬院士八十华诞文集》。北京：中国原子能出版社，2019年，第13页。

[②] 孙承维：我们的兄弟孙承纬。见：《孙承纬院士八十华诞文集》编辑组编，《孙承纬院士八十华诞文集》。北京：中国原子能出版社，2019年，第27页。

孙承纬为了事业的发展出国进修，期满回国，是学以致用的典范。回想起当时流体物理研究所派出国的访问学者，也有个别的没有回来，这两者之间形成了多么鲜明的对比。[①]

临近回国之前，孙承纬一心想把自己编制的 SSS 和 WSU 等程序带回祖国，这可是今后科研工作中用得到的重要工具呀。怎么才能把这两个程序带回国呢？虽然可以打印成纸本，但回来之后还要再重新输入，如果输错了还很难查出来，思来想去，还是只有把程序拷贝成磁带才方便携带。他找到大学计算中心的工作人员，提出了要把自己保存在学校计算机里的程序以及计算文件带走的想法，请他们帮助。计算中心人员十分爽快地答应下来，很快交给他一个 8 寸直径的磁带盘，他要的文件全拷贝在里面了。

孙承纬还将自己两年来撰写的各类实验记录、学习笔记、专业论文、复印资料、翻译稿件、读书剪报等约 795 份资料进行了详细的整理编号，先后分四次装箱，海运寄回国内。

回国之后，孙承纬把自己编写的 SSS 程序放在位于绵阳的院内兄弟单位的西门子 2000 计算机里，同时结合本研究所的实际工作需要进行了改动，不仅缩短了计算时间，而且提高了计算精度，使之成为流体物理研究所第一个真正意义上有效率的爆轰冲击动力学计算程序。在他看来，对于一个初涉爆轰研究的科研人员来说，单从理论入手并不一定能有什么深刻的认识，参与爆轰实验是必要的手段。每一次爆轰实验中的物理过程都在一瞬间就完成了，别的什么也看不见，如果有了数值模拟就不一样了，每一次计算就像是一次实验，呈现的物理过程很具体化，可以加深对实验的理解，而且这样的计算可以重复，直至达到令人满意的结果。

从 1985 年起，孙承纬开始给研究生上爆轰数值模拟课，专门讲授 SSS 和 WSU 程序。后来，孙承纬又把这些程序的功能创造性地扩充到多种反应速率、空腔开闭、NAG 动态损伤、磁驱动模拟、激光加热和烧蚀等方

---

① 陈俊祥：执着敬业，亦师亦友。见《孙承纬院士八十华诞文集》编辑组，《孙承纬院士八十华诞文集》。北京：中国原子能出版社，2019 年，第 9 页。

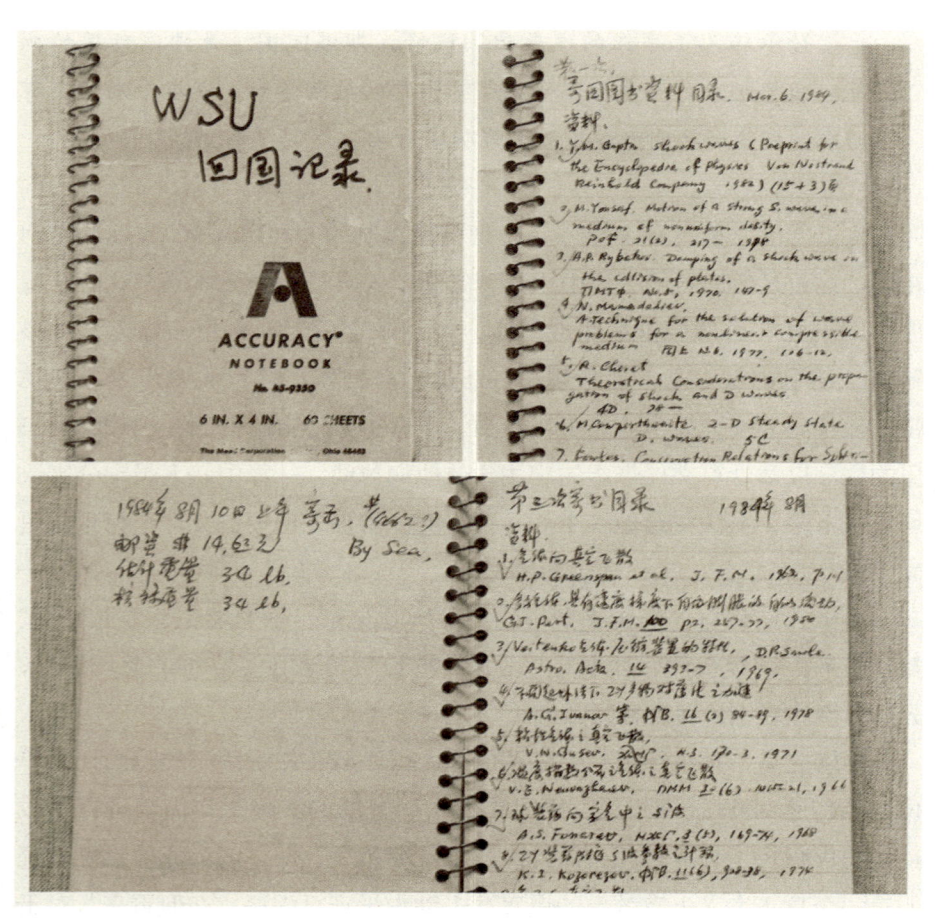

图 6-3　孙承纬当年装箱运回国内的资料编目记录本（流体物理研究所提供）

面，在国内首先建立了适合多物理场作用下一维爆炸力学程序平台，在很多课题研究中得到充分应用。①

原流体物理研究所所长董庆东曾感叹道：

> 孙承纬开发的二维流体动力学模拟程序，扩展并促进了研究所内二维流体动力学数值模拟程序能力建设，推动了 105 室的力学团队对

---

① 杜祥琬主编，《20 世纪中国知名科学家学术成就概览·能源与矿业工程卷　核科学技术与工程分册》，北京：科学出版社，2015 年。

引进的 DYNA、HELP 等程序作开发及其后续的应用推广。

大型数值模拟程序专业性极强，非以专门从事其开发的理论团队力量上阵难以克胜。孙院士竟能单挑，开发出了二维流体动力学模拟程序并推广应用。这展现了他的全方位科技学术创新能力。①

图 6-4 1989 年 5 月，孙承纬（右二）与毕业的硕士研究生合影（孙承纬提供）

孙承纬带过的研究生几乎都接触过 SSS 程序，在反复编写、调试的过程中，一步步了解程序结构和模型算法，也不断提升编写计算程序的能力。他的学生文尚刚对自己读研究生期间向孙承纬学习该程序的细节记忆深刻，他说：

> 1995 年我读硕士时，老师已有很长一段时间没用这个程序了，没想到他仍然对程序中的物理数学模型、程序结构、各种材料参数的选取、边界条件的设置以及初始格式文件的编写等十分熟悉。很显然，孙老师在这个程序中花了太多心血，数千行的程序，从理论模型、方程求解方法、状态方程结构、计算的输入输出等，他均进行了周密细致的设计，并一字一句编写，通过反复调试与修改完成。学习并使用这个程序几乎成了他每一位学生的必修课，通过这个程序的学习与使用，为每位学生熟练掌握计算机编程及深刻理解冲击波和爆轰反应流

---

① 董庆东：流彩岁月，熠熠华章。见：《孙承纬院士八十华诞文集》编辑组编，《孙承纬院士八十华诞文集》。北京：中国原子能出版社，2019 年，第 13 页。

第六章 赴美进修

动理论打下了坚实的基础。后来，每个学生也会根据自己工作的需要，对SSS程序进行改进，到现在可能有上百个版本。①

孙承纬编写的数值模拟计算程序简单实用，非常有价值。作为科研工具，被充分地应用于许多科研课题的分析计算；作为教学工具，成为研究生们掌握数值模拟计算方法的必要手段。时至今日，SSS编码在许多研究课题中依然被不断改编利用。

21世纪初以来，孙承纬的研究团队相继开辟了磁驱动和磁压缩的等熵压缩研究方向，他和学生赵继波合作，把SSS程序扩展到磁流体力学范围，编成了一维的Lagrange式冲击爆轰和磁流体力学程序SSS-MHD。孙承纬作为第一作者撰写的论文"电磁驱动高能量密度动力学实验的一维磁流体力学多物理场数值模拟平台：SSS-MHD"在《爆炸与冲击》2023年第10期发表，他在论文摘要中指出，电磁驱动的高能量密度物理实验对于该领域的意义尤为重要。这类实验虽然形式上多种多样，但在物理上具有内在统一性，即均以力学守恒定律和宏观电磁理论为基本框架。因此，将经受过大量实际检验的冲击、爆轰动力学和激光效应计算的一维拉格朗日编码SSS，扩展成为磁流体力学多物理场耦合编码SSS-MHD，建立统一的数值模拟平台，为极端材料动力学实验（包括气体、液体、化合物和金属）提供了有力的支撑，还将有助于多维磁流体力学多物理场编码的开发。

---

① 文尚刚：我眼中的孙老师。见：《孙承纬院士八十华诞文集》编辑组编，《孙承纬院士八十华诞文集》。北京：中国原子能出版社，2019年，第86页。

第七章
推动有关重大技术途径的决策

当国际上对核武器技术有了充分的研究、了解和掌握之后，科学家们意识到随着核武器能量、威力的不断提升，它在储藏、运输和使用过程中的安全性、可靠性等综合性能显得日益重要，毕竟这种威力巨大的武器具有极强的破坏性，一旦发生意外后果不堪设想。影响武器安全性能的因素有很多，炸药是其中最为关键的因素。

提出"一步到位"的研究方案

20世纪80年代初，面对爆轰学科的发展形势，孙承纬注意到美国已经把塑料黏结TATB（一种钝感猛炸药）用于核武器，他敏感地意识到钝感炸药发散爆轰理论与试验研究将会是近期的发展方向，于是他和同事卫玉章组织103室的一批科研人员开始系统调研。调研发现，钝感炸药具有很好的热安全性、很低的冲击与撞击感度，即使在火灾和飞机运载失事等意外中也不会出现燃烧转爆轰现象。钝感炸药的特殊性让它在遇到火烧、跌落、枪击、撞击等意外事故时都难以发生意外，可以大大提高应用的可靠性，同时降低了对运输和存储的安全要求。然而事物总有两面性，正因为它不敏感，使它在爆轰引发、爆轰传播、爆轰驱动方面都表现出与以往使用的敏感炸药完全不一样：冲击感度低，难以引爆；有明显的非理想传播行为，发散爆轰波的爆速明显受波阵面曲率的影响；输出能量小，驱动金属飞层的能力弱，这些问题都是影响物理设计很重要的因素。

几乎在同一时期，中物院三所的董海山[①]也带领他的团队开始研制安全性更高的炸药，尝试在敏感炸药里加入钝感炸药成分，形成不同配比的混合炸药，以期在提高炸药安全性和可靠性的同时，能量和威力不下降。

探索钝感炸药的爆轰规律，必须要与生产炸药的单位密切合作，回忆这段预研工作时，卫玉章说：

> 20 世纪 80 年代末，我们几个人就注意到了钝感炸药，到底它的性能怎么样？能制造出来不？能不能用？需要做点实验。我们与董海山合作，他们生产一部分钝感炸药给我们做实验用。
>
> 要解决的第一个问题，怎样才能把它起爆？第二个问题，它起爆起来爆轰波的传播跟其他的炸药不一样。过去咱们搞爆轰，认为炸药起爆之后爆轰波的传播速度是不变的。实际上是要发生变化的，但是在误差范围内给忽略了，可以按照传播速度不变来计算。到钝感炸药这儿就不行了，起爆之后传播速度不一样，要转弯发生绕射。怎么才能摸清楚它的传播规律呢？孙承纬跟我分工，他搞理论，我搞实验，我经常请教孙承纬，讨论问题，寻求理论解释和询问路子走得对不对，他的知识面比较广。[②]

在理论与实验不断交融的过程中，卫玉章及其团队摸索出了适用于钝感炸药的特殊的起爆办法和技巧，成功起爆了一小块钝感炸药。孙承纬也通过理论计算，了解了钝感炸药传爆的绕爆、死区、利用率等问题。有了对这些问题的认识，孙承纬着手撰写了题为《钝感高能炸药研究与武器爆

---

① 董海山（1932.10.18—2011.2.3），中国工程院院士，著名含能材料专家。
② 卫玉章访谈，2021 年 7 月 6 日，四川绵阳。资料存于采集工程数据库。

轰物理的发展》调研报告，提出"以 TATB 为代表的钝感高能炸药（IHE）具有突出的安全性能，在核武器和先进常规战斗部中得到广泛应用。IHE 的安全性能与它在爆轰行为上的特殊性质有着不可分割的联系，为爆轰物理提出了许多新的研究方向和问题。IHE 已构成 70 年代后期以来，国外爆轰应用和基础研究发展的主要方向之一。理解和掌握 IHE 的爆轰性能，已成为武器物理研究的重要方向，并将积极推动今后核武器和常规武器的技术发展"。①

报告呈报院里，受到院总师张寿齐的重视和支持，但是院里能否采纳并应用到具体项目中去，院内相关单位发表了不同意见并进行了多次论证。孙承纬回忆道：

> 当时领导说，这个问题应该在学术上进行论证。我印象里一两年当中开了三四次会，讨论炸药的爆轰性能怎样？安全性能怎样？第一年讨论下来好像没有结果，于敏来了，所有的调研报告他都一页一页地看，看完以后没有发表意见。②

论证会对走哪条技术路线展开了激烈的争论，孙承纬主张"一步到位"，直接研究高比例 TATB 钝感炸药，董海山主张"摸着石头过河"，从不同配比的混合炸药研究做起。

双方各持己见，一同参加会议的于川回忆道：

> 孙老师在会上据理力争，他认为美国也是一点一点的试，碰了好多壁之后才了解到低比例 TATB 的炸药，钝感效应根本体现不出来，所以我们应该直接上。他还形象地比喻说：外国人已经发明了电灯，我们为什么还要去发明煤油灯？③

---

① 孙承纬：钝感高能炸药研究与武器爆轰物理的发展。《爆轰波与冲击波》，1992 年 3 月，第 1 期，第 10-18 页。
② 孙承纬访谈，2021 年 7 月 9 日，四川绵阳。资料存于采集工程数据库。
③ 于川访谈，2021 年 11 月 18 日，四川绵阳。存地同②。

当时最大的问题有两个，一是高比例 TATB 配比的完全的钝感炸药还没有研制出来，在工艺上还存在技术瓶颈；另一个是钝感炸药复杂的爆轰规律我们还没有完全掌握。对于爆轰规律研究，孙承纬信心十足地说：

> 钝感炸药也好、敏感炸药也好，实际上就是反应速率的差别。你可以不知道爆速，光凭反应速率计算就可以得到爆炸速率是什么样的。所以，这个钝感炸药的反应速率，也就是说爆轰规律是完全可以掌握的，包括绕爆的性能等都是可以掌握的。①

董海山的顾虑是高比例 TATB 炸药存在机械加工方面的困难，尺寸大，不能满足武器小型化的要求。混合炸药的机械性能已经比以前的炸药改善了很多，工艺方面也有了一定的经验积累，"摸着石头过河"比较保险。

第一次论证会没能达成共识。在敏感炸药中加入一部分 TATB 就可以降低炸药的机械感度，同时保证炸药的能量，但是美国为什么只用高比例 TATB 而不用其他配比的混合炸药呢？论证会上谁也没有讲明白这个问题。

三个多月之后，在第二次论证会即将召开之前，孙承纬的调研有了新的进展，他从国外对混合炸药做的温度实验中发现，只要有敏感炸药的成分存在，无论多少，哪怕只有 1%～2%，它的热感度是不会降低的。热感度与机械感度不同，如果在 TATB 钝感炸药中加入少量的敏感炸药，它在遇到撞击之类的情况下不会发生反应，但遇热却不一样，哪怕只有一个分子也要反应，一个分子的热感度跟一大块炸药的热感度是一样的，在热感度面前，混合比例没有意义。

这一发现，让孙承纬找到了"一步到位"的充分理由。他写信给于敏，寄去了相关的调研文章，同时阐述了对钝感炸药的认识理解和观点，于敏在回信中说：

---

① 孙承纬访谈，2021 年 7 月 9 日，四川绵阳。资料存于采集工程数据库。

我很同意你的一些观点，诸如"炸药的爆轰性能与其安全性能之间有着内在的必然联系、炸药的安全性与其反应区长度及传播的理想性有着内在联系，所以TATB的难起爆、拐角效应等不能看作缺点，应设法克服，研究掌握其规律，做好爆轰设计"等。的确，TATB有着重要应用前景，应加强其爆轰物理的基础研究。

在1991年召开的这次论证会上，于敏把调研资料、文献又从头翻了好几遍，虽然他对孙承纬的一些观点表示赞同，但是目前还没有解决的一些问题的确对工程应用爆轰装置设计影响很大。经过慎重的考虑，于敏最终同意了孙承纬"一步到位"的研究方案。倍感压力的董海山内心忐忑地对孙承纬说："就是你一定要上这个东西，将来出了事你负责。"孙承纬笑答："没问题。"尽管论证会上孙承纬和董海山意见不同，但是两人多年的合作使他们

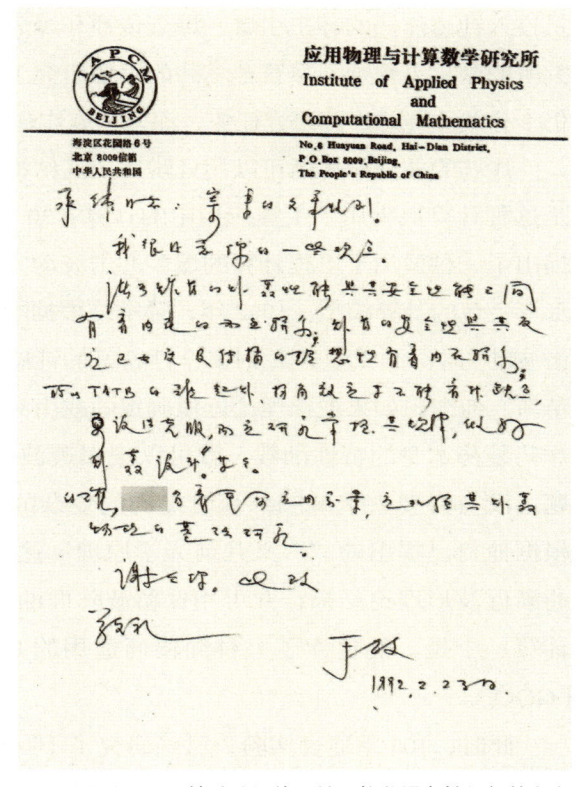

图 7-1 于敏致孙承纬"关于炸药爆轰性能与其安全性能等问题的信"（流体物理研究所提供）

早已成为亲密的战友，接下来的工作大家仍然配合紧密，抓紧时间各自攻关，计划一年之后再来讨论钝感炸药如何应用的问题。

不能只做"打炮工"

回到所里，孙承纬立即着手安排相关研究工作，103 室一大批科研人员投入钝感炸药的冲击引爆、爆轰传播和爆轰驱动相关研究中来。作为研究所的副总工程师，尽管孙承纬的主要研究工作已经转入其他领域，但他仍十分关注钝感炸药研究任务，深入开展炸药爆轰相关理论的研究工作。

炸药的非理想传播可以用分辨反应区结构的反应流体动力学计算，但是这种计算很难用于工程应用中的计算。20 世纪 80 年代后期，美国学者提出了一种适用于工程计算的爆轰冲击波动力学（DSD）方法，并建立了形形色色的计算模型。1992 年，孙承纬根据国外最新文献，认识到爆轰冲击波动力学（DSD）理论对安全性特好的钝感炸药爆轰研究可能带来巨大革新。他提出如果把该理论近似确定的或由实验测定的曲率效应关系看作炸药装药本身的特性函数，就可以把爆轰波的传播确定为运动几何学问题，没有必要去求解国外那时提出的复杂的扩散－反应偏微分方程组，根据他自己提出的"广义几何光学原理"途径，可以直接获得完全正确的渐近波形理论结果，并可用保留波阵面曲率信息的三次样条函数进行计算。于是，他建立了一种简便而适用的 DSD 模型——广义几何光学（GGO）。

此时，103 室通过实验，已经研究了不同构形的钝感炸药中爆轰波的传播行为，给出了表征钝感炸药非理想爆轰传播特性的有关参数，为下一步的计算打下了基础。高兴之余，孙承纬抓紧推动相关数值模拟工作。卫玉章在回忆中说：

> 钝感炸药爆轰的参数是变化的，不同的地区是不一样的，有的差别小一点，有的差别大。我们解决了冲击引爆问题后，打了"炮"，拿到了很丰富的关于钝感炸药传播的数据。实验数据很漂亮，可是我

们既没有理论模型也没有数值计算，实验参数怎么解释？怎么计算？孙承纬说"我们不能只是一个打炮工"。[①]

孙承纬找到博士研究生高文，让他把 DSD 的 GGO 模型编写成了一个计算程序 GGO2D。有了这个计算工具可以对各种构型的钝感炸药的爆轰波传播进行预先计算。计算中只利用到四个基本物理参数，不再引入其他参数。这四个参数的数值是固定的，不必按不同构型和不同尺寸的钝感炸药的实验结果而调整或修正其数值，这就很好地重现了炸药球壳中爆轰传播的全部实验结果。

实验任务、理论模型、数值模拟三项工作齐头并进，极大地推动了相关课题任务的进程。

陈能宽[②]在与孙承纬的交流中，了解了我们自己开发的钝感炸药的计算方法的时候笑问："你提出这个方法（GGO2D）是不是要用你的名字来命个名呀？"孙承纬笑答道："没有必要，小事情。"

1992 年，在西安召开的一次内部研讨会上，孙承纬团队对于高能炸药爆轰性能的研究引起了与会专家和领导的高度重视，对于要不要马上应用于新型武器大家进行了慎重的讨论。朱建士在会上提出要加快应用的要求，尽早通过大型实验来验证我国在钝感炸药方面的研究成果。与会人员最终意见达成一致。1996 年，在我国进行的最后一次热核实验中，钝感炸药研究成果得到了验证，这次试验非常成功，爆炸当量比敏感炸药还要高出一半。

这之后，孙承纬带着他的团队不仅用 DSD-GGO2D 编码和 WSU 程序计算了各种炸药构形中爆轰波形演化和不起爆范围，而且还进行了爆轰波绕射和拐角效应的研究。

他指导高文研制的 GGO2D 编码，对于爆轰波长程绕射波形做出准确预言，与钝感炸药大型爆轰实验结果十分符合，达到国际同类工作先进水

---

① 卫玉章访谈，2021 年 7 月 6 日，四川绵阳。资料存于采集工程数据库。
② 陈能宽（1923.4.28—2016.5.27），中国科学院院士，金属物理学、材料科学、工程物理学家。

平，并对不同环境条件下起爆器件性能的实验研究起到了重要作用。1998年，孙承纬应邀在美国核武器实验室主持的国际爆轰会议上作了特邀大会报告，介绍了上述工作，得到了国际学术界的认同。

多年间，孙承纬指导学生把GGO2D计算耦合于复杂构型二维爆轰驱动的流体力学数值模拟，系统地总结了以往各种类型实验数据，把相关工作提高到新的水准。

针对惰性介质约束下钝感炸药爆轰波传播问题，孙承纬指导学生开展了钝感炸药爆轰冲击波动力学高阶模型的研究，构造了相应的三维数值模拟程序，并针对复杂构型下钝感炸药爆轰波传播进行了精度更高的计算。这一研究工作不仅有助于深入了解武器中爆轰波传播和驱动飞层的早期物理力学过程，优化武器物理设计，预测战斗部性能，而且能够实现对波形进一步的预期设想控制或改善，有效提高军用、民用爆轰装置设计的安全性和炸药利用率，因此，在国防科技和国民经济中均有很强的实用价值。

数十年来，孙承纬指导学生们开展的DSD相关研究工作，不仅为核武器研制作出了重要贡献，而且在学术上做到了把DSD途径嵌入多介质高超声速流体力学运动计算，具有明显创新，达到了较高的水平。

第八章
致力于爆炸力学学科的发展

20 世纪 60 年代初,中物院在国内爆轰实验和理论研究几乎空白的基础上,自力更生建立并开拓了较系统的相关研究,积累了丰富的知识和经验。孙承纬毕业之后即从事这一领域的研究工作,是我国该学科领域建立、开拓、发展的亲历者,同时也作出了突出的贡献。他善于学习、勤于总结,乐于把经验积累无私地分享和传播。他通过撰写专著、推动学术交流等,推动了我国爆炸力学学科的不断发展。

撰写科技专著《应用爆轰物理》

爆轰物理是爆炸力学的分支学科,在国防科技和国民经济中有着重要作用,例如常规武器的研制及安全性保障、固体火箭与火炮推进剂的效能及安定性的提高、低感度高能量炸药的研究和使用、炸药能量转换装置研制、火工及爆炸作用器件的发展、爆破和爆炸加工技术的应用、材料爆炸合成和处理技术开发等,都以爆轰物理为主要理论基础。工业生产和自然界的许多灾难性爆炸事故,与气相、混合相反应系统中爆炸或爆轰的形成机制及爆炸极限密切相关，这些事故的防范和分析也是爆轰物理研究的主要内容。[①]

1990年，中物院为了扩大科技交流与合作，促进科技事业的继承与发展，成立了科技丛书编委会，计划把建院以来在各专业领域里的学术积累进行系统总结，形成一套系列科技丛书。

此时的孙承纬已经跨入这个领域30多年，亲身经历了早期开展工作时没有专业书籍、资料可供学习的时代。回想起自己参加工作后接触到的第一本专业资料是莫斯科国立技术大学知名学者集体撰写，由鲍姆主编的《爆炸物理学》，当时还是北京九所理论部的几个留苏回国的留学生们共同翻译的，于1963年由科学出版社出版。这本爆轰物理和爆炸力学专业领域的名著是当时我国国防科技人员进入该领域的基本参考书之一。1975年，俄罗斯斯坦纽科维奇主编了该书的第二版，对书中的大部分内容进行了改写和补充，但是第二版没有中译本。专业院校也是如此，当时国内开设炸药、战斗部方面专业课程的高校只有北京工业学院，除了20世纪50年代从俄文翻译的《爆震原理》外，也没有一本较全面的爆轰物理专业书。

于是，孙承纬萌发了一个想法：写一本专著，把自己在流体物理研究所这几十年的实践经验和学习积累好好总结，把在炸药起爆、爆轰波传播、相互作用及驱动研究工作中大量实验数据、理论认识等归纳整理出来，或许可以对从事相关专业特别是军用固体炸药爆轰研究和应用的教师、科研人员、工程师和研究生提供参考。

孙承纬找到与自己共事多年的同事卫玉章、周之奎，把想法与他们进行了沟通，动员他们一起参与撰写工作。按照孙承纬的设计，该书第一章至第三章阐述爆轰的反应流体动力学理论、爆轰波结构和稳定性以及基本的实验测量技术，是阅读和理解以后各章的基础；第四章至第六章讨论炸药的爆轰性能和主要的本构性质——爆轰产物态方程与反应速率，它们是进行近代爆轰实验和数值模拟研究的基本环节；第七章至第九章论述爆轰的主要物理问题、流动计算和实际应用——起爆、传播和效应，可供工程技术应用参考。他自己负责理论和应用方面的章节撰写和全书的统稿、修

[①] 孙承纬：前言。见：孙承纬，卫玉章，周之奎，《应用爆轰物理》。北京：国防工业出版社，2000年。

改工作，实验和爆轰参数及本构性质方面的章节由卫玉章和周之奎负责。

写书的工作量极大，周之奎曾感叹道：

> 写书是一件很不容易的事情，要查当时国际上已经做过的工作，文献犹如瀚海，每一章的参考目录文献都是几十篇甚至上百篇，决定内容的取舍是很重要的工作部分。然后把我们自己的工作复合进去，这个花费的时间比较多，毕竟不是专门写书，而是在业余时间。①

按照当时中物院科技丛书编委会的工作流程，拟出版的书要事先审查提纲，审查通过之后才能纳入出版计划。当主编看了孙承纬提交的提纲和样章之后，觉得内容太过于学术性，而且有大量的理论内容，院里当时已经出版了一本《理论爆轰物理》，于是建议把《应用爆轰物理》中所涉及的理论方面的内容删减掉。

在孙承纬看来，爆轰本身是一门应用科学，要了解它需要基本的理论思想，需要开展具体的实验工作，理论、实验和应用不可分割。他认为，科学研究不能简单地把一个学科斩成两截，理论归理论、实验归实验。那本《理论爆轰物理》的内容偏重于数学的抽象讨论，与实验工作关系不大，所涉理论完全是在基本方程组方面的数学研究，它的性质不是应用科学，跟自己想写的《应用爆轰物理》所涉及的固体炸药爆轰及应用研究的内容完全不同。如果按照主编的意图，删减掉所有的理论知识，谈及理论时只能引注其他书籍，那这本书就成了一本实验手册。

从1992年动笔，到1996年完稿，这本名为《应用爆轰物理》的专著断断续续地写了4年。鉴于与主编意见不同，《应用爆轰物理》书稿完成之后并没有及时出版，它在院内外许多专家的手中流转、评审，最终得到了朱建士②的认同和院副总工程师张寿齐的全面审校，直到2000年12月，才在国防科技出版社的鼎力帮助下付梓印刷。

《应用爆轰物理》出版后受到了业内人士的广泛好评，陈能宽曾给予高度肯定，认为该书系统总结了中物院流体物理研究所，尤其是作者们在

---

① 周之奎访谈，2021年7月9日，四川绵阳。资料存于流体物理研究所。
② 朱建士（1939—2011），中国工程院院士，我国流体力学、爆炸力学专家。

固体军用炸药爆轰物理学术和应用方面的系统性研究工作，充分反映了本学科发展的前沿问题和最新进展。陈能宽曾写道：

> 与已经出版的一些爆轰专著不同，本书的特色在于理论、实验和应用的结合。以许多实例说明并强调了解析理论、数值模拟与实验的结合，是发展爆轰学科、解决实际问题的必循途径。[①]

朱建士也把《应用爆轰物理》作为研究所里每年招收研究生的必读教材。由于这本专著只发行了 2000 册，市场上很难买到，国防科技大学、北京理工大学的一些教授纷纷向孙承纬索要，作为工作、教学的参考资料。2002 年，《应用爆轰物理》被评为全国研究生教育优秀教材。

除了撰写爆轰专著外，孙承纬还做了一些有利于凝聚爆炸力学界共识的学术工作。2005 年，中物院把孙承纬以前主编的院军标"爆轰术语"上报，要求扩编为国军标。得到批准后，孙承纬组织了国内有关单位专家成立编写组，拟定条目清单分工编写，经过数次讨论修改，最后由孙承纬整理统稿。2006 年 5 月，国军标"爆轰术语（GJB-5720—2006）"正式颁布实施。同年，中国力学学会决定编写"2006—2007 力学学科发展报告"，邀请孙承纬撰写"爆炸力学"一节。在 2007 年 10 月出版的这份报告中，他撰写的专题报告在论述爆炸力学的性质和内容之后，分五个方面作了具体讨论，即爆轰、冲击动力学、计算模拟方法、实验加载和诊断技术、爆炸力学发展的重要科学问题和前沿方向，指出了这个学科发展应重视的问题。

翻译国外专著《爆炸物理学》

2003 年初冬，孙承纬在参加一次国内举办的学术交流活动中，见到了

[①] 陈能宽：序言。见：孙承纬，卫玉章，周之奎，《应用爆轰物理》。北京：国防工业出版社，2000 年，第 x 页。

来自俄罗斯的爆炸力学专家索洛维约夫，他正是俄文专著《爆炸物理学》第三版的主编之一。这次见面之后，孙承纬得到了索洛维约夫赠送的第三版《爆炸物理学》原著，据俄国学者介绍，该书的第三版由15名学者共同撰写，只保留了第二版的个别基础章节，其内容和篇幅都经过了全面的改写、扩充和提升，篇幅是第二版的2倍以上，实际上已经与之前的版本差别很大，是一本全新的专著。该书建立在半个世纪以来的科技进展基础上，反映了俄罗斯科学家在爆炸理论以及爆炸与介质相互作用问题的丰富研究成果，在学术上具有国际先进水平。

经过仔细研读，孙承纬认为第三版很好地总结反映了三十多年来俄罗斯和各国科学家在爆炸力学方面的成果，以及本学科近年来的最新发展方向；增加的大量新内容、图表和参考文献，具有相当高的学术价值和科研、教学方面的参考价值。该书的特点是着重于学科的专业基础，对爆炸和爆轰现象及其流体力学基础有全面、深入、系统的阐述，是爆炸力学领域中至今见到的篇幅最大、水平最高的著作。它既有系统深入的论述，又有俄国科学家多年科研和教学成果的总结，美、英等国出版的书籍中并没有与这本书体系相同的著作。国内近20年来的相关专著大都偏于爆轰物理较窄范围，或是关于工程爆破、爆炸加工或爆炸安全问题的技术专著，尚缺少如这本书那样深厚全面的系统性专著。该书内容对国防武器技术、不定常流体力学研究、航天、航空、矿山、水利、交通工程、爆炸安全防护、爆炸加工方面，都很有帮助，应该具有广泛的读者需求，可以作为案头常备的基本参考书。

孙承纬想，"好的东西，别人先进的东西，我们就应该学习"，为了让更多的国内同行有机会学习了解《爆炸物理学》，他决定把它翻译出来，于是向俄方提出了版权转让的请求。2005年，虽然在版权转让方面，中俄双方一时没有谈妥，但翻译工作还是在边译边谈中启动了。

翻译一部学术专著极为艰难，不仅要懂俄语、懂专业，还要具备一定的文字表达能力。他先找到研究所里一个懂俄语的人，请他翻一小部分内容试试，译稿拿来一看，孙承纬不满意：

不行，达不到要求，专业的内容有很多不确切，甚至于错误。我觉得要认真负责把这个事情做好。①

孙承纬决定自己翻译，以个人之力来翻译这部近180万字、体量庞大的巨著，同时还要兼顾正常的科研工作和研究生培养工作，其辛苦程度难以言表。那些年，孙承纬的挎包里总是随时带着《爆炸物理学》复印件，利用一切工作间隙翻译。

孙承纬所有的初译稿都是手写的，出差途中、会议间隙、节假日，他把所有的碎片时间都利用起来，甚至牺牲午休。妻子陶洁贞成了他主要的打字员，把他的手稿一页一页地输入，进行电子化。孙承纬曾在《八十自述》里向妻子致以谢意：

> 我有一个幸福和睦的家庭。妻子陶洁贞很早就跟我到四川山沟里工作，任劳任怨辛勤操持家务，而且十分细致、耐心地为我整理、打印文稿，给予我极大的支持和帮助。②

陶洁贞原本是孙承纬上海老家的街坊，爱说爱笑、做事麻利。与孙承纬结婚之后，她放弃了上海江南造船厂的工作，跟随丈夫来到四川大山深处。她很能干，不仅自己在工作上不落人后，而且还把孙承纬的生活照顾得井井有条。孙承纬写《应用爆轰物理》一书的时候也是手写稿，编辑部要求电子版，陶洁贞就主动帮他打印整理。那时候她还没有退休，白天要上班，只能利用工作以外的时间帮丈夫打印手稿。2004年，陶洁贞退休了，本以为可以不再那么辛苦，没想到孙承纬又揽下了翻译的工作。整理译稿对陶洁贞来说并不轻松，除了打字，该书还有大量的公式和图表，她主动找人教自己使用应用软件，学会了数学公式的输入等。至于那些图表，有的是孙承纬手绘的，陶洁贞学会了扫描、录入、修图……近千张图片就这

---

① 孙承纬访谈，2021年7月9日，四川绵阳。资料存于流体物理研究所。
② 孙承纬：八十自述。见：《孙承纬院士八十华诞文集》编辑组编，《孙承纬院士八十华诞文集》。北京：中国原子能出版社，2019年，第4页。

样一点点完成。

在写书、译书的那些年里，两个人的生活轨迹只有"单位—家"两点一线，常常是下班了还在办公室忙碌，一个奋笔疾书、一个埋头打字，饭也顾不上吃。俩人经常带着面包、方便面之类的速食，中午肚子饿了就简单对付一下，觉得去食堂排队打饭都浪费时间。从初稿译写、译稿修改、打印稿校对，翻译工作持续了四年，2009 年终于全部完成。回想那几年，孙承纬感慨地说：

> 做好这件事我还是很高兴。我当时翻译这两厚本书还是很担心的，万一翻不完怎么办呢，这么厚的篇幅。后来就习惯了，翻得还比较顺，开头两章真的累啊。①

曾受孙承纬委托参与校对译稿工作的胡海波回忆说：

> 孙老师亲自全文翻译，我和周之奎主任帮助译校，只能是在业余时间多半是临睡前坚持再工作个把小时，持续近一年，170 余万字的篇幅把我这个只做部分章节校对的都快耗垮了。回头谈到此事时，孙老师也自我解嘲说开始还以为 100 万字上下，不想真搞大了。
> 后来见到鲍曼技术大学俄方同行谈到此书中文版的事，俄方教授听我说是孙老师一个人完成全书翻译，惊叹道他们可是一大帮人费了多年集体完成的呀。②

共同参与了校对工作的周之奎回忆道：

> 这本书很厚，涉及面非常广，涉及爆炸物理、爆炸力学学科的方方面面，是最全面的。在俄罗斯也是一个集体著作，当时他们的爆

---

① 孙承纬访谈，2021 年 7 月 9 日，四川绵阳。资料存于流体物理研究所。
② 胡海波：学习之路。见：《孙承纬院士八十华诞文集》编辑组编，《孙承纬院士八十华诞文集》。北京：中国原子能出版社，2019 年，第 21 页。

炸力学、爆炸物理发展处于世界前沿，所以这本书影响非常广。我觉得翻译过来以后，对国内的整个爆炸力学的研究，有相当大的推动作用。①

这本译著的出版受到了业内同行的盛赞，它与由孙承纬主要执笔撰写的《应用爆轰物理》，共同彰显了孙承纬在爆炸力学学科领域的深厚造诣，同时也是他注重知识传承和学术交流的体现，为该领域的发展奠定了坚实的基础。曾任流体物理研究所所长的董庆东评价道：

国防工业出版社 2000 年出版的《应用爆轰物理》和科学出版社 2011 年出版的《爆炸物理学》（俄罗斯原书第三版中译本），是孙承纬不吝心血，站在学术的巅峰对业界的巨献。《应用爆轰物理》最全面地积累了我们几十年间的应用成果与认识。《爆炸物理学》俄罗斯原书第三版中译本，更全面地重新提升了《爆炸物理学》苏联原书第一版中译本的内容。两本巨著将长期受用，善修此经典者必得业界正果，悟道者自会油生敬仰孙院士之情。②

倡议汇编《爆轰研究论文集》

收集整理资料、勤于做笔记、善于及时总结是伴随孙承纬一生的习惯，他曾经为新入职的科技人员作过"如何做好科研工作"的报告，认为"信息获取能力、基本工具使用能力"等都是科研的基本功。③他常常对年

---

① 周之奎访谈，2021 年 7 月 9 日，四川绵阳。资料存于流体物理研究所。
② 董庆东：流彩岁月 熠熠华章。见：《孙承纬院士八十华诞文集》编辑组编，《孙承纬院士八十华诞文集》。北京：中国原子能出版社，第 14—15 页。
③ 孙承纬：如何做好科研工作。2011 年 7 月，未刊稿。存地同①。

轻人说好记性不如烂笔头：

> 记笔记最大意义是有助于当时的理解和记忆，是把书读薄的途径，也是一种以后参考的需要，以后翻笔记比翻书容易。①

收集整理有用的资料，也是他把书读薄的另一种方式。最具有代表性的工作就是倡议汇编流体物理研究所《爆轰研究论文集》。

由于我国规范的学术期刊及论文发表制度主要是在20世纪80年代才成型的，很多学术工作淹没在许多内刊和学术会议论文集中，抢救和保存流体物理研究所早期的学术研究资料其意义和作用不言而喻。1993年，时任中物院流体物理研究所科技委主任的孙承纬提出汇编流体物理研究所《爆轰研究论文集》的想法，他认为，30多年来流体物理研究所在爆轰物理研究方面开展了大量的工作，取得了多项研究成果，也发表了很多有一定水平的文章，如果把这些相关的文章收集起来，对于建立学术研究传统，鼓励科研人员系统地学习十分有益，不仅有利于学术传承，同时也便于与国内外同行专家交流。

孙承纬将这一想法告诉了学生于川。于川当时刚从中国科技大学学习回所，孙承纬让他负责搜集、整理和编辑工作。在当时的科研环境下，出文集并不是件简单的事，既费时又费力，可孙承纬觉得值得去做。他说：

> 及时回顾和汇集所内的学术研究成果，对于我们继往开来、厘清思路，明确今后的方向和途径，提高研究工作的效率和水平，都是十分必要的。②

在征得所里的支持之后，孙承纬和于川一起，选取了1977—1993年流体物理研究所的科研人员在国内外公开和内部刊物以及学术会议上发表

---

① 孙承纬访谈，2021年11月9日，四川绵阳。资料存于流体物理研究所。
② 孙承纬：序言。见：陈军，刘仓理主编，《爆轰研究论文集（1994—2010）》。北京：中国原子能出版社，2011年。

高能汇聚　承载经纬　孙承纬传

图 8-1　陈能宽为《爆轰研究论文集》(1977—1993)题词（流体物理研究所提供）

的部分论文 300 多篇，从中确定了 227 篇。挑选什么样的文章孙承纬有他自己的考虑：一是作者必须是本所的；二是内容必须是侧重爆轰研究的。要突出本所的工作创新，泛泛而谈的调研、综述都不采用。

孙承纬对这套文集的汇编十分用心，不仅在论文质量方面要求高，在编辑排版方面也提出了很高的要求，不仅全部格式要统一，而且错误率要参照核心期刊的标准执行。为了扩大影响，他还亲自将 227 篇论文的目录和全书前言翻译成英文。自己还专门设计了一个漂亮的图标，用的是"西南流体物理研究所"[①]英文字头缩写，形状像一个升腾的蘑菇云，隐喻了流体物理研究所的事业。

1993 年 10 月，《爆轰研究论文集（1977—1993）》第一卷刊印。陈能宽题词：斩棘披荆集风雨春秋硕果，乘风破浪攀未来世纪高峰。

中物院副总工程师张寿齐在该文集的序言中写道：

这是流体物理研究所许多新老科技人员多年辛勤劳动的结晶，是我国爆轰研究花圃中的一丛，也是全体作者对中国工程物理研究院建院 35 周年献上的一份菲礼。我们期望，这套文集非但是过去爆轰基

---

① 西南流体物理研究所是现在中国工程物理研究院流体物理研究所的曾用名。

础科研成果的选编，也将有助于今后研究工作的参考和借鉴，有助于学术氛围的加强和学术交流的开展。我们希望每过一定时期组织一次选编，把文集继承下去，使学术水平不断提高。[①]

这套论文集共印了 300 册。搞爆轰的新入职的大学生，人手一册。除此之外，还送了相当一部分给国内相关科研单位、高校的专家教授。

责任编辑于川感言道：

> 我本人就是爆炸力学专业毕业的，参加工作之后觉得对这方面的系统知识还是很欠缺，大学里根本学不到这么多东西。这个论文集很系统，对新入职的大学生学习很有帮助。它对提高我们所在爆轰研究方面的地位也是非常有用的，很多单位和个人看了我们赠送的文集之后表示："没想到你们做了这么多工作。"

在随后的多年中，孙承纬一直坚持推动文献的汇编工作。2011 年，孙承纬又以名誉主编的身份参与了由陈军、刘仓理主编的《爆轰物理研究论文集（1994—2010）》（四卷本）的汇编工作，这次又收集了 1994—2010 年间流体物理研究所科研人员发表的 300 余篇爆轰物理研究论文，分为十五个部分，共 4 卷出版。文集反映了近二十年来流体物理研究所精密物理测试技术的发展、爆轰物理与化学反应动力学和量子物理等学科的交叉，对于指导相关学科领域科研人员在理论基础上建立更全面的爆轰模型，深刻理解爆轰规律，精确、有效和安全地使用炸药提供了技术支撑。

"今天是过去的延续，了解过去才能指引我们更好地面对未来。"这也是孙承纬极力汇编文集的另一思想根源，如他在这篇文集的序言中所说的那样：

> 下棋找高手，弄斧到班门；不做或少做低水平、重复性工作。加

[①] 张寿齐：序言。见：孙承纬主编，《爆轰研究论文集（1993）》。内部资料，中国工程物理研究院流体物理研究所，1993 年。

图 8-2　孙承纬主编的《爆轰研究论文集》（1977—1993）三卷本和陈军、刘仓理主编的《爆轰物理研究论文集》（1994—2010）四卷本（流体物理研究所提供）

强瞄准国际先进水平的基础研究，是培养创新型研究人才的必由之路。长江后浪推前浪，世上新人胜旧人；希望本文集能够起到抛砖引玉的作用，促进我所爆轰及相关研究向新的高峰攀登。①

中国工程院院长李晓红在中国工程院致孙承纬八十华诞的贺信中高度评价了孙承纬的爆轰物理研究工作，指出他"把全部智慧和精力都贡献给了我国的爆轰物理事业""勇敢扛起我国爆轰物理事业自主创新的旗帜"。"在您的科研生涯中，我们看到了中国爆轰物理事业发展的历程"。②

---

① 孙承纬：序言。见：陈军，刘仓理主编，《爆轰研究论文集（1994—2010）》。北京：中国原子能出版社，2011年。

② 李晓红：中国工程院贺信。2019年12月12日，未刊稿。

第九章
探秘激光的神奇力量

三十多年来，孙承纬先后担任了国家高技术"863计划"激光辐照效应专题组组长、激光技术主题专家组成员、某领域专家委员会委员和顾问，他长期负责的激光辐照效应研究工作，在理论和实验上验证了热－力联合作用机理和热－爆炸联合机理的有效性，大幅度降低了对激光的参数要求，确立了激光辐照导致典型靶失效的可行途径，确保了一系列重要演示验证实验任务的圆满完成。与此同时，他不断扩展和加深研究领域，把激光的力学效应与材料动力学等研究结合起来，开创了诸多前沿方向。他牵头编写的《激光辐照效应》专著，已成为激光技术领域的重要参考书目。他倡议召开的激光的热和力学效应学术会议，有力地促进了该领域学术交流和积累、研究水平的提高和青年人才的培养。

抢占高技术"桥头堡"

20世纪80年代，世界掀起了发展高科技的新浪潮，美国于1983年率先提出"战略防御倡议（SDI）"，针对苏联洲际战略核导弹的威胁，拟构建以动能武器（KEW）和定向能武器（DEW）为主的新型导弹防御系统，抢占全球军事战略制高点，因而SDI又被称作"星球大战计划"。由于相关的先进军事技术必将带动整个科学技术的大发展，世界各主要国家纷纷提出和开展各自的高科技战略计划，如西欧各国共同签署的"尤里卡计划"，日本出台的"科技振兴基本国策"等。

1986年3月3日，我国科学家王大珩、王淦昌、杨嘉墀、陈芳允联名向国务院提出《关于跟踪研究外国战略性高技术发展的建议》。两天后邓小平作出重要批示："此事宜速作决断，不可拖延。"此后一年间，国务院组织了我国高技术发展计划的论证，制定出《国家高技术研究发展计划纲要》（简称"863计划"）。1987年下半年，各有关单位的高技术研究正式启动。

1987年5—6月，孙承纬参加了"863计划"动能技术和激光技术的论证。关于电磁轨道炮能否作为动能武器选项的讨论，孙承纬指出近年来已经发现电磁轨道炮的驱动机制存在物理原理的限制，即使小质量弹丸的速度也不可能达到7km/s以上，而且在飞行控制和制导方面困难极大，实际并没有进入美国的SDI计划。论证组同意他的说明，取消了这个选项。在激光技术论证后期，孙承纬参加了激光器类型和方向的讨论。

激光是现代科技、国民经济和军事技术的重要支柱，有着无限的发展前景，必然是"863计划"的重要内容。中国工程物理研究院是"863计划"激光技术主题（领域）的主持单位，陈能宽和杜祥琬先后任首席科学家。激光与物质相互作用及辐照效应研究是强激光技术的关键物理基础，被列为该主题的专题，孙承纬随之转入这个专题研究方向和工作计划的论证。

那时，我国激光技术的基础还十分薄弱。激光技术主题要发展的强激光技术更是一种高难度、长周期、前沿性的高科技项目，在我国科学家开始进行探索研究时，它的技术和工程可行性与存在定理还有待验证。王大珩曾说过，在"863计划"的15个主题中，激光技术主题讲起来最费口舌，也最难把握。[①] 两弹元勋陈能宽曾引用《离骚》名句"路漫漫其修远兮，

[①] 吴明静，凌晏，逄锦桥：《许身为国最难忘：陈能宽》。上海：上海交通大学出版社、中国科学技术出版社，2015年，第137页。

吾将上下而求索"，来鼓励激光主题专家们从零开始。①

1987年1月，根据国家实施"863计划"的有关精神，中物院召开了"863高技术工作会议"，确定发展高技术－强激光技术探索研究作为本院四大任务之一。同年2月，激光技术主题布置了各专题的论证计划。中物院决定由流体物理研究所参加主题下属子专题——激光辐照效应专题的论证会。参加这一论证会的单位还有北京应用物理与计算数学研究所、中国科学院力学研究所、中国科学院上海光学精密机械研究所、航天总二院第二设计部等单位。

随后，考虑到流体物理研究所在激光实验研究方面具有一定的经验积累，在陈能宽和中物院副总工程师陶祖聪的提议下，经主题专家组成员共同商议后，确定流体物理研究所为激光辐照效应专题研究的主持单位。8月，时任103室主任、曾在百路激光同步引爆实验中表现优秀的孙承纬，受命肩挑首任激光辐照效应专题专家组②组长的重担。虽然成员单位中有些高校、科研所也曾做过零星的基础工作，有些工程项目研制了很大的激光装置，却做不出像样的效应实验。就整体而言，激光辐照效应研究完全是一片别有洞天的高科技"处女地"。

老同事蒋鸿志曾感叹：

> 这是一项开创新局面、新领域的重要而艰巨的任务，人才、经费、设备等都要重新组建，确实存在很大难度。③

那时，孙承纬在日记中写下"知足知不足，有为有弗为"十个字④借以勉励自己，在这一条没有人走过的路上，既要顺势而为又要不盲目、不

---

① 吴明静，凌晏，逢锦桥：《许身为国最难忘：陈能宽》。上海：上海交通大学出版社、中国科学技术出版社，2015年，第139页。

② 专家组其他成员有：刘成海（北京应用物理与计算数学研究所）、段祝平（中国科学院力学研究所）、蔡希洁（中国科学院上海光学精密机械研究所）、计世藩（航天总二院第二设计部）、赵伊君（国防科技大学）等，分别由各成员单位推荐。

③ 蒋鸿志：典范和榜样。见：《孙承纬院士八十华诞文集》编辑组编，《孙承纬院士八十华诞文集》。北京：中国原子能出版社，2019年，第76页。

④ 孙承纬：日记。1987年，未刊稿。资料存于流体物理研究所。

第九章　探秘激光的神奇力量

妄为①。孙承纬反复研读了各成员单位前期提交的论证报告,与北京应用物理与计算数学研究所刘成海等专家进行了详细充分的讨论。之后,他撰写了专题的发展规划,提出了专题研究应重点关注的第一批课题,非常审慎地带领专题组成员开启了激光辐照效应的研究之路。据老同事刘常龄回忆:

> 该专题是一个开拓性的新概念研究,之前没有先例可以借鉴,从何入手进行这个破坏机理新概念研究需要开拓性的思路。凭着孙承纬研究员相当深厚的物理、力学和数学基础,他对研究目标进行了分析和初步的设想。在主题专家领导下,为进行理论分析和实验探索设立了若干课题。为了集中国内的学术优势,也把一些课题分给了具有学术优势的国内其他单位。②

9月22—25日,第一次专题论证专家小组会议在绵阳梓潼中物院院部召开。会议讨论通过了孙承纬起草的"机理研究发展规划"。规划将专题研究划分成了五个主要课题,明确了研究的指导原则、技术途径、关键物理和技术问题。同时,孙承纬根据各个成员单位的特点和技术优势,有针对性地将专题的五个课题对口落实到相应的成员单位,确保既集中力量攻克关键难题,又通力协作、充分发挥各单位的特长和优势。一系列的安排部署,迅速打开了激光辐照效应专题研究的局面。据当时的某项课题负责人刘绪发回忆:

> "机理研究发展规划"准确地以主题里程碑式的跨越发展为牵引、机理实验研究为重点,与各成员单位科研专长发挥相对应,把专题分解成彼此独立、又互相关联的多个课题,对口落实到各成员单位。老孙在很短时间里就推出了这篇计划,打开了难在开头的效应研究的局

---

① 孙承纬访谈,2021年1月29日,四川绵阳。资料存于采集工程数据库。
② 刘常龄:我和孙承纬院士相处的往事。见《孙承纬院士八十华诞文集》编辑组编,《孙承纬院士八十华诞文集》。北京:中国原子能出版社,2019年,第73页。

面,使效应研究在孙承纬组长的组织领导下,突出重点、点面结合、有序深入地在整个专题铺展开来。①

孙承纬从流体物理研究所103室、104室各抽调了几位科技骨干,迅速组建了机理实验的研究队伍,负责专题实验研究的重点课题。队伍中,既有长期从事激光应用研究的中年专家,又有朝气焕发的年轻同志。

起步之初,流体物理研究所仅有两台功率较小、能量较低的固体激光器,远远不能满足激光效应机理实验研究的需要。通过孙承纬的联系,课题组从中国科学院上海光学精密机械研究所等单位购买到一些闲置的激光棒、"二手"的电容器、氙灯、反射镜。通过自行安装、调试,最终建立了

图9-1　1987年9月,孙承纬(前排右三)组织召开激光辐照效应专题专家组首次会议
(流体物理研究所提供)

---

① 刘绪发:支撑别有洞天的神针。见:《孙承纬院士八十华诞文集》编辑组编,《孙承纬院士八十华诞文集》。北京:中国原子能出版社,2019年,第66页。

第九章　探秘激光的神奇力量

两台可开展激光烧蚀效应研究和冲击破坏效应研究的激光器，又选择了一批材料靶、器件靶，快速投入实验研究之中，开启了追赶国际激光辐照效应机理研究前沿进展的步伐。

1987年年底，按照孙承纬拟定的专题研究项目指南，各课题组陆续提交了课题研究计划。1988年1月19—22日，孙承纬再次组织专题组召开会议，论证通过了各单位研究课题的计划。至此，作为"863计划"激光技术基础研究的激光辐照效应研究正式启动。

在随后的日子里，孙承纬带领激光效应研究团队，与国内其他优势单位一起，组成激光技术主题的"联合舰队"，齐心协力，积极抢占高技术发展的"桥头堡"，从基本不懂、到有所掌握、再到成为内行，形成了先进的实验能力，完成了重要实验任务，牵引和支撑着我国激光技术的发展。尤其有意义的是，效应专题提出的作用机理分析为各个激光专题选择激光运行体制指明了方向。

寻找可行的效应机理

20世纪80年代，国内有关激光领域的研究大多聚焦在信息传输、无损检测等小能量作用领域，关于宏观大能量效应方面的研究相对较少。基于当时对激光效应有限的认识，激光辐照效应专题组面临的首要问题是选择哪一种作用机理来实现期望的破坏效果。这一问题没人知道答案，只能在不断的实践中求解。

起初，有专家认为，短脉冲激光的功率密度非常高，辐照靶材可以引起靶材中十分短促的冲击波，造成靶材内部的损伤和层裂，从而破坏靶目标。为了辨明问题，课题组在中物院二所的激光器上进行了大量的短脉冲冲击波层裂实验。最终发现，要使厚度小于0.1毫米的铝板产生层裂，激光器的功率密度需达到每平方厘米10^{11}瓦以上。考虑到实际的破坏需求，利用短脉冲激光在一个可观的面积上实现这种功率密度，在当时及相当长的期限内根本无法做到；而且，实验中产生层裂的部分不到靶板厚度的十分之一，其直径极小，这样的层裂也很难对靶目标产生有实际影响的破坏作用。据孙承纬回忆：

> 当时很清楚要做的第一件事是要澄清激光是用什么样的方式和靶起作用的，到底哪种方式能实现它的效应，不管是冲击波还是熔化。所以，当时我们第一个就论证了激光层裂是不可能的。[①]

于是，孙承纬撰写了一篇脉冲激光引起金属靶板层裂的阈值条件的论文，从激光与形成冲击波的对应关系、冲击波衰减规律以及层裂的能量判据三个方面，进行了一系列理论分析，进一步阐明了脉冲激光的力学效应不适用于激光技术主题应用场景的理由。这一研究成果，为激光器体制的选择起到了重要导向作用。

紧接着，专题组将目光锁定长脉冲和重频激光的烧蚀效应，希望通过激光烧蚀实现材料穿孔破坏的效果。经过反复验证发现，金属靶板强激光气化和熔化所需要的激光器功率密度需分别达到每平方厘米 10^5 瓦和 10^4 瓦。想要实现宏观尺寸的气化和熔化效应引起的穿孔破坏效果，不仅要求单脉冲能量高，而且还需要达到一定的重复频率。这样高指标的激光器，在当时也是无法实现的。

孙承纬意识到，无论是利用脉冲激光的冲击破坏效应还是烧蚀效应，都会对激光器以及激光大气传输提出十分苛刻的几乎无法实现的技术指标要求，而在现实情况下，急需寻找一种参数要求不那么高的破坏机理。既然熔化所需的功率密度达不到，那么，能否在靶目标不发生熔化的条件下，通过其他作用机理实现破坏呢？带着这个疑问，孙承纬接着寻找答案。

此时，在孙承纬的引荐下加入专题组的中物院总体工程研究所的陈裕泽等人，已经对结构的强激光破坏机理进行了不少探索性研究。他们提

[①] 孙承纬访谈，2021 年 1 月 29 日，四川绵阳。资料存于流体物理研究所。

出，在专题研究中进一步发展关于高升温率材料热效应的新方向，主要研究一些受力结构在激光加热但未发生熔化情况下所产生的各类响应和效果。

> 我们先后设计了三个模拟实验，旨在验证在连续波激光器辐照下，处于工作状态的结构所产生的破坏现象，包括受拉铝板的断裂、内压柱壳的爆破和轴压柱壳的塌陷等实验。模拟实验揭示了连续激光破坏结构的可行性。[①]

他们发现，受力结构的靶目标，被激光辐照后出现局部热软化，虽未完全破坏，但局部区域的拉伸强度大幅度下降，形成一个薄弱点；这个薄弱点在靶目标内部或外部的应力作用下就有可能发生破坏，从而实现"牵一发而动全身"的破坏效果。

"打蛇打在七寸处"，孙承纬认为，靶目标内部产生高温高压气体的部位是一个受力结构，那个部位就是靶目标的"七寸"位置。使用激光对这一位置进行加热，使其温度上升、抗压力能力降低，靶目标就能在其内部高温高压气体膨胀产生的应力作用下受到破坏。据此，他提出了激光的热－力联合作用新机理。

在当时条件下，已经明白了效应发生的作用机理，如何在实验中进行验证却成了一道难题。一方面，实验需要更大能量的连续激光器，必须到华中理工大学，借用其激光技术国家实验室的万瓦级连续波激光器；另一方面，由于靶目标的特殊性，需要到另一个指定靶场去完成实验。这两者无法兼顾。

此时，孙承纬提出使用易拉罐、自制压力容器作为模拟靶，然后使用焊接机的乙炔氧火焰来模拟激光器的连续加热作用，开展模拟实验，获得更多认识。基于对激光能量、辐照时间、激光脉冲宽度、光斑大小、靶目标的内压力等参数精准的实验设计，前后两类实验都实现了预想的效果，

[①] 陈裕泽：回顾与孙承纬院士的合作与友谊。见：《孙承纬院士八十华诞文集》编辑组编，《孙承纬院士八十华诞文集》。北京：中国原子能出版社，2019年，第38页。

外部加热（激光器或氧炔焰）和应力联合作用对靶目标造成了破坏。1994年5月，孙承纬带领课题组在某试验场用小型固体激光器进行的联合机理破坏实验取得成功，大大增强了他们继续跨越的信心。

这意味着，孙承纬关于利用激光的热－力联合作用来破坏靶目标的想法是切实可行的。这个正确方向的提出和初步验证，对于激光技术主题重大技术途径选择以及之后的一系列技术集成实验的开展起到了重要作用。他个人也因"七五"期间实施"863计划"工作取得的显著成绩，被国防科技工业局评为"'863计划'工作先进生产者"。回忆起激光的热－力联合作用的提出过程，孙承纬说：

> 当时，负责指导我们专题组的国防科技大学的赵老师，是国内最早搞激光辐照效应的。他对我们提出的联合作用持保守态度。等到华中理工大学这个实验完成后，他说没想到这个可以用很低的激光产生很大的效果。
>
> 事实上，仔细读懂了美国的文献会发现这个问题。因为美国的激光器参数也不比我们高多少，他们可以大胆地提出问题，到底靠什么？我们看了文献，就是有好多道理没搞懂。我觉得，还是要尽量想办法搞懂。我们可以创新、创造，但科学上的真理不是以人和国家来划分的，互相的学习也是非常必要的。我觉得联合作用这个事情，虽然是我们探出来的，但是从文献里面得到的启发也是不可少的。①

1994年1月，孙承纬开始担任激光技术主题的专家组成员。结合当时的国情，他们提出了开展技术集成实验的创新技术发展思路。② 随后，孙承纬继续贡献力量，推动激光技术主题由单元技术攻关向集成系统迈进，将激光的热－力联合作用机理应用到更大更真实的实验场景，成功指导、布置了多类重大实验。

1995年10月，在某激光靶场上，一场影响深远的实验正在开展。在

---

① 孙承纬访谈，2021年1月29日，四川绵阳。资料存于流体物理研究所。
② 杜祥琬：王大珩先生与863激光事业．《科学中国人》，2012年，第21期，第14页。

靶目标工作数秒后，万瓦级激光束从500米外发射过来，在靶目标外壁上烧出一个筷子般粗细的浅坑。顷刻间，在靶目标内部强大压力的作用下，从浅坑处自内而外地冲破了一个2厘米左右的洞，几秒钟后浓烟四起，被破坏后的靶目标在自身冲力的作用下倒地乱窜。看到这一景象，现场爆发了掌声和欢呼声，参试人员纷纷起立鼓掌、互相拥抱，实验效果超出了他们的预想。

随后的半个月里，孙承纬指导实验队相继为丁衡高、朱光亚及中物院和科学院的领导作了多次演示实验，全部获得成功，激光的热－力联合效应机理的可行性得到了充分验证，激光技术主题团队的工作获得了极大的肯定。

王大珩观看演示实验后，在总结大会上十分激动地说：

> 参加这个总结大会，心情很不平静。我代表王淦昌同志对实验的巨大成功表示热烈的祝贺。实验的成功是两个胜利，一个是物质胜利，另一个是精神胜利。物质胜利是指实验非常过硬。过硬的成果来之不易，表明整个实验过程坚持科学性，扎扎实实，步步为营。这次试验使激光主题整体工作上了一个具有历史意义的台阶。精神胜利，体现了你们自力更生、艰苦奋斗、无私奉献、团结协作。[①]

工作的价值和意义得到了王大珩的充分肯定，令实验队振奋不已。接下来，他们带着老一辈科学家的殷殷嘱托，朝着更远的目标前进。

1996年2月，国外的一则报道引起了孙承纬的注意：美国与以色列联合进行了一项"鹦鹉螺"实验，用强激光束拦截了飞行中的喀秋莎火箭弹。素来对国外的类似报道就比较敏感的孙承纬随即指出，这是在实验一种新的激光辐照效应机理。他进一步指出，这项试验是用激光加热了战斗部的钢壳，通过热传导使其内部炸药局部受热，在一定条件下导致炸药热爆炸，并给出了理论上的起爆依据和参数。

---

① 杜祥琬：王大珩先生与863激光事业。《科学中国人》，2012年，第21期，第14页。

随后，他在激光效应专题中安排了相应的研究课题，并指导课题组开展具体研究。据当时的课题负责人王伟平回忆：

> 由于课题涉及面广，学科交叉，我在很多方面没有基础，需要补充很多材料、传热、炸药等方面的知识。孙老师首先从理论上分析了其可行性，精心指导我和课题组开展数值建模仿真研究和实验研究。[①]

尽管此时工作十分繁忙，但只要一有空，孙承纬就到靶场与课题组的同志们一道"摸爬滚打"，提出意见和建议。这项研究历时两年，充分利用了以前激光引爆炸药研究的经验，获得了较好的实验和理论模拟研究结果，成功支持了以后几年难度更高的某类大型外场演示实验。

那几次外场实验，在孙承纬的指导下，"弹"无虚发。中国工程院院士、激光技术领域资深专家赵伊君曾在观摩后感慨地说：

> 以孙承纬为首的机理研究的同行们，来得快、想得宽、做得深，后发先至。取得的机理研究成果之大，主题演示试验做得之好，效果如此壮观，是我没有料想到的。我原来还真为他们捏过一把汗。现在我钦佩老孙和他的同事们，做了这么好的工作和贡献。[②]

2003年，由于对集成实验工作的贡献，孙承纬荣获国家科技进步奖二等奖。回想激光主题发展历程，就像王大珩所说："这个项目遇到很多周折。曾有人质疑项目该不该继续搞下去，经过全国范围的论证，肯定了这个项目在激光领域的前沿地位，坚定了信念。经过不断努力，取得了这样的成果，这是很大的创新。"[③] 一直致力于激光技术主题的物理基础和关键问题研究的孙承纬，对这个过程也是深有感触：

[①] 王伟平：与孙老师的点滴往事。见：《孙承纬院士八十华诞文集》编辑组编，《孙承纬院士八十华诞文集》。北京：中国原子能出版社，2019年，第89页。

[②] 刘绪发：支撑别有洞天的神针。见：《孙承纬院士八十华诞文集》编辑组编，《孙承纬院士八十华诞文集》。北京：中国原子能出版社，2019年，第68页。

[③] 杜祥琬：王大珩先生与863激光事业。《科学中国人》，2012年，第21期，第14页。

参加"863计划"以后，不论技术、人才，还是写书的角度，我们都很好地完成了每一阶段的任务。我们取得了阶段成果，水平也不比国外的低。更重要的是人才，我们培养了自己看问题的眼光，这种眼光不是平常的几篇文献、一拍脑袋就出来的。有的东西要做，做了以后才会有更深入的看法，这个是科研中非常重要的一环。我觉得，我们培养了一支队伍，这支队伍搞科研是有实力的、有眼光的。眼光比实力更重要，它让我们不会走错路。我们"863计划"团队经历了几次转弯，一直到现在，基本的队伍和能力在国内还是领先的。做的事情，离国际前沿差得也并不远。这么多年来，没有浪费国家的钱，也没有耽误年轻人的青春。我觉得对得起这件事情。[1]

中国工程院院士、"863计划"激光技术主题第二任首席科学家杜祥琬这样评价道："他（孙承纬）建议的热－力、热－爆炸等联合作用机制，取得明显降低激光参数和提高作用效应的结果，圆满完成了一系列重要实验任务。他带领出来的激光效应研究团队一直保持着思维活跃、勇于创新的朝气，成为国内强激光高技术研究领域的一支重要力量。"[2]

21世纪初，激光技术领域的主激光器研制获得了突破性进展。随后，孙承纬指导赵剑衡、谭福利开展多次相关实验，充分掌握集成实验所需的数据，最后完成了技术集成演示实验，圆满达成了本领域立项时提出的目标。

率先开展激光加载下材料动力学研究

在激光辐照效应专题组寻找可行的效应机理之初，有的专家考虑到的便是脉冲激光的力学效应。虽然经过孙承纬等人的研究表明，脉冲激光的

---

[1] 孙承纬访谈，2021年1月29日，四川绵阳。资料存于流体物理研究所。
[2] 杜祥琬，序。见：《孙承纬院士八十华诞文集》编辑组编，《孙承纬院士八十华诞文集》。北京：中国原子能出版社，2019年。

力学效应并不适用于激光技术主题的应用场景，但他们为此开展的激光层裂实验的学术积累并没有付诸东流，反而引导孙承纬把目光扩展到更大范围的材料动力学基础研究上来，将激光的力学效应实验与材料动力学研究结合起来，开启了高应变率动态损伤实验的研究之路。

1990 年前后，为了系统研究金属材料从动态损伤到层裂的完整过程，孙承纬指导学生庄仕明等对脉冲激光引起金属材料的动态损伤及层裂问题进行了大量的实验和理论研究，计算不同强度激光照射下，铝、铜、铁、钛合金等样品中微损伤（孔洞、裂纹）的成核、生长和汇通过程。这是一个涉及强激光与材料耦合、金属气化、气体膨胀、冲击波传播、层裂形成等物理过程的多场耦合问题，需要对各环节建立准确的数值计算模型，才能获得可与实验对比的结果。当时，个人计算机是稀缺物，功能也十分有限，开展数值模拟工作并不容易，经常要从位于剑阁县马灯乡的流体物理研究所老点坐车前往绵阳十二所的西南计算中心。据学生庄仕明回忆：

> 坐车单程得两三个小时，大致是周一去周六回。只要时间允许，孙老师就会去。只要孙老师去，我们就会少一些晕头转向，分析计算进展也会顺利很多。做数值模拟除了得结果时的喜出望外和成就感，大部分时间都是搔头挠耳、枯燥无味的。常常掉入死胡同，原地打转，因此挫败感常有。没有好的指导和鼓励，恐怕很难坚持到最后。[①]

除了用 SSS 编码进行成核－生长模型数值模拟外，孙承纬还建立了材料层裂强度与加载应变关系的理论模型。这项研究最困难的是实验后观察样品的制备。由于激光器条件的限制，激光层裂实验选取的靶材厚度都在 0.1 毫米左右。靶材被激光辐照后，到底有没有产生损伤，产生了什么形式的损伤，都需要在显微镜下进行观察。然而，将极薄的靶材灌以厚厚的环氧树脂，再用砂纸打磨成观察样品时却屡屡遭受失败。据孙承纬回忆：

---

① 庄仕明：授业有道，可以传世。见：《孙承纬院士八十华诞文集》编辑组编，《孙承纬院士八十华诞文集》。北京：中国原子能出版社，2019 年，第 80 页。

> 这个磨片很困难,就是你要把里面的损伤看出来,因为在铝箔里面产生的孔洞、条纹很小,你一不当心那个位置就过了,把应该看的地方就磨掉了。也就是说,好不容易打出来一个裂纹,在那个很细的砂纸上磨,不当心就被磨掉了。当时,激光打了很多次铝片,全都是磨片失败,就什么东西都没有看到。①

实验做完了,实验结果却始终观察不到。正当大家一筹莫展之际,孙承纬联系到在金相分析方面颇有经验的成都航空发动机厂,通过他们的协作,最终观察到了实验靶材的层裂情况。然而,要用这种方法继续研究靶材从动态损伤发展到层裂的完整过程就愈发困难了,因为产生层裂只是最终的结果,在这之前,靶材的损伤由细小的孔洞开始,孔洞慢慢相连成小的裂痕,小的裂痕再连接成大的裂痕,最终才形成层裂,这是一个快速的动态变化过程。要在厚度非常薄的、不透明的金属样品内部,用金相分析手段准确捕捉中间的物理过程状态,是一件非常不容易的事情。

孙承纬提出了二级电炮的设想,成功地使原先只能发射高速塑料膜飞片的电炮,可用来驱动较低速度的亚毫米厚度的金属飞片,进行层裂实验。采用这一方式进行层裂实验的靶材,厚度都在 1 毫米以上,使得磨片变得更加简单。同时,使用二级电炮作为加载手段,可以实现低压或者高压的加载能力,可以研究的材料也变得更加丰富。这受到了国际同行的高度认可。据孙承纬回忆:

> 国际上发表激光层裂相关文章的,主要是以色列核研究中心。他们有比较好的激光器,做的片子很漂亮,在没有出现完全层裂以前,那个孔洞损伤就是乒乓球似的单个孔洞。后来我和他们交谈,一位名叫格拉斯的女科学家说非常困难,那个片子都是他们自己磨的,要费好大劲,失败好多次。所以我们做这个事情也体会到,看着很轻松,事实上是很大的体力劳动。所以她对我们挺欣赏,我们这个条件比他们差。②

---

① 孙承纬访谈,2019 年 1 月 29 日,四川绵阳。资料存于采集工程数据库。
② 孙承纬访谈,2022 年 1 月 7 日,上海。资料存于流体物理研究所。

1993年，孙承纬应邀出席由中国力学学会主持、邀请世界30名专家学者举行的"国际理论与应用力学联合会（IUTAM）北京冲击动力学会议"，并作了"高应变率下金属的动态断裂"报告。这些工作引起圣地亚国家实验室专家Grady的重视，进一步邀请孙承纬撰写了重要专著《固体的高压冲击压缩Ⅱ》（High-Pressure Shock Compression of Solids Ⅱ）中第三章"高应变率下金属的动态断裂"（Dynamic Fracture in Metals at High Strain Rate）。

2001年，美国利弗莫尔国家实验室以简报的形式报道了他们在欧米伽激光器上的一种新实验，提出了激光加载的材料高压等熵压缩新概念。即一种低密度的泡沫被激光驱动产生的冲击波压力约50吉帕，泡沫材料产生出流飞散，通过一个真空间隙，形成射流撞击铝靶，在靶中产生了一个等熵加载的斜波。借鉴这一思路，孙承纬指导学生李牧等率先在国内利用气库膜射流进行激光准等熵压缩实验研究，开展了大量的激光驱动气库膜等离子体射流和准等熵压缩的实验探索。

当时，流体物理研究所只有一台100焦的固体激光器。其加载功率能否达到实验所需参数，产生的烧蚀冲击波压力能否形成射流，都存在诸多不确定因素。研究团队对这台激光器的能力都持有怀疑态度。孙承纬始终鼓励研究团队克服现有条件的不足，在这台100焦的固体激光器上开展初步的激光驱动准等熵压缩实验研究，并不断为他们出谋划策，指导团队实现了国内激光驱动准等熵压缩研究成果"零"的突破——于2010年发表了国内第一篇关于激光驱动准等熵压缩研究方面的文章《激光驱动准等熵压缩探索性研究》。据李牧回忆：

> 当时孙老师参考美国人那个概念，觉得我们这个100焦耳的激光器肯定是能够做等熵压缩，这个能力是够的。一开始的时候，我个人也觉得稍微有点问题，激光器的功率密度稍微低了点。后来我们觉得还是值得去试一下，孙老师也在鼓励我们去试。[1]

---

[1] 李牧访谈，2021年4月28日，四川绵阳。资料存于采集工程数据库。

在科学研究中，每一次探索都有意义。因为孙承纬的坚持，这次实验得到了一个接近于准等熵的曲线，建立了详细的激光直接烧蚀气库膜的物理力学模型和样品准等熵压缩模型，获得了激光直接烧蚀气库膜方式的整个过程的详细结果。这些研究成果，为团队不久后成功争取到神光Ⅱ装置的实验发次并为首次实验就取得了较好结果打下了坚实的基础。

2010 年，李牧团队在高功率激光设施神光Ⅲ装置原型上完成了国内首次等熵压缩实验。基于前期他们对气库膜加载方式的系统研究以及对气库膜整个烧蚀－卸载－再压缩过程的非常到位的理论模拟，实验完成得十分顺利，更是在国际上首次给出了气库膜射流空间分布和速度特性。据李牧回忆：

> 我们第一年实验就很成功。因为我在前两年的实验，大量的时间是花在理论模拟方面。就我们团队里气库膜方案，它的烧蚀过程、卸载过程，整个再压缩的过程，整个过程的仿真是做得非常到位的。这是孙老师对我们的要求。①

随后几年，李牧团队在神光系列装置上进行了诸多实验。孙承纬从实验细节到如何带领实验队等各个方面都给予了细致的指导，并亲自到现场观看，等待新的实验结果。据李牧回忆：

> 大部分实验孙老师都是要去的，而且会提前去。实验的前一天晚上，他会给我打一个小时左右的电话。讲一些外场实验的事情，包括怎么协调靶场的人，问一下制靶的准备情况、实验发次计划、怎么个做法等。实验当天，他会专门从上海跑到嘉定来参加我们的班前会。因为激光的实验成功率是比较低的，他更多是给我们鼓鼓劲儿，希望我们的实验能够顺利。②

---

① 李牧访谈，2019 年 6 月 5 日，四川绵阳。资料存于采集工程数据库。
② 同①。

在孙承纬的指导和帮助下,研究团队取得了不错的成果。正如杜祥琬评价的那样:"他们在神光Ⅱ高功率激光设施上,率先做出了激光等熵压缩实验和单晶铁相变在线多幅 X 射线衍射诊断实验,带动了国内激光材料动力学研究。"[1]

从更为宏观的角度上看,孙承纬将激光准等熵压缩作为一种新的加载路径,提到重要的研究位置上来,意义非凡。从最初的理论分析,到实验上得以实现,再到对材料压缩开展研究,最终获得了被国际国内同行认可的结果。对此,孙承纬曾感慨地说:"我们 20 多年来追求的东西是有道理的,这个不是偶然。"[2]

搭建学术交流平台

激光辐照效应是一个学科门类广泛、综合性强的技术科学领域,也是一个随着激光器的发明而产生、发展的新兴领域,除了广泛应用的激光加工技术外,没有成功的先例可循,没有现成的路子可走,有的是更多的不确定性、更多的未知。如何取长补短、促进协同攻关,使各专题组成员尽快达成共识、建立合作基础?这是作为专家组组长的孙承纬十分重视的问题。据孙承纬回忆:

当时由流体物理研究所来牵头,但有很多事情我们不了解、不懂,比如光学窗口的破坏、光学传感器的破坏、激光等离子体问题等。各个单位也有需要互相交流的问题。激光辐照效应是一个涉及面非常广的领域,如何快速地凝聚共识,这是我们合作的一个基础。另外,也有培养年轻人的问题。因为从事具体工作的同志对其他专业的

---

[1] 杜祥琬,序。见:《孙承纬院士八十华诞文集》编辑组编,《孙承纬院士八十华诞文集》。北京:中国原子能出版社,2019 年。

[2] 孙承纬访谈,2022 年 1 月 7 日,上海。资料存于流体物理研究所。

事了解得很少,这就要加强各个课题年轻人之间的互动,他们有了互动之后,好多问题就都可以迎刃而解了。①

在孙承纬的倡议下,激光辐照效应专题每年召开一次学术会议,即一年一度的"激光的热和力学效应学术会议"。这一倡议,将专题内部的工作会议拓展为这一领域的学术年会,参会人员除了专题专家组的成员和各课题负责人外,还包括了北京应用物理与计算数学研究所、中国科学院力学研究所、中国科学院上海光学精密机械研究所、航天总二院第二设计部、国防科技大学、总体工程研究所等单位长期奋战在科研一线的工作人员和学者;会议内容既有专题年度工作,也包括激光领域的热点、前沿问题。

1989年4月,首次"激光的热和力学效应学术会议"在成都召开。会上,孙承纬作了题为"强激光与物质相互作用及破坏机理"的大会报告,介绍了强激光束杀伤或破坏靶目标有关问题,论述了激光热效应和冲击效应并涉及激光等离子体、屏蔽和激光吸收机制等内容,引起了与会专家们的热烈讨论。随后,专题的各个课题负责人报告了本课题一年来的理论和

图9-2 1989年4月,孙承纬(前排右三)组织召开首次"激光的热和力学效应学术会议"
(流体物理研究所提供)

---

① 孙承纬访谈,2021年1月29日,四川绵阳。资料存于流体物理研究所。

实验研究成果以及研究中发现的新问题、新现象，提出下一步的研究设想。孙承纬组织专题专家组议定下一步的研究目标和方向，对各项工作提出进一步的要求。

正如孙承纬所强调的："搞科研，不交流、不写文章是不行的，就好像人每天不锻炼一样，不利于成长。"[1] 一年一度的学术年会，就是一个良好的"锻炼机会"，不仅能增进了解、加深合作，也能对专题研究成果进行检验展示，充分调动专题各成员单位、各课题开展工作的积极性和主动性，推动激光辐照效应研究不断向纵深发展。据孙承纬回忆：

> 会议进行了一两次以后，从事具体工作的同志都反映会议效果很好，达到互相了解的目的。很快就了解了相互从事的研究工作，在以后的研究中很快就能找到有关人员的帮助。他们觉得很有用，我觉得这是把全组抓起来很好的办法。后来参加主题的大型实验、综合实验，彼此有关的需求就很容易联上。[2]

除此之外，"激光的热和力学效应学术会议"是这一领域专家学者们增长知识、讨论学术问题、掌握学术动态、把握前沿方向的重要平台。无论是老专家还是年轻人，凡是对学术问题有一己之见的，都可以在会上发言、发表论文、作报告。孙承纬认为，学术报告要讲大家不知道的"新东西"，要让参会者有所收获才是[3]。每一次作报告，他都会"挖空心思"地想一些"新鲜"内容。在他的带动下，年会上总是"干货"满满，既有发人深省的精彩学术报告，也有"针尖对麦芒"的激烈辩论。

会议连续召开了十多年，国内激光领域的诸多著名专家、学者都贡献了颇具价值的论文，多达千余篇，为该领域的后续发展提供了宝贵的资料。会议不仅有效地推动了激光技术主题的发展，更是倡导了积极思考、大胆创新、主动探索的学术风气，营造出活跃的学术氛围，为青年人才的

---

[1] 孙承纬访谈，2021年10月23日，四川绵阳。资料存于流体物理研究所。
[2] 孙承纬访谈，2021年1月29日，四川绵阳。存地同[1]。
[3] 同[2]。

培养提供摇篮。正如王伟平描述的那样：

> 会议吸引了国内知名高校和研究所的专家，报告内容涉及面广泛，除了效应机理研究，还涉及激光技术、激光传输控制等内容，堪称激光领域的学术盛会。孙老师几乎在每次会议上都要做主旨学术报告，分析国内外研究进展，提出新的研究思路。学术交流会上，专家们畅所欲言，甚至对某个学术问题激烈辩论，这样的学术讨论给了我们年轻人很好的学习机会。①

除了组织"激光的热和力学效应学术会议"之外，孙承纬还担任了以西北核技术研究院为依托单位的"激光与物质相互作用国家重点实验室"第一届的学术委员会委员，在该重点实验室的学科布局、工作目标和研究方向上提出了诸多切实有效的指导。据该重点实验室副主任王立君回忆：

> 重点实验室这十年的建设与运行中，只要时间安排得开，他

图 9-3　部分"激光的热和力学效应学术会议"论文集（流体物理研究所提供）

---

① 王伟平：与孙老师的点滴往事．见：《孙承纬院士八十华诞文集》编辑组编，《孙承纬院士八十华诞文集》．北京：中国原子能出版社，2019 年，第 90 页。

（孙承纬）都尽量参加实验室学术委员会会议、基础研究课题规划与执行评议会议，研讨发展规划，在学科布局、工作目标和研究方向上提出指导性意见，并在诸多项目的具体研究方法和工作思路方面给予了切实有效的指导。从宏观规划和学术定位上，他提出："有些东西都是影响比较大的应用基础研究，做这些工作需要很有眼光，在看得准、抓得着的基础上去做。我们重点实验室也应该把精力花在对长远来说有影响的这种问题上面"。对于基础研究课题设置，他更是对存在的问题直接提出质疑："有些事情表面上看，好像很容易变成一个很系统化的基础研究课题，你尽可以将它当基础、应用基础问题去做"；但"是否应投入大量人力物力去做、当一棵大树去培养"需要认真考虑。他强调不仅要注重实验数据的获得，更要注重规律、方法的研究，从机理上搞清楚。

2010年，激光与物质相互作用国家重点实验室经批准发起了激光与物质相互作用国际会议（LIMIS）。孙承纬曾先后多次担任该系列会议的大会主席，致力于激光领域的学术交流与促进。

回忆起首届会议的筹备过程，王立君说：

我们是首次主办国际会议，会议筹划时间很短、筹备工作很紧张。会议首次筹备工作会结束当天，我赶着出差，就在火车上把国际会议的考虑编成短信发给孙院士，希望能得到他的支持。想的是他很忙，会等些天他才会回复。结果不到半小时他就打来电话。[①]

那次通话，在火车车厢"咣当、咣当"的撞击声中，在列车通过隧道时气流的一阵阵啸叫声中，反复接通了三四次才算完成。电话中，孙承纬推荐了国内外的许多专家，并对每位专家的学术研究领域进行了详细的介绍，给出了联系方式。后来，得知那时孙承纬的眼睛由于长期大量的阅

---

① 王立君：孙承纬院士二三事。见《孙承纬院士八十华诞文集》编辑组编，《孙承纬院士八十华诞文集》。北京：中国原子能出版社，2019年，第44页。

读,有部分区域失明时,王立君十分动容地说:"手机的字都不大,那时的屏幕又小,想着他一手摘下眼镜、一手按键翻看我冗长短信、翻看自己通讯录的样子,我很是感慨。"①

在孙承纬的大力支持和实际参与下,那年的会议在长春成功举办,会议设置了激光辐照效应、激光等离子体物理、激光光谱技术与应用、高功率激光器等专题,国内外近百位科技人员与会交流了九十多篇报告。据王立君回忆:

> 孙院士所作的"激光辐照对物质的效应"(原英文名为 Effects of Laser Irradiation on Matter)大会报告受到与会者的广泛关注,他还参加了激光辐照效应专题的交流,在会议茶歇时被年轻的科技工作者和研究生们团团围住请教,他耐心地解答、谈自己的看法,无暇喝一口水,就像课后辅导答疑的老师,甚至在会议结束的路上还不断有人近前与他攀谈。②

孙承纬不仅着眼于国内学科的交流发展,还格外注重国际学术交流,时刻关注国际研究动态和前沿进展。

2006 年,美国定向能专业协会(Directed Energy Professional Society)邀请孙承纬、王伟平、马弘舸三人参加定向能试验与评估会议。该会议往年都是非公开的,不邀请外国专家参加。孙承纬认为,这是一次难得的了解美国定向能技术和实验最新进展的机会,也有可能促成与美方定向能专业协会的合作。于是,他们准备了三篇公开的学术报告投给了会议主办方。然而,随后的参会过程却是一波三折。据王伟平回忆:

> 会议主办方极力想促成我们参会,但美领馆迟迟不给签证。后来经过主办方的努力,美国大使馆才下发了签证,但彼时会议已经开

---

① 王立君:孙承纬院士二三事。见:《孙承纬院士八十华诞文集》编辑组编,《孙承纬院士八十华诞文集》。北京:中国原子能出版社,2019 年,第 44 页。

② 同①。

始。我们从成都拿到签证后立即赶往北京，坐上了去美国的航班。飞机晚点到达美国洛杉矶入关时，又碰上边检人员百般刁难，将我们三人单独请到一个房间盘问，仔细检查了所有行李，连我钱包中的记录电话的小纸片也不放过。等到查不出任何问题时才放我们入关。我们错过了当晚去会议举办地阿尔伯克基市的航班，只能改签第二天一早的航班。中午11点多到达会议宾馆，按照会议主办方安排，孙老师不顾旅途疲惫，下午在国际定向能实验与评估专题会议第一个作报告，报告做得很精彩。当主持人介绍说 Prof. SUN（太阳）时，会场上一片掌声和笑声。①

会场上响起的掌声和笑声也正是国际同行对孙承纬专业能力的认可。

会后，应加州理工学院国际著名力学家拉维·钱德拉（Ravi Chandran）教授的邀请，孙承纬等人顺访了加州理工学院，参观了航空系材料实验室，与拉维·钱德拉及其同事进行了学术交流。后来，据拉维·钱德拉的博士生庄仕明回忆：

教授每次谈到孙老师的来访以及学术讨论，都说印象深刻，很赞同他的许多科研理念和对一些问题的观点和看法，希望有机会一定回访。②

值得提及的是，孙承纬在交流结束等待回国的前一天，还去加州理工学院图书馆花一天时间下载学术资料③。

---

① 王伟平：与孙老师的点滴往事。见：《孙承纬院士八十华诞文集》编辑组编，《孙承纬院士八十华诞文集》。北京：中国原子能出版社，2019年，第90页。

② 庄仕明：授业有道，可以传世。见：《孙承纬院士八十华诞文集》编辑组编，《孙承纬院士八十华诞文集》。北京：中国原子能出版社，2019年，第81页。

③ 同①，第91页。

国内首本激光辐照效应专著的诞生

2000年左右,"863计划"即将完成原定的研究目标,进入一个新的发展阶段。为了对前期有关研究工作作出系统的整理和总结,为今后激光技术的深入发展提供更多的支持,激光技术主题专家组决定编写一套高技术激光科技丛书,《激光辐照效应》是其中的一本。这与孙承纬的想法不谋而合。

作为激光技术各种实际应用的基础和桥梁,激光辐照效应是发展激光器、激光加工、激光军事应用、激光聚变、激光安全防护、激光医疗和生物工程等高新技术必须考虑的问题。当时,国外20世纪70年代已经出版的激光效应方面的专业书籍覆盖面较窄,对具体工作的指导意义不大。在多年研究的基础上,特别是在激光辐照效应实验方面积累了大量经验之后,孙承纬认为,编写国内第一本激光辐照效应专著,可以成为国内各有关单位增进了解、促进研究工作的重要手段,也有利于今后对从事激光效应研究的青年科技人员的学习,有利于学术水平的提高,一举多得。他曾对同事提及:

> 这个事情既是主题专家组的要求,也是我们专题自己的要求。因为我们专题组的成员单位来自很多领域,互相也不是很了解,但是假如写成一本书,那么就是每个方面的总结、概况,大家看了就非常有用。另外,当时广泛应用的激光效应方面的书是美国人写的《高功率激光效应》(*Effects of High Power Laser*)。虽然文章写得也不错,但是对我们具体工作的指导意义不大。比如激光对结构的效应、激光对光学器件的效应等好几个方面是缺乏的。我们写的肯定超过这本书,这是没问题的。[1]

---

[1] 孙承纬访谈,2021年1月29日,四川绵阳。资料存于流体物理研究所。

于是，孙承纬开始着手编写专著的大纲。这是一项很大的"系统工程"。因为激光辐照效应的研究涉及很多方面、很多过程，当时基本上没有可供参考的书籍，全靠自己研究的积累以及国内外大量的文献资料的调研。同时，专著不同于学术论文或科研工作报告，它要阐述的是整个研究领域的系统化、条理化的知识结构，把诸多研究结果串起来追根溯源，由点及面、由源到流地进行概括、总结、凝练和提高。工作量大，涉及面广，需要倾注很多的心血。

按照分工，孙承纬负责撰写专著的前三章，主要阐述物质对激光的吸收与反射特性、激光对固体材料的热效应以及激光气化与烧蚀引起的力学效应，内容篇幅占了全书的三分之一。在编写的过程中，他对各类专业文献资料进行阅读，数量之多令他的学生和同事们咋舌。在大家眼中，孙承纬"只要不是和人谈话或走路，他多半都在读东西，无论是在办公室、家里、旅途或是开会"[1]。半夜读书、写稿子更是家常便饭，正如孙承纬所说，"我们这种工作没有加班不加班的问题，不管是在办公室还是在家里，你有空就得做事，没有加班的概念。往往写稿子的事，都是晚上甚至半夜效率最高"[2]。那时，孙承纬使用电脑打字还不熟练，初稿都是手写完成。撰写一两章的内容，手写稿摆起来就有一本书那么厚。稿子誊清后，他就请夫人陶洁贞帮忙做计算机输入。输入过程中，孙承纬担心公式会出错，就请陶洁贞专门学习了希腊字母的输入方法以及各类公式的排版方法，稿子打印贴图后，自己再从头到尾地校对一遍，确保不出现数字公式的转录错误。

孙承纬作为主编，还负责了全书的统稿工作。他以极其负责的态度，投入了几乎与写书同样多的精力，对行文逻辑进行连贯统一，对内容予以斟酌取舍，去粗取精、去繁就简，使整部专著能以更好的面貌呈现在读者面前。2000年5月，孙承纬完成了第一次统稿，随后又经过反复修改，于2001年11月才最终定稿，专著前前后后大改了三次，小改更是不计其数，有的章节说是修改，实际上更像是重来。

---

[1] 庄仕明：授业有道，可以传世。见：《孙承纬院士八十华诞文集》编辑组编，《孙承纬院士八十华诞文集》。北京：中国原子能出版社，2019年，第81页。

[2] 孙承纬访谈，2021年11月26日，四川绵阳。资料存于流体物理研究所。

关于这本书的命名过程，孙承纬也是几经斟酌：

当时决定编写一本叫《激光的热与力学效应》的书。后来在编写过程中，他们提出还有很多光学效应，比如说光电器件的破坏、计算机理等，这些都不属于热和力学效应。还有就是激光等离子体，也有好多激光辐射效应，都是比较重要的方面。这时候觉得书的名字搞广泛点比较好，就改成了《激光辐照效应》。①

后来，考虑到激光对生物体复杂的效应现象及其实际应用价值，孙承纬将激光辐照的生物效应也一并纳入专著。最终这本书共分为九章，系统阐述了物质对激光的反射和吸收特性，激光对固体材料的热效应，激光气化和烧蚀引起的力学效应，激光与等离子体的相互作用，激光热应力和升温对材料性能的影响，激光辐照引起结构的响应、变形和破坏，激光对光学材料和光学薄膜的损伤和破坏，激光对半导体材料和光电探测器件的干扰、损伤和破坏，激光辐照对生物体的效应多方面内容。

2002年1月，《激光辐照效应》一书出版后，深受国内激光领域有关单位欢迎，不少科研机构的同行都将这本书作为基本参考书，首批3000册上架后不到一个月便销售一空。有些单位希望流体物理研究所能够再提供一些《激光辐照效应》专著，流体物理研究所就将自留的书册全都贡献出来，新来的研究者们不得不去复印影印本。据孙承纬回忆：

《激光辐照效应》这本书写出来还是有很多好处的。老同志退休以后，新来的很多搞效应的人就把这本书当作首要参考书。要开展研究就得先看这本书，这是一个必要的过程。那时候书早就卖完了，他们自己想办法去复印了一些。因为我们这行并不是任何一本现成的教材、上哪一门课就能够解决问题的。就相当于你要先做一次研究生，学一点很专门的东西，这个书就很有用处。②

---

① 孙承纬访谈，2021年1月29日，四川绵阳。资料存于流体物理研究所。
② 同①。

鉴于激光辐照效应研究的跨学科性质，至今也没有哪所高校专门开设这一学科。因此，这本书不但可以作为激光辐照效应研究工作者的一本入门的教材，也可以作为力学、工程热物理、光电子学、激光效应、激光加工和激光医学工程等专业的研究生、教师及科技工作者的参考书。正如杜祥琬在《激光辐照效应》一书的序言中提到的那样，"这本书系统地阐述了当代激光辐照效应领域中的理论和实验结果，总结了十多年来中物院、中国科学院、航天总公司和有关高等学校的科学家们在'863计划'激光技术领域的支持下所获得的研究成果。它概念准确、理论严谨，充分反映了本领域的近代进展，为今后激光辐照效应的深入研究及实际应用提供了重要的参考和指导"[1]。

对于在流体物理研究所从事激光辐照效应研究工作十余年的金云声来说，这本书是他从事这个领域工作的"敲门砖"，他认为：

> 《激光辐照效应》是我的桌边常备的一本参考书。我刚参加工作时，国内外激光辐照效应方面可供参考的书籍非常有限。《激光辐照效应》包含了大量的专业基础知识，无论是研究还是应用都是可以参考的。同时，它还是一本具有开放性的书。它以国内外的专业文献资料为基础，充分反映激光辐照效应现有的研究进展和深入程度，我们能够从中看到很多方向，为下一步的研究提供很好的思路。[2]

此外，孙承纬还完成了《高技术要览（激光卷）》第12章"激光的热和力学效应"的撰写和统稿工作，为《高技术辞典》撰写了"激光支持的燃烧和爆轰波"等若干条目，指导制定了国内第一个激光辐照效应实验方法国军标。这其中既有深入研究的物理规律，也有科学实用的探究方法。孙承纬用他孜孜不倦的探索，为激光技术领域留下了很多宝贵的知识财富。

---

[1] 杜祥琬：《激光辐照效应：序言》。北京：国防工业出版社，2002年。
[2] 金云声访谈，2021年12月2日，四川绵阳。资料存于流体物理研究所。

第九章　探秘激光的神奇力量

第十章
追求电磁发射技术的"三高"

孙承纬紧跟国际科技动态，在充分认识到电磁发射技术在武器装备、高压状态方程实验研究、动能武器杀伤效应模拟以及空间发射等广泛应用前景后，在国内首先开展了电磁发射技术研究，主持和领导了首个电磁发射实验室的建立。他明确提出了电磁发射应做到"高速度""高精度"和"高效率"指导意见，为国内电磁发射技术研究指明了方向。他带领课题组在国内最早系统性开展电磁发射技术的实验研究，经过十多年的不懈努力，团队突破了多项技术难关，在国内最先实现实验性电磁轨道炮、电磁感应重接线圈炮和电热化学炮的成功发射。这电磁"三炮"的主要发射参数均长期居于国内领先水平。

探秘电磁轨道炮

时值 20 世纪 80—90 年代，电磁发射作为一种新概念动能发射技术，发展势头极为强劲。与常规的火炮发射技术相比，它具有动能大、射速高且速度可以调控、脱靶量低等优势，有可能直接用于碰撞聚变探索、模拟空间碎片和陨石对航天器的碰撞损伤等实验工作中。电磁发射技术可分为电磁轨道炮、电磁感应重接线圈炮和电热化学炮，这"三炮"因其各自的特性，在不同领域各领风骚。美、英、法等国都投入了不少人力物力进行研究，并谋划应用于武器装备。

电磁轨道炮因发射速度高，是电磁发射中最早得到研究的装置类型。早在第一次世界大战期间，法国和挪威就试制了电磁火炮，但没有成功。第二次世界大战期间，电磁炮的研究又掀起了高潮，日本、德国等均取得了显著的进展。1978 年，澳大利亚国立大学物理学家理查德·马歇尔（Richard Michel）和约翰·巴伯（John Barber）等人使用 5 米长的轨道炮，将质量为 3 克的聚碳酸酯弹丸发射到 5.9 千米 / 秒的速度。这一突破性的进展掀起了电磁发射技术研究的新一轮热潮，尤其是美国，企图在星球大战计划中用作天基动能武器。

孙承纬在深入调研分析了相关文献资料后，认为电磁轨道炮作为超高速发射实验装置有相当大的优点。于是在 1985 年，他和周之奎撰写了电磁轨道炮的综合论证报告，在国内首次提出了跟踪开展电磁轨道炮研究的建议。

孙承纬等人提出的研究目标是：跟踪电磁发射技术，进行原理性实验研究，目的在于掌握电磁发射技术的基本物理问题和关键技术，做好技术储备，一旦国家需要，可以有把握转入工程研究或针对具体型号的技术可行性论证。

1986 年 1 月，孙承纬撰写了"电磁轨道炮原理模型设想方案"。在方案中，详细写明了电磁轨道炮的基本原理、原理模型、轨道炮的实验、工作进度、器材及经费、参考资料等内容。他安排该项目由龚兴根和周之奎负责，组建了电磁轨道炮课题组。那时孙承纬担任 103 室主任，该课题组是以 103 室三组、七组人员为主体组建，三组组长高顺受负责电源、开关研究，七组组长龚兴根、副组长周之奎负责轨道炮设计、加工、实验、数值模拟及物理问题研究。

3 月，孙承纬又撰写了"电磁轨道炮综合论证报告"，不仅对国内外同类技术的现状及发展方向进行了较为全面的整理，阐明了研制电磁轨道炮的必要性，以及研究目标、技术关键和技术途径，还站在全院的高度，系统分析了中物院承担电磁轨道炮研制的有利条件、电磁轨道炮的中间应用、"七五"期间的研制进度及经费推算，承担单位及组织形式等内容。

在进行了深入论证分析和实验设计的基础上，孙承纬和龚兴根、周之奎等人迈出了关键性的第一步——研制原理性电磁轨道炮实验装置。在研制过程中，孙承纬向课题组成员提出了初步的"三高"目标——电磁发射的弹丸要达到"高速度"、轨道炮的等离子体电枢要实现能量转换的"高效率"、装置的加工制作要达到"高精度"。这"三高"目标实际上环环相扣、紧密相关。

瞄准这"三高"目标，孙承纬、龚兴根、周之奎等人在那时简陋的科研条件下，一步一步摸索着前行。

研制原理性电磁轨道炮实验装置首先要解决能源问题。能源系统的类型有电容器组、蓄电池、单极发电机等。在此原理性实验中孙承纬等决定选用电容器组，主要是考虑到电容器组的电压一般从5千伏到40千伏，易实现绝缘，而且可以根据需要任意组装，阻抗易于与一定长度的轨道炮匹配。当然这里也有另一方面原因，那就是孙承纬在前期开展激光器研制过程中，剩余了部分电容器，正好拿来用于轨道炮研制工作。

实现加工的高精度，最简单的办法是使用高品质的加工机床，但那时大型镗床等设备很贵，别说流体物理研究所买不起，就连中物院里也没有。孙承纬等人就想了个折中的办法：在流体物理研究所的加工车间里，用牛头刨将紫铜棒加工成30厘米长、截面积为1平方厘米的轨道，再加工两块3.5厘米厚的有机玻璃板作为炮体，用多个大螺栓将两根轨道紧紧压住，形成方形炮膛；将弹丸设计为0.6厘米×0.6厘米×0.8厘米的聚碳酸酯长方体，与方形的炮膛紧密配合，确保不会漏气。

整个轨道炮都是靠自己手动安装的。他们将0.05毫米厚的紫铜箔剪成条状，再弯成U形，底面紧挨着弹丸，两翼牢牢地卡在两根轨道的入口端，即电源接头处。这样就做成了等离子体电枢轨道炮。弹丸测速用的是流体物理研究所现成的磁探针装置。孙承纬将103室大楼底层东端大厅作为电磁发射实验室，做了两张木头大桌子当作实验台，将安装好的轨道炮放置其上。就这样,我国第一台电磁轨道炮装置正式"面世"。

轨道炮安装调试完毕后,孙承纬等人怀着又兴奋又略带惴惴不安的心情[①],进行了预先实验。出乎意料的,这次得到的弹丸出口速度很不理想,测得的能量转换效率只有1.1%,与他们预估的转换效率为3%相距甚大。他们拿着实验示波器图仔细分析后发现,是由于电磁轨道炮发射期间,炮管受到很强的电磁力、热力和机械载荷,导致炮管膨胀,与轨道之间出现间隙,等离子体发生了泄漏,导致很多能量损耗。他们在加工装配时采取了措施,能够有效防止等离子体"漏气"。

1986年11月,首台小型原理性电磁轨道炮实验装置进行了第一次正式发射实验。当放电开关动作后,高压脉冲发生器发出近三万伏高压的触发脉冲击穿球隙开关,使得充电两三千伏的电容器对轨道炮电枢放电,紫铜箔发生电爆炸,形成等离子体电枢,导通轨道主电路,使得弹丸在高温高压等离子体电枢的推动下沿着轨道间的炮膛高速射出。实验结果显示,这次发射的弹丸达到了1.5千米/秒的速度,弹丸完整、击靶效果极佳,能量转换效率也达到了预期的3%。实验获得了圆满成功,标志着我国电磁发射的研究正式拉开了序幕!

虽然已在诸多文献上见过相关实验报道,但在现场亲眼看到轨道炮发射塑料弹丸击穿几毫米厚的钢靶板的情景,仍令孙承纬和同事们震惊不已,并坚定了进一步发展轨道炮的信心。

> 首次原理性轨道炮实验,我们拿了一块大概10平方厘米大、5~6毫米厚的钢板放在轨道炮前面作为靶板。当时发射出的这一个重量只有0.34克的聚碳酸酯小弹丸,能瞬间把钢板打出一个方洞。洞的形状与弹丸截面一样。通过简单的实验,我们觉得电磁发射是很有道理,是种非常新的技术。[②]

1987年,在前期技术积累的基础上,孙承纬带领团队成功申请获得了

---

① 孙承纬访谈,2021年11月3日,四川绵阳。资料存于流体物理研究所。
② 孙承纬访谈,2021年7月8日,四川绵阳。存地同①。

第十章 追求电磁发射技术的"三高"   *177*

国防科工委预研跨行业项目的支持，每年 20 万元左右的经费。这笔经费的额度在当时算得上比较大，给课题组打了一剂"强心针"，大家满怀热情地投入电磁轨道炮更为深入的设计和研发工作。

同年 10 月，孙承纬邀请了美国洛斯·阿拉莫斯和劳伦斯·利弗莫尔国家实验室、苏联科学院流体力学研究所等的专家来成都开展学术交流。

这些专家是孙承纬 1986 年在美国参加第四届百万高斯国际会议上结识的，当时在会上聆听了外国在电磁发射等领域取得的先进成果，孙承纬感到获益良多。会议的时间有限，交流也不够深入，于是孙承纬萌发了邀请他们前来的想法。恰逢流体物理研究所的经福谦所长与成都科技大学苟清泉教授组建了院校联合的成都科技大学应用物理研究所[①]，为地处深山的流体物理研究所提供了非常好的对外交流场所。孙承纬向院所提交了申请，建议邀请外国专家学者到成都科技大学应用物理研究所进行深入交流。经中物院批准后，孙承纬安排专家学者分批次顺利来访，并负责了接待和主持工作。为了让交流的内容进一步聚焦，孙承纬向他们明确提出了讲课内容的要求。他认真聆听了专家的报告，并将他们所讲授的流体力学实验、轨道炮、磁流体发电机、爆炸激波管、金属射流研究等内容详细记录下来，会后反复思考斟酌。谈起此次学习，孙承纬深感大有裨益：

> 我邀请专家们分批过来，是考虑到如果他们同时来，信息量太大、面对面交流的时间不够充分，听课的人也听不过来，效果就没那么好。美国专家分两批来，第一批是利弗莫尔实验室的鲍姆（D.W.Baum）、霍克（Hawk），第二批是洛斯·阿拉莫斯国家实验室的福勒（Fowler）、格里·高里（Gris Laurie）、阿吉伯（Altgilbers），第三批来的是苏联的专家。大家就住在成都科技大学的招待所，讲课就利用招待所的会议室，很简陋地办了国际学术交流。第一个报告是鲍姆讲的，他是我的好朋友，华盛顿州立大学 20 世纪 70 年代毕业的博士生，在利弗莫尔实验室专门做 X 闪光炮实验的。洛斯·阿拉莫斯

---

① 姜洋，凌晏，汤淼：《谦以自牧：经福谦传》。北京：中国科学技术出版社，2021 年，第 140 页。

图 10-1　1987 年 10 月，孙承纬（左三）与来访的美国专家鲍姆（左四）合影（流体物理研究所提供）

实验室的水平很高，鲍姆所讲的内容对我们帮助比较大。①

在充分借鉴别人成功经验的基础上，孙承纬进一步策划了轨道炮研究后续工作的实施路径。为了增强对弹丸的驱动效果，首要条件是扩大能源系统的贮能。于是孙承纬和周之奎再次奔赴中国科学院上海光学精密机械研究所，进一步学习了新型的储能电容器组技术，并采购了约 200 台这样的小型化电容器，安装成贮能达数百千焦的电容器组，并研制了配套的强电流引燃管开关。

轨道炮实验最关键的数据就是弹丸从炮膛的出口速度，如何测量这个速度令人挠头。在弹丸的内弹道速度测量过程中，由于等离子体电弧喷射极大干扰信号，导致测量误差很大。前期采用的磁探针法测量弹丸出口的速度，所测得的是一段距离内的平均速度，精度不高。针对这个问题，孙承纬一直在琢磨如何改进。

---

①　孙承纬访谈，2021 年 11 月 27 日，四川绵阳。资料存于流体物理研究所。

第十章　追求电磁发射技术的"三高"　　*179*

利用以往激光和爆轰相关研究经验，1989年2月，他采用氙灯光源—高速转镜狭缝扫描照相，建立了弹丸飞行阴影测速技术。基于对轨道炮结构的深入认识，认为这种测速方法应该能够契合实验需求且具有高测量精度，应用于轨道炮外弹道弹丸速度的连续测量。

在实验完毕后将炮体拆开进行检视的过程中，孙承纬等人发现由于轨道炮膛内等离子体温度高达2万～3万度以上，压力达5000～7000大气压，弹丸运动与轨道间存在强烈的摩擦、烧蚀或刨蚀，炮体结构遭到明显破坏，轨道被喷镀上了一层炭黑，而且表面坑坑洼洼，烧蚀深度达0.1毫米。他们把轨道拆下清洗，用锉刀把轨道上表面一点点铲平，以再次使用。做三次实验后就不能再用了，又得重新加工新轨道。课题组也尝试做过用空气炮把弹丸以每秒数百米的速度注入轨道炮膛的实验，以降低轨道的烧蚀，但成效不大。于是他们再次把精力放在了通过优化结构以减轻烧蚀影响上面。

为了寻找更适宜的轨道材料，他们对紫铜、磷青铜、黄铜、钨、钼等进行了逐一测试，也研究过用渗铜钨、铜表面镀钨层、铜与钢的爆炸复合材料等来制作轨道。几个厚厚的实验记录本上，记录下了他们一次次的尝试。

同时，随着轨道炮的整体效能的提升，轨道的长度从30厘米逐步延伸到60厘米、1米、1.5米、2米。当时孙承纬团队能够利用的最好的加工机床就是流体物理研究所的牛头刨床和中物院的龙门刨床，加工精度与镗床相距甚远。面对加工器械的"先天不足"，他们想尽了办法。为了防止细长的轨道加工后产生变形，人工修正发射实验后的轨道得以再次使用。这些办法提高了轨道炮的性能和实验效率，也有效节省了科研经费。

轨道炮运行虽然只是毫秒量级的短短一瞬，但涉及的物理、力学问题十分繁复，包括强脉冲磁场、大电流的阻抗加热、电枢等离子体的轰击、弹丸与轨道滑动摩擦引起的加热、烧蚀、刨蚀以及高温变形降阶等一系列问题。为了厘清其中主要的物理过程，即等离子体电枢的温度、密度、压力和驱动电路的关系，孙承纬决定采用数值模拟方法，对轨道炮运行过程进行数值模拟计算。

孙承纬根据文献中所列出的公式进行了逐一的推导和分析，编写了一维等离子体电枢轨道炮程序，可用于计算电弧的速度、推力以及电弧长度的变化。为了表示对原参考文献的作者等人研究成果的尊重，他将这个程序命名为 C-PARA，C 就是中国 China。

孙承纬将程序的数百行代码全部写好后，交给了学生龙新平，让他进行程序的调试和运行。龙新平来到位于绵阳的西南计算中心，完成了程序的运行调试，但是计算最终输出的结果不对。孙承纬又专门赶到西南计算中心查看了相应的计算过程，找出其中的问题，指导龙新平进行相应的修改。很快，程序就能够正确运行了。随后孙承纬要求龙新平结合实验开展相应的数值模拟工作。为了充分验证程序的有效性和对实验的指导作用，孙承纬对龙新平提出了严格的要求：

> 孙老师要求我在计算时不能为了追求计算结果与实验结果的一致性而随意调参数，所以我与实验的同志是"背靠背"的。我计算用的算例是公开发表的论文上的，算例计算正确后，参数固定，再去找实验的同志要具体的实验参数，孙老师要求我在正式实验前将计算结果与实验的同志进行交流，然后进行实验。我提前给出的计算预测结果往往与实验结果一致，慢慢地我的计算能力得到了实验室同志们的认可。[①]

在随后的数年间，孙承纬等人通过理论分析、数值模拟和实验研究，持续推进改善炮体结构、优化材料性能、增强能源驱动力等，研制了多种小口径的电磁轨道炮，驱动弹丸击靶的能力也在不断增强。1991 年，在课题组成员的共同努力下，终于成功实现了电磁轨道炮将质量为 1.27 克的弹丸以 5.1 千米/秒的出口速度发射，击穿了厚约 3 厘米的钢靶板，靶板后面部分发生层裂的一大块被拉开了，直径 2～3 厘米的侵彻洞孔边沿都化成铁水流下来，就像瀑布或糖浆般流淌。孙承纬不禁感叹："虽然只是个小

[①] 龙新平：夯实我科研基础的引路人。见：《孙承纬院士八十华诞文集》编辑组编，《孙承纬院士八十华诞文集》。北京：中国原子能出版社，2019 年，第 11 页。

小的聚碳酸酯低密度弹丸，比低速的枪弹厉害多了。"①

时至今日，这仍是我国电磁轨道炮发射达到的最高弹丸出口速度。国际上最高速度约为 6 千米 / 秒。

孙承纬团队在电磁轨道炮研究方面取得的突出成就，引起了科技界和军工界的极大关注，牵引带动了中国科学院合肥等离子体研究所、石家庄军械工程学院、舰船研究所等科研单位的相继投入。轨道炮实验室也成为流体物理研究所对外展示科技能力的一个窗口。

1988 年，两弹元勋王淦昌先生来到轨道炮实验室，孙承纬向他汇报了轨道炮实验装置研制过程并做了演示实验。王淦昌对轨道炮驱动弹丸击靶的过程非常感兴趣，从专业的视角细致地审视了轨道炮的结构，询问轨道炮驱动弹丸击靶的具体作用过程，并对轨道炮所取得的成就大加赞赏。

提起那时的场景，孙承纬记忆犹新：

> 因为做轨道炮的，全国就我们一家。这是一种新技术，对王老来说是很新鲜的。那时候我们在山沟里，他很难得来一次。来了之后就专门找我要看实验，我们就做实验给他看。王老手上拿着大概直径为 4～5 厘米的圆形靶板，他看得很仔细，还问我这个靶板是怎么打的，我就和他详细说了。他觉得真的很不错。②

1989 年 10 月 25 日，海军装备部部长郑明专门到流体物理研究所，参观了轨道炮实验室并观看了演示实验，看到惊人的弹丸击靶效果，郑明赞叹不已。随后，孙承纬向他详细介绍了达到国内领先水平的电磁轨道炮发射技术。之后，郑明曾多次来访，双方进行了深入的交流。

这些工作最终引起了国防科工委军兵种部陆军局总工程师隋文海的关注，不仅为后续确立流体物理研究所在电磁发射领域的中坚地位起到了积极的推动作用，也使得全国电磁发射技术的研究呈现新的形势。

---

① 孙承纬访谈，2021 年 11 月 3 日，四川绵阳。资料存于流体物理研究所。
② 孙承纬访谈，2021 年 11 月 27 日，四川绵阳。存地同①。

图 10-2　1988 年，孙承纬（左一）在实验室向王淦昌（中）介绍小型轨道炮实验装置
（流体物理研究所提供）

再创轨道炮的"新高"

　　经过孙承纬、龚兴根、周之奎、高顺受等人的探索，我国第一台高速等离子体电枢电磁轨道炮于 1991 年正式成功实验，这在我国电磁发射技术的发展史上具有里程碑式的意义。在随后的几十年里，学生宋盛义在孙承纬的指导下，带领课题组持续努力推动流体物理研究所的电磁发射技术向前发展。

　　早期的轨道炮研究，更多的是侧重于高速度的等离子体电枢轨道炮，弹丸极轻，仅 1 克，同时对弹道的精度等也没有明确要求。进入"十一五"时期，由于应用方向的调整和对装置性能关注重点的改变，对轨道炮的高速度、高效率、高精度的这"三高"性能指标也提出了新的要求。

　　2005 年，宋盛义团队承担了军委总装备部电磁发射的某项目，研制新

第十章　追求电磁发射技术的"三高"

型的电磁发射轨道炮。孙承纬在其中主要担任了技术指导的角色。

该项目是研制整体系统的一个分系统,基于综合性能的应用需求,在速度方面,要求轨道炮能够驱动重量大于 10 克的弹丸达到每秒 2 千米左右的速度。有了前期良好的研究基础,孙承纬和宋盛义等人有足够的自信能够圆满达成目标。

服务于整体系统的指标要求,新技术局给电磁轨道炮定下的发射效率为 10%。这个指标要求极为严苛!在前期开展的电磁发射工作中,采用的是等离子体电枢,由于大量的能量耗散在等离子体的加热和膨胀过程中,电磁发射的效率只能达到 3% 左右,这也是当时国际上同类轨道炮所能达到的最高指标。这个项目中的效率指标一下子就提高了两三倍,而研制时间仅为短短的一年。

看到合同书上这么高的效率指标,宋盛义一度为之愁眉不展,求助于老师孙承纬。

> 这么高的指标,在其他单位看来基本上是不可能完成的任务。后来我们跟孙院士一起讨论,孙院士就告诉我们,不要局限于以前做的那些结构和方法,要探索新的路子,要跳出传统的圈圈或者传统的方法。他给我们推荐了一些资料文献,我们仔细阅读,研究后找到了新路子,就去尝试。[①]

根据孙承纬的指点,宋盛义等人开展了大量的固体电枢轨道炮文献调研。他在某篇文献中看到了双轨增强的相关理论介绍,虽然文献中并没有相应的实验及应用等方面的阐述,但他觉得很有价值,值得尝试,就将调研所得和自己设想的方法写下来,向孙承纬汇报。孙承纬不仅细致审阅了宋盛义的设想方案,还和他针对技术细节进行了探讨,鼓励他大胆尝试。

按照先易后难的思路,通过不断地摸索调试,宋盛义等人把文献上的理论转化为实实在在的实验装置,几个因素并用,效果好得出乎意料!仅

---

① 宋盛义访谈,2021 年 6 月 21 日,四川绵阳。资料存于流体物理研究所。

仅经过了不到一年时间的探索，实验结果就显示，能量效率就从以前的 3% 提到了 10%。按照项目进展要求，新技术局的专家组每年都会到任务承担单位进行工作节点的验收，当他们来到流体物理研究所现场观看了实验及测试结果后，对于这一效率指标感到大为惊讶，并由衷地表达了深深的佩服之意。①

在发射精度这一层面，这个项目也提出了同样高的约束指标。同比早期电磁轨道炮所提出的高加工精度，这里所指的高精度的内涵有所不同，包括了指向精度和速度精度两个方面。指向精度的要求是，弹丸击靶后，距离靶心的位置偏差不能超过 0.5 毫弧度，相当于每发弹丸击靶位置的偏差角不超过 0.0286°；速度精度的要求则是，每发弹丸之间速度的偏差低于 3‰。

早期轨道炮研制时并未关注发射精度，弹丸出膛后飞行的方向不太受控，随机性很强，击靶的分散性很大。由于前期在这方面没有什么经验可以借鉴，这对于宋盛义来说是个很大的挑战。孙承纬告诉他，一定要找到影响精度的根源，才能有的放矢解决问题。

针对孙承纬提出的重点要解决消弧和振动的问题，宋盛义和课题组成员制作了一种阻抗极低的外触发开关作为消弧器件，能够有效消除电弧的影响；对于防振动的问题，他们针对结构固定的模态进行了加固，在对材料重量、刚度等综合考量的基础上开展模拟计算，明确了相应的加固点和加固措施。

数年后，该项目最终结题时，发射弹丸速度达到了每秒 2.7 千米，能量转换效率大幅提升，远远超过原定的 10% 的要求，达到了令人咋舌的 22%，指向精度低于 0.2 毫弧度，速度精度小于 3‰。这"三高"的指标数据，在国内小口径固体电枢轨道炮中首屈一指！

---

① 宋盛义访谈，2021 年 11 月 5 日，四川绵阳。资料存于流体物理研究所。

开展线圈炮的研究

20世纪90年代，在亲力亲为完成了高速等离子体电枢轨道炮的研制之后，考虑到等离子体电枢的驱动机理在达到等离子体声速之后发生的变化，弹丸出口速度最高只能达到每秒6~7公里范围；最重要的是，预期的应用前景尚难以实现，实际应用还需要考虑大质量弹丸的高效率电磁发射问题。于是，孙承纬将目光投向了电磁感应重接线圈炮的方向。

自20世纪70年代以来，随着电源和电子技术水平的提高，为线圈炮发展提供了有利的条件，已逐步从论证、理论分析向工程实施阶段发展，1986—1993年美国圣地亚国家实验室进行了一系列基本实验，建立了数值模拟程序，大大推动了线圈炮的发展，并深入论证线圈炮用于军事和空间发射的可行性。他们的最终目的是希望把线圈炮应用于管道运输、远程大炮和卫星发射的助推设施。[1] 线圈炮的应用前景非常广阔。

1990年12月，孙承纬提出了要研制2~3级重接线圈炮（在炮筒上绕2~3个定子线圈），通过解决关键技术，结合运动方程组的计算，探讨交流（AC）或直流（DC）运行模式，希望驱动直径60毫米、质量为1千克的弹丸，在一级炮上达到25~30米/秒的速度，二级炮和三级炮分别达到60米/秒、100米/秒的出口速度。[2]

在谋划开展线圈炮研究之时，让孙承纬颇为皱眉的是，当时国内还没有开展过线圈炮及其理论计算研究。电容器组放电在炮筒中产生的磁行波与圆柱筒弹丸相互作用的过程非常复杂。线圈炮的设计对数值模拟计算的准确度要求非常高。如果缺乏理论、数值模拟与实验的对比验证，就像"缺了一条腿"，研究可能会陷入盲目之中。[3]

---

[1] 高顺受，孙承纬，陈英石等. 60mm口径电磁感应线圈炮的实验研究.《高压物理学报》，1996年，第10卷，第3期，第190-198页。

[2] 孙承纬访谈，2021年10月23日，四川绵阳。资料存于流体物理研究所。

[3] 孙承纬访谈，2021年11月3日，四川绵阳。存地同②。

1991年左右，正在孙承纬团队苦心思虑该如何解决这一问题时，一个好消息让他喜出望外。西安电子科技大学的王德满教授编制了动态电磁场作用于固体部件的电磁学计算程序，希望能找到实验结果校验该程序的有效性。他从科技文献上查到孙承纬团队在电磁发射实验研究上所取得的成果，就马上联系了流体物理研究所，表达了合作的意愿。孙承纬非常高兴，立刻邀请王德满到绵阳来，共同商讨合作的细节。基于双方能够提供的资源及相应的需求非常契合，双方很快就达成了共识，合力开展线圈炮的相关研究。

线圈炮设计中最关键的问题就是对各个定子线圈放电时间的精准控制，实现弹丸加速与磁场开闭的"同步"难度很高。解决这个难题的前提是准确地测量出弹丸的运行速度，以调整磁场开闭时刻，实现弹丸的最佳加速，高顺受和孙承纬等人在测速装置的设计上着实费了一番苦心。

高顺受和孙承纬等人花了大约1年的时间，一直在摸索如何改进。他们最终采用的测量技术是，将磁探针改为不受干扰的、高灵敏度的激光探针以及配套的快速数字电路，彻底解决了线圈炮中的时间控制问题。这个测速系统能够给出弹丸的各级速度和出口速度，确定弹丸到达下级指定位置时的延迟时间，自动启动下一级线圈的电容器放电。他们根据实验测试数据，不断调整下级定子线圈放电时间，以求达到最佳加速运行效果。

在开展实验的同时，他们也同步推进了理论和数值模拟计算工作。在王德满的协助下，高顺受建立了线圈炮运动方程组和电回路方程组及其计算编码，进行理论预估和实验结果核对；结合实验结果，王德满团队提供了集中参数电路与弹丸电枢动能相结合的磁固体力学方程组，根据实验结果改进了数值模拟计算程序，可用于实验的预估计算，还用有限元程序计算了发射过程中圆柱筒弹丸的受力与变形。通过与数值模拟相结合，他们进一步厘清了线圈炮发射过程中的物理现象。

在大家共同努力下，1993—1994年就实现了一级和二级线圈炮的研究目标，将1千克质量的弹丸分别发射达到30米/秒和60米/秒的速度。

1995年，孙承纬和高顺受团队在改进装置、增加电容器组能源的基础上，进行了三级重接线圈炮的研制。三级炮的炮身大大缩短，只有33厘米长。1997年下半年，我国第一台重接三级线圈炮正式圆满研制成功，驱动1千克质量的弹丸达到了100米/秒出口速度，打穿了较厚的木头靶板。同比于国内其他单位后来研制的线圈炮装置，这个线圈炮装置结构简单轻巧，电源不大且效率较高，弹丸出口速度高了2~3倍。同年11月，"60mm口径电磁感应线圈炮的实验研究"项目获得了国防科工委科技进步奖三等奖。

在开展线圈炮实验的过程中，孙承纬等还发现了一个问题：在强大的环向磁力作用下，圆柱筒弹丸发生角向屈曲，被压成了麻花状，飞行状态受到影响，难以实用。2018年，在孙承纬的指导下，学生宋盛义很巧妙地把线圈炮结构改成了推动"片状"弹丸的装置，有效避免了磁压力对弹丸的大变形作用。这个新一代线圈炮技术和发射指标也处于国内先进行列。

图10-3 1997年研制成功的我国第一台重接三级线圈炮
（流体物理研究所提供）

聚焦于电热化学炮的研究

经过对电磁轨道炮、重接线圈炮的深入研究，孙承纬认为电磁发射技术自身存在几层"天花板"，突破这些"天花板"是材料科学和结构力学领域的艰巨工作。作为实用的发射装置，电磁发射技术应扬长避短，譬如采取与火药等化学含能材料结合的途径，降低对电源的要求[①]。他向流体物

---

① 孙承纬访谈，2021年10月23日，四川绵阳。资料存于流体物理研究所。

理研究所提出建议，在电磁"三炮"即轨道炮、线圈炮和电热化学炮中，电热化学炮以电能和化学能的结合利用为主要工作模式，其研究的重要性和实际意义应位于"三炮"之首，应投入相应资源，重点开展电热化学炮研究，希望在发展新型的次口径高速度坦克炮技术方面有所收获。

电热化学炮的主要优点是利用点火性能更好的等离子体点燃能量更高的推进剂发射药，可以使常规口径的身管武器达到更高出口速度，提高威力，达到更大口径炮的水平。美、英、法等国都投入了大量的人力物力进行研制，准备在不远的将来用电热化学炮装备部队。[1]

孙承纬希望宋盛义能从数值模拟角度开展探索，建立一个可描述电热化学炮发射过程的计算程序。孙承纬要求这个程序能够对整个等离子体的发生、与火药相互作用、火药燃烧和推进等各方面过程进行描述。宋盛义在他的指导下进行了理论建模，将等离子体产生过程、火药燃烧过程、内弹道过程结合一起，补充完善了相应计算模块，编制了电热化学炮的零维计算程序[2]，这个程序对后来电热化学炮的研制起到有效预估作用。

1991年夏，周之奎、宋盛义、孙承纬等利用一根口径为23毫米、长2米的钢炮管，建立了第一个电热化学发射装置，研制等离子体发生器和化学液体推进器，年底进行了成功发射。1992年4月，他们研制的23毫米口径的电热化学炮把质量近20克的复合弹丸（塑料圆柱+钢杆芯）发射达到1.85千米/秒的速度，完全贯穿了3厘米厚的钢靶板。

由于国防科工委军兵种部统管了电磁发射技术的研究，隋文海总工程师决定重组专家组，于1993年2月在华东工学院（今南京理工大学）召开了电磁发射技术专家组成立会议。孙承纬应邀参会并作了专题报告，介绍了电磁"三炮"的物理关键问题、流体物理研究所的相关工作、国内外水平差距等。作为佐证材料，孙承纬还播放了流体物理研究所开展实验的录像，电磁发射弹丸击靶时的壮观景象，令参会人员大为震惊。

孙承纬回忆说：

---

[1] 仇旭，陈林，宋盛义等. 电热化学炮点火方式实验研究.《爆轰波与冲击波》，1999年6月，第2期，第75-78页。

[2] 宋盛义访谈，2021年6月21日，四川绵阳。资料存于流体物理研究所。

当时在我的主张下，我们做的很多实验都留下了相应的影像资料，记录了实验的过程、击靶的状态等。周之奎把这些资料编成了一个短片。在会场上播放后，看到那么厉害的穿靶效果，大家都很震惊。随后，我建议若要作为常规武器来用，最有效的是电热化学炮。当时参会的军兵种部陆军局的总工程师隋文海找到我，说他听了我的报告之后，既感到震惊又恍然大悟，发现电磁发射和传统的炮不是一回事。经过会议研究决定，让南京理工大学的专家作为正组长，一所的专家作为副组长，两个单位双头负责，我们主要从电热化学炮角度开展相应研究，从此电热化学炮的研究就获得了比较固定的经费支持。[①]

在孙承纬的大力推动下，1993年，电热化学发射技术研究被列入国防科工委"八五"预研跨行业重点项目，确定中国工程物理研究院为本项目的牵头单位，流体物理研究所具体承担该项目的研究。

有了稳定且充裕的经费支持，孙承纬对电热化学炮的研制信心满满而且充满了期待。他再次提出了研究定位是实现"三高"——高速度、高效率、高精度，并结合电热化学炮的性质，明确了"三高"的内涵。

瞄准"高速度"这一目标，孙承纬提出的初步目标是实现100克质量的弹丸，达到2千米/秒的出口速度，弹丸动能约达200千焦。回忆当时制定这个指标的初衷，孙承纬说道：

当时电热化学炮的速度能达到多高并不知道，根据常规坦克炮的弹丸出口速度在每秒1.5千米左右，如果弹丸动能增加一半，就是巨大的进展。所以就把目标设定了2千米/秒的速度。因为坦克炮的速度和口径是紧密相关的，2千米/秒的速度相当于炮的口径扩大了。若要扩大炮的口径，炮管质量等都随之增加，对坦克来说几乎办不到。电热炮的好处就是电能和火药共同驱动，炮口径不需要扩大，就

[①] 孙承纬访谈，2021年5月26日，四川绵阳。资料存于流体物理研究所。

能增大能量、提高坦克的威力。我们的目标相当于在坦克炮现有口径下把出口速度提高 10%～15%，或者弹丸动能提高 20%～30%。后来我们知道美国实验的小型电热化学炮发射的 2 千米/秒的钨杆弹丸可以击穿 12 厘米厚的钢靶板，威力可观。[①]

第二台高发射水平电热化学炮所用的普通炮管，是 1991 年周之奎从重庆高炮制造厂购买的一个 37 毫米口径、带来复线的旧炮管，改造成 37 毫米口径的电热化学炮装置；电源则是与轨道炮课题组共用。就在这样简陋的条件下，孙承纬等人正式启动了电热化学炮的实验研究。

等离子体发生器和化学推进剂的研制是电热化学发射中的关键环节，也是孙承纬等人首先面对的难题。等离子体发生器点火，要通过很复杂的进程，需要经过很大电流和低分子量粉末（或液体）繁杂的相互作用过程来实现。针对这个问题，孙承纬指导学生陈林从 1993 年开始进行等离子体发生器理论和实验研究。

在以前的传统火炮中，火药是底部点火，从后面往前燃烧，这需要一个时间过程，而且在燃烧过程中存在一定的能量损耗，甚至有安全隐患。在电热化学炮中，孙承纬和陈林等想了个很巧妙的方法，在装药时在其中设置一根中空的导流管，中空管穿过火药接近弹丸底部，管上布满小孔。当高温高压等离子体从中空管的小孔喷出，周围的火药会瞬间被同时引燃，施加压力于弹丸底部并驱使其飞出，这还能够明显降低炮膛内的压力峰值。为了进一步厘清规律，孙承纬督促陈林针对中空管长度不变而直径增大、直径不变而长度增加、调整电源系统初始供能等多种情况开展了实验和数值模拟研究，掌握了各个因素变化下对火药反应速率的影响。

在等离子体点火这个项目研究过程中，涉及光学、电学和力学多个领域，所需要开展的实验量很大，实验所需的诊断系统很复杂，孙承纬就提前进行了部署安排，充分用好流体物理研究所内相关专业的优势力量，共同开展攻关。花了一年多的时间，攻克了这一难题，并取得了丰硕的研究成果。

---

① 孙承纬访谈，2021 年 10 月 23 日，四川绵阳。资料存于流体物理研究所。

研究进一步延伸，要考虑怎么将电能和火药的化学能结合起来，提高火药的燃烧效率。为此宋盛义写了一个方案，主要是想办法调节电流波形，让火药燃烧更充分，利用效率更高。他将方案给孙承纬看了之后，孙承纬建议他先抓住源头影响因素，也就是先从火药自身的特性入手，寻求最适宜的火药。

在孙承纬的指导下，宋盛义针对火药的选择提了很多方案，开展了一系列的实验。各种火药不仅形态不一，其反应速率、压力、燃烧时间等更是各具特点。他们对每一种火药都进行了实验，对于相同的弹丸材质和弹丸重量，测试哪一种类型的火药能够达到更高的发射速度。为提高发射性能，在院里协调并资助下，他们与中物院化工材料研究所协作研制出了新的火药推进剂。

在研究过程中，宋盛义遇到难题就跑到孙承纬的办公室进行询问和沟通。孙承纬也始终鼓励他放开思路勇于探索，督促他主动思考问题、发现问题、解决问题。孙承纬还时时叮嘱宋盛义，由于电热化学炮中同时涉及电能及化学能的相互作用，影响因素众多且过程极为复杂，一定要从全局出发，综合研判各因素在每个进程中发挥的作用，不要固定在一种思维模式下或拘泥在某一点上。同时，他也提出了很多具体的指导意见。①

1997年，孙承纬、宋盛义、周之奎等人研制的电热化学炮获得成功，驱动100克的弹丸达到了2.2千米/秒的出口速度，发射水平达到国内领先；弹丸飞行了大约20米后，成功击穿了厚达10厘米的钢靶。该项目在国家国防科技工业局获得了部级二等奖。

回顾整个研究过程，宋盛义对孙承纬表达了深深的敬意："整个过程中，孙院士希望我们要把自己的定位找准、角色找准，要注重技术的研究。现在很多方向都是做得很成功，说明孙老师很有眼光，站的高度很高，有很强的洞察能力。在电磁发射工作中，孙老师作为所里的技术负责人对研究把关，我们团队承蒙孙老师的坚持和领导，他是我们团队的后盾，是我们的支撑。"②

---

① 宋盛义访谈，2021年11月5日，四川绵阳。资料存于流体物理研究所。
② 宋盛义访谈，2021年6月21日，四川绵阳。存地同①。

建设国内首个电磁发射技术实验室

随着电磁发射技术研究的逐步深入,孙承纬力主在流体物理研究所建立完整的电磁发射实验室。他认为无论是对人才的培养、对技术研究的提升,还是对后续工作的支撑,都必须建设配套的平台设施,并着眼于技术发展的全局进行规划,立足软硬件两个层面进行持续完善,系统提升科研能力。为了达到这个目标,他一直在持之以恒的努力。

随着"839工程"[①]的实施,流体物理研究所从广元市剑阁县马灯乡搬迁到绵阳市科学城。孙承纬把握机会,向所里提议修建一个电磁发射技术实验室。1990年1月,实验室的基建工作完成,电磁轨道炮以及测试设备等安装到位,并通过验收。国内首个电磁发射实验室初步落成,这是一栋二层的实验楼,一层有东西两个实验大厅,分别为电磁轨道炮(电磁发射)实验大厅和电磁内爆实验大厅。

对于实验室的功能定位,孙承纬认为应以科研和人才培养为核心,具体可分为三项功能,即开展原理性验证实验、进行关键技术攻关、培养专业研究团队。

实验室的科研重心主要是电磁"三炮"即电磁发射技术研究。1991年12月,在深入研析了国外电磁发射技术之后,孙承纬与周之奎共同撰写了"战术电磁炮技术可行性的初步分析",针对国外发展和我国具体情况,对电磁轨道炮、线圈炮、电热化学炮的发展前景进行了论述,文中强调:"按近期应用前景及工程技术的现实状况,电磁炮的重要性顺序依次应是电热炮、轨道炮和线圈炮。电热炮在主要物理实验和规律掌握之后,可及早转入工程研制阶段;轨道炮应着重掌握与较高发射速度有关的物理和电路技

[①] 1983年9月,国家计委、国防科工委下发通知,《关于核工业部九院建设布局调整问题的请示》已经国务院、中央军委原则批准,列为国家重点项目,代号为"839工程",即将中国工程物理研究院整体搬迁至绵阳科学城。

术问题研究，积极开拓中间应用；线圈炮应以软科学研究为主，配合以小型实验，争取掌握有关物理原理和计算程序。"① 这篇文章，系统阐明了电磁"三炮"各自的发展重点方向和研究模式。

几个月后，孙承纬再次提出关于电磁发射技术的一些思考，由周之奎主笔撰写了"电磁发射和能量转换技术"一文，对中物院相关课题应用的基础研究或预研性课题做初步分析，建议院里形成一个较长远的规划，建立相对稳定的科研队伍。在随后的十多年时间里，在我国每五年举行的电磁发射技术规划会议上，孙承纬均作为专家出席，为该项技术的发展出谋划策，贡献了宝贵的经验和智慧。

在厘清电磁发射研究的主攻方向和发展路线的同时，孙承纬也在同步开展人员、技术、平台、设备等多维度的布局及部署实施。时隔近20年后，宋盛义等人回顾孙承纬当时的统筹布局，仍大为赞叹：

> 孙院士对新的技术点是很敏锐的。因为他看的东西多，视野很宽。他时刻关注到每个方向的发展，对每个方向怎么布局，包括人才布局、方向布局，他都是抓总盘，组织团队进行跟踪调研，组织开展研究。②

推动科研进展，首先要解决的是人才队伍建设的问题。20世纪80—90年代，参与两弹突破的科研工作者多已步入"知天命"的年纪，又因为单位地处四川深山，难以招收到高学历人员，科研队伍呈青黄不接的状态。孙承纬利用流体物理研究所开始招收研究生的大好时机，先后招收了龙新平、宋盛义、陈林、孙奇志等学生，并根据任务需求安排好他们相应的研究方向，及时为科研队伍补充了新鲜血液。

为了让团队成员尽快掌握当前的科技前沿，孙承纬开展了大量的文献调研工作。他委托当时具有丰富经验的科技情报人员沈金华等人多渠道收

---

① 周之奎，孙承纬. 战术电磁炮技术可行性的初步分析. 1991年12月17日，未刊稿. 资料存于流体物理研究所.
② 宋盛义访谈，2021年6月21日，四川绵阳. 存地同①.

集国外的文献，自己也经常搭乘几个小时的汽车，奔波往返于马灯乡和梓潼县的院部之间，到图书馆查阅资料，复制后带回来。

他收集了关于星球大战计划、小型导弹拦截载入飞行器试验、弹道导弹防御系统、SDI 计划的分阶段部署方案等多篇国内外文章，一字一句地摘抄在笔记本上，针对其中有价值的数据信息，他在旁边一一作上批注，甚至自行推导了其中的公式。考虑到当时年纪较大的科研人员普遍英文阅读能力低，他将相关手稿翻译为中文，供大家参考。这些资料中所阐述的超高速射弹技术、相关生产能力及其收效、美国有关的研究和开发、国际情况评估等内容，让团队成员进一步接触到了国际前沿，开阔了眼界。

开展电磁发射研究，孙承纬在有限的项目经费中尽量省出钱来购买电容器，终于建起了 400 千焦的能库，随后逐步扩展到 800 千焦、5 兆焦，为进一步开展相应的装置研制和实验研究奠定了基础。

孙承纬持续推动电磁轨道炮、电磁线圈炮、电热化学炮的研制，注重高精度速度测量技术的发展和测试设备的改进，注重数值模拟计算程序的修改和完善，以及电源小型化研究等。多项研究成果获得部委级科技奖项。

孙承纬就像乳燕衔泥，一点一滴地搭筑着电磁发射实验室，做规划、锻炼队伍、建造实验装置、改进测试设备、完善计算程序……在他持之以恒的努力下，实验室的软硬件不断完善，实验室综合能力持续提升。整个实验室的规模虽然不大，但是麻雀虽小五脏俱全，设施设备一应俱全、先进完善，核心技术能力国内领先。

1999 年 5 月 4 日，孙承纬被聘为"2020 年前新概念武器发展战略研究"专家组成员，并负责电磁发射器发展研究领域的专题论证研究。在"十五"开局期间，为了进一步拓展深化电磁发射技术的研究，孙承纬希望能够将其归口在"863 计划"中。为此，他做了很多筹备工作。宋盛义回忆当时的情况：

> 他组织了国内的很多专家，有中国科学院电工研究所的、南京理工大学的，还有合肥等离子所的专家们。我们几个单位准备一起论

证。我记得当时在北京，几位年轻人在孙院士的带领之下写论证报告，都写了好几个通宵。后来开论证会的时候，孙院士邀请了国内很多院士，像严陆光院士、陈能宽院士等，一起来讨论，最终在新技术局领导的主持下，把这个报告顺利地完成了。①

由于各方面原因，此次电磁发射未能在"863计划"中立项。自2000年以后，电磁发射研究的组织方式发生了变动。在这一大环境的影响下，流体物理研究所的电磁发射技术研制基本停滞。当时有同志提出来，电磁"三炮"没有计划支持，不如拆掉。孙承纬坚决不同意，他认为现在虽然处于低潮期，但这方面的研究是很有价值的，必须保留下来，以备后续的发展。②在这期间，孙承纬不仅仍持续关注相关科研进展，也一直鼓励团队成员不要放弃。在韬光养晦五年之后，终于迎来了新的契机。

2005年的某一天，孙承纬来到宋盛义的办公室，很高兴地对他说："电磁发射有可能要在'863计划'里面重新立项，你赶紧在以前的论证报告基础上，重新收集资料，重新递交报告，要再次组织论证了。"宋盛义撰写了相关报告后，孙承纬逐字逐句进行修改，加入了他的想法，并补充其中的不足。甚至连会议上汇报的PPT，他都一页页审阅。

"十一五"期间，电磁发射技术被纳入"863计划"，在应用方面进行了大量的拓展。立项后，孙承纬被委以重任，担任国家"863计划"中某专题专家组顾问，承担电磁发射技术方向把关、技术指导等工作。从此，电磁发射技术的研究在很强的经费支持下，多个科研单位投入了相关技术的攻关。

宋盛义从孙承纬的手中接过接力棒，带领团队将电磁发射技术实验室中的弹道、弹道靶等进行了改进完善，并积极推动相关研究的开展，为推动我国电磁发射技术的进一步发展起到了有力支撑。

对于孙承纬在电磁发射技术研究中所作出的成效，宋盛义表达了深深的敬佩之意：

---

① 宋盛义访谈，2021年6月21日，四川绵阳。资料存于流体物理研究所。
② 宋盛义访谈，2021年11月5日，四川绵阳。存地同①。

第一点，我们应该是做电磁发射的首创单位，在国内是最早的，而且推动了国内电磁发射的蓬勃发展。孙老师是倡导者，是这个队伍发展壮大的助力者、推动者。从"十一五"863立项以后，从2005年到现在，带动了国内电磁发射方向的蓬勃发展。

第二点，具体的技术上面，我们的高速发射和高效率发射在国内是领先者，占有比较重要的位置。①

对于这一系列成果，孙承纬内心也引以为豪：

电磁发射的"三炮"，我们全有，我们都是全国第一个搞出来的。我们的水平，到现在基本上维持国内最高水平。电磁轨道炮发射弹丸达到每秒5公里的速度，国内没有谁打破，电热炮也是这样的。②

---

① 宋盛义访谈，2021年6月21日，四川绵阳。资料存于流体物理研究所。
② 孙承纬访谈，2021年5月26日，四川绵阳。存地同①。

第十一章
开拓我国电磁内爆新研究方向

基于对武器物理及其动作过程的深入理解，积极应对试验环境变化带来的研究条件变化，孙承纬立足长远进行了系统思考，着手探索更有应用潜力和学术意义的内爆式电磁加载实验手段，积极倡导在国内开展电磁内爆研究。他领导建立的国内第一台电流峰值达到 4 兆安的固体套筒内爆设施 FP-1，技术水平与国际同类装置比肩；他指导开拓了等离子体内爆（简称 Z 箍缩内爆）研究方向，为辐射输运、抗核加固等实验室模拟研究提供了新的手段。

坎坷的论证之路

武器物理实验室模拟研究，大致可采用三种驱动内爆的实验手段，分别是炸药爆轰驱动、电磁驱动和激光驱动。电磁驱动的内爆技术主要可分为固体套筒内爆和 Z 箍缩内爆，分别用于高能量密度动力学实验和强 X 射线辐射源实验。

电磁驱动固体套筒内爆是利用脉冲功率装置输出的脉冲强电流流过金

属固体负载时产生的洛伦兹力，驱动固体套筒径向高速汇聚（内爆），在大于立方厘米的体积空间内形成高能量密度区域并开展相关的流体动力学、等离子体科学、材料科学等物理问题研究。在相关的核武器物理研究领域，固体套筒内爆可用于模拟内爆动力学的物理实验，如材料强度及层裂的影响、非对称弹塑性形变及流动状态、界面不稳定性、材料动态损伤等，也可以模拟有缺陷武器部件的内爆动力学行为，如裂缝、位错、氧化和腐蚀对内爆行为的影响等。

1993 年，基于国际上开展的一系列前沿研究进展及成果，孙承纬敏锐地意识到电磁内爆作为一种内爆动力学实验技术储备，具有极高的应用潜力，应该进行技术跟踪，以缩小与国际水平之间的差距。

孙承纬花了很多时间和精力进行深入调研。他常常采用的调研方式主要有三种，其一是去院图书馆查找资料，那时计算机的使用远没有现在便利，查找文献索引只能靠翻找小卡片，根据卡片上所记录的摘要判断资料的有效性，再决定是否需要借阅。甚至还有很多资料是微缩平片形式的，必须要拿到专门的阅读机上放大了看，找到有用的资料就复印了拿回去；其二是委托中物院情报中心同步开展相关资料的搜集；其三是对相关学科方向的国际会议非常关注，认为这些学术会议是获取资料信息最便捷有效的渠道，他参会时所做的详细记录，曾令宋盛义深有感慨："孙老师不像我们只对自己感兴趣的题目多关注一点，他是全程都很认真地听，边听边记，再整理好拿给我们研究。"[①]

功夫不负有心人，孙承纬找到一批非常有价值的文献资料。其中最令他开心的是，终于查到了美国的"雅典娜计划"，这让孙承纬如获至宝。

雅典娜是希腊神话中掌握雷电的智慧女神，美国"雅典娜计划"以此为名，是用以表征电脉冲功率技术高能量密度物理研究。该计划主要分为两部分，即电容器组能源电磁内爆和炸药驱动能源电磁内爆研究。这些文献资料有力地促进了孙承纬对电磁内爆认识的进一步深化。在此基础上，他结合武器研制需求及其中存在的问题，特别是涉及物理机理的问题，进

---

① 宋盛义访谈，2021 年 6 月 21 日，四川绵阳。资料存于流体物理研究所。

行了全盘的谋划。

与此同时，为了帮助课题组成员更深入掌握这些新知识，他安排宋盛义对"雅典娜计划"进行翻译。那时宋盛义刚刚硕士毕业，初次接触到国外的科研资料，翻译起来颇感吃力。翻译的内容多处存在译义不准确、表达不通顺等问题，孙承纬花了很多心思，对译文进行逐字逐句的修改，帮助宋盛义进一步了解文中的关键信息。翻译完成后发给大家共同学习参考。

不管是从何种渠道获取的资料，孙承纬总是及时分享给课题组成员，在交流中共同增进对相关内容的掌握与理解。他的老同事胡熙静曾回忆起这样一个细节：

> 那大概是1992年前后，孙院士交给了我三篇文章，主要是关于美国核爆模拟的。他向来话很少，也没多说什么，就让我看了之后写个报告，写写自己的感受。我当时很认真地看了这些文献后，针对其中的技术路线在我国实现的可能性进行了分析，写了报告交给了孙院士。我刚开始并不很理解这些东西，后来在工作过程中才体会到这套东西的重要性。所以，我一直认为孙承纬是我国做电磁内爆研究的第一人。[1]

在近两年左右的调研分析过程中，孙承纬与当时流体物理研究所105室、108室的同事们共同学习讨论，探讨电磁内爆具有怎样的优势，我们应该去做什么事，该怎么发挥电磁内爆技术在武器物理研究中的应用。[2]

经过深思熟虑，孙承纬与周之奎于1993年12月13日合作撰写了"开展电磁内爆研究的初步设想"，简要介绍了国际研究现状和动态，初步提出了电磁内爆研究的技术途径，写明了近两年的工作重点；1994年8月22日，他们再次提交了"电磁内爆实验室模拟技术综合论证报告"，进一步细化了相应的研究目标和工作内容。论证报告内容翔实、论证精辟，凝聚

---

[1] 胡熙静访谈，2021年11月11日，四川绵阳。资料存于流体物理研究所。
[2] 杨礼兵访谈，2021年11月4日，四川绵阳。存地同[1]。

了孙承纬的大量心血。

在短短的一年中,孙承纬做了多次汇报,向院里申请立项。当时的汇报会由院副总工程师张寿齐主持,听取汇报的有院长胡思得、副院长朱祖良、胡仁宇院士、经福谦院士、总工程师陶祖聪等人。经过三次讨论,经福谦、张寿齐、陶祖聪等人都很支持孙承纬的观点,认为"这个装置中样品大、测程大,测量精度高,投资也不多,完全可以做电磁内爆"。① 虽然支持者占多数,但是当时这个研究方向在国际学术界发展了仅仅十余年时间,国内相关文献资料更是少得可怜,有人对此也表示存疑,"看不清到底有多大作用,觉得太冒险"②,甚至有人反对:"用炸药内爆都挺好,为什么还要搞电磁内爆?"③ 那时科研经费也非常紧张,用于武器研制尚且捉襟见肘,因此院里有的行政领导不赞同在"看不清"的工作上面投入资源。

图 11-1 1994 年 6 月,孙承纬在中物院的讨论会上向于敏(坐着背影)等人做报告(流体物理研究所提供)

对此,孙承纬据理力争,在报告中对核武器实验室模拟的炸药、电磁和激光驱动这三种方式进行了比较,分析了它们各自的优势和劣势。他告诉参会人员,电磁内爆主要具有三大优势:第一是装置的可重复利用,比起炸药的一次性使用,优势非常明显;第二是时空的分辨率满足武器研制的需求;第三是投资强度不高。相对来说,在当时的财力制约下,电磁驱动的方式比较合适。④

---

① 孙承纬访谈,2021 年 7 月 8 日,四川绵阳。资料存于流体物理研究所。
② 同①。
③ 同①。
④ 杨礼兵访谈,2021 年 11 月 4 日,四川绵阳。存地同①。

在此次会议上，孙承纬严密的论证，给参会的同事胡熙静留下了深刻的印象：

> 我记得在院里召开的关于电磁内爆专题讨论会上，孙院士作专题发言，除了介绍国际上有关电磁内爆工作外，还对我院开展有关工作提出了明确的建议。报告的深度和广度，语言表达之简明扼要，都给我留下深刻印象。[①]

由于受到诸多因素的影响，始终没有在与会全体成员层面达成共识。

恰在此时，美国洛斯·阿拉莫斯国家实验室的主任黑格（Siegfried Hecker）到中物院进行访问和学术交流，院长胡思得亲自接待，并和他进行了深入的交谈，双方在学术层面分享了经验。这次交流使胡思得进一步加深了对相关领域研究的认识。在后续召开的研讨会上，胡思得拍板决定立项支持。忆及这个场景，孙承纬印象深刻：

> 胡思得说了一句话，我的印象很深刻。主要意思就是："这电磁内爆的事情很多人都反对，不同意的原因就是'看不准'。有人认为看不准就不能上，我的想法跟你们相反，越是看不准的东西越要考虑，越是看不准东西将来越可能出成果。"[②]

1994年9月19日上午，胡思得组织胡仁宇院士、唐惠龙副院长、徐志磊院士、李幼平院士、经福谦院士等召开会议，专门研讨这一问题，会议由院副总工程师张寿齐主持。经过与会人员讨论决定同意启动这项工作，并明确工作的重心主要是跟踪探索，加强软科学研究，尤其要加强物理上应用可能性与相应条件的论证，分解并逐步掌握关键技术，要有可检测的阶段标的。随后，张寿齐亲笔撰写了"关于电磁内爆问题情况通报"，

[①] 胡熙静：忆孙承纬院士二三事。见：《孙承纬院士八十华诞文集》编辑组编，《孙承纬院士八十华诞文集》。北京：中国原子能出版社，2019年，第77页。

[②] 孙承纬访谈，2021年7月8日，四川绵阳。资料存于流体物理研究所。

将会议讨论结果发送给中物院负责科研生产规划的部门以及流体物理研究所所长丁伯南。考虑到未知领域探索中可能面临的重重困难，张寿齐在文中提出了建议："此事，我个人觉得，既不宜太'急躁'，也要防止'气馁'，关键在于多动点脑筋，落实人员。"[①]

在孙承纬的心目中，只要是认准了有价值的科研方向，他就会持之以恒地坚持下去，绝不"急躁"，更遑论"气馁"。在前期一系列论证的过程中，孙承纬早已从科研布局、人员调配等方面进行了谋划和技术储备，可以说是万事俱备，只等经费支持这股"东风"了。

很快，用于流体动力学实验的电磁内爆项目正式立项，院拨款 290 万元用于开展跟踪性研究。至此，"固体套筒电磁内爆"正式落户流体物理研究所。

FP-1 装置的诞生

按照"关于电磁内爆问题情况通报"中的相关要求，在进一步深思熟虑的基础上，1994 年 10 月 12 日，孙承纬再次撰写了"电磁内爆——武器物理实验室模拟研究的主要技术"，布局推动相关研究。他认为工作的重点应主要在于三个方面：其一是装置的研制，主要包括能源系统、大电流断路开关、靶室及样靶制备等技术的研究；其二是要建立先进可靠的诊断手段，用于测量电流电压、测程、内爆速度和等离子体温度等；其三是要开展理论研究和软科学研究，主要是建立内爆动力学的理论模型，进行电磁流体力学模拟计算，同时为研究内爆中的界面不稳定性做好技术储备。他将上述重点方向具体分解为 1995—1997 年主要研究工作目标 7 项，每一项目标均写明了主要技术路线以及需要攻克的技术难关；并写明 1997—1998 年，要进行电磁内爆技术演示实验，考核各项单元技术，并论证这项

[①] 张寿齐：关于电磁内爆问题情况通报。1994 年 9 月 19 日，未刊稿。资料存于流体物理研究所。

技术在武器物理研究中可能的应用。

1995年，研究经费到位之后，孙承纬带领杨礼兵课题组开始了攻坚之路。他一直秉持着理论与实验研究相结合的科研理念，从装置研制及数值模拟两个方向进行部署。考虑108室有电磁轨道炮能源系统脉冲功率装置研究的工作经验，孙承纬将装置研制任务放在108室，确定杨礼兵为项目负责人；数值模拟工作则安排105室具有丰富电磁方面数值模拟计算经验的胡熙静牵头负责。孙承纬从研究所层面进行总体的技术把关，发挥技术路线抉择和部署的"统帅"作用。

290万元经费看似数额很大，但一投入科研工作中就显得捉襟见肘。孙承纬仔细盘算之下，基于当前开展的主要是原理性探索研究，暂无须太大的能量，因此决定先将装置的驱动能源规模设置在1兆焦左右。

能源系统中电容器组的设置是他们所面临的第一个难题。一方面必须要提供足够大的电压电流；另一方面实验室环境要求能源系统必须安放在空气环境下，当电压高于25千伏时，在空气中容易引起"爬电"和"闪络"等慢放电现象，甚至发生电击穿现象，这与通常将能源系统安放在绝缘油中相比，设计制造的难度几近翻番。孙承纬对几种安装路线分别进行了研判，制定了并联充放电串联放电技术路线。这条技术路线的巧妙之处在于将整个电容器分为两个部分，一部分充正电，另一部分充负电，充电时互相电隔离、放电时由闭合开关导通，使得工作电压翻倍；同时为了有效减小系统电容（电容大了会引起电流脉冲前沿变长，套筒速度上不去），采用了电容器分组并联再串联的技术，将电容器组分为四个大单元呈正四边形、上下两层分布，各大单元中电容器又分为三个小组，每小组有九台电容器并联，上下两小组之间连接一个闭合开关。这种设计模式，既能够获取高电压的优势，又能克服高电压的弊端，在充分满足物理实验指标需求的基础上，能够很好地适应环境要求，在装置研制历程中来了一个漂亮的"开门红"。

如果说能源系统的设计只是装置研制中的一个"小挑战"，那么开关系统的选择就是最令杨礼兵等人感到棘手的"大难关"。开关系统是整个能源系统的一项关键技术，关系到装置的总体运行效率和可靠性。它就像一道"闸门",在极短的时间内承受高电压并释放出大电流,而且在整个装置中共有12路开关,彼此动作的同步性越好,输出的电流汇总才越大。总的来说,就是要求开关具备绝缘性能良好、导通电阻和电感小、携带电流能力强、多路同步性能好等特点。

在当时的电脉冲功率技术中,现成的开关类型有轨道间隙开关、场畸变开关等,各具特点。考虑到未来发展需求,孙承纬决定对多种开关进行多路探索。课题组成员逐步摸清了各种开关的优劣之处。在初步探索中,爆炸开关即显露出了导通性能高、结构简单等优势,被孙承纬"一眼看中"。

于是,课题组成员投入了更多精力进行爆炸开关的研制,从原理、设计到构型,全部都是大家一点一点摸索做出来的。爆炸开关工作的基本原理是用雷管驱动金属器件形成射流,射流刺穿绝缘介质而达到导通回路电流的目的。其中最大的难点在于金属射流的成型,孙承纬设计在其中加入一个环形的金属铝罩,虽然构造很简单,但是射流成型的效果非常好。还有一个难题就是爆炸开关和装置的整体绝缘设计,由于开关在空气中,给绝缘设计增加了难度,课题组成员采用聚酯薄膜做绝缘层,并根据充电电压选择不同厚度的膜,还在实验中使用了高压隔离变压器,以确保安全。通过实验验证,每个爆炸开关中通过的最大电流达到了450千安,而且在能源调试中,12路普通大电流雷管的爆炸开关同步放电时间极差仅2微秒(1×10^{-6}秒)。

整个装置的设计安装都是靠课题组成员自力更生,这不仅是"脑力活",而且是"体力活",拿着螺丝刀拧螺钉、推着小车拉器材,甚至连100多斤重的电容器都是肩扛手搬。那时孙承纬已经是花甲之年,虽然不再直接动手操作,但他经常到实验室,一方面是关注进展情况,指导杨礼兵等解决"疑难杂症",往往是数句话的点拨,就让他们觉得豁然开朗;另一方面孙承纬也很心疼这些在他眼中的"孩子们",时时叮嘱大家要注意安全,并为他们加油鼓气。[1]

---

[1] 杨礼兵访谈,2021年11月4日,四川绵阳。资料存于流体物理研究所。

与此同时，孙承纬指导成员们在电磁内爆理论分析和磁流体力学编码方面做出了卓有成效的工作。在他的统筹部署下，1997年，胡熙静、廖海东等编制完成了零维（slug）模型和准一维数值编码；2003年，学生刘启泰等在 SSS 程序基础上，完成了一维拉氏磁流体力学程序改造。这些计算程序分别瞄准套筒内爆过程中的不同阶段，解释物理现象及其变化趋势，在对数据进行预估的基础上有利于实验诊断系统的预先布局，同时也有利于对各项状态参数的调整优化，进一步提升了实验效能。

随着一个个难关被攻破，课题组很快顺利进入了装置整体的安装调试工作。1997年初，装置调试工作完毕。装置装有216台电容器，储能达到1.08兆焦，负载电流3～5兆安。在开展内爆测试实验时，实验放电波形呈现于测试仪器上，达到了预先设定的指标。杨礼兵兴奋不已，马上打电话给在外地出差的孙承纬，向他报告了这个好消息。孙承纬也甚为欣慰，称赞他们道："这么大规模的能源以前从没做过，比轨道炮大好几倍，这么大的架子、多路汇流，还有12路爆炸开关要实现同步，很难的，年轻人真敢闯敢拼。"[①] 他还督促杨礼兵进一步开展相关内爆实验研究，等着看这台装置在应用领域"大显身手"。

在孙承纬的心目中，固体套筒内爆装置具有极高的应用价值。当杨礼兵在询问他该给装置起个什么名字的时候，他略加思索后回答："就叫 FP，意为 Fluid Physics（流体物理），FP 里嵌着咱们流体物理研究所（Institute of Fluid Physics，简称 IFP）的简称。装置的名字要有意义，要符合它本身的物理过程和作用，这个装置就是用于开展流体物理实验研究的。"[②] 在杨礼兵看来，这个名字蕴含着更深层的意义："孙老师觉得这个名字和流体物理研究所的历史传承相关。数十年来，流体物理研究所一直以开展流体动力学和相关物理实验研究为核心，当然这也是孙老师的主要工作和科研特点。"[③]

FP-1 装置是国内最先用于圆柱形内爆规律研究的电磁内爆驱动装置，

---

① 孙承纬访谈，2021年11月3日，四川绵阳。资料存于流体物理研究所。
② 杨礼兵访谈，2021年11月4日，四川绵阳。存地同①。
③ 同①。

也是国内第一台电流峰值达到 4 兆安的固体套筒电磁内爆设施，其规模和水平总体来说与美国洛斯·阿拉莫斯国家实验室 20 世纪 80 年代研制的固体套筒内爆装置 Pegasus-Ⅰ相当。1999 年，FP-1 装置获得了年度军队科技进步奖二等奖。

让实验和理论"齐头并进"

装置建成之后，在后续开展的一系列研究工作中，孙承纬对课题组成员再三叮嘱，一定要坚持实验与理论"齐头并进"，立足两个方面开展研究：一是通过实验结果的表象中挖深挖细，进一步探索相应的物理机理和材料物性；二是通过实验校核相应的数值模拟程序，促进程序不断改进，提升对实验的预估能力、推动装置参数设计优化，在实验和计算互相迭代印证的过程中，进一步揭示机理、深化认识。[①]

接下来，课题组开展了一系列物理实验研究。成员根据物理需求，明确研究的方向和重点，撰写了相应的项目申请书。孙承纬作为所科技委主任，对这些项目的研究内容、技术路线等进行了审阅把关。

在以固体套筒为工具进行材料物性研究的一系列实验中，最令杨礼兵印象深刻的是内爆屈曲现象的研究过程。这个项目的研究起源于一次偶然的"事故"。按照惯例，装置中的负载在受到内爆压缩作用后，由于温度的剧烈升高，负载应该完全汽化，但是在某次内爆实验结束后，杨礼兵很意外地发现负载并未完全汽化，留下来的部分表面坑坑洼洼的。这令他大感不解，于是拿着残留的负载去问孙承纬：

孙老师这个时候就展示出他深厚的专业功底，他拿着一看就说这个肯定可以判断出驱动力不够强，另外是因为加载时间太长了，加载

---

① 孙奇志访谈，2021 年 11 月 25 日，四川绵阳。资料存于流体物理研究所。

条件变化引起了负载内爆过程的一些变化，引起力学性能的变化。[①]

面对杨礼兵的疑问，孙承纬直接点出来这个现象叫作圆筒结构的屈曲，是材料的弹塑性变化引起的失稳。孙承纬向他作了解释："本来套筒应该保持圆形对称收缩，但假如弹性波来回传，有些波叠加后应力增强，引起局部塑性失效，形成共振，就导致套筒的界面变乱了，被压成像个'烧麦'。"

同时，孙承纬进一步考虑，屈曲导致的失稳是弹塑性失稳，属于固体力学范畴，而到了内爆后期，套筒的表面会发生熔化甚至汽化现象，这时套筒的固体强度将消失，流体特性逐渐突出，就会出现流体力学不稳定性。那么早期发生的屈曲现象，会不会加强后期的流体力学不稳定性？当时在学术界，对屈曲的物理规律认知还较为浅显，特别是涉及内爆屈曲方面的相关研究很少。他建议杨礼兵等专门开展相应的实验和数值模拟计算，以探索它的发展规律。

根据孙承纬的指点，宋盛义、杨礼兵等人专门根据屈曲形成的原理进行了实验设计。由于当时缺乏相应的测试技术，无法拍摄到屈曲形成的过程，于是他们就降低电流改变延伸时间，在内爆过程中专门创造条件让负载不被汽化，使负载表面所产生屈曲状况被保留下来，然后回收负载以观察其特征。通过采用不同的实验参数，做了一系列的物理实验，从回收的样品中观测套筒内爆后形成的屈曲波数、最大位移等有关信息；同时采用分幅相机对套筒内爆过程进行了拍照，通过测量套筒外表面的侧影变化量，以求得套筒运动的平均速度。

在获得了一系列实验数据之后，孙承纬要求宋盛义同步开展相应的数值模拟计算。宋盛义首先根据 FP-1 装置的等效电路建立了电路方程及套筒内爆的零维动力学方程，计算了套筒外表面所受的径向压力，然后采用有限元计算模型模拟了套筒运动时产生的屈曲效应。通过对实验结果、计算结果以及相关理论的分析比较，他们对于电磁加载条件下套筒内爆屈曲

---

① 杨礼兵访谈，2021 年 11 月 4 日，四川绵阳。资料存于流体物理研究所。

产生的原因、条件、基本规律等有了更进一步的认识，也得出了影响屈曲现象产生和发展的主要因素和相应的影响程度。

通过理论与实验相结合，杨礼兵等人不仅对各类材料产生屈曲的力学特性有了较为深入的认识，也有效地进行了套筒内爆装置的优化改善。针对如何设计装置参数以避免屈曲问题，孙承纬提了个建议："可以改变负载区的结构，使应变率不要那么高，应该能解决这个问题。"[①] 经过多轮实验验证，这种构型能够有效避免在固体套筒内爆中产生屈曲问题。

在宋盛义、杨礼兵等人厘清了屈曲的特性和规律的基础上，针对孙承纬提出的套筒内爆中早期发生的屈曲现象是否会影响到后期流体力学不稳定性的问题，他的学生孙奇志在2010年左右继续深入研究，通过两三年努力，取得了很大进展，从实验上基本解决了早期动力学屈曲对后期内爆皱曲的影响，这些进步很大程度上改善了高速柱面内爆品质，为实际的实验应用打下了坚实的基础。

回想整个屈曲问题的研究过程，杨礼兵甚为感慨，他想起自己以前在炸药内爆实验中也曾遇到过类似的情况，但是对于炸药内爆实验来说，重复性实验相当于要重新设置装置，成本很高，实验的重复性很难保证，于是没有进一步研究当时发现的异常结果。他认为，如果没有固体套筒这个有力的加载工具，可能根本认识不到屈曲现象的存在；如果不是依赖于固体套筒实验重复性好的优点，对屈曲机理进行深入研究将会难上加难。思及此点，杨礼兵对孙承纬的学术远见表达了由衷的敬佩之意。[②]

在随后的数年间，按照孙承纬的要求，物理实验研究集中于套筒内爆装置和物理机理研究的结合。他们先后在FP-1装置上开展了柱壳绝热剪切及相变、内爆均匀性、界面不稳定性、柱面层裂、表面破坏等实验研究，不断摸索改进，优化设计套筒和电极结构，建立了电参数、高速摄影、样品回收等测试诊断技术，获得的内爆速度、内爆过程的形态、碰靶压力等多项参数指标均达到了国内领先水平，也进一步厘清了其中物理量的变化规律。

---

① 孙承纬访谈，2021年11月3日，四川绵阳。资料存于流体物理研究所。
② 杨礼兵访谈，2021年11月4日，四川绵阳。存地同①。

2002年在俄罗斯举行的第九届和2004年在德国举行的第十届国际百万高斯会议上，孙承纬作了大会报告，介绍了中国在固体套筒实验及电磁内爆应用等方面所取得的成绩。参会的俄罗斯等国学者表达了惊讶之情和浓厚的兴趣，频频提出问题，孙承纬一一作答，气度风范令人折服。①

　　FP-1装置不仅在物理机理研究方面发挥了重要作用，在对数值模拟程序进行校核、提升计算精确度方面，也同样以其独特的优越性"大显身手"。FP-1装置建成之后首次"牛刀小试"，电磁内爆驱动下套筒外界面呈现了良好的平直性和对称性，引起了中物院理论研究人员的极大关注。

　　　　杨礼兵用FP-1做了套筒内爆实验之后，用光学的办法可以看到加载的界面，内爆形态非常好，界面一直是很圆很圆的，不会像炸药内爆那样，因对界面的冲击大而导致界面不稳定，甚至变得乱七八糟。我们把拍摄的照片拿给负责数值模拟计算的人一看，他们就恍然大悟，原来电磁内爆的质量比炸药内爆好。这就引起了他们的兴趣，马上要求杨礼兵他们开展实验。②

　　在随后的十余年里，课题组成员努力争取院所的支持，使用FP-1装置开展了一系列物理实验研究。在这个过程中，孙承纬总是要求成员们紧密围绕理论研究及数值模拟的需求，有针对性地开展实验。对于课题组所取得的实验成果，他鼓励成员们"要好好总结分析，发表高质量文章"③，通过写文章进一步加深系统性的思考，深化对实验现象的认识，从而为理论研究提供强有力的实验数据支撑。课题组也没有辜负孙承纬的嘱托，FP-1装置在实验与理论相结合的研究中亮点频出，获得了理论研究人员的高度好评。

　　到了"十二五"期间，FP-1装置已服役近20年，电容器及主要绝缘

---

① 孙奇志访谈，2021年11月25日，四川绵阳。资料存于流体物理研究所。
② 孙承纬访谈，2021年11月3日，四川绵阳。存地同①。
③ 孙奇志：谆谆教导，为师典范。见《孙承纬院士八十华诞文集》编辑组编，《孙承纬院士八十华诞文集》。北京：中国原子能出版社，2019年，第114页。

部件已经老化，基本上无法按照满电流电压的指标运行了，迫切需要进一步提升装置性能。2013 年，孙奇志承担了 FP-1 装置的改造和应用工作。在孙承纬的谆谆叮嘱下，孙奇志制定了研究总方向："我们一定要实现装置的高重复性、高可靠性、高均匀性，这'三高'的指标越好，就意味着实验的结果越好，才能为理论研究提供参考。"①

秉持这个理念，孙奇志从研制新型轨道开关、改善触发控制等方面着手，花了两年多的时间，完成了 FP-1 装置的改造，进一步提升了装置的"三高"指标。装置改造完成之后，孙奇志请孙承纬到现场指导，向他汇报了装置的当前技术状态。孙承纬看了实验结果之后很高兴，再次对孙奇志说："一定要以需求方为主导，要积极主动与理论研究人员沟通。自己做得再好，如果不满足需求也没用。"②

按照孙承纬的要求，孙奇志等人对固体套筒内爆应用于武器物理研究中的基础科学、工程应用等问题进行了梳理，分别同院所相关课题组积极沟通、研讨，与理论研究人员进行了深入的交流，了解他们的需求，配合开展相应的工作，主要在两方面的基础物理研究取得了突破性的进展：

> 改造了 FP-1，提升了装置性能之后，主要是取得了两个基础物理的突破性进展。一是复杂构型的气体激波，我们做了柱面的、椭球面的、方形的激波，实验过程中气体激波怎么走的，都测得很清楚，能够有效帮助理论计算人员校核程序。形态的激波。二是界面不稳定性，做出来的结果也非常好，在百万高斯国际学术会议上，俄罗斯的专家都对这些结果非常感兴趣。③

由于作为原理性探索实验而建造的 FP-1 装置自身的驱动能力有限，孙奇志从 2017 年就着手论证建设 FP-2 装置，希望能够实现加载电流及飞层速度等指标跨越式提升。趁着某次到北京开会的机会，他向孙承纬汇报

---

① 孙奇志访谈，2021 年 11 月 25 日，四川绵阳。资料存于流体物理研究所。
② 同①。
③ 同①。

了相关的设想，孙承纬表示了极大的支持。2019 年 FP-2 装置开始建设，同比 FP-1，电流提高了 3 倍，加载的飞层质量提高了 5～6 倍，最高速度也从 FP-1 的 1 千米/秒提升至 7 千米/秒；匹配实验的测试需求，他们还发展了配套的 X 光照相、八分幅可见光照相、激光全息照相、激光干涉测速、光纤探针阵列测内爆同步性等多种高精密诊断技术，让装置的"眼睛"更加明亮精细，将内爆过程中的毫微变化都"尽收眼底"。他们利用 FP-2 装置开展了一系列多物理过程多诊断手段的联合集成验证实验，取得了优异的成果。

回顾 FP 系列装置的研制和使用过程，杨礼兵和孙奇志都认为：

> 孙老师主导了 FP-1 装置发展的全过程，主要的成就是两个方面：一是为我们院所乃至全国的电磁内爆技术的发展奠定了技术基础，后面很多单位的很多研究内容都是从这个课题衍生出来的；二就是培养了人才，很多人在这个过程中得到了锻炼，而且整个研究队伍日益庞大，从以前不到 10 个人的团队，到现在从事电磁内爆的至少上百人。[①]
>
> 一直以来，我们都按照孙老师的要求坚持实验与理论并重。为了符合理论的加载要求，我们探索建立了 FP-1 装置，改造了 FP-1，优化了装置的性能；后来我们做了 FP-2，进一步提升了加载能力、扩大了速度范围，更有利于理论工作的开展。FP-1 的物理成果真正地在应用上取得了阶段性进步，为模型和计算提供了以前从未获得的证据，这样才促进了 FP-2 建设，也促进了整个脉冲功率技术发展。[②]

Z 箍缩内爆技术的"探路者"

孙承纬一直认为，科研应当是"种树"，根深蒂固、枝繁叶茂，而不

---

① 杨礼兵访谈，2021 年 11 月 4 日，四川绵阳。资料存于流体物理研究所。
② 孙奇志访谈，2021 年 11 月 25 日，四川绵阳。存地同①。

是"种草"、广种薄收、难以为继。在发展高功率电脉冲技术这一征程中，他坚持"在脉冲功率这条线上，要追求学术，要找到学术上是棵'树'的东西，而不能限于只是做大设备。"[1] 电磁内爆，就是他心目中具有很高学术意义和实用潜力的"树"，是实现武器实验室模拟的重要途径之一。电磁内爆主要分为两大方向——固体套筒内爆和 Z 箍缩等离子体内爆，因它们的加载方式和时空尺度都不同，在武器物理研究中适用于不同的方面。

随着 FP 系列装置建设的稳步推进，孙承纬认为由于驱动能力的不同，FP 系列装置主要应用于大质量负载的内爆过程模拟实验，即固体套筒内爆流体动力学实验，以及相关的材料动力学性质和低温范围等离子体研究。武器物理还有另一方面即高温等离子体和辐射流体力学方面的实验室模拟。由于物理原理所限，数百万度以上的辐射研究非高功率激光装置莫属，与武器初级流体力学压缩过程有关的一些辐射和等离子体过程适合等离子体电磁内爆实验研究。

1997 年前后，固体套筒内爆与 Z 箍缩内爆两方面的研究分别由美国洛斯·阿拉莫斯国家实验室和圣地亚国家实验室承担并取得了重要进展。通过对国际科研状况的深入了解，孙承纬认为在设计构建大型电磁内爆装置时，应当考虑可以兼用于固体套筒和等离子体内爆的实验，其中的关键技术断路开关若能掌握，则既可以做固体套筒内爆，又可以兼顾 Z 箍缩内爆。在原理性实验阶段这样做（不搞两套设备）是合适的。他曾对课题组成员提起："我们用美国洛斯·阿拉莫斯国家实验室的办法，在固体套筒内爆装置的基础上，加上等离子体断路开关，把电脉冲前沿缩短，可以做 Z 箍缩内爆。"[2] 他把其中的关键技术路线进行了全盘考量和设计之后，撰写了调研分析报告，针对如何开展套筒内爆和 Z 箍缩内爆的综合研究进行了论述。

在院里进行汇报的时候，于敏院士对此存有疑虑，认为在实现内爆方面，电磁与激光相差甚远。他问孙承纬："激光实验里面最重要的是研究等离子体的不稳定性，你这个实验能做吗？"孙承纬对此早已胸有成竹，他

---

[1] 孙承纬访谈，2021 年 11 月 3 日，四川绵阳。资料存于流体物理研究所。
[2] 孙承纬访谈，2021 年 10 月 23 日，四川绵阳。存地同[1]。

拿出了一篇文献，上面记载了国外电磁内爆的相关研究成果。于敏翻看了文章，沉吟良久。

就在短短几个月后，美国圣地亚国家实验室的 Z 箍缩内爆产生准黑体辐射取得重大进展，所获的黑体温度从 40～50 电子伏跃升到 100 电子伏。对比之前工作美国曾在提升黑体温度方面耗费了三十多年时间，见效甚微。这次的突破性进展，预示着 Z 箍缩内爆的应用范围和实用价值大大提升，甚至有可能开辟武器物理实验室模拟研究的新境界。

1998 年 4 月，孙承纬赴北京参加会议期间，在香山再次与于敏进行了深入交谈。

> 我和老于说了这个进展，告诉他黑体温度升了一倍，就相当于功率升了 16 倍。老于说咱们算算吧，我们就找了个地方坐下来。他以前不赞成搞电磁内爆，算了之后他改变了想法，说看来是有可能的。后来还让他的秘书杨震华开展情报调研。大概一年多以后他写了封信给院领导，大概意思是：Z 箍缩（或电磁方法）是可行的也是必要的，电磁方面也要关注。①

于敏建议孙承纬先申请国家自然科学基金，着手开展相关探索性的基础研究。1998 年，孙承纬联合郑志坚、杨震华等，向国家基金委提出开展 Z 箍缩内爆基础研究的项目建议。1999 年 7 月中旬，在北京参加国家自然科学基金会 Z 箍缩项目论证会上，孙承纬代表中物院做了申请论证报告，该项目获批，中物院与清华大学成立了 Z 箍缩内爆研究专家组，联合开展 Z 箍缩内爆研究。孙承纬作为专家组的成员之一，继续提出自己对这项工作的建议和对国外有关进展的分析，希望能对实际工作有所裨益。从此，他做的事情主要转向 Z 箍缩内爆等离子体的学术工作和资料调研综述。

2000 年 1 月，孙承纬写了《金属丝阵 Z 箍缩的内爆动力学问题》报告，这是一篇全面深入的学术报告，不仅对国外典型的电磁内爆驱动器和实验参数进行了详细的分析，也针对多项物理设计方面的问题进行了公式

---

① 孙承纬访谈，2021 年 11 月 3 日，四川绵阳。资料存于流体物理研究所。

图 11-2　1998 年 4 月，孙承纬（右一）在北京香山与于敏先生交谈（流体物理研究所提供）

推导，并阐明了相应的技术路线。

孙承纬所开展的一系列调研分析工作，对中物院开展 Z 箍缩内爆预研究发挥了强有力的推动和支撑作用。对此，杨礼兵赞叹不已：

> 2000 年前后正好国家在推重大科技专项，孙老师一直紧盯电磁内爆技术最新状态，进行了很充分的调研准备工作。他做的这些报告中包括对最新技术的评估，我们自己的应对措施。他跟当时的院长、专家、总工程师汇报，希望引起院里的关注，想说服院里按这个方向去申报重大专项。在他的呼吁之下，当时院里在预研相关课题方面进行了安排，包括在后面的固体内爆、Z 箍缩内爆、等离子体诊断技术这一块，都有相应的安排。在这个时候也促成了一件事，就是院里进行了组织机构的微调，调动一部分人和设备转入一所，这都是当时为了集中力量推动电磁内爆技术的发展，从 2000 年开始做有关 Z 箍缩内爆的一些技术研究。[①]

---

① 杨礼兵访谈，2021 年 11 月 4 日，四川绵阳。资料存于流体物理研究所。

第十一章　开拓我国电磁内爆新研究方向

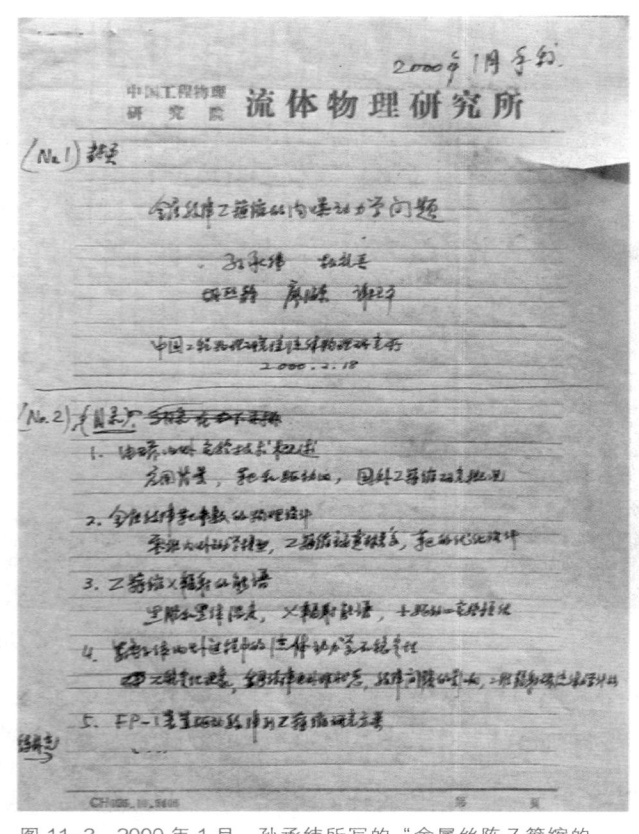

图 11-3　2000 年 1 月，孙承纬所写的"金属丝阵 Z 箍缩的内爆动力学问题"手稿（流体物理研究所提供）

2002 年 7 月 27—29 日，孙承纬赴俄罗斯圣彼得堡参加第九次国际百万高斯磁场会议。在会议现场，他极认真地听取了美国、俄罗斯相关武器实验室在电磁内爆、电磁驱动准等熵压缩技术方面的进展，对于有参考价值的知识点都在笔记本上记录下来。同行参会的宋盛义回忆当时的场景说："孙老师一直在听在记，包括参数、装置的结构等，他把能画的都画下来。开完会回来以后，整理的手稿有足足有几十页之多。"[①]

参会回来后，孙承纬对会议资料进行分析、总结，撰写了"实现材料的超高密度压缩是电磁内爆研究的主要方向——第九次百万高斯磁场国际学术会议动向报告"，提出了利用电容器组或爆磁压缩发生器产生的大电流，探索高速内爆压缩下材料高能量密度状态，将是电磁内爆技术研究未来的主要研究方向。随后，他还写了一篇"关于高密度压缩问题的思考"，参照美国劳伦斯·利弗莫尔国家实验室给出的武器与激光内爆装置可获得的能量密度参数空间图，基于冲击压缩基本公式，推导了在高能量密度压缩下特定材料的压缩度问题，并通过验算，推断了武器内爆高密度压缩可

---

① 宋盛义访谈，2021 年 6 月 21 日，四川绵阳。资料存于流体物理研究所。

能达到的基本参数。

在开展周密论证的过程中，除了对当前国际科研进展的紧密跟踪，孙承纬还策划要从基础知识抓起，推动相关科研人员更加全面系统地认识 Z 箍缩内爆的物理本质和可能用途。他曾提道："我的想法很简单，就是要培养一大批从事高能量密度物理研究的人，让他们能够学到更多更系统的知识。"[①]

在孙承纬心目中，Z 箍缩内爆领域中最有价值的学术专著莫过于 20 世纪 90 年代末期，俄罗斯科学院物理问题研究所的米歇尔·利伯曼（M.A. Liberman）教授以及美国圣地亚实验室的瑞克·斯贝尔曼（R.B.Spielman）教授等四人撰写的《高密度 Z 箍缩等离子体物理学》（*Physics of High-Density Z-Pinch Plasmas*）。这本书系统地论述了高密度 Z 箍缩动力学及稳定性问题，特别是总结了 20 世纪 80—90 年代以来的理论和实验研究工作。孙承纬先是在网上搜到这本书的电子版，看之后感到这本书有非常高的学术价值，又在国际书店购买了原版书。

孙承纬认为，该书有助于国内从事 Z 箍缩等离子体物理、特别是电磁内爆等离子体研究的人员较快地掌握这个重要技术科学领域的理论基础，理解有关工作进展的前沿、难点和潜在境界。[②] 随着越来越多的人学习钻研这本书，他萌发了将其翻译为中文的想法，希望能够在更广阔的范围内分享给全国相关领域的研究人员，同时也可以将该书作为磁流体力学、高能量密度动力学和等离子体物理等专业研究生教育或进修的参考书，帮助他们打好理论基础、掌握实验知识。[③]

随后，孙承纬通过国防科技出版社取得了版权，就开始着手翻译这本书。他习惯于在方格纸上用笔书写，边写边思索，似乎在笔走龙蛇之间思维能够更清晰。在翻译过程中，孙承纬的严谨细致也让学生宋盛义敬佩不已："孙老师在翻译的过程中，从来不会照抄书上的公式，所有的公式他都必须重新推导一遍才能放心。有时候可能书上的公式印错了，他推导出来

---

① 孙承纬访谈，2021 年 11 月 27 日，四川绵阳。资料存于流体物理研究所。
② 孙承纬:《高密度 Z 箍缩等离子体物理学》。北京：国防工业出版社，2003 年，第 1 页。
③ 同②，第 5 页。

的公式和人家的不一样，他就会反复推导，真的可以说得上是食不甘味、夜不成眠，非要弄得清楚准确。"①

全书共计25万字，孙承纬写了厚厚的几大本手稿，就连书上的156张插图，都是他亲手一张张处理的。

  当时原版书来了以后，由我们院里的信息中心做成纸本。对里面的图形，我就用扫描仪一张一张扫描出来。扫描出来的图片，就放到计算机上修，包括线条的粗细等。这些都是我自己完成的。修完、调整完之后交给出版社。②

2000年12月，全书翻译完毕。孙承纬请105室的胡熙静研究员做本书的校对工作。胡熙静仔细阅读了译文之后，不禁甚为感叹：

  孙院士当时邀我署名校对，开始我一边看英文一边看译文，仔细校阅，进行一段时间后，觉得不仅译文准确无误，且中文亦很精彩，于是改为只看中文，仅当有些疑问时再去看英文原文，最后竟无一处修订，我很感叹孙院士专业功底之深厚，译文精彩漂亮！③

翻译完毕后，孙承纬组织了"高密度Z箍缩等离子体物理学"的专题讲座，面向流体物理研究所内的科研人员授课；他也将这本书作为教材，为该领域的博士生们上课。

科研人员将译著作为工作中必备的参考书，对于孙承纬深厚的功底，也是赞叹不已。宋盛义曾感慨道：

  当时我们每个技术骨干人手一本原著，但对我们而言是比较新的

---

① 宋盛义访谈，2021年6月21日，四川绵阳。资料存于流体物理研究所。
② 孙承纬访谈，2021年11月27日，四川绵阳。存地同①。
③ 胡熙静：忆孙承纬院士二三事。见《孙承纬院士八十华诞文集》编辑组编，《孙承纬院士八十华诞文集》。北京：中国原子能出版社，2019年，第77页。

东西，因此他的译著对我们是很有意义的，我们经常是越读译著越有更深的理解。其实该领域不是孙老师以前重点关注的对象，但他能在一年多的时间内翻译该领域的著作，并且能做到准确无误，达到指点迷津、释惑解困的境界，没有深厚的理论功底、渊博扎实的科学素养是不可能的。孙老师在我们心目中是一座高山、是一个传奇。[①]

在此书翻译出版的十年之后，也就是 2013 年，孙承纬与利伯曼在北京理工大学组织的一次学术会议上见面了。孙承纬热情邀请他到流体物理研究所访问，利伯曼欣然同意。10 月，利伯曼来到绵阳，应孙承纬所提出的需求，为电磁内爆研究的人员讲授了三堂课。会后，两人进行了热烈的交谈，并互赠了该著作的原文本和中译本。

图 11-4 2013 年 10 月，孙承纬（左一）与利伯曼教授合影（流体物理研究所提供）

通过孙承纬与团队成员孜孜不倦的努力，在持续扩大深化 Z 箍缩内爆技术研究的基础上，立足国家层面深入系统开展 Z 箍缩内爆研究的时机日益成熟。

2005 年 2 月，孙承纬赴北京参加了第 246 次香山科学会议，会议的主题为"高能量密度物理研究"。召开此次会议，主要是随着国内学术界对高能量密度这种极端的物理状态认识的不断深入，Z 箍缩、激光和脉冲功率装置的能量、功率不断提高，使得在实验室产生极高能量密度的实验条

---

① 宋盛义：孙老师印象。见：《孙承纬院士八十华诞文集》编辑组编，《孙承纬院士八十华诞文集》。北京：中国原子能出版社，2019 年，第 112 页。

件成为可能，形成一个称为高能量密度物理学的新的物理学领域。此次会议邀请各方面专家参会，其目的是探讨我国高能量密度物理研究的前景，研究在适合我国国力条件下进行高能量密度物理研究的基础和基本条件，并理出重要科学问题，为制定我国高能量密度物理研究的计划和方案做准备。会上，中物院的贺贤土院士做了"高能量密度物理：机遇与挑战"的主题评述报告。

会议召开之前，贺贤土找到孙承纬，对他说："高能量密度问题，除了激光外，电磁也是一个很重要的方向，你来作这方面报告。"① 于是，孙承纬在收集了大量文献资料的基础上，在会上作了"电磁加载下的高能量密度物理问题研究"的报告，非常详尽地介绍了物质的高能量密度状态、电磁加载技术及其可达到的高能量密度状态等内容，并再次建议我国进一步深入开展相应研究。报告最后主要落脚在各种具体应用上，电磁内爆是其中的重点。在会上，孙承纬还和与会专家们深入交谈，对他们提出的问题一一进行了回答。

同行参会的杨礼兵回忆起那次会议，深有感慨：

> 第246次香山会议相当于从国家层面认可了电磁驱动的高能量密度物理这个大方向。会议现场反响比较大，后面还有讨论环节，就是讨论这个技术的优势、劣势。孙老师对核武器实验室模拟的三种手段，炸药、激光、电磁，了解得都很充分，在分组讨论会上把这些技术手段的优势劣势分析得很透彻，逻辑性很强，很快获得了与会专家的认可。②

香山会议之后的几年中，两方面的因素变化促使孙承纬进一步大力推动电磁内爆的发展。首先是国际上电磁内爆研究取得了新发展，不仅增强了驱动能力，同时测试诊断能力也有了显著提升，对各类物理现象的观察更加细致，对物理问题的解释更加明确。最重要的进展是圣地亚实验室在2005年对Z箍缩产生X射线驱动的黑腔物理实验进行了总结，指出其效

---

① 孙承纬访谈，2021年11月3日，四川绵阳。资料存于流体物理研究所。
② 杨礼兵访谈，2021年11月4日，四川绵阳。存地同①。

率较低，达不到预期要求。从此 Z 箍缩 X 射线黑腔物理及聚变研究转入低潮，至今未再兴起。2010 年后，FP-1 装置重新启用，我国的固体套筒内爆研究走上正轨。

孙承纬综合这两方面的成果，结合自己对武器物理的认识，花了大量时间和心思，在香山科学会议报告的基础上，写成一系列更加全面系统、分析水平更高的报告"电磁加载下的高能量密度物理问题研究"，分为四篇，2007 年 3—12 月先后刊登于流体物理研究所刊物《高能量密度物理》上。

图 11-5 2007 年，陆续刊登于《高能量密度物理》上的四篇关于电磁加载研究的系列文章
（流体物理研究所提供）

这四篇文章依序介绍了电磁加载技术及其可达到的高能量密度状态、Z 箍缩内爆研究、固体套筒内爆动力学实验、磁驱动等熵压缩实验、磁化靶聚变研究，基本覆盖了当前电磁加载技术的各种方式及其研究进展、技术特点及亟待解决的问题，对后续工作起到了提纲挈领的作用，也成为高功率电脉冲领域方向发展的重要指导性文件。

提及写这些文章的初衷，孙承纬如是说道：

> 我写了国外电磁内爆研究的最近进展，登载在咱们所里的期刊上。我是为了向院里报告，收集很多素材，这些是根据素材整理而成的，报告里写了该往哪个方向走。我的想法很简单，气炮也好、爆轰也好，这些技术毕竟有"天花板"，到了一定程度就发展不了了。现在有现成的技术发展，我们掌握起来是很容易的事，就该去探索这种事。这是很正常的。[①]

[①] 孙承纬访谈，2021 年 11 月 3 日，四川绵阳。资料存于流体物理研究所。

孙承纬安排了孙奇志、宋盛义、陈林、刘启泰、李业勋等博士生、硕士生，从实验和数值模拟角度分别开展研究。在他的指导下，学生们经过几年的努力，先后攻克了Z箍缩内爆中的关键器件研制、物理机理研究、计算程序编制等方面的多项核心关键难题。

　　在孙承纬的悉心教导下，学生们的能力得到了迅速的提升。在后续开展的Z箍缩内爆大型装置研制工作中，他们都成为核心骨干。在这期间，孙承纬已年逾花甲，不再从事具体的科研工作，但是他的学术思想和科研理念对学生们影响至深。按照老师的教导，学生们也始终坚持理论、实验、数值模拟相结合的技术途径，在Z箍缩内爆大型装置的装置设计、物理实验技术、理论和数值模拟、负载以及诊断技术等方面积累了丰厚的底蕴，取得了一系列突出的成绩。

第十二章
引领电磁驱动等熵压缩实验技术发展

2000年前后，孙承纬从美国Asay的实验深刻认识到电磁驱动等熵压缩技术在极端条件材料高压物性和动力学行为研究方面大有可为，对武器物理相关的高能量密度动力学研究有十分重要的作用。他提出了一条基于紧凑型电容器组储能的新技术路线，从加载装置、实验技术、数据处理和物理力学应用等方面系统布局扎实推动磁驱动等熵压缩技术的发展。经过几年的准备，于2004年启动我国第一台磁驱动装置CQ-1.5的研制。2007年，CQ-1.5研制和实验圆满完成，团队继续攀登新的高峰，CQ-3、CQ-4相继完成，进行了充分的物理实验和数值模拟研究。目前，团队已研制出具备7兆安加载能力的装置CQ-7，最高等熵加载压力可达几百万大气压。等熵压缩团队利用CQ系列装置开展了材料物性研究，取得了突出的研究成果。另外，谷卓伟团队在孙承纬指导下，得到中物院发展基金的支持，重新恢复和发展了圆柱形炸药内爆磁通量压缩等熵加载技术，取得了高达上千特斯拉磁场和上百万气压轻物质压缩能力的良好成绩，2018年以来，承担了军科委重大创新主题项目，正在为攻克科技前沿问题而奋战。

前瞻性布局

利用磁驱动实现平面或圆柱面等熵压缩加载，研究很高能量密度状态下金属材料的可压缩性和完全物态方程，是 1999 年美国科学家 Asay 发现并创立的新实验技术，等熵压缩过程能够得到比冲击压缩实验更准确、更全面的材料压缩和本构性质的数据。

1999 年，美国圣地亚国家实验室在 Z 装置[①] 实验中发现并创造了磁驱动加载技术，首次实现了对金属材料的大压力范围等熵加载实验，磁驱动获得速度十分高的宏观金属飞片。官方组织了同行评估委员会对 Z 装置全部工作进行了考察，提出了结论性的 Garwin 报告。该报告认为 Z 装置最有前途的工作是特殊材料的动力学性质研究。此后 20 余年的历史，完全印证了 Garwin 报告的观点。

当时网络还很不便利，在 Garwin 报告出台半年多后，孙承纬通过香港版谷歌搜索引擎下载了该报告。深谙武器物理问题的孙承纬见到 Asay 的等熵压缩实验和 Garwin 报告之后，深受触动和启发，电磁驱动的材料等熵压缩实验技术正是迫切需要的新实验技术和途径，必须及时跟踪，建立基础。孙承纬虽然及时向 Z 箍缩专家组报告了这个重要的动向，但无法取得关键人士的共识。

他的学生，也是后续开展电磁驱动等熵研究的核心科研骨干王桂吉回忆起那时的情况，很有感触：

> 早在 2000 年左右他就跟踪到了美国圣地亚国家实验室的科研人员基于 Z 机器和土星（Saturn）装置进行了磁驱动准等熵压缩原理性实验研究，几乎与圣地亚发布的相关科技报告同步，在网络还不够发达的那时，这是难以想象的，也是特别不容易做到的一件事情。他立即

---

① 1996 年，美国 Sandia 国家实验室把废置的粒子束聚变加速器 PBFA Ⅱ 成功改造为低电感快脉冲强电流发生器 PBFA-Z，这里简称 Z 装置。

意识到这是一个大有可为的研究方向，也是流体物理研究所可以做到的一件事情。①

孙老师在看报告的时候，不仅在上面做笔记，而且看完以后，进行归纳、总结、分析，并加入他的认识、判断，这些都体现在笔记本上。就这样，他的想法和思路就出来了。②

由于得不到经费支持，孙承纬唯一的办法是从研究生做学位论文并申请有关研究基金入手。

当时我国要建造如 Z 装置那样大型的装置，从技术能力和科研资源两个层面都存在很大困难，尤其是 Z 装置能够达到如此低阻抗、短前沿的技术诀窍点也不了解，文献中没有透露。经过初步计算，孙承纬认为低成本的小型实验装置是我们在等熵压缩实验起步阶段唯一可选择的创新方向，可能实现金属 50 万大气压以下范围的实验。他琢磨着："没有 Z 装置这个东西，我们能不能做？后来推敲出来是可以做的，我们用小电容器组的方式，是可以做的。"③

孙承纬对自己的学术判断充满信心、锲而不舍。他早就着手用现有的装置来验证电磁驱动等熵加载的原理性过程，首先利用现成的 700 千安电炮装置做探索。回忆那时的工作思路，孙承纬道："到了 2001 年的时候，我们心里就已经有数了。我们那个电炮很快就能改造出来。瞄准做等熵压缩，我算了一下是可能的，做几十万大气压的等熵压缩是没有问题的。"④

孙承纬指导团队成员赵剑衡、王桂吉、谭福利等人完成了 700 千安电炮装置的结构改造，进行电磁驱动发射金属飞片的实验。2002 年，团队实现了一维平面电磁驱动等熵加载的实验，获得了完整的飞片速度时间历史曲线，经过非线性波的拉格朗日分析处理，得到了一定压力范围内材料的压力－比容等熵线，验证了电磁驱动等熵加载的原理性过程。

---

① 王桂吉：我的老师孙承纬。见《孙承纬院士八十华诞文集》编辑组编，《孙承纬院士八十华诞文集》。北京：中国原子能出版社，2019 年，第 105 页。
② 王桂吉访谈，2021 年 1 月 7 日，四川绵阳。资料存于采集工程数据库。
③ 孙承纬访谈，2021 年 1 月 21 日，四川绵阳。资料存于流体物理研究所。
④ 孙承纬访谈，2021 年 5 月 26 日，四川绵阳。存地同③。

这项原理性过程验证实验的成功，极大地鼓舞了团队成员，也更加坚定了孙承纬构造一种紧凑型的电磁驱动装置的想法。

在电炮装置上做了一个电磁驱动飞片的原理性验证，孙老师觉得这个技术在小的简单装置上也可以实施。所以，那时候孙老师也萌发了走另外一条技术路线的想法。美国人刚开始的时候，是走大装置路线。我们能不能做另外一种紧凑型的，或者比较小巧的一种装置，也能达到一定的加载能力，来研究材料的物性、动力学行为？[①]

在 2003 年年初的申请院科学基金的讨论会上，有人质疑等熵压缩实验需要研制像美国 Z 装置那样的大型装置，院基金无法支持，更怀疑采用电磁驱动能否实现等熵加载，等熵压缩实验能否用于状态方程研究等，孙承纬对此作了详细解释，但仍未得到支持。

那时国外磁驱动等熵压缩实验（ICE）研究兴起还不到三年时间，孙承纬认为"我们更是处于起步阶段，亟待提升团队成员的共识，一定要结合我国科学研究的实际需求，建立符合实际的技术路线和方法，加深理论认识"。[②]

孙承纬撰写了文章"磁驱动等熵压缩和高速飞片的实验技术"，从电磁驱动准等熵加载技术的原理、装置、数据处理和实验设计及应用等方面进行了全面而深入的阐述，包含了样品设计、数据处理方法等内容。这篇文章是我国电磁驱动等熵压缩实验的最早的综述性文章，系统构建了 ICE 及其应用的完备理论和实验框架，明确了工作方向和关键技术。

自 2001 年以后，美国的相关研究成果频出，吸引了诸多本领域科研工作者的目光，也进一步为孙承纬的研究设想提供了支撑。2004 年年初，孙承纬再次申请院科学基金，准备把这个项目与学生王桂吉的学位论文结合起来。他首先向时任中物院副院长的孙锦山进行详细汇报。听取汇报后，

[①] 王桂吉访谈，2021 年 1 月 7 日，四川绵阳。资料存于采集工程数据库。

[②] 王桂吉：开创准等熵加载发展新方向，推进我国爆炸力学前沿研究。2019 年，未刊稿。资料存于流体物理研究所。

孙锦山对此给予了高度认可："这是一个新方向，花这点钱做一个探索完全是值得的。"①

在孙锦山的认同和支持下，团队获得了中物院科学技术基金重大项目，又取得国家自然科学基金面上项目、四川省青年科技基金。几年后，团队相继获得国家自然科学基金委重大项目、重大科学仪器专项等多个项目的支持，使电磁驱动等熵压缩研究的条件不断改善，团队不断巩固和扩大。在每一次项目的申请过程中，孙承纬都严格把关，投入了大量心血：

> 在整个项目申请过程中，从申请书内容包括目标的设定、研究内容的研讨、技术方案的选择，他都亲自把关。整个过程他都是全程参与的，很细致、很具体。当时他所理解的东西比我们的认识要全面得多，要高明很多。因为他的指导，使得我们每一次申请书的质量都做得比较好，提高了我们申请的成功率。②

他认为："等熵压缩研究领域不仅加载技术、实验方式与传统加载方式全然不同，而且其基本理论和数值模拟、诊断技术和数据处理也都是全新的。这个领域大量的跟踪和创新工作都离不开加载装置研制和物理实验构想的耦合、理论和实验的结合以及加载与诊断的配合。这里包括了脉冲功率技术、冲击动力学、流体力学、计算数学和数值模拟、物态方程、光电子学和应用电子学等专业人员的通力协作。"③

几年中，他招收了王桂吉、王刚华、李牧、张红平等多名博士生和博士后，从紧凑型电磁驱动等熵加载装置、物理实验设计、实验处理方法、磁流体动力学数值模拟、精密物理实验技术等方向进行了部署，多维度齐头并进、系统开展研究。这种布局也让王桂吉大为敬佩：

> 电磁驱动等熵压缩不同于传统的等温压缩、冲击雨贡纽压缩，实

---

① 孙承纬访谈，2021年1月21日，四川绵阳。资料存于采集工程数据库。
② 王桂吉访谈，2021年1月7日，四川绵阳。存地同①。
③ 孙承纬，赵剑衡，刘仓理等.《材料准等熵压缩实验研究进展》。北京：中国原子能出版社，2015年。

际上是一个电磁－热－力耦合的过程。他投入了很多博士后、博士、硕士，在这方面做工作。可以说对于整个方面孙老师都有了系统的安排。为了这个大事情，他针对实验、理论、数值模拟，从不同的方向、不同的点位，都安排了不同的人来做，都做了比较全面的布局。①

至此，我国电磁驱动等熵压缩实验研究的大幕正式拉开！

首台磁驱动斜波加载装置诞生和开展物理实验

在孙承纬的心目中，始终认为"实验工具的革新是科学观念创新和理论发轫的前奏。"② 开展电磁驱动等熵压缩的物理实验研究，首要的、也是最关键的一步就是要建造相应的实验装置。

装置研制第一步是提出设计指标。首先，选定（铝）电极板，即样品宽度为 5 毫米，这几乎是可使电流密度最大化的最窄尺度了，它对应于边侧稀疏波传播时间为 500 纳秒。若设定电极板处最高磁压力为 50 万大气压，可据此确定加载的斜波电流峰值略高于 1.5 兆安。这样确定了加载电流指标，可进入电路设计，其中最困难的是上升沿不超过 500 纳秒的要求。

获得短前沿、高峰值加载电流的电路设计，关键在于低电容、低电感的储能电容器组和低电感传输回路。同时，为了实现 1.5 兆安的指标，电容器组的充电电压将接近上百千伏。王桂吉等曾笑称："这简直就是让小马拉大车。"③ 为了让"小马"能够拉着"大车"跑得快跑得稳，这不仅对装置的每个部件自身的性能提出了很高的要求，部件与部件之间还要做到非常好的绝缘、配合或连接。

---

① 王桂吉访谈，2021 年 1 月 7 日，四川绵阳。资料存于采集工程数据库。
② 孙承纬，赵剑衡，刘仓理等．《材料准等熵压缩实验研究进展》．北京：中国原子能出版社，2015 年。
③ 王桂吉访谈，2021 年 12 月 2 日，四川绵阳。资料存于流体物理研究所。

首先要抓住影响电感大小的"源头"——电容器。孙承纬结合电路模拟分析的结果、装置使用的环境以及国内目前电容器的设计水平等方面的仔细分析和思考，提出电容器组由 4 台电容器组成，每台储能 12.8 千焦，电感不大于 25 纳亨，平行传输板 18 纳亨，样品负载只有 2～3 纳亨。

这个电感指标数相当低。俄罗斯专家曾指出，对于储能为 10～20 千焦的脉冲储能电容器，要将其电感做到 20 纳亨以内非常困难。

这种具有低电感、允许短路放电的特殊电容器的指标要求，电容器生产厂家都大为惊讶："国内根本没有研制的先例。"[①]

国内没有先例，那就靠自己开创！孙承纬经过细致调研和筛选，最终决定与位于德阳的西南电工设备公司合作。他多次带队前往厂家，亲自与厂家的技术人员沟通电容器研制的技术指标。

那时，孙承纬已年逾花甲，王桂吉跟着他一路风尘仆仆，留下了深刻印象：

当时孙老师跟我们一起去国内的一些厂家调研。我记得比较清楚的就是他还跟我们一起亲自到电容器厂家，给人家提要求，告诉他们：将来我这个电容器的参数要达到什么指标，电容器的输出结构要做成什么样等。孙老师当时指导得非常细致。[②]

经过多轮的试制和反复实验，终于研制出一种轨道式输出、电感低于 25 纳亨的储能电容器，电容器的正负极输出采用平行轨道输出，既能很好地与平行板传输线连接，又能保证低电感。这类电容器因其突出的性能优越性，在后续研发的多种电磁加载装置上使用，极大地促进了我国高功率电脉冲技术的发展。

接下来，团队所面临的是部件研制的最大难点——短路闭合开关的研制。通过团队的多次电路模拟结果表明，达到装置设计指标的最优方式是装置由四个电容器模块并联，通过短路闭合开关同时向负载放电运行。在

[①] 杨礼兵访谈，2021 年 11 月 4 日，四川绵阳。资料存于流体物理研究所。
[②] 王桂吉访谈，2021 年 1 月 7 日，四川绵阳。资料存于采集工程数据库。

这个运行回路中，对于开关的性能要求极为苛刻，首先是必须具有低电感的特性以减少能量的损耗，同时要能够承受大电流和高电压。按照孙承纬提出的传输回路电感指标，要求开关的电感必须控制在 5 纳亨以内，同步性也需进一步提升。

王桂吉先对单点导通的电爆炸开关进行改进优化，花了一番功夫，只能将电感降低到 7 纳亨。

在思索解决办法的过程中，孙承纬和王桂吉通过积极参与国际会议与同行交流、开展大量的文献调研工作，广泛搜取信息再消化吸收。

王桂吉和同事胡海波都对此感触甚深[①]：

> 最重要的是，他看完以后会要把这些文献进行分析跟判断，他就可以清楚地知道文献里面的方法和技术的好处、优点在哪里？这篇文章可能存在的问题在哪里？考虑怎么用在自己的研究中。[②]
> 很多时候，影响判断的信息不仅仅来自纸面资料，孙老师还会结合国际交流学术会议上与同行见面讨论对话，在国外参观交流见到的实物，把来龙去脉的故事串起来讲活，形成合乎逻辑的推论。[③]

孙承纬、王桂吉等人调研了国外常用的轨道间隙开关、多通道多间隙开关和表面放电开关等多种形式的开关，分析了性能指标和运行特点，从这些开关特性中抽丝剥茧，结合自身开展实验所需的器件性能关键要素，王桂吉提出了将爆炸逻辑网络与爆炸开关相结合研制一种多点导通短路闭合开关的创新设想，称为多点导通爆炸逻辑网络闭合开关。这是巧妙地将爆炸逻辑网络与低电感电路结合起来的创新设计。

在孙承纬的悉心指导下，团队最终研制出多点导通爆炸逻辑网络闭合开关。该开关具有电感低（小于 5 纳亨）、耐高电压（数十至上百千伏）、

---

① 孙承纬访谈，2021 年 12 月 7 日，四川绵阳。资料存于流体物理研究所。
② 王桂吉访谈，2021 年 1 月 7 日，四川绵阳。存地同①。
③ 胡海波：学习之路。见:《孙承纬院士八十华诞文集》编辑组编,《孙承纬院士八十华诞文集》。北京：中国原子能出版社，2019 年，第 20 页。

耐大电流（兆安级）的特点。该开关能满足装置设计对低电感的要求，这是目前国内其他类型开关难以达到的。同时，考虑到多路并行之后再汇聚，王桂吉等人专门测量了爆炸逻辑网络的同步性（即多路波到达的时间差），结果显示，四点导通爆炸逻辑网络闭合开关的同步性仅为 55 纳秒，能够很好地满足磁驱动斜波加载实验装置研制要求。

孙承纬要求王桂吉在开展实验研究的同时，也要开展理论分析和数值模拟计算。

王桂吉说：

> 孙老师认为光实验研究肯定是不够的。在做磁驱动飞片的时候，我问孙老师理论分析应该怎么做？他就给我提出来，让我构建一个磁驱动飞片的近似模型，然后跟国外的实验数据去比较、分析，再跟我们自己的实验数据去分析、比较、预测。孙老师主要是对每一个节点的把握、每一个目标的实现，是否达到他的预期、预设，要求实验、理论、数值模拟以相互配合。①

按照孙承纬的要求，王桂吉首先从源头入手，从理论上对等熵压缩实验需要的理想加载波形进行了估计，"描绘"出了理想加载波形的特点，然后用电路模拟分析软件，从理论上分析了小型脉冲功率实验装置放电电流波形调节模式，借助简单的流体动力学编码，比较了各种模式的调节效果后，他获得了令人欣喜的结果，得

图 12-1 2007 年，中国首台磁驱动加载实验装置 CQ-1.5 诞生（流体物理研究所提供）

---

① 王桂吉访谈，2021 年 1 月 7 日，四川绵阳。资料存于采集工程数据库。

到了可控时序放电和双峰化电容器的最佳组合模式。针对开关，提出了一个多点导通爆炸逻辑网络闭合开关的简化物理模型，利用软件进行电磁场分析，确定了开关电感与放电通道数的量化关系，给出了一种更为优化的设计思路，运用到装置上，取得了很好的效果。

王桂吉和同事们同时利用磁流体力学方程组、电阻率方程和磁场扩散理论，对磁驱动等熵压缩和铝飞片进行了一维磁流体动力学数值计算。他按照孙承纬的教导，获得了不同时刻铝飞片的密度、温度的剖面分布等一系列结果，这些结果有助于他们认识磁驱动等熵压缩和飞行过程中样品和飞片的特性，为样品和飞片的设计提供依据。

随着装置研制工作的推进，物理实验等工作相继上马。2007年，中国首台磁驱动斜波加载装置CQ-1.5诞生！同时，等熵压缩物理实验也取得可喜成绩。

CQ-1.5装置整体呈"扇形"布局，四周是四台为整个装置注入"能量"的红色电容器，"圆心"处则为负载实验区。随着多点爆炸开关导通，能量流经平行板传输线，通过多点导通爆炸逻辑网络开关向负载放电，流经电极板的强电流与自生磁场作用产生的磁应力波施加于电极板和材料样品，实现等熵压缩驱动高速飞片。该装置的技术指标和物理实验水平均超过国外后来研制的类似的紧凑型装置。特别有意思的是，在CQ-1.5装置上试验了很小的铝锥壳形飞片样品，结果得到高速射流，击穿了1厘米厚钢靶板，还造成出口处的严重层裂。

首台装置研制成功后，自然要为它取一个响亮的名字。王桂吉随即找到孙承纬，征询了他的意见：

> 孙老师说："我们建的是磁驱动嘛，就叫CQ，就是磁驱汉语拼音的前两个字母的缩写。中国人当然要用中文拼音！"当时还有人说这个名称太土了。但是正是因为孙老师的坚持，才诞生了一个具有中国特色的装置名称，这是反映我们这个装置真实特点的名称。[①]

[①] 王桂吉访谈，2021年1月7日，四川绵阳。资料存于采集工程数据库。

孙承纬将其以"磁驱"中文拼音首字母"CQ"命名，称其为磁驱动斜波加载实验装置 CQ-1.5，其后的数字表示短路型输出电流的最大峰值，是装置加载能力的主要指标。时至今日，磁驱动斜波加载系列装置一直沿用这个命名方法。

CQ-1.5 装置建设的技术路线完全是孙承纬团队独创的，获得了国际学术界的高度认可，相关论述当时发表在美国的 AIP《科学仪器评述》英文杂志上，经过国际同行评审认可的，论文评审专家都给予了高度好评。[①]

向着"更强更高"迈进

首台磁驱实验装置 CQ-1.5 研制成功并进行了初步实验，孙承纬接着提出了"更强""更高"物理实验的目标。他带领团队继续攀登新的高峰。他们期望能够从 CQ-1.5 做到 CQ-4、CQ-7 甚至 CQ-15，更期望这些装置能为武器物理实验研究提供高质量的全新支撑。

升级的 CQ 装置总体的技术路线虽然基本相同，但各项关键技术例如传输系统、开关技术等都不相同。装置看起来虽然不甚庞大，但其设计过程非常复杂。可以说每一台装置都有各自的特点，也有各自的难点。

每一次向国家自然科学基金委申请项目的过程中，作为项目负责人或技术带头人，孙承纬投入了大量心血，王桂吉回忆道[②]：

> 从项目的前期立项论证，到后面的实施过程，每一个技术环节他都非常关注。其中，我们的传输方式改成低阻抗的电缆，为此我们专门研究提出具体的要求，孙老师带领我们分析：为了实现低阻抗，到底低到什么程度？如何设计实验？我们讨论之后就为低阻抗提出了一个具体的要求。这许许多多的要求提出来以后，再逐步去攻克。

---

① 王桂吉访谈，2021 年 1 月 7 日，四川绵阳。资料存于采集工程数据库。
② 同①。

在阶段性的目标确定了之后，孙承纬总是极为慎重地告诫全体团队成员：

> 每一步都是一个台阶，我们的走法就是每一个台阶都不能落空。要做的话，就要真正解决问题。不解决问题的话，即便设备做好了也是一堆烂铁，等着报废。①

在从 CQ-1.5 向 CQ-4 迈进的过程中，由于装置短路输出电流峰值翻了一倍多，电容器的数量也随之增多，这就意味着，开关所承受的"压力"何止翻几番；前期在 CQ-1.5 中使用的多点导通爆炸逻辑网络闭合开关由于只能单次使用，在很多台电容器同时使用的场合，每次的拆卸安装就难以承受。因此，必须研制可重复使用的优质开关，在低抖动和低电感等性能指标方面必须要有大幅提升。

为此，孙承纬建议使用气体开关，其好处在于，抖动小、同步性好，操作安全方便。他们开展了相应的电路模拟分析，根据计算结果，设计采用 20 个储能电容器与 20 个气体开关并联，能量由平行板传输，再与 72 台锐化电容器组并联，最终传输至加载区连接样品负载。

针对每一个技术方案，孙承纬都提出了严格的要求，一定要用数据"说话"。

王桂吉回忆说：

> 针对每一个技术方案，在我们提出可能的途径以后，孙老师不是只看概念上的东西，他认为一定是拿数据"说话"。数据不符合他的要求或是违背了他的认识也是很正常的，他认为没关系，可以再讨论再改进；别人对他的质疑，他能够接受，并且是持比较大度的态度。
>
> 在工作中，他对任何一个环节都抠得比较细。一些想法，如果不能得到验证他会死抠到底，紧盯着这个事情不放。对他提出的问题，

---

① 孙承纬访谈，2021 年 1 月 21 日，四川绵阳。资料存于采集工程数据库。

不管是认可或者不认可，都要拿出证据。如果没有证据，凭空说"我想是这样的"，那是没用的，他只认真理，只用事实说话。[①]

历时两年，孙承纬团队建成了国内首套可实现100吉帕等熵压缩、宏观金属飞片发射达每秒15千米的磁驱动斜波加载实验装置CQ-4，性能指标达到国际同类型装置的先进水平。CQ-4仍然保持着"紧凑型"的特点，装置仅有两张乒乓球台那么大。

在院专项基金的大力支持下，孙承纬进一步指导团队研制和建设了首台具有密封防护能力的紧凑型圆周汇流磁驱动实验装置CQ-3。为了解决防护容器低漏率的问题，孙承纬指导团队创新性提出了利用低阻抗、高电压、大电流同轴电缆进行能量传输的设计路线。CQ-3装置样机研制的成功，为后续用于数百万大气压下特殊材料的动力学行为研究紧凑型磁驱动装置研制和建设奠定了重要基础。

在研制CQ-7的过程中，由于孙承纬的工作重心逐渐转移到上海，多

图12-2 2014年1月，等熵压缩团队在实验室CQ-4装置前合影（流体物理研究所提供）

[①] 王桂吉访谈，2021年1月7日，四川绵阳。资料存于采集工程数据库。

数时间并不在绵阳，但他尽量抽出时间参与团队的技术讨论。有时确实抽不开身，他就会以电话和邮件的形式跟成员们进行交流。遇到大家提出"疑难杂症"或是对技术路线有了新想法，他就在纸上写一堆公式或是画出线路图形，用手机拍张照片发给大家，让他们了解这里面的原理技术应该怎么解释，有没有可能把他的想法进行技术验证等。① 在这种"形式多样"的讨论和交流过程中，团队最终确定了CQ-7装置中传输技术、电容器组储能模块等方面的改进方案。

图12-3 CQ-3装置及其靶区照片（流体物理研究所提供）

通过不懈努力，团队于2018年成功研制了放电峰值电流7兆安、上升时间200～600纳秒范围内可调的电磁驱动高能量密度动力学实验装置CQ-7。该装置技术指标在国际上紧凑型装置中为最高。CQ-7在传输技术、储能技术和绝缘技术等方面取得的经验，为后续研制加载能力更强、体积小、可移动的同类装置奠定了技术基础。

从CQ-1.5到CQ-7，该系列的四台装置都因其特有的性能优势，在研究等熵压缩、高速飞片材料强度、相变、炸药化学反应和压剪复杂载荷响应等方面"大显身手"：基于CQ-1.5装置，孙承纬团队在国内首次获得了铜、铝、钢和钽等材料35吉帕内的等熵压缩线、等熵压缩状态方程及等熵加载下部分材料屈服强度、层裂强度等动力学性能参数；在CQ-3装置上，首先成功地进行了固体套筒高速内爆实验，成功实现了小尺度、

---

① 王桂吉访谈，2021年1月7日，四川绵阳。资料存于采集工程数据库。

密封靶室的磁驱动装置探索；在 CQ-4 装置上开展铝的压剪联合实验，系统发展和建立了准等熵加载下材料强度研究的实验和数值模拟技术，开展了无氧铜、铝、纯钽等多种金属材料 100 吉帕范围的准等熵压缩线测量和动态强度研究，发射高速铝飞片达到 15 千米/秒范围并进行了冲击压缩实验。在 CQ-7 装置上，在铜样品柱面准等熵加载实验汇聚压力超过 200 吉帕，观察了铝套筒的 7 千米/秒高速电磁内爆的筒心和回弹过程，进行了成功的数值模拟。

CQ 系列装置的应用前景不断被开拓。孙承纬认为，鼓励别人利用他们的装置开展研究，能够加强在科学上的认识，扩大研究范围。

如今，CQ-4 和 CQ-7 等装置已经向北京大学、北京理工大学、西北工业大学、航天五院等院校单位开放使用。在多年的合作过程中，用户单位都给予了高度好评，认为 CQ 系列装置是非常好的新型加载装置，能够研究出比较新的、不一样的研究成果。①

图 12-4　2019 年 10 月 16 日，孙承纬在 CQ-7 实验现场讨论技术问题（流体物理研究所提供）

---

① 王桂吉访谈，2021 年 1 月 7 日，四川绵阳。资料存于采集工程数据库。

回顾这一历程，王桂吉对孙承纬的睿智和坚持表达了深深的敬佩之意：

> 紧密跟踪相关学科的国际前沿、研究热点，以及准确判断和预测这些前沿热点、实验技术和理论在我院主体任务方面的潜在应用前景，是孙老师擅长的能力，也是他花费精力较多的事情。回顾和总结流体物理研究所电磁驱动高能量密度物理等领域的发展历程，就会发现，他当时的诸多布局，为后面流体物理研究所相关方向的发展奠定了坚实的技术基础和人才基础。
>
> 如今，磁驱动准等熵压缩研究成为国际上武器物理、极端条件下材料动力学、高能量密度物理等学科领域一个重要的研究和应用方向。这些也说明，当时孙老师的这种前沿热点跟踪、发展前景预判和对正确事物始终锲而不舍坚持和追求是多么的睿智和不易。[①]

探求材料内部的"真相"

孙承纬在指导团队利用 CQ 装置开展多种材料的电磁驱动等熵压缩实验的过程中，初步掌握了电磁驱动等熵加载实验的基本测试手段，如激光干涉测量技术、负载电流测试技术等，主要测得样品自由面/窗口界面处的粒子速度剖面。样品内部的信息，如过程中应力波是如何传播？材料内部的物理特性是如何变化的？应该采用什么方法揭示"黑匣子"中的物理过程？孙承纬对此进行了深入的思考。他认为在等熵加载实验中，驱动源与被加载材料之间存在多物理场的强烈耦合。他在调研中发现，美国洛斯·阿拉莫斯和圣地亚国家实验室在处理磁驱动等熵压缩实验数据中，采

---

① 王桂吉：我的老师孙承纬。见：《孙承纬院士八十华诞文集》编辑组编，《孙承纬院士八十华诞文集》。北京：中国原子能出版社，2019 年，第 106 页。

用反积分方法，以得到更高的计算精度。看到相关文献后，孙承纬回忆自己和这个方法还颇有渊源：

> 反积分并不是现在的事情，最早是美国科学家贝克于1972年提出的，后来美国科学家海耶斯写了一篇关于反积分法的文章。海耶斯以前在华盛顿州立大学待过一段时间，后来我也到华盛顿州立大学进修，所以我有他的讲义。海耶斯的讲义写得很好，只不过那时我们不知道这个反积分到底有什么用。后来圣地亚实验室在2000年左右做完磁驱动实验以后，很快全套的反积分方法都出来了。我看到之后想起这个事情，把这个讲义翻出来，又仔细研究了。①

经过深入研判，孙承纬认为反积分法的最大优点是不仅可以通过样品自由面或窗口界面处的信息，得到样品内部任意位置的信息，还可以修正自由面反射引起的扰动，并利用具有相同加载历史的台阶靶实验获取材料的力学响应关系，即状态方程的等熵参考线。

这个方法的主要思路就是由"响应"倒推"驱动"，实验所能测得的样品自由面的速度历史作为样品对驱动的"响应"，作为方程组的输入条件，把时、空坐标倒置，对流体动力学控制方程组时、空倒置后的差分格式做数值积分，得到加载位置处的压力和速度历史。即"驱动"台阶靶各个表面的"响应"不同，但其底面是同一个加载面，因此这些不同的"响应"通过反积分应该得到同样的"驱动"。如果彼此不一致就调整材料的物态方程或本构关系，最终使不同台阶反演的"驱动"差异小于千分之一，此时调整好的"等熵关系"就是此次实验的主要结果。反积分方法虽然比较简单，但在思想上比较新颖，那时在国内没人做这个事情。②

2004年下半年，孙承纬撰写了一份详尽的报告，系统阐述了带窗口等熵压缩实验流程反演方法的基本原理和求解过程，并推导了其中的物理公式。随后，他将报告交给了新招收的博士生王刚华，要求他结合电磁驱动

---

① 孙承纬访谈，2021年12月7日，四川绵阳。资料存于流体物理研究所。
② 同①。

等熵压缩实验结果，进行反积分方法和程序的初步研究。

这种方法虽然在国外已经取得了相应的进展，但仅发表了数值处理后的结果，对方法具体细节没有提供任何信息。孙承纬带着王刚华一起从文献中寻求技术突破点，从只言片语间推演可能的技术途径，再加入自己的理解和创新。经过3年多的努力，王刚华于2008年在国内首次建立了一种崭新的流体力学方程组反问题的反积分计算技术，提出了以样品/窗口界面速度为输入数据的反积分计算方法和编码，得到了以ICE实验数据导出材料动力学性质的重要工具。这部分工作具有一定的独创性，当年被评为四川省优秀博士论文，入围全国优秀博士论文评选。

在王刚华工作的基础上，孙承纬继续指导了博士后张红平从事等熵压缩实验数据处理方法研究，包括含能材料、各种金属材料的实验数据处理。

孙承纬从自己的藏书中，精心挑选了七八本理论和计算方面相关的专业书籍，甚至将自己珍藏多年的"绝版书"借给张红平，叮嘱她仔细研读，并定期打电话询问进展。由于这个方法与和传统的流体动力学计算不一样，张红平一开始就碰到很多困惑，她经常跑到孙承纬的办公室或家里问问题，孙承纬一个点一个点耐心地给她讲解；同时，也给予她足够的空间自行思索，去探求该方法的奥秘。对于这个过程，张红平印象非常深刻：

> 孙老师总是强调一定要把理论吃透了才能更好地开展工作。他指导我一点一滴地把这些新理论都抠清楚了，然后给我很大的空间，让我自己去理解，等想清楚了再去跟他汇报。我自己可以有自己的想法，即使自己的想法错了也没关系，跟孙老师汇报他也不会直接说这个不对、不能这么考虑，他会迂回地给我讲，"你看这么考虑是不是不太对"，然后从别的途径再讲解。就这样，我很快就领会了等熵压缩实验的原理和要求，逐步开展等熵压缩实验数据解读。[①]

[①] 张红平访谈，2019年6月5日，四川绵阳。资料存于采集工程数据库。

张红平在很快厘清了基础原理和关键要素后，尝试改进了部分反积分方法计算过程中的力学响应关系式等关键技术，在控制方程方面也进一步拓展了应用范围。

之后，孙承纬要求张红平要充分利用好 SSS 程序的强大功能，并借此锻炼自身的编程能力。相比于反积分法，SSS 程序属于"正向"计算，经过孙承纬及其学生多年的"打磨"，其框架设计及计算模块逻辑清晰、结构完备，具有很强的借鉴意义。孙承纬对张红平说："如果能够深入掌握该程序性能，编制反积分计算程序将会事半功倍。"[①]

通过孙承纬的悉心指导，张红平借鉴 SSS 程序的架构和模块设置方法，仅仅用了几个月的时间，编制了一套处理等熵压缩实验数据处理更完善的反积分方法。这套程序的功能颇为强大，不仅可以用于电磁驱动等熵计算，还可用于激光驱动等高应变率的等熵实验数据计算。

接下来就是最关键的环节，要通过与大量实验数据的对比来验证程序的有效性和可靠性。在整个过程中，孙承纬对张红平殷殷嘱托道：

> 要注意不同参数、不同模型和不同算法的影响，要认清目前数值模拟能力的不足，不能用想当然的计算解读试验，更不能用不严谨的计算结果误导实验，同时要注意多参加实验，才能从理论源头上搞清楚工程实验和数值模拟间相辅相成的关系。[②]

张红平非常审慎地对待每一个实验结果与计算结果的对比验证。她首先根据国外文献中的实验数据开展了计算，部分计算结果得到了权威数据的证明，验证了反积分方法的可靠性；还分析了部分力学响应关系式中的参数的影响规律，探寻这些参数在等熵实验中的物理意义。结合 CQ-1.5 装置实验结果，张红平对部分金属铜和钽、炸药的等熵加载实验数据进行了反积分计算，得到了材料的加载历史和等熵参考线，并分析了应力波在

---

① 孙承纬访谈，2021 年 12 月 7 日，四川绵阳。资料存于流体物理研究所。
② 张红平：前进道路上的指明灯。见：《孙承纬院士八十华诞文集》编辑组编，《孙承纬院士八十华诞文集》。北京：中国原子能出版社，2019 年，第 111 页。

第十二章　引领电磁驱动等熵压缩实验技术发展

材料中的传播规律。经过多轮与实验数据的对比验证，并发展了更先进的实验数据处理程序，具有很大优势。

对于这一研究成果，孙承纬甚为欣慰，他曾赞扬道：

> 张红平没几个月就把那个反积分程序算出来了，就跟CQ-1.5的工作配上了，很快把数据处理、整套理论都建立起来。全套软件建立起来了，不光是测量的软件，还包括计算的两个、三个软件都做出来了，完成得很好。有了数值模拟，和实验结合起来才是真正有用。全靠流体力学去模拟出来的，去展示出材料内部的信息，才能让我们看得更清楚更明白。①

随后的数年，孙承纬指导团队成员罗斌强、种涛、蔡进涛等人深入发展了磁驱动准等熵压缩实验数据处理与解读方法，建立了用于模拟磁驱动准等熵加载过程的一维磁流体动力学程序SSS-MHD，开发了获得原位粒子速度的转换函数法，发展了正向-反向的特征线、反向-正向迭代计算方法，以及基于Monte Carlo方法的磁驱动准等熵压缩实验不确定度量化评估方法等，形成了较为完备的磁驱动准等熵压缩实验设计、数据处理与解读方法体系。

在ICE实验软、硬件发展坚实的基础上，研究工作向更深范围扩展。例如，安排罗斌强开展准等熵加载下材料的状态方程、动态强度与本构关系研究；安排种涛开展准等熵加载下材料的相变与相变动力学、层裂损伤特性研究；安排张旭平开展磁驱动高速飞片冲击压缩实验技术及其在材料状态方程和动力学行为方面的研究；安排蔡进涛开展准等熵加载下炸药及其聚合物组分的状态方程、相变动力学研究，等等。基于此，团队获得了诸多关于准等熵加载极端条件下物质行为的深入认识，在技术发展、学科建设和人才培养等方面发挥了重要作用。

---

① 孙承纬访谈，2021年12月7日，四川绵阳。资料存于流体物理研究所。

推动等熵压缩新学科发展

一直以来，孙承纬都坚持对阶段性科研成果进行及时的总结分析，提炼实验现象背后的物理规律。他曾说过，在前瞻性、基础性问题研究过程中，要注重知识的归纳积淀，逐步形成独特、创新、客观的规律性认识，并使其进一步系统化，推动相关学科做大做强，并促进人员科研素养和能力的提升，就能够更好地反哺科技的发展。[①]

2005年前后，在孙承纬的指导下，电磁驱动等熵压缩技术从原理、装置、数据处理、实验技术及数值模拟等方面已经全面铺开，逐步推动研究的深入，并已成效初显。电磁驱动技术作为一种新型的加载方式，在动高压领域越来越彰显其独特的魅力。

恰逢此时，院科技委副主任经福谦院士和时任流体物理研究所副所长陈俊祥开始着手编写科技书籍《动高压原理与技术》。陈俊祥了解了孙承纬在电磁驱动等熵压缩技术研究方面所取得的成果后，给予了很高的评价：

> 在孙承纬的指导下，流体物理研究所在电炮技术的基础上开始建造小型磁驱动等熵加载实验装置，摸索经验、培养人才。经过数年努力，现在已达到国外同类型低电流实验装置及物理实验的先进水平，为流体物理研究所压缩科学的发展开辟了新的技术途径。[②]

陈俊祥邀请孙承纬在该书中撰写电磁驱动的章节。孙承纬欣然同意，开始执笔撰写该书的第五章"磁驱动等熵加载和高速飞片技术"。关于这一章的定位，孙承纬认为，对着这个比较"新颖"的学科方向，面向该书

[①] 孙承纬访谈，2021年12月7日，四川绵阳。资料存于流体物理研究所。
[②] 陈俊祥：执着敬业 亦师亦友。见：《孙承纬院士八十华诞文集》编辑组编，《孙承纬院士八十华诞文集》。北京：中国原子能出版社，2019年，第10页。

的受众为本领域的科研人员，应注重从理论、实验等角度进行较为基础性、综合性的阐述。

孙承纬非常注重对基本概念、理论及公式的阐述和解释。其中的相关理论，均是他对基础知识进行补充完善后构建的系统架构，数十个公式也是他根据流体动力学理论与电磁理论亲自一一推导出来的，并经过反复推演以确保公式的正确性。对待理论知识，孙承纬始终秉持高度的严谨性，正如他曾告诫过年轻人的："清晰的物理概念加数学表述是做研究的基本功，必须要下足功夫过关入门。"

在相关领域青年科研人员的眼中，这些基础理论严密细致、深入浅出，对他们大有裨益，也令他们对孙承纬深厚的学识倍感敬佩。①

由于对电磁驱动等熵压缩认识已较为深入，相关资料早已烂熟于胸，孙承纬写起来得心应手，不到两个月时间便已完稿，经过仔细校对并构图排版之后，交给了陈俊祥。2006年，《动高压原理与技术》一书正式出版发行，为进一步推动学科技术的发展提供了专业技术的理论支撑。不仅中物院内从事电磁驱动相关研究的人员视其为重要的参考书，许多院外单位和高校的相关人员也对此书给予了高度的赞扬。

2014年，经过十余年的发展，孙承纬带领团队从多维度着力，研制了CQ系列紧凑型电磁驱动斜波加载装置，建立了先进的电磁驱动实验技术，建立了较为完善的等熵压缩实验数据处理的方法和数值模拟软件，在高压、高温、高应变率加载等极端条件下材料的物理力学性质研究方面取得了一系列显著的成效。

孙承纬再次萌发了对已开展工作进行系统总结的想法。当王桂吉咨询老师是否要着手编写一本书的时候，孙承纬却拒绝了。他认为现在出书的时机还不够成熟，还需要做更多的工作。

王桂吉说：

> 孙老师的要求非常严格。按他对出书的定位，就一定要达到教科

---

① 王桂吉访谈，2021年12月2日，四川绵阳。资料存于流体物理研究所。

书的级别，从原理开始都要比较成熟，而且要花很长时间去写。当时孙老师就觉得我们这个技术有些地方还没有弄清楚，特别是数据处理、磁流体动力学里面的很多东西，我们还没有认识到位，所以还需要做更多的工作。①

虽然尚未达到出书的水平和阶段，但孙承纬也期望能将团队的工作整体性、系统性地加以总结形成论文集，使团队成员能够清楚地认识到我们目前的位置和面临的艰巨任务。另外，该论文集也可给相关领域科研人员参考和交流。于是他提议："为了总结经验、开拓未来，便于国内同行了解和参与这个领域的研究，第一步先做一个研究进展方面的'集'，把我们的工作展示一下。如果后面我们发展得更成熟，再谋划出书的事。"②

对于论文集的定位，孙承纬认为，应该以材料的等熵压缩实验研究为主线，覆盖多种研究方式，力求全面展示本单位相应的科研进展。当前流体物理研究所在孙承纬的带领下，从三条技术路线并行开展了等熵压缩实验研究：其一是以王桂吉为骨干所做的电磁驱动途径，其二是李牧开展的激光驱动等熵压缩途径，其三是谷卓伟领导的爆磁压缩柱面等熵加载（MC-1）途径。这三种方法加载驱动方式及过程虽有所区别，但均可归结为等熵压缩过程，从不同时空尺度和物理特征描述材料在这一过程中的物理规律，并可用于研究极端条件下材料的状态方程和动力学物性，有异曲同工之妙；而且其中也存在很多共性研究，例如数据处理、测试技术等。通过集成展示，能够帮助科研人员较为全面地深化对等熵压缩实验的认知。

于是，孙承纬将这本论文集命名为《材料准等熵压缩实验研究进展》，由中国原子能出版社出版。该文集的主编是赵剑衡、刘仓理、王桂吉，名誉主编是孙承纬。孙承纬挑选了约50篇具有较高学术价值的文章，分类编目，同时还加入了几篇重要的综述性报告，帮助读者对该领域全貌地了解。他选取等熵压缩对有关工作最优象征意义的驱动装置CQ-3结构示意

---

① 王桂吉访谈，2021年1月7日，四川绵阳。资料存于采集工程数据库。
② 同①。

图作为论文集封面,浅蓝的主色调让文集显得"科技范儿十足"。

孙承纬为《材料准等熵压缩实验研究进展》撰写了序言。他在序中提到所取得的研究成绩皆来之不易,希望能将这些工作总结、提炼出来,为今后工作更大的发展提供有力的支持:

> 这些论文显示了我们工作的特色、创新以及国内外学术界的肯定,可以看出在自创的加载装置上物理实验已经全面展开,有些已经进入精密物理实验和物态方程理论相关的探讨。本文集同样表明了这个领域中我们年轻的技术队伍的成长,这是今后工作能够获得更大发展的主要保证,也是我的最大欣慰和由衷期望。①

伴随着对电磁驱动等熵压缩实验的不断深入,对于等熵压缩基本理念的疑问之声陆续冒了出来:"准等熵'准'到什么程度才管用啊?能不能给出一个定量的回答?"提出这个问题,主要是由于等熵压缩过程只是一个理想状态,现实世界中总存在各类耗散因素,因此在加载过程中熵的绝对不增加是不可能的。其内涵实际上是十分接近于等熵的"准"等熵。在学术上的重大问题是,目前各种"准"等熵压缩实验的结果,距离理想的真正的"净"等熵线到底有多远?美国华盛顿州立大学的丁肇联教授以前用流体力学模型做过研究,例如几十万大气压的激光加载过程只要前沿大于 10~20 纳秒,等熵程度可达到 90% 以上。近年来,由于对等熵压缩下材料强度的研究,对于实验中塑性功等耗散因素作了深入分析。流体物理研究所罗斌强对于钽材料磁驱动等熵压缩实验做了深入探讨,得到了改进的准等熵线。基于准等熵压缩线处理进度的提高,以及材料强度实验研究的深入,孙承纬希望从理论基础上加以阐述,解释上述疑问。

于是,孙承纬撰写了一篇短文"'准'等熵与'净'等熵",提出"净等熵"的概念,即热力学定义的熵增为零的过程,是一条非常"干净"的等熵线。该文从理论上解释在"准"等熵过程中要有 2~3 个耗散过程会

---

① 孙承纬,赵剑衡,刘仓理等.《材料准等熵压缩实验研究进展》.北京:中国原子能出版社,2015 年。

造成熵增，其中最主要的是材料的塑性屈服时做塑性功的过程，还有强化阶段的升温等因素。如果能把材料轻度变化测量准确并在准等熵线中扣除的话，则修改后的"准"等熵线与"净"等熵线的主要差异可得到消除。由此得到的能量参考线（或能态方程）也可大大改善。写完之后，他与王桂吉、罗斌强等人讨论了一番，进一步将表述的形式进行了调整，使受众能够更清楚明了。

2014年10月中旬，在湖南湘潭举办的第十三届全国物理力学会议上，孙承纬作了大会报告，其内容就是"从'准'等熵到'净'等熵"，引起了与会人员的高度关注。

在一系列国际国内学术交流会议上，流体物理研究所在电磁驱动等熵压缩领域取得的成就以炫目的姿态呈现。但是在起步之初，也曾有过技不如人时遭受冷眼的委屈。

胡海波曾说起这么一件事：2007年，孙承纬与胡海波等一行到夏威夷参加美国三大实验室主办的SCCM2007凝聚介质冲击压缩国际会议，孙承纬做了关于磁驱动装置CQ-1.5的研究工作进展报告，获得了很多国际同行的认可，但由于我国的研究起步晚、底子薄，也有部分学者对孙承纬等人态度冷漠。孙承纬对此并不介怀，而是全身心地投入，认真聆听其他国家学者的报告。他考虑到西方同行报告速度快，关键信息可能听不全，要设法留下图像事后细细消化，所以专门带了变焦卡片相机进行拍摄，希望能够更多地掌握一些先进技术，助力我国研究能力的提升。拍摄却在会场上被某同行提出了抗议，分会场主持并未采纳该抗议，认为公开的学术会议是允许拍照的。[①] 这次不愉快的经历只是学术交流中的小小插曲，孙承纬并不在意。

时隔数年之后，胡海波回忆此事，对此评价道：

> 出去闯世界，可能遇到的并不总是好脸，关键是自己要真正做学术、有水平才能站得住脚。如今孙老师在材料高应变率性能、凝聚介

---

① 胡海波：学习之路。见：《孙承纬院士八十华诞文集》编辑组编，《孙承纬院士八十华诞文集》。北京：中国原子能出版社，2019年，第22页。

质冲击压缩国际会议、流体动力学新方法新程序研讨会、国际爆轰会议、百万高斯会和温密物质研讨会等同行国际会议上承担专题文集编稿或担任轮值主席,可见国际同行对他的水平的认同。①

孙承纬在电磁驱动等熵压缩研究的征途上艰苦跋涉20年,不仅取得了瞩目的科研成果,也带出了一支敢闯敢拼的科研队伍。如今年逾八旬的他已不再从事具体的科研工作,但仍然对后续发展方向极为关注,他一再对团队成员们说道:

> 我最大的期望,就是希望这项技术能发展得越来越好。结合武器物理需求,发展到更多的层次,真正在我们的国防科技领域发挥作用。
>
> 作为我们来说,目标很清楚,一个就是要把等熵压缩的压力推到 TPa 以上,建立我们现在所希望的达到托马斯·费米状态方程的联系段、过渡段,在这个范围能够有实验的手段;另一个,在低压即几百万大气压这个层面上,我们要建立一个工具,能够把准等熵压缩的理论搞清楚,把强度的变化、动态的本构关系等,用一个比较好的工具来测量和计算。这事情应该说还有不少工作要做,现在就看你们这些年轻人的了。一定要持之以恒地推进下去。②

为了实现孙承纬的期望,这支朝气蓬勃的团队从他的手中接过了接力棒,在电磁驱动等熵压缩的研究之路上继续奋勇向前。

---

① 胡海波:学习之路。见:《孙承纬院士八十华诞文集》编辑组编,《孙承纬院士八十华诞文集》。北京:中国原子能出版社,2019年,第22页。

② 孙承纬访谈,2021年1月21日,四川绵阳。资料存于流体物理研究所。

第十三章
深谋爆磁压缩技术发展

20世纪70年代，中物院流体物理研究所曾利用爆炸磁通量压缩MC-2发生器实验研究电路网格的多点起爆问题，在此基础上，孙承纬经过调研论证，提出使用紧凑型MC-2发生器作为高功率微波驱动源的新技术路线，并推动其进入国家高技术"863计划"，研制出的系列紧凑型MC-2装置在高新武器装备研制方面得到重要应用；十多年后孙承纬领导课题组掌握了更大规模的10兆安大电流MC-2发生器，建立了更先进的爆磁压缩发生器的技术储备。与此同时，基于低密度材料等熵压缩实验需求，他组织了新课题组成功研制单级和多级MC-1发生器装置，建立相关精密物理实验技术，为极端条件下材料的动力学行为研究提供新途径。

牵住高功率微波的"牛鼻子"

爆炸磁通量压缩技术，把驱动炸药爆轰产物力学形式的能量转换成内爆空间中电磁形式的能量。爆磁压缩发生器根据磁通量守恒原理，利用炸药爆轰驱动金属电枢（套筒或螺线圈），把种子（初始）磁通量压缩到很小的空间，得到很高的脉冲磁场强度（MC-1发生器），或者使种子脉冲电流得到多倍放大（MC-2发生器）。

20世纪40年代，美国的福勒（C.M.Fowler）和苏联的氢弹之父萨哈罗夫（A.D.Sakharov）先后提出研制爆炸磁通量压缩发生器，随后英、法、意等国相继开展此项工作。20世纪五六十年代，MC-1发生器最高磁场达千特斯拉，磁压百万大气压，MC-2发生器输出电流为兆安。

早在1967年，中物院开始了爆磁压缩技术的实验探索。20世纪70年代中后期，武器小型化要求起爆元件要进一步缩小，为此中物院开展了多种起爆方法的平行研究。鉴于MC-2装置具备"体积小、电流大"的特点，是电爆网格多点起爆器能源的最优选择，因此，在1978年前后，中物院先后研制了几种型号的紧凑型MC-2发生器。后因为该起爆器未达到应用要求，MC-2技术研究也随之停止。

紧凑型MC-2装置在武器研制中所具备的优势吸引了孙承纬的目光。他认为：

> MC-2就是输进一个小的电流，炸药爆炸以后，可以得到一个大的电流的装置。当时认为要达到100万安培的大电流是很困难的，导致电容器组很大，但是用爆炸磁压缩装置来做就很小。所以，当时由七组几位课题负责人开始研制，从像大炮筒一样的很大的东西，做到像小茶杯那么小的东西。①

为了进一步总结MC-2技术研究成果，1982年，时任103室副主任的孙承纬撰写了题为"103室爆轰学及爆轰应用技术研究概况"的报告提交至科研生产办公室，MC-2装置研制进展和成果作为103室重要工作的组成部分体现在报告中。

随后，在"星球大战"计划的牵动下，高功率微波的应用需求愈加强烈。因此，孙承纬进一步萌生了利用MC-2发生器作为高功率微波、电磁

---

① 孙承纬访谈，2021年5月26日，四川绵阳。资料存于流体物理研究所。

轨道炮等装置电源的想法。通过调研了大量文献资料后，孙承纬认为发展紧凑型 MC-2 发生器，能够打开高新装备研制的新局面。

为了尽快将这个想法"落地"，1985 年 4—6 月，孙承纬、龚兴根等人在中物院召开的"七五"规划讨论会和"一三九"①会议上，指出 MC-2 发生器在高新技术装备及电磁内爆等方面的应用前景。在孙承纬看来："除了直接爆轰外，炸药在电磁技术方面也有很大的作用，电磁能够产生很多的功能，比如很高的压力，很高的速度，都比炸药来得更先进。"②

在对该项技术深入探究过程中，孙承纬时刻关注美俄两国在 MC-2 技术的进展。他发现，国际百万高斯磁场产生及相关论题学术会议（以下简称百万高斯磁场会议）是关于大电流、强磁场，尤其是以炸药为能源的 MC-1、MC-2 发生器的系列性专业会议，论文集荟萃了众多关于爆炸磁通量压缩技术的重要文章。孙承纬认为参加这样重要的国际会议，不仅可以增长见识，而且通过学术交流和讨论，了解自己的实际水平和学术界的认可程度。他暗下决心："一定要抓住机会，参加这样的系列国际会议。"③

时处改革开放初期，上级鼓励出国开会交流。孙承纬决定，选用刘承俊等人早期设计并研制的 6 型 MC-2 发生器实验成果作为参会文章。事先，刘承俊将撰写的参会文章交予孙承纬翻译。孙承纬仔细阅读文章后十分困惑，"发现就只有一个点、两个点，打了那么多炮，为什么这个数据这么少呢？"④为了更加全面和准确分析实验数据，孙承纬找到所有的实验原始数据，将实验数据依次画在纸上，这时候他发现，由于当时实验技术基础薄弱，实验数据存在一定误差。这个问题令孙承纬记忆犹新：

> 我把所有的实验结果都点在纸上，发现"满天星斗"，误差非常大，重复性很不好，输入电流和输出电流的规律就得不出来了。所

---

① 中物院一所、三所和九所举办有关学术方面的联合会议。
② 孙承纬访谈，2021 年 5 月 26 日，四川绵阳。资料存于流体物理研究所。
③ 孙承纬访谈，2022 年 1 月 6 日，上海。存地同②。
④ 同③。

第十三章　深谋爆磁压缩技术发展

以后来我想就用最小二乘方的实验数据处理方法，给它平均出一条曲线。①

基于这样的数据分析结果，孙承纬执笔另启一文，投稿参会。1986年7月14—17日，孙承纬和龚兴根顺利参加了在美国新墨西哥州举办的第四届百万高斯磁场会议，这次会议最重要的议题就是MC-2装置及其应用。作为流体物理研究所的参会代表，孙承纬宣读了关于早期研制的6型MC-2发生器的研究文章，让流体物理研究所MC-2技术研究在国际学术界初露头角。

会议期间，主办方组织苏联、日本、法国和中国与会代表参观了美国洛斯·阿拉莫斯（LANL）、圣地亚（SNL）及空军武器实验室（AFWL）；观看了由美国洛斯·阿拉莫斯举办的有关MC-2技术近20年的发展历程展览会。通过此次会议以及会后参观，孙承纬了解到美国MC-2装置研制情况。他惊讶地发现美国研制MC-2装置依靠的完全是最常见且简单的零部件手工加工以及装配，并不涉及精密机械加工，这种简单且有实效的科研作风令他深受启发。

孙承纬将其所见所得进一步归纳总结，同年10月，撰写了"第四次国际百万高斯磁场产生及有关论题学术会议简讯"发表在《爆炸与冲击》刊物。在会议简讯中，他这样写道："包括洛斯·阿拉莫斯的受控热核反应部（CTR），800兆安质子直线加速器（LAMPF）及冲击波物理部（M-6）的TA39-88爆炸场地，这是大型MFCG（即爆磁压缩发生器）专用实验工号。空军武器实验室展示了各种MFCG，爆炸开关和脉冲变压器，特别是大型SHIVA装置以有关的诊断，数值模拟设备。圣地亚开放参观了MFCG-Model632多次使用的超导磁场MFCG及专用的大型爆炸实验场地，这些实验装置和场地的设计、构造和组织管理，都有不少可供借鉴之处。"②

自参会后，孙承纬更加明确了开展紧凑型MC-2技术研究的方法和

---

① 孙承纬访谈，2022年1月6日，上海。资料存于流体物理研究所。

② 孙承纬：第四次国际百万高斯磁场产生及有关论题学术会议简讯．《爆炸与冲击》，1986年10月，第6卷，第4期，第368页。

技术路线，他积极谋划，组织高顺受、龚兴根、张恩官等人，对紧凑型 MC-2 装置用于产生高功率微波进行论证。

在孙承纬看来，"国家'863 计划'是一个很好的组织形式，他们既有秩序，又能充分发挥调动各单位、各个人员积极性。"[①] 为此，20 世纪 90 年代初，基于前期的论证，孙承纬向国家"863 计划"专家组提出紧凑型 MC-2 发生器用于产生高功率微波课题（以下简称高功率微波课题）加入"863 计划"的想法，但专家组意见未能达成一致，立项之事被搁置。

1992 年 1 月，孙承纬再次向国家"863 计划"首席科学家杜祥琬提出，由国家"863 计划"支持高功率微波课题的想法，但最终由中物院决定先在院行业重点预研项目中立项，开展初步探索。这只是他达到预期的第一步，为了谋划出一条 MC-2 技术"有组织、有秩序"的长期发展的道路，孙承纬将高功率微波课题列入国家"863 计划"的决心不曾动摇。

图 13-1　1992 年 11 月，孙承纬（右一）在实验室向朱光亚（前排右三）等专家汇报课题进展（流体物理研究所提供）

① 孙承纬访谈，2022 年 1 月 6 日，上海。资料存于流体物理研究所。

第十三章　深谋爆磁压缩技术发展　　253

几个月后，孙承纬得知国防科工委领导将要视察中物院各研究所工作情况，孙承纬立刻联系了曾任所科技处处长、后调入院里负责科研生产相关管理工作的郭金添，向他表示想要向国防科工委领导当面汇报的想法。郭金添专门安排了一次MC-2技术研究课题组现场汇报的机会。

1992年11月，国防科工委科技委主任朱光亚等视察了流体物理研究所MC-2装置研制及应用情况。在MC-2课题的实验室大厅里，靠墙的条桌上陈列着MC-2发生器实物。

孙承纬精心撰写了汇报文稿，条理清晰，重点突出。他提纲挈领地介绍了技术原理和课题组的实验工作，汇报持续了近二十分钟。孙承纬这样回忆当时的汇报场景：

我们先把MC-2产生高功率微波的东西讲了讲，朱光亚很仔细地听。因为当时我们把实验做的装置都放在讲解区域前面，汇报完了以后，他们也看到了实物，知道大概是多少尺寸，装置的体积很小，显然投资不大。我想那次汇报给朱光亚留下了深刻印象。①

回忆这次汇报，孙承纬语重心长地说："如果没有这个机会，MC-2装置研制的历史就会改变很多了。"②后来的事实证明，孙承纬那次向朱光亚等一行领导的汇报，促成了高功率微波课题在国家863中的立项。

1992年，国防科技大学李传胪等也向国防科工委递交了研制高功率微波装置的论证报告。基于此前听取了孙承纬的相关汇报，朱光亚这样批复："这个方案，我在九院一所看到了有类似的工作，希望能统筹兼顾。"③

这件事情引起了国家有关领导的极大关注。在某次会议上，中央领导向朱光亚询问高功率微波课题立项安排之事，朱光亚说："我们考虑放在国家'863计划'里面。"中央领导立即回答了一句："这样安排好！"④

---

① 孙承纬访谈，2022年1月6日，上海。资料存于流体物理研究所。
② 孙承纬访谈，2021年11月27日，四川绵阳。存地同①。
③ 同①。
④ 同①。

1993年3月，正式成立高功率微波研究的专题。孙承纬任专题顾问，龚兴根负责MC-2装置研制，高顺受负责功率调节技术研究，张恩官等人负责微波器件研究。至此，在孙承纬的大力推动下，MC-2技术得到重要应用和发展，在后续工作中大大推动了中国首个高新装备型号的立项与研制进度，开创了高新装备研制的新局面。

高新装备研制能力迈上新台阶

基于对紧凑型MC-2发生器研制技术的深入理解，作为专题顾问的孙承纬，成为理论设计、数值模拟、装置结构设计和工程实验的"军师"，指导龚兴根、孙奇志、蔡明亮、高顺受、周之奎等人正式开启了紧凑型MC-2发生器新一轮的研制工作。

课题组遇到的第一个亟待解决的难题是，如何进一步提升装置的输出电流。针对这一问题，孙承纬提供的一篇名为"Generation of High Power Electron Beam and Microwave Radiation with the Aid of High Explosive"（利用高爆炸药产生高功率电子束和微波辐射）的文章发挥了重要作用。

在理解和借鉴此篇文章的同时，孙承纬指导课题组边学边干，逐步掌握了理论模型。最终，课题组成功建立了一种间接馈电的MC-2的参数选择办法，这种办法对于设计MC-2装置具有重要的指导意义。这个阶段性成果让课题组成员孙奇志不禁感叹道："我们在孙院士的指导下，通过分析和编程，将这套理论体系做成这个样子，很不容易。"[1]

在孙承纬的悉心指导下，课题组通过进一步的理论计算发现，装置具备较大的初始电感和较短的运行时间是提升输出电流的必要条件。紧凑型MC-2装置具备较大的初始电感，但其运行时间长。因此，课题组决定从优化装置结构入手，将装置内原有的柱形螺线圈设计成锥形螺线圈，锥形

---

[1] 孙奇志访谈，2022年3月3日，四川绵阳。资料存于流体物理研究所。

螺线圈的母线与中心轴线成一定角度，可缩短末端爆炸管侧向飞行距离，从而达到缩短装置运行时间的目的。

装置优化的方案找到了，但绕制出符合要求的锥形螺线圈不仅是技术上的"博弈"，更是一场体力上的"较量"，需要兼顾螺线圈的大小、材料、螺距等复杂因素。由于螺线圈绕制的严格要求和当时简陋的实验条件的制约，课题组唯有采用手工绕制螺线圈的方法。当时的绕制实验现场，令孙奇志记忆犹新：

> 刚起步研制的时候，所有的东西都是在摸索，特别是制造工艺。当时绕线圈大概要4个人。一个人绕螺线圈，一个人拉着线，一个人要不停地刷环氧树脂，必须要不停地固化绕好线圈。还有一个人在配环氧树脂，配的环氧树脂几分钟就固化了。所以必须一边配环氧树脂，一边往线圈上浇环氧树脂。
>
> 我们那时候完全靠手，相当于一个"手工作坊"。弄一个大概要一天，还累得要"死"。手上全是环氧树脂，脏得很。[1]

孙承纬指导课题组成员不断在摸索中前行，将绕制的锥形螺线圈应用于装置中，于1993年，成功研制出一种8-4型紧凑型MC-2发生器。经过后期的实验发现，该装置在4.8微亨电感性负载上只储能2千焦左右，其炸药化学能转变为电磁能的效率太低了，只能完成能量从初级到负载的传输，无能量放大，也无能量转换。

随着输出功率要求的提高，必须重新设计一种输出功率大幅提高的装置。如何在短时间内找到最优的装置结构优化方案，是孙承纬等人苦苦思索之事。

对于这个问题，孙承纬认为必须借鉴他国先进技术，寻求一条提升MC-2发生器输出能力的"快速通道"。发现俄罗斯专家明采夫关于研制该装置技术的文章。随后孙承纬尝试性地联系了明采夫，诚意邀请他到绵

---

[1] 孙奇志访谈，2022年3月3日，四川绵阳。资料存于流体物理研究所。

阳讲学，明采夫爽快地答应了。

1993年5月，明采夫如期来到绵阳讲学，分享了MC-2装置及其相关技术的研制经验。在授课间隙，孙承纬就"利用炸药化学能产生高功率微波电磁辐射""系统模拟"等问题，与明采夫进行了细致的交流，并做了完善的交流记录，交流笔记多达60余页。1995年，在孙承纬的联络和组织下，又一次与俄罗斯专家进行了技术交流。通过多次交流学习，课题组成员陆续整理形成了学习交流的相关技术资料。

在仔细研读和深入分析这些技术资料后，孙承纬准确捕捉到其中的关键技术，他认为必须先仿制、再创新。这个决定得到了课题组的极力赞成和支持。课题组发现俄方研制的装置主要由第一级螺线圈、第二级螺线圈和中心充填炸药的爆炸管组成。不同于仅有一级螺线圈的8-4装置，它是一种既有能量放大，又有能量转换的两级串接MC-2装置。

在随后的研制中，孙承纬始终坚持理论与实验相结合。为了要验证铜制爆炸管在膨胀至与螺线圈接触前，是否会发生破裂现象，孙承纬特地邀请103室从事多年炸药爆轰性能圆筒实验的于川开展MC-2装置爆炸管运动研究。通过简单的原理性实验，证明了目前使用的爆炸管能够满足MC-2装置设计和使用要求。

为了提升MC-2发生器的输出性能和运行稳定性，孙承纬认为装置的内部绝缘问题是决定装置研制成功与否的重要因素，他分析指出，螺线圈型MC-2发生器内部螺线圈的线匝之间以及其与爆炸管之间是最容易高电压击穿的，做好这两处的绝缘问题，杜绝高电压击穿现象，才能使装置稳定运行。

影响MC-2发生器输出性能的重要因素是装置内部的剩余电感大小，即装置运行结束时，由于爆炸管与螺线圈某些段落没有完全接触导通，或者因装置输出端设计缺陷造成闭合不良导致的装置残留电感。剩余电感过大会导致装置能量不能高效地传送到负载，大部分储存在装置内部成为无用能量。

针对螺线圈选型问题，孙承纬提出的解决方案是，寻找一家具备丰富高电压导线研制经验的研究所，与之合作，研制符合要求的高绝缘强度导线。历经近2年时间，课题组与研究所成功研制出直径2.7毫米和3.8毫米、耐压分别为80千伏和100千伏的高绝缘强度导线，实现了导线的高强度绝缘要求，又保证了良好的电接触，完全满足装置研制要求。

通过多次交流，孙承纬发现俄罗斯专家采用的是机床绕制螺线圈的办法，既提高了绕制效率，又保证了绕制工艺精密和准确性。因此，孙承纬指导课题组继续模仿和跟踪，用机床绕制方法替代了曾经的"手工作坊"。课题组选用了一所车间现有车床，绕制线圈时，必须严格按照理论计算值，控制线圈直径、螺距和角度等重要因素，因此科研人员必须亲自操作机床。

关于螺线圈绕制工艺技术的突飞猛进，孙奇志啧啧称赞：

> 聚四氟乙烯相对软，就不会把线刻坏。线圈进到槽里面后，就更均匀，而且绕得更紧。工艺控制更稳定，包括匝间距的控制、松紧的控制。用手转动模具，和机器固定在车床上转动，拉力和控制线的走向都不一样。
>
> 以前的8-4装置，比如说绕100发，满足要求的是50发，做实验有一半是不合格的。在工艺改进之后，绕100发至少有95～98发合格。①

在孙承纬的指导下，课题组发展了完善的理论设计方法，8-4型以后研发的各型装置的理论和实验数据符合性至少由50%提升到95%以上，基本上可以做到"设计的电流输出水平，就是实验得到的电流输出水平"。

1996年，课题组成功研制一种能够能产生100千安的大电流、大于30千伏电压的紧凑型两级螺线圈MC-2装置，其重量为4.4千克。此台装置的主要技术仿制俄罗斯的装置，因而取名为F-5型。该装置可以在5微亨电感性负载上储能大于5千焦，储能翻了一倍多。F-5装置的研制成功标志着流体物理研究所MC-2装置技术和应用研究取得大幅进展。

---

① 孙奇志访谈，2022年3月3日，四川绵阳。资料存于流体物理研究所。

课题组并不满足于此，龚兴根、孙奇志等人紧锣密鼓地开始研制更高性能的紧凑型 MC-2 装置，输出更大电流以满足微波器件的需求。

在 F-5 装置的基础上，孙承纬指导课题组优化了装置相关参数，在短时间内便研制出可在 5~6 微亨电感性负载上储能高达 10~15 千焦，大大超过 F-5 装置，获得了 1997 年国防科工委科技进步奖二等奖。

同年，孙承纬招收已具备紧凑型 MC-2 装置技术研制基础的孙奇志为其硕士生，继续深入探究爆炸磁通量技术。仅一年后，孙奇志成长为 MC-2 技术课题负责人，带领课题组迈向更高远的目标。

孙承纬所提出的"做好内部绝缘，减小剩余电感"十二字方针贯穿螺线圈型 MC-2 发生器研制始终。这其中的"减小剩余电感"在装置研制过程中，更是发挥了举足轻重的作用。

基于 8-5-Ⅱ 型装置的实验，若进一步提升输入电流，就会出现短路开关提前击穿现象。因此，课题组创新性地提出采用双高压绕包线短路开关的设想，从"单线绝缘"增至"双线绝缘"，使装置运行更加稳定；与此同时，将"脉冲调节级"螺线圈改为柱型结构，使装置的输入极限和输出性能都得到提高。他们改进了输出结构，使爆炸管不再承担负载电流，大大降低由于爆炸管与内线圈接触引起的磁通损耗。

这样在 2002 年，课题组研制出输出能量达到 20 千焦的 8-6 型 MC-2 装置，处于国内领先水平，并达到同类型的国际水平。

这些年，孙承纬组织领导了紧凑型 MC-2 装置研制，在国家某重大工程专项中得到应用，通过技术消化吸收再创新工作，势如破竹地攻克了一个又一个技术难题，研制出一系列高水平紧凑型 MC-2 装置。回首往昔，作为一名从 MC-2 技术研究"新人"成长为技术带头人，孙奇志这样回忆了自己的科研历程：

> 我们刚开始摸索 8-4 的时候，在理论分析和设计方法上是比较欠缺的。后来到 F-5、8-6、8-8，还有 04 系列装置，那时候的研制和设计水平就相当完善了，包括一整套数值模拟程序。
>
> 一个是设计方法的完善，另一个是工艺方面也比较完善。我们基

本上设计是什么水平，实验出来就是什么水平；设计是什么指标，实验打出来就是什么指标，不会差别太多。

这是经过很长的时间、很多人的努力。在孙院士的指导下，应该说是历经了两代人的努力，最后把紧凑型MC-2装置技术掌握得很好。①

锚定兆安量级大电流MC-2装置

除了前文所述的紧凑型MC-2装置外，还有一类称之为兆安量级大电流MC-2装置也是研究的热点之一。这种大电流MC-2装置在高能量密度物理实验研究中具有特殊用途，比如驱动磁化靶聚变产生磁化等离子体、驱动固体套筒内爆、磁驱动高速飞片实验研究等，这也是MC-2技术最有前途和最具战略价值的研究方向。

早在20世纪70年代及90年代末期，流体物理研究所曾开展过兆安量级大电流MC-2装置理论及初步实验研究，但由于技术基础不足的原因，所获得的实验水平较低，输出电流只达到0.5~1兆安。

孙承纬认为："某些类型的爆炸磁通量压缩发生器作为目前最强的脉冲电源和脉冲磁场装置，在设计超强电脉冲的高能量密度物理实验和一些重要应用中是无可替代的，随着发生器设计及功率调节技术的发展，其发展潜力和应用前景十分远大。"② 21世纪初，他组织孙奇志等利用当前机会研制更高量级输出的大型MC-2发生器，建立重要的技术储备，迅速开展10兆安量级大电流MC-2装置技术探索。

2004年4月，在孙承纬的指导下，孙奇志撰写了题为"10兆安爆磁压

---

① 孙奇志访谈，2021年12月31日，四川绵阳。资料存于流体物理研究所。

② 孙承纬：译者前言。见：孙承纬，周之奎译，《磁通量压缩发生器》。北京：国防工业出版社，2008年，第V页。

缩电流发生器技术研究"的开题报告，报告详细介绍了国内外爆磁压缩技术及应用研究现状、研究意义、主要研究内容、具体的技术路线等方面内容。2005 年，孙奇志以"大电流爆炸磁通量压缩发生器的物理设计与实验研究"为博士论题，系统开展 10 兆安量级大电流 MC-2 发生器实验研究。

由于大装置内部传导电流很大，螺线圈绕组采用多股并绕表层镀银的铜导线绕在一起，形成一种多分支的螺线圈，能承载兆安量级大电流。

根据多分支螺线圈的特点，孙承纬指导孙奇志同步发展了数值模拟工具，编制了一套适用于该装置的数值模拟程序 MFCG8-7，当之无愧地成为兆安量级大电流 MC-2 装置研制的"得力助手"。

2006 年，孙奇志等人成功研制出兆安量级大电流 MC-2 装置，该装置螺线圈内直径为 125 毫米，以此命名为 EMG-125。严密的计算表明，当脉冲电容器充电电压为 4 千伏时，EMG-125 在无损耗状态下可在 25 纳亨电感负载上输出 3.3 兆安电流，输出电流达到 3 兆安。当磁通损耗系数取为 0.03 时，输出电流峰值的实验结果与计算结果完全吻合。EMG-125 装置的成功研制，孙奇志也因此在 2008 年获得了博士学位。

多次实验发现，当 EMG-125 输入电流超过极限值 8 千安时，装置内部发生高电压击穿现象，使装置输出电流不升反降了。

为了探究问题根源，孙奇志等人严格遵照孙承纬提出的"做好内部绝缘，减小剩余电感"十二字原则，很快发现 EMG-125 中螺线圈结构因多股线电流升高，吸引磁力剧增而破坏。

课题组迫切需要探寻线圈不被大电流破坏的方法。这个问题一直困扰着孙承纬："因为当时理解不了为什么俄国人的螺线圈发生器可以到 10 兆安，圆盘发生器可以到 40 兆安、80 兆安，我们的装置做到 1 兆安都'累死'。"[1]

鉴于当时研究进度的紧迫性，孙承纬决定继续向俄罗斯专家学习。随后，在孙承纬的组织和联络下，再次促成了与俄罗斯专家的交流学习。

受到俄罗斯专家所提供资料的启发，结合实际研制工作中遇到的难

---

[1] 孙承纬访谈，2021 年 7 月 8 日，四川绵阳。资料存于流体物理研究所。

题，孙奇志等人认识到，在兆安量级大电流作用下，螺线圈内部电磁力非常大，之前的"老办法"根本行不通，必须合理设计螺线圈参数，从根本上解决内部击穿问题。

通过仔细研读俄方资料，孙承纬恍然大悟，他们一直寻找的"新办法"竟是依据"质量大，惯性大"的最基本物理知识，即靠螺线圈本身的质量，在一定时间内的位移、变形得到控制。认识到这个原理后，课题组通过理论计算，将原来 EMG-125 装置中螺线圈线径由 1 毫米增大至 6 毫米，螺线圈的质量增加了 36 倍，有效地解决了内部击穿问题。

在随后的实验中，课题组将"新办法"与"老办法"相结合，达成了提高装置输入电流极限的目的。这个结果让整个课题组欣喜万分。

2013 年，在孙承纬的指导下，课题组成功研制出 10 兆安大电流 MC-2 装置，使兆安量级大电流 MC-2 技术与应用水平在短时间内取得了飞跃式发展，团队成为在中国开展 10 兆安量级大电流 MC-2 发生器技术研究"第一梯队"。关于为什么能在短期内取得这样的成就，孙承纬这样说：

> 很重要一个原因是，我们处于一个开放的环境，能够见到更多的东西，跟外国人有更多的交流，而且还有一个重要的东西——学风，当我的学生，学风不能浮夸，浮夸我是要批评的。所以我觉得科研工作不在于报了什么成果奖。我的看法是要培养人才，要掌握一点技术，就算是现在没用也没关系。
>
> 我们 MC-2 的突破是从紧凑型 MC-2 装置开始的，我们根据国外的资料真正做到跟国外一样甚至更好的结果，而且我们在这上面改进了几回，都比外国人做得好。这就说明我们真正掌握了原理，知道该怎么做。当然原始的资料是人家提供给我们的，这套设计方法、制造方法和工艺我们都掌握了，所以才能从紧凑型 MC-2 装置一直发展到后面的 10 兆安的大装置。我觉得交流学习对我们还是很有用的，我只是开头开了一条路，假如 MC-2 的路不开，掌握不了人家的技术。[①]

---

① 孙承纬访谈，2022 年 1 月 6 日，四川绵阳。资料存于流体物理研究所。

孙奇志回忆起孙承纬在 MC-2 技术发展历程中发挥的作用，以及对他的谆谆教导感慨系之：

孙院士是作了很多贡献，有三个方面：其一，重新恢复 MC-2 研究，在我们院、我们所，他是开拓者、领路人；其二，在技术进步方面，他提了两条非常关键的指导性的意见；其三，MC-2 整个技术及应用，在人才培养和团队建设方面作出了非常大的贡献。①

回首我参加工作的这 26 年，无论是在我刚入职及攻读硕士、博士学位期间，还是后来领导团队的科研攻关期间，取得的每一点进步，都凝聚了孙院士的心血，没有他高瞻远瞩的指导和无私的支持与帮助，我和我的团队就无法取得今天的成绩。②

唤醒"沉睡"的 MC-1 技术

氢是人们熟悉的化学元素，零下 259 摄氏度成为固体。如果进而对液态或固态氢施加几百万大气压的高压，则有可能变成类似于金属的导电体（在一定条件下具有超导性质），称为金属氢。金属氢作为一种高储能密度材料，其化学能比普通 TNT 炸药大 30~40 倍，在未来航空航天、军事科技、天体研究和电气能源等领域，金属氢具有广阔的应用前景。

1935 年，英国物理学家维格纳（Wigner）和亨廷顿（Huntington）从理论上证明了金属氢存在的可能性。此后，金属氢的理论和实验研究持续不断，获得金属氢成为物理学家尤其是凝聚态高压物理研究者的梦想。

通过多种途径产生超高压制备金属氢，包括多种动态压缩方法，尤其

---

① 孙奇志访谈，2021 年 12 月 31 日，四川绵阳。资料存于流体物理研究所。
② 孙奇志：谆谆教导 为师典范。见：《孙承纬院士八十华诞文集》编辑组编，《孙承纬院士八十华诞文集》。北京：中国原子能出版社，2019 年，第 116 页。

是爆炸磁通量压缩产生强磁场的装置，即本章开头提及的MC-1发生器。

20世纪50年代，苏联萨哈罗夫提出了MC-1装置的基本构型及原理。60年代，中物院王淦昌、彭桓武等人具体提出利用MC-1装置产生的强磁场来压缩聚变物质，使其达到点燃聚变温度的设想。1967年，实验部22室进行了MC-1发生器的探索实验，得到峰值磁场250特斯拉的结果。

进入21世纪，MC-1技术在轻材料高密度压缩方面具备的特殊优势，更加吸引国内极端物理学界的目光，例如，美国洛斯·阿拉莫斯实验室与俄罗斯实验物理研究院联合进行的"DIRAC"计划。尽管MC-1研究的很多资料是不公开的，孙承纬仅凭少量获取的相关文献，发现MC-1技术巧妙地引入磁场作为"缓冲介质"，对氢进行一种等熵程度很高的非接触高压加载的技术，是制备金属氢的重要手段。孙承纬深刻领悟了这其中的技术原理：

> 爆炸磁压缩最早是苏联的氢弹之父萨哈罗夫提出来的，他的目标很简单，他要搞干净的氢弹。不用炸药的办法，但是能够达到比炸药还厉害的压缩。那么达到比炸药还要厉害的压缩，关键在什么地方呢？关键是让内爆非常稳当地压到非常非常小的体积，那么压力就非常高了。比如，我们用炸药的办法，不断压缩，压到厘米左右也就差不多，再压下去不会完完整整压到毫米，做不到的！磁场可以，磁场是一种传播的，是扩散型的，就跟热扩散一样的，不是波动型的，不是对流型的。所以，磁场的稳定性比较好，可以一直压。炸药内爆完了，磁场的面积越来越小，那磁力线密度越来越高，磁场越来越大。压力跟磁场的平方成正比，半径压缩的四次方成正比。比如要压缩10倍，这个压力上1万倍。
>
> 所以萨哈罗夫是个天才，就光凭这一条不得不佩服他，在这种非常简单的解决办法当中，找出一个能够克服摆在我们前面非常大的困难的途径。①

---

① 孙承纬访谈，2021年7月8日，四川绵阳。资料存于流体物理研究所。

除了查阅有限的相关文献和资料外，他不放过任何一次能与国际专家和学者交流的机会。俄罗斯实验物理研究院是俄罗斯核武器研究的主要单位，他们在核武器物理研究领域具有独立的思想和独到的见解。孙承纬十分重视与俄罗斯专家交流和沟通，听取他们对一些研究方向的见解和判断。

通过多次与俄方交流，孙承纬发现俄罗斯实验物理研究院在MC-1技术研究方面，投入了大量的人力、物力，有一支庞大的

图13-2　2008年7月，与俄罗斯实验物理研究院高能量密度科技专家Selemir交流并合影（流体物理研究所提供）

研究队伍。反观中物院在MC-1技术研究方面，除了20世纪60年代王淦昌等建议做的少量相关实验外，没有任何MC-1技术研究基础。孙承纬认为要"认认真真赶上人家（国际上同类技术），就要'重新开始'。"[1]因此，孙承纬一直在寻找一个机会，让MC-1技术在中物院，乃至中国的土地上"生根发芽"。

恰逢2006年，国务院颁布了"国家中长期科学和技术发展规划纲要"，纲要指出国家将加强科技基础条件平台建设。与此同时，国家发改委表示"十一五"期间，将投资60多亿元，启动建设散裂中子源、强磁场实验装置、海洋科学综合考察船等12项重大科技基础设施。[2]

此政策一经发布，可谓一石激起千层浪，国内许多单位积极响应。国家的重视，让孙承纬看到了再次发展的机会，是时候唤醒"沉睡已久"的MC-1技术了。

---

[1] 孙承纬访谈，2021年1月21日，四川绵阳。资料存于流体物理研究所。
[2] "十一五"国家发改委将大幅增加科技创新投入，《中国高新技术企业》，2006年，第6期，第60页。

第十三章　深谋爆磁压缩技术发展

基于前期的调研和分析论证基础，2010年，孙承纬向中物院提出恢复MC-1技术研究的建议。在提出建议的同时，孙承纬为了争取项目立项尽心竭力。关于项目争取过程，孙承纬的博士生谷卓伟这样说道：

> 2010年，关于MC-1技术国内几乎零基础。由于一些设想过于前卫，引起了许多议论甚至是冷嘲热讽。但先生始终坚持自己的理念，耐心向各级领导和同事进行解释，旁征博引、据理力争。①

在孙承纬的力争之下，获得了时任中物院院长赵宪庚的理解和支持，争取到了中物院某科技专项"金属化氢动高压合成加载技术探索研究"项目。项目立项后，孙承纬从流体物理研究所的学科特点、人才结构和软件及硬件条件等方面作了深入思考，他认为目前首要工作是研制出具有一定技术水平的MC-1装置。鉴于此，孙承纬安排谷卓伟挑此重担，开展MC-1技术的理论和实验研究。孙承纬在此课题的选人用人方面也作了缜密的思考：

> 因为他（谷卓伟）是搞物理研究出身的，比如炸药为什么能引爆，飞片怎么能飞得好，激光怎么能产生，都是物理问题，都不是一个简单的依葫芦画瓢的问题，所以他很适合探讨这些新工作，不是说每个人自告奋勇就能做，我还是要考虑用有一点经验的人，思考到底这个工作怎么安排是可以弄得好一点。②

为了使课题组成员更全面地了解MC-1技术，孙承纬凭借前期的技术储备和调研成果，结合自身关于MC-1技术用于制备金属氢方面的独到观点和分析，很快撰写了"金属氢材料性质和可能的应用"的文章，详细阐述金属氢材料的特性及应用等内容，这篇文章为团队开展相关研究工作提

---

① 谷卓伟：我的人生和学术导师孙承纬院士。见：《孙承纬院士八十华诞文集》编辑组编，《孙承纬院士八十华诞文集》。北京：中国原子能出版社，2019年，第118页。

② 孙承纬访谈，2022年1月6日，上海。资料存于流体物理研究所。

供了坚实的理论支撑，团队每一位成员都将这篇文章视为开展 MC-1 技术工作前的重要理论参考。

在借鉴美、俄等国研究工作基础上，谷卓伟等充分发挥团队具备的爆炸力学实验的坚实基础，装置研制进展十分顺利，这个团队仅用了短短的一年半时间，迅速研制出单级的 MC-1 装置，在轴线附近获得数百特斯拉的动态超强磁场。

团队成员从多次实验发现，该装置稳定性差，难以开展有效的物理实验。鉴于此，孙承纬一直鼓励团队成员仔细分析、大胆尝试、勇于实践。每逢团队在实验基地进行实验时，只要不与其他工作冲突，孙承纬一定会出现在实验现场，针对具体的实验数据，进行细致的分析和指导。

谷卓伟回忆当时的情况：

> 早期在老点西沟爆轰场地做实验时，会遇到各种问题，如发生炸药被胀裂、套筒失稳等，我们会把一些实验的碎片回收，再拼凑起来。孙院士在现场观察、帮助分析某部件破坏或失稳的原因；教我们怎么装药来仿真计算、怎么去分析它、怎么样改进实验设计。他有非常多的细节的参与。[①]

团队发现因为加载的环向均匀性无法保证，装置中金属薄壁套筒在炸药内爆压缩下出现"环间失稳"，变形成"花瓣"形状，大大降低了内爆质量。

面对这一难题，孙承纬以其丰富的线圈炮和 PF-1 等装置研制经验，一语中的地指出问题所在：金属薄壁套筒发生弹塑性环向失稳。于是，孙承纬建议采用最方便和直接的办法，即在薄壁套筒外层增加一道尼龙材质的"软垫"。当炸药爆轰波传播到套筒外层表面之前，其尖峰压力会被这层"软垫"缓冲而"钝化"，使得薄壁套筒的加载应变率大大降低，引不起环向屈曲，有效避免了薄壁套筒的弹塑性失稳问题。

---

① 谷卓伟访谈，2020 年 12 月 24 日，四川绵阳。资料存于采集工程数据库。

在攻克薄壁套筒弹塑性失稳问题的同时，孙承纬充分发挥自身数值模拟编程的优势，指导博士生赵继波开展适用于 MC-1 装置技术研制的数值模拟程序编制。在孙承纬看来，一维弹塑性反应流动编码（以下简称 SSS 程序）本身起源于爆轰计算，可以很好地计算炸药的起爆和爆轰过程。因此，他认为只需要在现有的 SSS 程序基础上增加物理功能模块，便可实现充分的构型磁流体力学计算功能和多物理场耦合计算目的，大大提高 MC-1 发生器研制水平。这项工作对于孙承纬来说得心应手。

自 2012 年起的三年，孙承纬指导赵继波把原来的 SSS 程序逐步改造扩展为磁流体力学编码（以下简称 SSS-MHD 程序）。这样扩展后的 SSS-MHD 程序可以同时进行磁流体力学和含能材料反应流动的计算。经过多次实验证明，团队开展的几种典型实验的数值模拟计算与实验结果符合较好，SSS-MHD 程序为 MC-1 装置实验的设计、改进和校核提供了一个具有一定预测能力且功能完整的计算研究手段。

回首 SSS-MHD 程序的编制过程，赵继波感慨万千：

让我印象深刻的是验证一个内爆压缩套筒的算例，内径是不能被压缩到轴线上的。经过与老师的多次讨论和反复调试，直到算出符合规律的结果，才进入到下一个阶段，也是论文中的重点部分——在编码中加入磁流体力学部分并与磁驱动实验结合。这期间又是一个不断调整和磨炼的过程，老师时刻关注着研究的进展，不断地从模型、方法、技巧等方面给出指导性意见。

期间遇到的难题，不论什么时候，通过各种形式，或见面，或电话，或邮件，老师都不厌其烦地给予解答，使研究工作能够快速地突破。[①]

在孙承纬悉心的指导下，团队成员将实验与数值模拟相结合，在 2013 年，成功研制国内首个能够稳定工作的单级 MC-1 装置[②]，取名 CJS-100

[①] 赵继波：学习工作中的导师。见：《孙承纬院士八十华诞文集》编辑组编，《孙承纬院士八十华诞文集》。北京：中国原子能出版社，2019 年，第 122 页。

[②] 单级 MC-1 装置：炸药爆炸仅驱动单个薄壁套筒压缩磁场。下文中"多级"指炸药爆炸驱动两个薄壁套筒压缩磁场。

（"100"指套筒直径为100毫米）。

为了验证单级 MC-1 装置对材料加载的等熵压缩效果，团队开展了多次验证实验。他们发现，在爆炸强磁场实验测量过程中，容易造成测试探针提前损坏而无法有效测量的情况。针对这个情况，孙承纬沉着应对，召集相关人员成立专项课题组，在磁探针材料选型、探针防护等具体技术层面给予了有力的指导。最终，在 2013 年院某专项结题时，利用强磁场测量方法，获得了 5 千克以下药量的 MC-1 装置在轴线处压缩磁通密度达到 700 特斯拉左右的测量值，被评为当年中物院的优秀课题，为院某专项一期画上一个圆满的句号。关于这个"700 特斯拉"到底有多厉害，谷卓伟是这样说的：

> 根据现在的电磁单位制，1 特斯拉是很大的一个磁通密度。一般来说大概一个特斯拉以上，我们就叫作强磁场了；100 特斯拉以上，一般叫作超强磁场。以国家为例，我们国家有两个强磁场实验中心，在合肥有一个稳态的强磁场，就是那种脉冲比较长的拟静态强磁场，到目前为止，他们的记录大概是能到 40 个特斯拉；在华中科技大学的一个教育部的国家强磁场中心，他们大概能到 90 个特斯拉到 100 个特斯拉，这个当时已经接近世界纪录了，认为这个是稳态的、不损坏的；还有一种就是破坏性的，就是像我们这种就能达到 700 个特斯拉，这是非常难的，应该是非常高的一个磁场了。[1]

回首单级 MC-1 装置研制历程，孙承纬这样说着："MC-1 这项技术，从当时看看人家的文献，或者是看看一般的科普、讲座、调研报告等，到现在真正做了几年，体会是完全不一样的。知道它难在什么地方？有什么奥妙？将来有什么用？这些都清楚多了。"[2] 在孙承纬看来，科学技术研究永无止境。"所以，我们现在也还是要做好继续艰苦奋斗的准备。[3]"让

---

[1] 谷卓伟访谈，2020 年 12 月 24 日，四川绵阳。资料存于采集工程数据库。
[2] 孙承纬访谈，2021 年 1 月 21 日，四川绵阳。资料存于流体物理研究所。
[3] 同[2]。

MC-1技术在中物院"生根发芽"只是一个"小目标",未来进一步提升装置能力,达成利用MC-1装置制备金属氢的目标指日可待。

角逐"高压物理学界的圣杯"

20世纪80年代,由苏联实物院巴甫洛夫斯基(Pavlovskii A.I)院士领导的研究组提出了多级MC-1装置的物理思想,其原理是,炸药首先压缩第一级套筒,第一级套筒在失稳时会撞上第二级套筒,以此类推,逐级压缩磁场,实现磁场的有效放大,并保证物理实验的稳定性和可靠性。

多级装置是MC-1技术领域的重大创新。该技术的关键在于第一级套筒,它被一种多层密绕螺线管结构取代,而非单级MC-1装置中的金属薄壁套筒。这种多层密绕螺线管非但能产生初始磁通量,而且它本身在炸药爆轰过程中,可以不断地往中心轴线压缩自身产生的磁通量,也就是说,它是一种既能产生磁通量,又能压缩磁通量的重要技术创新。通过这样巧妙的结构和物理思想,从原理上解决套筒失稳带来的影响,可以获得更加稳定的超高磁场。因此,对于研制多级MC-1装置,多层密绕螺线管复合结构的设计及工艺最为关键,但也极其复杂。当时只有俄罗斯实验物理研究院真正掌握这一核心技术。[①]

孙承纬深知技术垄断是进一步发展多级MC-1装置的阻碍,因此早在2013年研制单级MC-1装置时,就带领团队成员迎难而上,集中力量,瞄准多级MC-1技术中最关键的多层密绕螺线管复合结构技术进行突破,为多级MC-1装置在中物院的长远发展"铺好路、搭好桥"。

通过反复的讨论和信息迭代,孙承纬最终弄明白了其中原理,"用大概0.2毫米粗细的漆包线,像编织毛衣、毯子一样的,好多根并联,把线的转弯头留在炸药的外面,二级线圈也是这么一个东西。它有一个什么好

---

① 谷卓伟:柱面内爆磁通量压缩发生器技术研究概述.《高能量密度物理》,2015年6月,第2期,第62-69页。

处呢？刚开始的时候，漆包线跟漆包线是挨着的，但是还没有连通，但是随着爆轰后，气绝缘不行了，铜线和铜线横向就连通了，就变成了一个铜圈，而不是一个导线圈了。第二级套筒也是这样的。假如第一级套筒打上它以后，它的冲击压力很大，就把一根根的线绝缘破坏，变成一个铜的筒子，把磁通量关在里面，再往里面压就越压越小，这样可以解决不稳定性的问题。漆包线筒子跟整体筒子不一样，它有点乱，一乱的话就产生不整齐的波形，它经过第二级以后，就把它整理了一下再往里压，提高了磁通量压缩的效果。"[1]

孙承纬的分析为团队成员在研究方法上指明了方向，多层密绕螺线管复合结构的原理探索和工艺试制工作由团队成员周中玉具体负责。由于多层密绕螺线管复合结构十分复杂，其核心器件制作工艺难度大，周中玉等人决定寻找具备相应工艺制造技术的加工厂商，进行联合研发。

走访了多家加工厂商后，几乎都以器件制作工艺难度大的理由将他们拒之门外。几经波折，终于找到一家厂商同意联合研发。在联合研发的过程中，团队将如何"编织"多层密绕螺线管复合结构的原理与厂商进行了细致沟通，将技术原理与厂家丰富的加工经验相结合，正式开启了多层密绕螺线管复合结构研发的漫漫长路。

由于密绕螺线管是在一个超低电感、高电压且强磁场的装置环境内使用，因此，在研发时必须遵照以下四点设计要求，一是多层密绕螺线管导体层要求均匀性和平整性，因而采用多股超细漆包铜线并绕，以提高其宏观上的均匀性；二是多层密绕螺线管应用于超短脉冲功率装置中，要求具有尽量小的电感，因此其所有漆包铜线并联连接，并对每根漆包铜线有匝数限制；三是在多层密绕螺线管接线部位将承受非常高的电压，因而在多层密绕螺线管导体层和回线导体层之间必须有绝缘层；四是由于流经多层密绕螺线管的电流大，会导致其由于巨大的电磁力而结构被破坏，因而设计外绝缘层起到结构加固和电气绝缘的双重作用。

基于上述设计要求，团队与厂商经过反复讨论和迭代，最终形成了多

---

[1] 孙承纬访谈，2022 年 1 月 5 日，上海。资料存于流体物理研究所。

层密绕螺线管研制方案，2017年，此项原理探索取得较大进展，周中玉等人从理论设计和加工工艺等方面，完全掌握了其核心技术原理，成功研发出满足使用要求的多层密绕螺线管，并取得了发明专利。作为技术指导的孙承纬非常欣慰。

通过多层密绕螺线管复合结构的技术探索，充分展示了团队人员的自主探索能力。这项技术的成功突破，获得了同行专家关注，也在之后的项目申请中发挥了积极的作用。

与此同时，孙承纬正谋划着多级MC-1技术未来发展，他认为"不能让这个题目衰减下去，即使不获得支持，我们也要申请其他项目的支持。我们不能随便抛弃这么重要的方向。"[①] 因此，为了能继续深入且持久地开展多级MC-1装置技术研究，自2016年起，孙承纬指导团队继续在多级MC-1技术方面进行了严密的论证，他认为以现在所掌握的多层密绕螺线管等关键技术来看，已具备申请新课题的条件，为此在孙承纬的积极建议之下，由时任中物院院长刘仓理和时任一所副所长赵剑衡向中央军委科学技术委员会（以下简称军科委）提交了项目申请报告。整个立项过程，可谓是历经了"艰难险阻"。

军科委评审组对报告提及的研究内容给予了肯定，但他们认为项目应该以"中国科学技术大学负责，中物院参加"的形式完成。这让孙承纬等人大为震惊："我们显然不答应！因为大型的内爆实验不是哪个单位想做就能做得起来的呀，比如在我们中物院，除了流体物理研究所外，别的所也做不起来啊。我们当然断然拒绝。"[②]

项目申请一直搁置，并不利于MC-1技术的发展。因此，孙承纬决定亲自向军科委主任刘国治阐明中物院发展MC-1技术的坚定立场，以及已具备的扎实的技术研究基础。当刘国治主任了解到项目的具体情况后，"他认为我们申请的项目在科学上是有远见的，这个题目非常重要，因为不光是氢，而且是氢相关的同位素。所以，这本来是你们中物院自身的工作。"[③]

---

① 孙承纬访谈，2021年7月8日，四川绵阳。资料存于流体物理研究所。
② 同①。
③ 同①。

在孙承纬的据理力争之下，项目获得了刘国治的认可。历经两年多的论证和申请，在 2018 年，团队成功争取到了军科委重大基础研究项目的支持，该项目同时受到中物院的高度重视，项目负责人由刘仓理担任。就这样，流体物理研究所正式开启多级 MC-1 技术研制征程。

项目的成功申请，助推了多级 MC-1 技术的快速发展。团队在 2020 年下半年，成功研制出多级 MC-1 装置，并将其命名为 CJ-150 装置（"150" 指一级套筒直径为 150 毫米）。面对"初长成"的多级 MC-1 装置，孙承纬认为必须进一步夯实实验测量技术，因此他向谷卓伟提出了加快发展电导率原位测量技术和强磁场测量技术的建议，并经常十分关注工作进展。

电导率是表征材料金属化最为直接的证据，但是在极端条件加载下材料的电导率变化过程短暂且存在各种虚假信号使其测量复杂化，特别是 MC-1 装置，这种强电磁加载方式所带来的强电磁干扰环境，给现有的电导率原位测量手段提出了严峻的挑战。针对上述问题，2019 年，谷卓伟、周中玉等人研发了瞬态电导率原位测量样机，基本解决了强电磁干扰问题，完成了在多级 MC-1 装置加载液态水的瞬态电导率原位测量验证实验，成功检测到了液态水到冰Ⅶ的固液相变信号。

强磁场测量方面，与 109 室陈光华团队共同进行了相关技术研究。考虑到多级 MC-1 装置内部具有超强磁场，将导致装置内部磁探针发生击穿。为了解决这项难题，孙承纬进行了深入思考后认为：

> 一定要改成法拉第旋转测量办法。法拉第旋转的办法，就算是在一个瓶子里测量也很容易。它是一块偏正晶体，一个激光打过来是线偏振的，经过这个晶体后偏振面发生旋转，周围磁场强，偏振面转动就大。所以测量激光原来的偏振面经过晶体后的旋转角，可以反推出这个晶体位置的磁场有多大。[①]

根据孙承纬的指导建议，把测量方式由原来的"磁探针测量"调整为

[①] 孙承纬访谈，2022 年 1 月 5 日，上海。资料存于流体物理研究所。

"法拉第旋转测量",由陈光华等人开展探究工作。"法拉第旋转测量"方法对于团队而言是一种新挑战,在摸清其基本原理的基础上,将其真正应用于MC-1装置中后,新的问题逐渐浮出水面。

孙承纬说:

> MC-1设备中间没有空间来放这么一块晶体,必须把这个晶体做成一个零点几毫米的一根光纤,还要有一定长度,没有长度偏振面的旋转就不够大。要把这个光纤放在MC-1的轴线上,保证外面入射的偏振激光传进去,这对光纤的要求是很特殊的。[1]

时值2020年,新冠肺炎疫情全球蔓延,根据防疫要求,常年居住在上海的孙承纬无法频繁地往返上海和绵阳之间,唯有通过电话、网络与大家交流讨论。在这种环境下,团队多次与厂家联合研发,终于得到适用于多级MC-1装置磁场测量的光纤。

2021年,团队迎来了军科委课题第一阶段的验收。时刻牵挂项目进展的孙承纬,特地赶往绵阳与团队一起接受"考查"。伴随着最后一发实验的完成,团队成功运用"法拉第旋转"方法测量到多级MC-1装置内实现轴向峰值磁场906特斯拉的数据。孙承纬看着示波器界面显示的实验波形,年逾八十的他兴奋不已:"这个磁场曲线是很漂亮的,也没有什么干扰,很整齐!"[2] 这项成果的水平在国内也首屈一指。

团队成员凝心聚力、协同攻关。通过计算及实验显示,多级MC-1装置具备对金属及氢(氘)等低密度材料500吉帕以上等熵加载能力。该装置将中国大尺寸空间脉冲磁场峰值的指标提高约1个量级,与目前代表国际最高水平的俄罗斯实验物理研究院同类装置能力相当,为提升中国极端科学研究能力作出了实质性贡献。

在项目第一阶段完美收官的同时,科研攻关更是培养和锻炼出一支踏实、精干、敢拼敢闯的科研队伍,始终充满干劲地朝实现金属氢的目标继

---

[1] 孙承纬访谈,2022年1月5日,上海。资料存于流体物理研究所。
[2] 同[1]。

续迈进，坚定不移地去角逐"高压物理学界的圣杯"[①]。回顾 MC-1 技术的研究历程，谷卓伟这样总结孙承纬在项目研究过程中发挥的重要作用：

> 在这个项目中，孙院士的参与是全方位的。
>
> 一方面是方向的引领者，因为是他引领着我们看到这个方向，引领我们一直做这个事情。他从宏观的角度，包括技术的发展、技术的优势、技术的应用等方面给予分析，在这些方面孙院士都是亲自指导的。
>
> 另一方面，在具体的实施过程中，孙院士对遇到的实验问题、实验细节，他也共同参与。因为我们经常会拿遇到的实验现象去请教他，他教我们如何解释、理解和分析。在诊断技术方面，孙院士也是非常重视。可以说所有的实验、数值模拟和理论分析，他都是全方位的参与和指导。
>
> 目前来看，利用 MC-1 技术可以实现一种非常极端的物质状态，对于极端条件下凝聚态物理研究未来发展有非常大的帮助，他一直在不遗余力地推动这件事情。[②]

古有十年磨一剑，今有十余年"逐一氢"。孙承纬以战略眼光和学术敏锐性，密切跟踪了 MC-1 技术，积极倡导中物院大力发展 MC-1 技术。近几年，该方向得到高度重视，装置研制和工程实验技术得到进一步升级提高，正走向高压科学的实际应用。尽管取得如此成绩，一心扑在工作上的孙承纬始终不忘谋划 MC-1 技术的长远发展，一刻不停息……

孙承纬说：

> 现在我从这么多年搞实验工作的经验和对某些理论的理解，MC-1 将来是在极端状态物理学，极端状态材料动力学或者极端状

[①] "高压物理学界的圣杯"：有学者预测氢在高压下会演变出一种"神奇"的物质结构——金属氢。近一个世纪以来，金属氢研究是高压和凝聚态物理学界最大的核心挑战。

[②] 谷卓伟访谈，2020 年 12 月 24 日，四川绵阳。资料存于采集工程数据库。

态物态方程方面，是大有可为。但不是三年、五年它就能开"一朵大花"的。

科研成果从来不能以得什么奖来衡量。科研应该体现在队伍和基础的培养，真正能够有独立的思考、独立的想法。这样才能够一代一代的传下去，发扬光大。像我们这样要真正赶上国外的水平，基础科研不坚持几十年是根本不行的，别想着一两个人出一两篇文章就好像赶上了。我们希望是一个队伍，不是个别的人。[①]

接下来，团队将迎来多级 MC-1 技术研究的第二阶段——实验应用，而孙承纬将继续为项目发展不遗余力地出谋划策，与团队成员共同见证实现金属氢梦想成真的那一刻！

搭建爆炸磁通量压缩技术国际学术交流舞台

孙承纬一直秉持"科研工作决不能闭门造车"的思想，因此在中国爆炸磁通量压缩技术、电磁内爆技术等方面，他多次组织了与美、俄国等国技术专家交流并邀请他们来访讲学，切实促进了该项技术的发展。同时，为了实现爆炸磁通量压缩等技术的纵深发展，孙承纬巧思多谋，引领爆炸磁通量压缩技术一步步走向国际学术交流舞台。

为了迈出这第一步，孙承纬早有谋划。早在 20 世纪 70 年代末，孙承纬就萌生了参加爆炸磁通量压缩技术方面国际学术会议的想法，但那时出国开会的机会寥寥可数，更别提获取相关的国际会议内容了。直至 80 年代初，孙承纬在浩如烟海的资料中发现了"国际百万高斯磁场产生及相关论题学术会议"（International Conference on Megagauss Magnetic Field Generation and Related Topics，简称 MG 会议）。

[①] 孙承纬访谈，2022 年 1 月 6 日，上海。资料存于流体物理研究所。

百万高斯磁场会议起源于 1965 年美、俄两国核武器实验室的学术交流活动，并发展为每两年或三年举办一次的关于爆磁压缩技术、大型高功率电脉冲技术装置及其应用、电磁内爆技术、强磁场产生和强磁场物理研究的专门性系列国际学术会议，最初在美俄两国轮流召开，以后又在意大利、德国、英国举行，对于各国相关技术的发展具有深远影响。

为了详细了解会议的主旨，孙承纬购买了几本会议文集，仔细阅读了一些文章后，清晰地认识到会议的内涵与核武器物理基础研究紧密关联，可以为中国学者提供一个直接了解、学习国外有关工作最新进展的信息平台。他暗下决心："一定要抓住机会，参加这样的系列国际会议。"[①]

在得知第四届百万高斯磁场会议将于 1986 年举办时，孙承纬决定参会，并以名为"A Compact Magnetic Flux Compression Generator Driven by Explosive"的论文，投稿参会。同时，孙承纬向核工业部第九研究院（现称中物院）提交了参加国际会议的申请，经过严格审查后，提交的参会申请很快于 1986 年 6 月 21 日领导签署同意，由孙承纬和龚兴根二人代表流体物理研究所参加会议，这也是中国学者首次踏入以爆炸磁通量压缩技术为主的国际学术会议的舞台。

1986 年 7 月 14 日，孙承纬等人赴美国新墨西哥州圣塔菲市，参加第四届百万高斯磁场会议，受到了会议主办方的热情招待。不仅由于他 20 世纪 80 年代初期曾在美国华盛顿州立大学做访问学者，而且因为中国学者的到来为国际爆磁压缩技术研究团体注入了"新鲜血液"。当时负责会议接待的是同为美国华盛顿州立大学毕业的博士生丹尼斯·鲍姆（Danis Baum）。孙承纬这样回忆了当时的接待场景：

> 当时我在会场报到的地方，他（丹尼斯·鲍姆）就在会议室等着的，看见我来了，他上来就自我介绍，说跟我是校友，他说他可以介绍很多华盛顿州立大学的校友跟我认识，我当然是很高兴啊。[②]

[①] 孙承纬访谈，2022 年 1 月 6 日，上海。资料存于流体物理研究所。
[②] 孙承纬访谈，2021 年 7 月 8 日，四川绵阳。存地同[①]。

第十三章　深谋爆磁压缩技术发展

在丹尼斯·鲍姆的热情接待下，孙承纬等人顺利完成了会议注册等流程。在会议的口头报告中，孙承纬介绍了紧凑型 MC-2 装置的研究内容，其研究成果引起了国际同行的关注，"因为中国从来没有在这一方面发表过文章，无论是在国际上，还是在国内都没有发表过文章，他们认为在爆炸磁通量压缩技术研究团体里增加了一个新伙伴。"①

美国陆军空间与导弹防御司令部从事定向能武器研究工作的阿吉伯斯对孙承纬等人的加入，同样表示十分欢迎，他这样说道：

在那次会议上，我们十分高兴地了解到中国自 1967 年起就开始了活跃的磁压缩发生器研究计划。我们希望保持长久的联系。②

会后，苏联参会团的领队、苏联科学院流体力学所希维绍夫（Shvetsov）与孙承纬进行了愉悦的交谈。会议用餐时，希维绍夫热情地教初来参会的孙承纬如何点餐，"希维绍夫对我们都很好，我们都是共产党，大家都是同志。他当时跟我吃饭时，还跟我说怎么点汉堡、要饮料等这些事情。"③

随后，孙承纬与各国参会代表一同参观了美国洛斯·阿拉莫斯国家实验室（LANL）的爆炸磁通量压缩装置及专用爆炸工号，圣地亚国家实验室（SNL）的专用大型爆炸实验场地，空军武器实验室（AFWL）的爆炸磁通量压缩装置实物以及有关的诊断手段和数值模拟设备。

这是难得的一次参观机会，给孙承纬留下了深刻印象。孙承纬内心激动不已，并与一同前去参观的苏联科学院流体力学所希维绍夫交谈道："我们以前没有参观过这些，你们有没有来过？"希维绍夫回答道："这个是对我们（苏联科学家）特殊开放的。"孙承纬接着问："为什么不对我们开放？"希维绍夫说道："你们这次跟我们一起沾光了，他们不会对你们单独

---

① 孙承纬访谈，2022 年 1 月 6 日，上海。资料存于流体物理研究所。

② L.L.Altgilbers：中文版序言。见：孙承纬，周之奎译，《磁通量压缩发生器》。北京：国防工业出版社，2008 年，第 VI 页。

③ 孙承纬访谈，2021 年 7 月 8 日，四川绵阳。存地同①。

图 13-3 1986 年 7 月美国新墨西哥州圣塔菲，参观完美国洛斯·阿拉莫斯实验室合影（左起：龚兴根、丁儆、孙承纬、吴式灿）（流体物理研究所提供）

开放。"① 后来的事实证明，希维绍夫说的是大实话，之后于敏先生组团参观时，果然被美国洛斯·阿拉莫斯等实验室拒之门外。

当时，我们中国人和苏联人是被安排在会后到洛斯·阿拉莫斯里面去参观，参观主要是看了几个地方，但是我印象最深的就是爆炸场地。看完洛斯·阿拉莫斯以后，又到圣地亚。圣地亚看得比洛斯·阿拉莫斯还要多，看了三个工号、四个实验室，一个一个地看。我对他们打炮的东西感触还是比较深，跟我们差别比较大。②

参加这次会议，还有最大收获就是认识了美国和俄罗斯有关的专家，他们对我们还是很友好的。没有因为我们的研究水平太差了，就有不平等的感觉的。③

参加这届会议，使孙承纬在技术研究、实验装置和场地的设计、构造

---

① 孙承纬访谈，2021 年 1 月 21 日，四川绵阳。资料存于流体物理研究所。
② 同①。
③ 孙承纬访谈，2021 年 12 月 7 日，四川绵阳。存地同①。

第十三章 深谋爆磁压缩技术发展

和组织管理等方面深受启发,他很快便制定出紧凑型 MC-2 技术研究的方法和技术路线,推动了 MC-2 实验工作进展和有关项目论证。

孙承纬在关注百万高斯磁场会议动态的同时,有感于国内相关科研工作的进展,萌发了在中国举办一次百万高斯磁场会议的想法,他这样说道:

> 我们当时的想法是要介入 MC-2 这个事,等做好以后,我们再来召集一次国际会议,显示我们的力量。当时是不大可能的,因为我们的能力没那么强,我们拿不出什么文章来。[①]

显而易见,以当时的科研能力来看,没有支撑办一次会议的"基本条件",但这个想法在孙承纬心中埋下了一颗种子,等待"生根发芽"的机会。

1998 年 10 月,孙承纬和龚兴根二人再次赴美国参加第八届百万高斯磁场会议。会上,孙承纬作了题为"The Output Characteristics of a Two-staged Explosive Magnetic Compression Generator with High Inductance Load"的报告,展现了课题组在高输出阻抗、高电压的小型两极爆磁压缩发生器实验研究的进展。这个会议报告内容和会上性质相同的几篇报告相比较,实验结果和装置结构有一定优势,引起了许多同行专家和学者的兴趣。

同时,通过这届会议孙承纬发现,洛斯·阿拉莫斯和圣地亚国家实验室正联合美国许多单位、个人,广泛开展国际合作,推进爆炸磁通量压缩技术工作。孙承纬认为重视人才培养,必须着眼于长远发展,加强国际交流,集思广益、协同攻关,这是才是技术发展的明智策略。

这个思想在孙承纬建设科研队伍和培养青年人才方面起到了重要作用。从 20 世纪 80 年代至 21 世纪,孙承纬在爆炸磁通量压缩技术方面,陆续培养了谢卫平、孙奇志、谷卓伟、罗斌强、张旭平等青年科研人员,对

[①] 孙承纬访谈,2022 年 1 月 8 日,上海。资料存于流体物理研究所。

于该技术的建立、传承和发展起到了主要作用。

2000年年初，正是流体物理研究所紧凑型MC-2装置研制"大跨步"提升的重要期间，也是兆安量级大电流MC-2装置初步探究的关键时段，孙承纬作为MC-2技术的"军师"和相关工作的负责人，工作繁忙程度，不言而喻。但为了继续追寻国际学术界发展动向的"蛛丝马迹"，2002年7月，孙承纬前往俄罗斯参加第九届百万高斯磁场会议。当时国际学术潮流已经朝美国圣地亚实验室的Z装置倾斜，针对极其丰富的这次会议报告，孙承纬做了详细的会议记录。回国后，他将会议记录进行了细致整理，形成了多达42页的记录稿，供团队成员和科研人员传阅和学习。

2002年8月，孙承纬在这个记录稿基础上进一步梳理，撰写了第九届百万高斯磁场国际学术会议动向报告，主要围绕"实现核材料的超高密度压缩是电磁内爆研究的主要方向""关于高密度压缩问题的思考"两个论题进行全面阐述，为高密度压缩实验研究提供了重要参考。

2004年7月，孙承纬与孙奇志赴德国柏林参加第十届百万高斯磁场会议，孙承纬被邀请作大会口头报告。当时使用的是胶片报告，据同行的孙奇志回忆，直到报告的前一天晚上，孙承纬还在认真地试讲报告，以确保报告的展示效果和质量。

经过精心准备，孙承纬在报告台上完美地展现了中国学者的风采。报告内容吸引了国外专家学者的关注，尤其对"果冻内爆实验""紧凑情况下的高压绝缘问题"格外感兴趣。针对专家学者所提的数个问题，孙承纬有条不紊地一一作答，展示了流体物理研究所爆磁压缩研究取得的成果。中国爆炸磁通量压缩技术能力的提升和科研团队的学术水平，给参会专家和会议学术委员会留下深刻的印象。因此，在这届协调委员会会议上委员一致同意，增选孙承纬为百万高斯磁场会议协调委员会委员。这意味着中国爆炸磁通量压缩技术及其应用研究在国际学术界占据了一席之地。

那届会后，孙承纬回顾了自己所参加的历届百万高斯磁场会议等各类国际会议情况，就重点会议跟踪工作作了深入思考，并向一所领导提出书面建议。他认为："这些较偏专业的重要文章主要是在专门会议上交流的，如国际爆轰会议、凝聚介质冲击压缩会议、国际弹道会议、国际百万高斯

图 13-4　2002 年 8 月孙承纬对第九届百万高斯磁场会议记录手稿（孙承纬提供）

磁场会议等，我们应当大力鼓励科研人员参加这些国际性系列会议，才能真正在有关学术界中有所作为。从这几年看，这方面的努力十分不够。应当把我所各主要专业相关的主要国际学术会议列出名单，争取认真、持久的参与，才能真正提高我们的学术地位。"①

孙承纬的这封信件，引起了所领导及有关部门的高度重视。次年，流体物理研究所向所属各单位征求了拟跟踪的国际会议名单，孙承纬随即将百万高斯磁场会议上报，理由是："它是唯一以爆磁压缩发生器技术及应用为主要议题的国际会议。我所从第四届开始参会，获得的技术信息对爆磁压缩技术及应用、电磁内爆技术及一些新技术（如磁驱动等熵压缩、定向能技术）的发展提供了很大帮助。"在孙承纬的力荐下，百万高斯磁场会议被纳入中物院重点关注的国际会议名单。

2006 年 9 月，第十一届百万高斯磁场会议国内参会单位除了中物院流体物理研究所外，新增三个提交论文参会的单位：北京应用物理与计算数学研究所、北京理工大学和国防科技大学。

---

① 孙承纬给所领导的信，2005 年 8 月 31 日。资料存于采集工程数据库。

正是由于孙承纬一直致力于对外学术交流，认真汲取并消化国际先进科技，形成自己的思考和想法，带动研究团队在爆磁压缩技术的理论基础、实验和应用方面快速进步。同时，他通过课题申请、技术指导和研究生培养等多种途径，带领科研团队和研究生扩大、深化爆磁压缩和高功率电脉冲技术研究，开拓了重要的新领域，实现技术与人才建设的"双丰收"。

2008 年 7 月，孙承纬再次出国，参加了第十二届百万高斯磁场会议，也正是这次会议，让埋藏在心底多年的"办会之种"，得以"生根发芽"。在这次国际协调委员会会议上，委员们纷纷向孙承纬提出下一届会议由中国举办的建议，这也是国内相关科技人员多年的愿望。考虑到承办大型国际会议，涉及经费、接待、安全等诸多事项，做事一向严谨细致的孙承纬并未当场做出承诺，而是打了一通越洋电话征询所领导的意见，得到同意后，才表态接受会议的建议，并表示"一定要把这个事情做好！"。[1]

还未等孙承纬回国，他成功争取到第十三届百万高斯磁场会议主办权的消息就已经传遍了他的科研团队。为了做好会议的组织和召开工作，流体物理研究所积极筹备会议，由孙承纬担任大会主席，成立了由时任中物院副院长刘仓理担任主席、中国科学院严陆光院士为副主席的地方组织委员会。杨礼兵牵头的会务组全程负责会务运作。

会务组的第一个任务便是会议选址。孙承纬等人思来想去，最终决定在江苏省苏州市举办会议。据孙承纬回忆：

这个事情最开始就定在上海，但后面因为上海办世博会，所以其他的国际会议一律禁止，以保证世博会有足够的接待饭店和场所。这样就改到苏州了。

在苏州开会的唯一问题就是交通，飞机要从外面进来，国外航班都停在上海，到不了苏州。只能租用车辆把人从浦东机场拉到苏州。[2]

---

[1] 孙承纬访谈，2021 年 5 月 26 日，四川绵阳。资料存于流体物理研究所。

[2] 孙承纬访谈，2022 年 1 月 8 日，上海。存地同[1]。

选址敲定后，在孙承纬的统筹和规划之下，会务组陆续完成了会议通知、注册、论文征集、网上注册、国内组织工作等办会的一系列办会"常规动作"。

各项筹备工作有序进行。2010年7月6—10日，第十三届百万高斯磁场会议在江苏省苏州市南林饭店如期举行，来自10个国家共计160余名参会人员到会注册，其中中国参会人员主要来自中物院、中国科学院电工研究所、国防科技大学、华中科技大学武汉强磁场中心等单位，共83人，较往届大幅增加。

在为期五天的会议中，组委会共安排了12个特邀报告、40个一般口头报告和近80个粘贴报告进行了大会交流。其中特邀报告和口头报告作者以俄罗斯实验物理研究院（VNIIEF）、美国洛斯·阿拉莫斯国家实验室、劳伦斯利弗莫尔国家实验室（LLNL）、圣地亚国家实验室（SNL）、中物院等世界主要核武器实验室研究人员为主，充分体现了国际超强脉冲磁场和脉冲电流产生、应用及相关问题的最新研究进展。

孙承纬作大会特邀报告"Historical Overviews of the Research on Explosive Magnetic Generators at the institute of Fluid Physics（IFP），CAEP"，全面介绍了流体物理研究所开展爆炸磁通量压缩技术研究的发展历史。此外，来自中物院的口头报告者以35岁以下科研人员居多，报告内容涵盖超强脉冲磁场发生技术、脉冲功率驱动器技术、电磁发射技术、高功率微波等方向，充分展示了中物院在这些领域中的水平和实力。会议将中国研究现状展现给国外同行的同时，为青年学者提供了很好的交流和学习机会。会务组编辑出版的会议论文集，也获得了一致好评。

会议期间，作为大会主席的孙承纬组织会议国际协调会员会召开了圆桌会议，决定下一届会议于2012年在美国召开。至此，第十三届百万高斯磁场会议圆满落幕。此届会议的成功举办，使国内有关单位的青年科技人员对国际同行的工作前沿有所了解，为相互之间的深入、持久交流与合作搭建了平台；更重要的是，本届会议是该会议发起近四十年来第一次在亚洲国家举办，说明中物院相关技术方面的进展已经得到国际同行的认同和重视，对于中国有关技术领域的深入发展起到了积极推动作用。

谈及这次会议中自己担任的工作以及主办该会议的意义时，孙承纬如是说道：

> 我就只是跟国外参加百万高斯磁场会议的那些美国专家和俄国专家等建立了联系。当然，他们认可我们的加入，这个是最重要的。同时，我也结交了一些好朋友，像鲍姆、阿吉伯斯、福勒等。[①]
>
> 我觉得开了这个会议以后，一是加强了我们和他们国际学术界的联系，也提高了我们的影响。我们在1986年第一次参加时，就做了一个小的MC-2给人家看。后来我们一步步追赶上去，这个技术提高得很快。现在可以这么说，MC-2的水平，除了美国和俄罗斯以外，我们位居第三。当然，这离不开对外交流的作用。假如不跟人家交流，绝对进步不了。[②]

图13-5 2010年7月，第十三届百万高斯磁场会议会务组部分成员合影（孙承纬提供）

---

① 孙承纬访谈，2022年1月6日，四川绵阳。资料存于流体物理研究所。
② 孙承纬访谈，2021年5月26日，四川绵阳。存地同①。

第十三章 深谋爆磁压缩技术发展

图 13-6　2010 年 7 月会议期间，孙承纬与俄罗斯 Selemir 教授（孙承纬提供）

　　事实证明，流体物理研究所爆炸脉冲功率、固体套筒内爆、Z 箍缩等离子体内爆、磁驱动准等熵压缩、磁化靶聚变等方向均来自百万高斯磁场会议的参与及深入解读。在孙承纬的引领下，我国爆炸磁通量压缩和高功率电脉冲技术一步步走向国际，也将激励致力于探索科技前沿的青年科研人员继续前行，续写在国际舞台的华丽篇章。

著书立说，授之以渔

　　国际百万高斯磁场系列会议的论文集保存了磁压缩发生器（装置）研究和发展中获得的知识和技术。然而一些早期会议的论文集现在已很难查找。[①]

　　基于上述原因，孙承纬的朋友阿吉伯斯认为撰写一本关于磁通量压缩

---

① L.L.Altgilbers：中文版序言。见：孙承纬，周之奎译，《磁通量压缩发生器》。北京：国防工业出版社，2008 年，第Ⅵ页。

发生器技术及应用研究的书籍十分关键。

1998年10月,孙承纬赴美国参加第八届百万高斯磁场会议,正巧与阿吉伯斯相遇。在阿吉伯斯心里,孙承纬是中国在爆炸及其应用方面的一位主要研究者[1]。因此,在会议间隙两人交流过程中,阿吉伯斯将准备撰写一本关于磁通量压缩发生器技术研究及应用专著的想法告诉孙承纬,并诚邀他将此书翻译成中文版。孙承纬听闻当即同意,"我当然很高兴了,我觉得是很有用,当时没有MC-1和MC-2的专业书。[2]"

几年后,《磁通量压缩发生器》原著正式出版。为了尽快让孙承纬获悉此书内容,阿吉伯斯将此书的电子版通过电子邮件的方式发送过来。孙承纬收到后如获至宝,将此书从头到尾、仔仔细细地研读。他认为:

> 虽然磁压缩发生器的研究已有半个世纪,各种几何构型和相关技术已得到较充分的探讨,但因研究单位和应用性质的特殊性,还未形成一个专门的技术领域。有些书籍的部分章节涉及这门技术,若从关于磁压缩发生器及其相关技术的全面性、系统性论述来说,本书确系国际上第一本名副其实的专著。[3]

孙承纬相信:"此书的翻译出版是十分必要的,将有助于我国高技术武器的应用基础研究、有助于爆炸力学和爆炸脉冲功率技术的发展,并可作为相关专业研究生教材。"[4]

翻译一本书实际上也是再次写作的过程,更何况这是一本学术性专著,要求译者一是要具备专业知识,二是要精通相应语言,三是具备较好的文字著述能力,这三点恰好孙承纬都十分擅长。因此,翻译工作很快踏上正轨。

---

[1] L.L.Altgilbers:中文版序言。见:孙承纬,周之奎译,《磁通量压缩发生器》。北京:国防工业出版社,2008年,第Ⅵ页。

[2] 孙承纬访谈,2022年1月8日,上海。资料存于流体物理研究所。

[3] 孙承纬:译者前言。见:孙承纬,周之奎译,《磁通量压缩发生器》。北京:国防工业出版社,2008年,第Ⅳ页。

[4] 孙承纬:著译者登记表。2003年,未刊稿。资料存于采集工程数据库。

为了方便阅读和翻译，孙承纬将原著的电子版打印出来，字斟句酌地仔细翻看。相较于使用电脑进行翻译，孙承纬更倾向于手写翻译。由于最后的原著译文要以电子版的形式交给出版社，这导致翻译将涉及大量的文字录入工作。孙承纬再次"聘请"了已有书籍手稿录入丰富经验的妻子陶洁贞，作为此译稿的打字员。

通常完成一稿的翻译后，孙承纬会耗费大量的时间和精力对译文进行通篇反复检查修改，基本上隔一行，就是一大片的修改。校核修改的主要内容，一是文字、公式、图表输入的正确性，二是行文逻辑、质量的改进。

当然，具备丰富翻译经验的孙承纬已将这套"翻译工序"熟稔于心，"字打错的；外语符号不对的；我觉得自己翻得不适当的；换一个讲法更好。这种检查少不了的，因为我不像诗人、文学家，下笔成书，技术问题的表达需要反复推敲。一般来说至少大改两次，文字录入后打印出来，大改的稿子直接在计算机上修改，修改后再打出来，再上机修改，……直到交稿还要修改，都要一遍一遍校对。"①

正如陶洁贞回忆的那样：

> 那时候给他整理都是有第一稿，第二稿，第三稿的区分的。第一次是他写的东西，我给他打（录入），再打印出来让他改稿；他改好了以后，上机改，改完后再打印再改，就这样反复很多遍，所以有一稿，二稿，三稿……②

经过这样反复的过程，《磁通量压缩发生器》一书逐渐成形。在此书成稿后期，陶洁贞事务缠身，无法相助。为了译稿如期保质保量提交，孙承纬只好自学拼音打字，同时委托学生赵剑衡和他的妻子陆向阳帮忙完成后期的录入工作。后经统计，译著的手稿多达 982 页。

为了让读者深入理解磁通量压缩发生器技术的物理思想和发展动态，

---

① 孙承纬访谈，2022 年 1 月 8 日，上海。资料存于流体物理研究所。
② 陶洁贞访谈，2022 年 1 月 7 日，上海。存地同①。

孙承纬当时除了完成原著全文的翻译外，在征得原作者同意后，他特意把福勒博士等人撰写的"磁通量压缩发生器：辅导和述评"（Magnetic flux compression generators: A tutorial and survey）和关于磁扩散理论的文章"磁通量压缩发生器中的损失：线性磁扩散理论"（Losses in Magnetic Flux Compression Generators: Linear Diffusion）两篇文章翻译后列入附录。增加的这两部分附录，对世界范围的研究状况作了扼要评述，有利于深化读者的理论水平。

另外，原著没有论述当前最重要的 MC-2 发生器类型——俄罗斯实验物理院独创的圆盘型磁压缩发生器的研究情况，公开发表的技术资料也很少。补充圆盘型磁压缩发生器的理论知识，对于中国读者至为重要。为此，他安排孙奇志进行大量调研，写成关于圆盘发生器的附录补入书中。

按照孙承纬的要求，孙奇志从写书的角度出发，经过广泛调研和深入思考后，写出一份关于圆盘型磁压缩发生器从设计理论到实验，内容详尽的文献资料。孙奇志回忆了当时并不是一帆风顺的调研和撰写过程：

> 他（孙承纬）给我的这个圆盘发生器附录至少修改了两回。其中一回是，当时写圆盘发生器附录的时候，完全按照我原来写调研报告的形式写，就写俄罗斯将圆盘发生器以什么形式做到什么程度，得到了什么应用。孙院士收到我的第一稿时，认为这个不行！因为这是一本书，与调研报告有本质区别，必须把圆盘发生器的计算等理论性的知识加进去。[①]

在孙承纬的高标准要求下，孙奇志最终撰写完成了涵盖圆盘型磁压缩发生器先进概念、理论设计以及应用等系统性知识内容，作为附录加入书中。

回顾这些年的研究，中国在爆炸磁压缩装置研制技术和应用领域取得了较明显成果。为了使读者对中国的研究工作也有所了解，孙承纬特意叮

---

① 孙奇志访谈，2021 年 12 月 31 日，四川绵阳。资料存于流体物理研究所。

嘱孙奇志将国内公开发表的全部文献目录收集并整理，按照文献发布时间顺序，形成了一份时间跨度从 1986 年至 2005 年，共计 82 篇文献的目录，收入该书中。孙承纬相信，这将对希望全面了解爆炸磁通量压缩技术情况的读者有所裨益。

2008 年 4 月，由孙承纬主译的《磁通量压缩发生器》出版发行，其增加的附录篇幅就占据此书的三分之一，这也为原著提供了磁通量压缩发生器技术研究更加完整的理论知识体系。

授之以鱼，不如授之以渔。通过这些年译著和专著的撰写，孙承纬心生感悟，认为从事科学技术和工程研究，"要有一个比较好的书供学习参考，这是我的主要目的。国外有什么好东西，我们能够把它引进来，让大家都知道。当然，也可能这个人看了没用，也可能那个人看了有用，这个取决于受众本身。这个东西，作为学习资料的价值，我想这是客观的。"[①]

夯实理论知识，才能真正理解科学技术，从而卓有成效地体现在工程研究中。

《磁通量压缩发生器》作为孙承纬翻译编撰的第四本著作，同样具有极高价值，作为国内第一本爆磁压缩技术及应用参考书，在技术的基本原理、基础理论方面一直发挥重要作用。其中，圆盘型磁压缩发生器附录内容更是成为当时国内圆盘型磁压缩发生器数值模拟方法和理论的重要依据，起到了实际作用。

---

① 孙承纬访谈，2022 年 1 月 8 日，上海。资料存于流体物理研究所。

第十四章
从容一贯　守一得多

人生在世，纷繁扰攘。看重什么，坚守什么，成为丈量品格厚度、境界高度的标尺。孙承纬曾说："搞我们这种工作，需要习惯'寂寞'，平常对外交流很少，业余活动也基本是在院内开展。这就要求我们注意调整心态，把主要精力投入研究之中，在工作中品尝乐趣、寻找人生价值。"[①] 孙承纬行如其言，几十年来，保持一贯，把学问和事业视为生命中的重中之重。他长期奋战在科研一线，不吝心力地指导学生、带领团队，在国防科技领域埋头深耕、开拓创新。而在学问和事业这一"单线条"的背后，孙承纬得到了妻子陶洁贞无私的奉献与支持；他对待科研严谨、执着的态度，潜移默化地影响着学生、女儿，虽未溢于言表，却下自成蹊、海内人望；他守着思想上的淡泊，收获了内心的丰富与宁静，更得以在学问的世界里纵横满腹。

[①] 王景、姜洋、凌晏等：光荣绽放——记孙承纬院士。见：中国工程物理研究院流体物理研究所编，《于无声处听惊雷》，内部资料，第 170 页。

师 之 以 严

"上至院长,下至一般科研人员和学生,凡是熟悉老先生的人都习惯称其为'孙老师',鲜有称呼'孙主任、孙院士'的。在这个人人都可自称老师的时代,作为孙老师的学生和在他身边工作了近三十年的人,如果让我用最敬畏的方式称呼他,找不出比'老师'更合适的词了。"[①] 一直以来,在学生们眼中,孙承纬是"师者"的典范,他以严谨勤勉的治学之道和身体力行的为师风范,教导、感召着学生和青年科研人员不断前行。

早在 20 世纪 80—90 年代,孙承纬就已经意识到人才匮乏是制约事业

图 14-1 2005 年 5 月,孙承纬(左三)在流体物理研究所与青年学者讨论

---

① 赵剑衡:老师。见:《孙承纬院士八十华诞文集》编辑组编,《孙承纬院士八十华诞文集》。北京:中国原子能出版社,2019 年,第 69 页。

发展的主要瓶颈。当时，孙承纬担任"863计划"中激光辐照效应专题组的组长，专题组急需新生力量，但那时国防军工单位招聘人才非常困难。面对这个难题，孙承纬从事业发展和人才培养的长远考虑，毅然决定自己招收、培养研究生，并带动课题组的同事共同积极招收研究生。同事刘绪发说道：

> 在老孙的带动下，课题组的老同志开始招收研究生，还鼓励课题组的年轻人报考、就读杜祥琬院士、刘颂豪院士（华南师大）、章冠人教授、段祝平教授（中科院力学所）、吕百达教授（四川大学）等的博士生。20世纪90年代中期，我所出国深造的年轻学者，有五六人，机理实验研究课题组就占了两人（刘仓理、庄仕明），2000年后还有3人出国深造（赵剑衡、李牧、宋振飞）。功夫不负有心人，课题组是博士生多于硕士生、硕士生多于本科生的智力结构。①

1985年，孙承纬招收了他的第一个硕士研究生赵锋。此后，他陆续培养了数十名硕士、博士研究生。孙承纬对人才的培养、提携不仅限于自己的学生，凡是有潜力的青年科研人员，他都想方设法地培养锻炼他们的能力，给予平台助力其成长。对此，赵峰回忆：

> 20世纪90年代后期，研究所青年人才比较少，大多只有硕士学历，难以适应事业发展的需要，作为所科技委主任，老师在所内提出了动员一部分人攻读博士的建议，并得到了当时所内主要领导丁伯南所长的支持。于是，一批有一定发展潜力的青年科研人员有机会继续深造，他们中大多数成为研究所后续事业发展的骨干力量，为研究所学科建设和青年人才培养添加了一抹靓色。②

---

① 刘绪发：支撑别有洞天的神针。见《孙承纬院士八十华诞文集》编辑组编，《孙承纬院士八十华诞文集》。北京：中国原子能出版社，2019年，第68页。
② 赵锋：学界泰斗　人生楷模。见《孙承纬院士八十华诞文集》编辑组编，《孙承纬院士八十华诞文集》。北京：中国原子能出版社，2019年，第78页。

1995年3月，孙承纬提出在中物院设立"爆炸理论及应用"专业博士点。他在申请报告中强调，一方面，从国内实际情况看，已有专业博士点培养出的博士生数量远不能满足院里"九五"期间的发展需要，而院里已完全具备设立该博士点的条件；另一方面，设立"爆炸理论及应用"专业博士点是"为我国核武器、精良常规武器和新材料科学、高科技的发展培养新一代的高级人才，为我国国民经济和国防科技增添后劲和新鲜血液，并争取在21世纪为保持我国应有的国际地位作出贡献"。[①] 经过他不懈努力，1996年5月，国务院学位委员会批准在流体物理研究所设立"爆炸理论及应用"博士学位授权点，为后续人才的培养提供了良好的平台。

2012年，孙承纬担任中物院研究生部主任，主持院学位委员会工作，投身于全院研究生人才队伍的培养。为了培养出适应院所事业可持续发展的高层次人才，他不辞辛劳地奔波于各大院所、高校间商洽联合培养研究生的事宜。同事黄崇江回忆2014年5月与孙承纬一同到中国科学技术大学、南京理工大学商谈联合培养高层次博士生的事：

> 当时他75岁高龄，住在上海的家中，我们约定先在南京汇合。他在没有任何人陪伴的情况下，独自从上海乘动车到南京，脚穿年时久远的黑色皮鞋，与众多拥挤的旅客一样排队上车，鞋都被人流挤踩破了。我们在南京火车站接到他后，匆忙帮他买了一双布鞋。在南京理工大学座谈后，马不停蹄地从南京乘动车赶往合肥中国科学技术大学。一路走来，达成了中物院研究生部与南京理工大学、中国科学技术大学联合培养高层次博士人才的合作协议。时任中国科学技术大学副校长兼研究生院院长张淑林教授高度称赞"孙院士学识渊博、工作敬业、生活朴素，为了中国工程物理研究院的人才培养不辞辛劳，是值得我们学习的榜样"。[②]

[①] 孙承纬：关于在中国工程物理研究院设立"爆炸理论及应用"专业博士点的论证报告。1995年3月，未刊稿。资料存于采集工程数据库。

[②] 黄崇江：孙承纬老师那些年那些事。见：《孙承纬院士八十华诞文集》编辑组，《孙承纬院士八十华诞文集》。北京：中国原子能出版社，2019年，第92页。

在流体物理研究所，孙承纬是公认的培养硕士、博士研究生数量多、质量好的楷模。孙承纬作为老师是出了名的"严"。他要求学生必须具备过硬的专业领域科研能力，特别注重培养学生的科研思维和科研创新能力。学生谭多望提起老师对自己的教诲，时隔20余年仍感触良多：

  老师送了我一本书——法国数学家、物理学家彭加勒所著《科学与假设》，这是一本被称为科学领域的哲学书籍，老师告诫我："你要发扬啃木头的精神，把枯燥的书读懂。"通过这本书，彭加勒的"没有假设，科学家将永远寸步难行"的观念对我影响至深。[1]

他要求学生除牢牢掌握专业领域内的实验能力外，还必须具有过硬的数值模拟计算能力，实验与数值模拟相配合才能更好地认清物理原理。他要求每个学生都必须具备程序编写能力，要把整个程序的逻辑结构、方程

图 14-2 2014 年 6 月，孙承纬作为中国工程物理研究院研究生部主任向毕业研究生授予学位证书（流体物理研究所提供）

---

[1] 谭多望：点滴小事映师心。见：《孙承纬院士八十华诞文集》编辑组编，《孙承纬院士八十华诞文集》。北京：中国原子能出版社，2019 年，第 84 页。

第十四章 从容一贯 守一得多

和参数等搞得一清二楚。因此，学生们把孙承纬在20世纪80年代初编制的计算冲击波和爆轰反应流动的一维程序SSS和二维程序WSU作为学习编程的"必修课"。

孙承纬认为外语能力是基础科研能力的重要组成部分。他要求学生除具备英文阅读能力外，还必须具备很好的听说、写作能力，要能流利地用英语交流、撰写英文文章。对此，中物院胡海波研究员讲道："20世纪80年代末，常听与我同期就读的孙老师的研究生们讲，如何被留美归来的孙老师要求每晚睡觉前至少要读若干页英文资料。"[1] 学生龙新平回忆：

> 孙老师的要求说起来简单：坚持每天听英语新闻广播，直到能很容易听懂。那时每天起得早，跑完步后就听英语新闻广播，当时我虽然背记了1万多单词，刚开始时根本听不懂几句，我和庄仕明两人就每天晚上录一段英语新闻，第二天早晨起来反复听，直到全部听懂为止。我们每天都这么坚持听着，慢慢地英语听说的能力提高了。[2]

面对学生在新的研究领域的畏难情绪，孙承纬时常会形象生动地告诫学生"要跳到水里才学得会游泳，在岸边徘徊不敢往水里跳，那是永远学不会的"[3]，面对学生的迷茫困惑，他也会鼓励学生"不要计较个人得与失，其实能够静下心来，努力做一些开拓性工作未尝不是一件好事"[4]。

对孙承纬而言，"科学上来不得半点虚假，学术上他眼里容不得半点沙子"[5]，学生和同事们感叹他甚至有些不近人情。无论是项目研讨、职称

---

[1] 胡海波：学习之路。见:《孙承纬院士八十华诞文集》编辑组编,《孙承纬院士八十华诞文集》。北京：中国原子能出版社, 2019 年, 第 20 页。

[2] 龙新平：夯实我科研工作基础的引路人。见:《孙承纬院士八十华诞文集》编辑组编,《孙承纬院士八十华诞文集》。北京：中国原子能出版社, 2019 年, 第 12 页。

[3] 刘仓berg：大家之风 可敬可佩。见:《孙承纬院士八十华诞文集》编辑组编,《孙承纬院士八十华诞文集》。北京：中国原子能出版社, 2019 年, 第 8 页。

[4] 孙奇志：谆谆教导 为师典范。见:《孙承纬院士八十华诞文集》编辑组编,《孙承纬院士八十华诞文集》。北京：中国原子能出版社, 2019 年, 第 116 页。

[5] 谭多望：点滴小事映师心。见:《孙承纬院士八十华诞文集》编辑组编,《孙承纬院士八十华诞文集》。北京：中国原子能出版社, 2019 年, 第 84 页。

评审还是报奖答辩,他当评委都只会遵循学术面前人人平等,对他自己的学生也不会有半点的偏袒。他的学生们深谙此道,于是遇到孙承纬当评委时,不仅不会有所松懈,反而会加倍努力。对此,学生谭多望说道:

> 报奖参加答辩,老师从来不会因为是他的学生而给人情分。他从来都是就事论事,以水平论高低。一个一个尖锐的问题接连向答辩人抛过来,有时甚至让人无法回答。也正因为这样,我们在准备材料时倍加认真,反复修改、论证,唯恐遭遇老师的"炮轰"。[①]

在学生眼中,孙承纬更多的时候是行不言之教,一直用自己的实际做法践行着自己的学术理念与学术态度。学生张红平回忆:

> 记得有一次参加院里某奖项的评审会,孙老师作为评委,对答辩人和答辩材料漏洞的质疑相当犀利,中间休息时我和孙老师聊:"其他评委应该也注意到了这些问题,可能都是院内同事碍于面子不便过多评论。"孙老师马上神情严肃地告诉我:"如果搞科研的都是抱着这种态度,那还怎么进步?"那一刻我对孙老师认真做事的坚持又多了一层理解。[②]

善歌者使人继其声,善教者使人继其志。孙承纬作为一名"老师",言传身教、垂范作则,以其对待科研严谨、执着的态度,对待人才培养勤勉、负责的风范,引导、激励着年轻后辈茁壮成长,在爆轰物理、激光辐照效应、高功率脉冲技术及高能量密度物理领域带出了一支支敢于攻关、锐意进取的科研团队,其中许多学生、青年骨干已成长为各自领域的领军人才。

---

① 谭多望:点滴小事映师心。见:《孙承纬院士八十华诞文集》编辑组编,《孙承纬院士八十华诞文集》。北京:中国原子能出版社,2019 年,第 84 页。
② 张红平:前进道路上的指明灯。见:《孙承纬院士八十华诞文集》编辑组编,《孙承纬院士八十华诞文集》。北京:中国原子能出版社,2019 年,第 110 页。

贤妻良助

孙承纬在"八十自述"里写道:"我有一个幸福和睦的家庭。妻子陶洁贞很早就跟我到四川山沟里工作,任劳任怨辛勤操持家务,而且十分细致、耐心地为我整理、打印文稿,给予我极大的支持和帮助。"① 家有贤妻,胜过良田万顷。对于整日醉心于不断探索科技奥秘的孙承纬来说,妻子的支持就是他最坚强的后盾。

在陶洁贞最初的印象里,孙承纬是一个"像书呆子一样,有些书生气,半天也说不出两句话的人"②。两人经人介绍后相知相识,相处融洽,于1973年组建了自己的小家庭。

图14-3 1972年11月,孙承纬与陶洁贞在上海友谊照相馆合影(孙承纬提供)

1975年,这个性格外向、爱说爱笑的上海姑娘,放弃了在上海相对优渥的生活条件,跟随丈夫来到了物资贫乏的四川大山深处。

20世纪70年代,一所驻地剑阁县马灯公社,位于崎岖重叠的大山怀抱之中,闭塞的山里难以与山外沟通,生活、交通、就医的诸多不便,子女升学就业的后顾之忧,给职工和家属带来的困扰不言而喻。初到四川时的画面,陶洁贞依然记忆犹新:

那时候我们住在山上、最顶上的一个单间的房子。我第一次来,卡车开了两个多小时,在山里窜来窜去,又爬上山沟沟,就像以前在

---

① 孙承纬:八十自述。见:《孙承纬院士八十华诞文集》编辑组编,《孙承纬院士八十华诞文集》。北京:中国原子能出版社,2019年。
② 陶洁贞访谈,2020年12月7日,四川绵阳。资料存于采集工程数据库。

电影里看见的那样,像是进了少数民族的地方去了,心里觉得很恐怖的,怎么在这么一个地方,车子一路过去都没看见人。

从繁华的城市到了一个背靠大山的"荒地",自然面临诸多不适。方圆30里连赶场的集市都没有,从衣食到住行,样样条件都比上海艰苦许多,日子更是过得紧巴巴的。陶洁贞回忆:

> 到了那里什么都没有,既没吃的也没菜。有的时候会有几个老乡从外面过来,临时背点萝卜、鸡蛋什么的,跟我们换粮票。后来,单位就到外面某个镇上去拉菜,拉来什么就买什么。那时候是,今天吃萝卜家家都是萝卜,明天吃白菜家家都是白菜。[①]

孙承纬工作忙碌,经常出差、加班而无法顾及家里,好在陶洁贞很快适应了山沟里的生活。"既来之则安之嘛"[②]。从小就独立能干的陶洁贞,很多事情都靠自力更生、不等不靠,将生活安排得井井有条。用节余的粮票跟老乡换萝卜、换鸡蛋,食材少,自己就换着花样地做。孙承纬从美国留学回来后,胃病很严重,经常疼痛难忍。医生叮嘱他少吃大米,最好是每天喝牛奶、吃碱面馒头。于是,好长一段时间孙承纬都是天天吃馒头。陶洁贞担心作为南方人的孙承纬天天吃馒头会觉得腻,就想方设法地为他换口味。好友刘文翰回忆:

> 那年我到青海221出差,陶洁贞说:"我托你办点事。"我说什么事?她说:"青海可以买到红豆,别处买不着,你到青海去给我带一些红豆回来。"我说你要红豆干什么,她说:"我做豆馅,孙承纬老吃馒头也不行,我要做点豆馅给他做豆包来调节调节。"我说好,我一定照办。[③]

[①] 陶洁贞访谈,2022年1月11日,上海。资料存于流体物理研究所。
[②] 同①。
[③] 刘文翰访谈,2020年12月2日,北京。存地同①。

那时，山里经常停水，所里就会出动消防车运水。在家属区的各个供水点上，大桶小桶排成长龙，有抬水的、挑水的，人人为水奔忙。骄阳似火、滴水贵如油，当时情景，不堪回首。陶洁贞自然也是这"长龙"中的一员，她曾调侃地说：

> 孙承纬运气可好了，每次断水他都恰好在外面出差，就我一个人去挑水。消防车到外面把水拉回来，大家排队去装水，装好了以后自己挑回家。我们家基本上所有水都是我挑的。①

戏谑的话语背后，饱含的是将近半个世纪的包容与照顾。洒扫庭除、买菜做饭，无论是照顾孩子，还是七零八碎的家中日常，都是陶洁贞一人在打理。她包揽了家中大大小小的事务，为孙承纬撑起了一片天，让他心无旁骛地投身科研。

陶洁贞是孙承纬生活上的好后勤，也是工作上的好帮手。20 世纪 70—80 年代，电脑还没有普及，孙承纬大量的工作报告和论文都需要手写后再打印成稿，有些长篇论文或者书稿需要一改再改、一校再校。他觉得拿到打字室去打印不但工作量大，而且修改起来也不方便，还太麻烦人家。于是，当办公室配备了四通打字机之后，同在所里上班的陶洁贞就义无反顾地承担起了孙承纬的手稿整理工作。

在孙承纬独自翻译俄文版《爆炸物理学》的十余年里，陶洁贞是他唯一的助手。打字、校对、联络成了陶洁贞额外的工作，节假日甚至午休时间，所里常有人看到夫妻二人在办公室加班。上班的时候，俩人在各自的岗位忙碌；下班之后，他们一个奋笔疾书，一个整理打印。对此，陶洁贞从无怨言，她更是说道："我觉得帮忙也是应该的吧，他的事不也是我的事嘛。"②

工作上的帮助、生活上的照顾，陶洁贞早已习以为常。如今，随着孙承纬的年事渐高，视力和听力都严重下降，身体状况也不如从前，而比孙

---

① 陶洁贞访谈，2022 年 1 月 11 日，上海。资料存于流体物理研究所。
② 陶洁贞访谈，2020 年 12 月 7 日，四川绵阳。资料存于采集工程数据库。

承纬小十岁的陶洁贞为了丈夫的健康更是想出了各种高招。

年至耄耋的孙承纬每天都在大量地研读文献、不断更新知识并指导科研，常常在书桌旁一坐就是一整天。为了让不爱出门的孙承纬外出走动走动，陶洁贞常常拉着他去逛超市，到公园里走走、在超市里转转。

除了拉着孙承纬逛超市，陶洁贞还会想方设法地给他"派活儿"，安排他洗菜、淘米、洗碗，"迫使"他离开自己的工作台。孙承纬的好友刘文翰回忆：

> 孙承纬动手能力强，喜欢在家里面焊无线电。陶洁贞就"烦"他这个，"你又没事干了，又在家焊这个。撂下撂下，这儿给你派点活"。孙承纬说："她第一个在家里不让我看书，说我身体不好。第二个反对我焊无线电。我在家里面坐着休息她不管，我一干这个她就给我派活儿。"[①]

图 14-4　2019 年 3 月，孙承纬与陶洁贞在上海嘉定（孙承纬提供）

---

① 刘文翰访谈，2020 年 12 月 2 日，北京。资料存于流体物理研究所。

同样惹陶洁贞"烦"的还有一件事：孙承纬喜欢在家做木工。每次做完木工，阳台上总会铺满刨出来的各种木屑、刨花，打扫卫生的工作往往就落在了陶洁贞的头上。陶洁贞说：

> 他做完木工以后，我就得跟在后面扫。他干一点活，我得跟他扫一天。他一个抽屉一两个星期还没有做出来，我就得一两个星期天天跟在后面打扫。①

然而，"烦"归"烦"，陶洁贞依然支持孙承纬在家做木工。因为做木工没有看书那么"费眼睛"，考虑到孙承纬的身体健康，陶洁贞说：

> 做木工这个事情，我一方面烦他，另一方面也稍微支持他一点。否则他整天趴着看书，对眼睛不好，又看不见。反正烦是挺烦他的，但也就算了。②

"派活儿""也就算了"这些话语的背后，其实是陶洁贞无微不至的关心。孙承纬一门心思都在学问里，不懂照顾自己，总是忙于工作而忘了吃饭；不懂得爱惜身体，常常与学生讨论问题至深夜。所有的这些，陶洁贞都看在眼里，记在心里。唠叨他，给他"派活儿"，就是想让他多注意身体、多休息，背后都包裹着不易察觉的爱意。

爱 如 长 风

对于"总是派活儿"给他的老伴儿，孙承纬总是讪讪一笑也不反驳。他理解妻子的做法，听得懂"唠叨"背后的弦外之音。

---

① 陶洁贞访谈，2020 年 12 月 7 日，四川绵阳。资料存于采集工程数据库。
② 同①。

在家里听妻子的安排，家务活也会帮忙分担，孙承纬充分体贴妻子、尊重妻子。孙承纬喜欢看书、喜欢"静"，陶洁贞喜欢篮球、跳舞、喜欢"动"，尽管与妻子有着不同的兴趣和爱好，但他从不干涉陶洁贞的爱好，还能主动创造条件满足妻子的爱好。女儿孙今人回忆：

> 我妈是很喜欢活动的，我记得（小时候）我妈经常带着我去打篮球。我妈喜欢跳舞，我爸不喜欢。他们也不互相干涉，我妈没有强迫我爸去跳舞。我爸也不会说他不喜欢篮球之类的。我妈喜欢吃点啥，我爸都经常想着的。[1]

生活中，在受到妻子无微不至的照顾的同时，孙承纬也记着妻子的爱好、操心着妻子的健康。平日里身体素质很好的陶洁贞，但凡有点不舒服总觉得自己能克服、能够"顶过去"。对此，孙承纬很是担心，他常常催促陶洁贞去医院，还叫女儿一起做动员工作。孙今人回忆：

> 我妈不喜欢看病，她要是不舒服，都是我爸催着她，我爸就很担心，觉得不看不行，催着我妈去看病。我爸还给我打电话，叫我给我妈做动员工作。这些事我爸就比较上心，俩人是互相操心着的。[2]

对于妻子陶洁贞，孙承纬尽是依赖、倚重。对于女儿孙今人，孙承纬则是一个开明、民主的父亲，他将自己对待科研的态度一以贯之地带到家庭教育中来。"父有争子，不行无礼"，允许女儿与自己平等地争辩，不主观武断，是孙承纬的生活态度，也是他对待科研的态度。孙今人曾总结道：

> 我父亲相对来说比较民主，拥有实事求是的科学态度，包括生活态度，这也是我受他影响最深的一个地方。就是只有对错，而不是用

---

[1] 孙今人访谈，2022年1月5日，上海。资料存于采集工程数据库。
[2] 同[1]。

第十四章　从容一贯　守一得多

父亲的身份决断，我们家很多事情有意见的话，是会互相争论的。①

孙承纬在家里比较民主，但绝不是放任。对女儿的教育，他秉持"抓大放小"的原则，牢牢把握着大方向。他不干涉女儿的选择，不以家长设定的目标来影响女儿的发展。从来不会问女儿考试得了多少分，学习成绩排名班级第几，而是担任宏观的把握角色，给女儿把关和一些合理的建议。孙今人回忆：

图 14-5　1995 年 11 月，孙承纬到上海看望在华东理工大学上学的孙今人（孙承纬提供）

我觉得他在大方向上把握得比较多。我个人的一些事情，比如选工作、考研这些，他还是有一些指导性的意见，但是他不是那么强制。他在大规划上还是有要求的，但对细节管的不多。现在回想起来，我还是按照他的要求办了这些事，但是我又没觉得太受到约束或者是他很严格。②

孙承纬喜欢读书，也喜欢给女儿买书，他认为，"人就要多看书，看得多了，各方面自己就学好了；在学习方面，要多做练习，不做练习觉得会了，事实上不会。就像是做实验，挺好的一个方案，但没有做出来以前，我永远不知道我到底是对的还是不对的"③。孙今人从小就感受到了阅读的

---

① 孙今人访谈，2022 年 1 月 5 日，上海。资料存于采集工程数据库。
② 同①。
③ 陶洁贞访谈，2020 年 12 月 7 日，四川绵阳。存地同①。

魅力，培养起了阅读的兴趣和习惯，渐渐地，也形成了与父亲相似的思维方式和思考方法。孙今人的高中数学老师黄崇江回忆：

> 1988年，我从师范大学毕业分配来所子弟中学任高中数学老师，他的女儿孙今人就在我教的班级。他女儿英语比较流畅，逻辑思维清晰，也比较大方活跃，经常与同学们一起来同我讨论数学问题。我感到好奇，一般女生对数学感兴趣的、喜欢问问题的比较少。孙老师的女儿如此聪明睿智，在班上格外突出。①

孙承纬对女儿的影响是潜移默化的，也是极其深远的。如今，孙今人也成长为和父亲一样脚踏实地、干实事的人。

做人踏实，做事认真，做学问有讲究，吃饭却很随意。由于家中大小事务都由陶洁贞操持，孙承纬自然不太会做饭，遇到陶洁贞有事外出时，他就要担任女儿的"保姆"，弄点简单的饭菜。孙今人回忆：

> 那个时候应该是我初中快上高中的时候，我爸就吃饭对付嘛，经常就烧酱油香肠饭，高压锅里放进去切好的香肠，加点酱油直接蒸。其实我挺喜欢吃的，但是我妈挺讨厌这么烧饭。②

简简单单的"酱油香肠饭"，在母亲的眼中可能没有营养、不够健康，然而它背后却是不擅长料理家务的父亲特有的"温度"。对于为什么要做"酱油香肠饭"，孙承纬解释道："我的女儿特别喜欢吃肉，要是没有肉她这个饭就很难吃下去，就是这样。"③

爱如长风，隐于无形，无论对妻子还是对女儿，孙承纬都没有花里胡哨的浪漫或者长篇累牍的教导，有的只是真挚的陪伴和温情脉脉的守护。

---

① 黄崇江：孙承纬老师的那些年那些事。见：《孙承纬院士八十华诞文集》编辑组编，《孙承纬院士八十华诞文集》。北京：中国原子能出版社，2019年，第92页。
② 孙今人访谈，2022年1月5日，上海。资料存于采集工程数据库。
③ 同②。

精神富足　生活简朴

科学家的生活，有严肃、有理智，也有幽默与有趣。在他人眼中，孙承纬"是一个非常有趣的人。他对科学、文学、艺术、历史等知识都抱有极大的兴趣。他有极强的心算能力，他做木工，修理手表、收音机，玩航模。虽已年届八十，但对目前信息化产品十分熟悉，甚至比很多年轻人都精通"。[1]

的确，孙承纬的爱好十分广泛，其中最突出的是看书。看书这个爱好伴随着孙承纬从小学一直到成为专家、院士，给家人、同事留下了深刻印象。爱人陶洁贞说"他一辈子就只知道看书"[2]。好友华欣生说："孙承纬是一位爱读书、爱买书、爱藏书的'书呆子'型知识分子，不仅热爱本专业、自然科学方面多领域学术专著，他还是一位人文科学、国学、社会科学、伦理道德、诸子百家等书籍的阅读爱好者。周末有闲时，我们经常串门，海阔天空聊天，畅叙学习心得。"[3] 在学生赵剑衡眼中：[4]

> 孙老师学贯中西、博览群书，至今仍保持看书、看资料到很晚的习惯，这也养成了他视书如命的癖好。老先生最自豪的是家里他亲手打造的几个书架，满满的都是书。内容包罗万象，涉猎面极广。他一直对我很好，唯一一次对我发火是因为我弄丢了他的一本书。

---

[1] 谷卓伟：我的人生和学术导师孙承纬院士。见:《孙承纬院士八十华诞文集》编辑组编，《孙承纬院士八十华诞文集》。北京：中国原子能出版社，2019年，第118页。

[2] 把一生献给国防科技事业——记中国工程院孙承纬院士。见：孙勤编，《核铸强国梦》。北京：中国原子能出版社，2015年，第89页。

[3] 华欣生：潜心耕耘，学者风范。见:《孙承纬院士八十华诞文集》编辑组编，《孙承纬院士八十华诞文集》。北京：中国原子能出版社，2019年，第19页。

[4] 赵剑衡：老师。见:《孙承纬院士八十华诞文集》编辑组编，《孙承纬院士八十华诞文集》。北京：中国原子能出版社，2019年，第70页。

孙承纬的家中，家居摆设十分简单，最显眼的就是成堆成堆的各类书籍。从社会科学到自然科学，从马列主义著作到科幻小说，从古代的到近代的，从中国的到外国的，足足上万册。孙承纬常说："这个世界这么大，走一次不容易，要多了解一些啊。"[①]

在四川山沟工作时，家里房间小，孙承纬就把书柜做得和房间一样高，整个书房除了临窗的一张小写字台和靠墙摆放的一张单人床外，其余的空间全部做成了一直到屋顶的书架。流体物理研究所搬迁到绵阳之后，家里的房间多了，书也更多了，充满了房间的四壁，陶洁贞曾无奈地说："我们家搬家就是搬书，把书搬空了就没什么东西了。"

对此，孙承纬的学生李牧也深有感触[②]：

汶川地震以后，孙老师从五区搬到专家楼时，所里安排我负责。搬家的时候，孙老师提前已经把家里几面墙的书分类打包完成。书是孙老师家里最多的物件，当时10号楼里大概有几千册（只是他藏书的一部分），其中一半是专业书籍。搬家的过程中，孙老师还给我们分享到哪里可以买到便宜的正版书，并鼓励我们多买书、多看书。

古人说"不动笔墨不看书"。孙承纬看书非常入迷，边读书、边思考、边批注、边记录，看到精彩之处就拿起笔来圈点批注。书架上的书里总是夹着各式各样的小纸条，上面写满了密密麻麻的小字，都是他看书时所作的批注。学生庄仕明回忆[③]：

临出国前，孙老师送了我几本基础力学方面的书。其中一本是中国科学技术大学王礼立先生的《应力波理论》讲义，里面满页都是

---

① 谭多望：点滴小事映师心。见：《孙承纬院士八十华诞文集》编辑组编，《孙承纬院士八十华诞文集》。北京：中国原子能出版社，2019年，第85页。

② 李牧：我的人生导师孙承纬院士。见：《孙承纬院士八十华诞文集》编辑组编，《孙承纬院士八十华诞文集》。北京：中国原子能出版社，2019年，第85页。

③ 庄仕明：授业有道，可以世传。见：《孙承纬院士八十华诞文集》编辑组编，《孙承纬院士八十华诞文集》。北京：中国原子能出版社，2019年，第81页。

图 14-6　孙承纬在家中书房留影（孙承纬提供）

孙老师手写的注解、注释、公式推演、补缺、更正，还有相关理论的应用说明，进一步的参考书目以及习题解答。书写极其工整，简洁明了。

广读博览，自然知识全面、眼界开阔，这体现在他的学术文章、技术报告和所编著的专业书籍里，也体现在与人的交谈和交往之中。学生胡海波回忆[①]：

> 年轻人间开玩笑说没做专门研究，不要轻易在孙老师面前摆乎中国史，保不定被他从头到脚再给你讲一遍。偶然与他聊天，随便谈到早期苏联文学作品大师与玛格丽特，细讲其中关于罗马总督庞地·皮拉得的章节，他竟能轻松对谈。与他谈苏联物理学派起源，谈到爆

---

① 胡海波：学习之路。见：《孙承纬院士八十华诞文集》编辑组编，《孙承纬院士八十华诞文集》。北京：中国原子能出版社，2019 年．第 21 页。

轰、冲击波专业的祖师爷们的传奇及他们的学派脉络延续,他也无一不门儿清。

学生赵剑衡也提道[①]:

> 他喜欢和人聊天、谈古说今、喜辩论,对人物地点事件都如数家珍,甚至能指出在原著哪页上。关键每每他都有自己的看法,感觉无论小说还是历史,国内还是国外,很少有人能在他面前聊出成就感来。

爱看书,工作又忙,孙承纬对时间总是倍加珍惜。在他人的印象里,"孙老师只要不是和人谈话或走路,多半都在读东西,无论是在办公室、家里、旅途或是开会"[②]。孙承纬最忙的时候,一年之中差不多有三分之一的时间在天上"飞来飞去"。每逢出差开会,汽车上、火车上、飞机上,孙承纬总是在看文献,似乎要把被各种会议占去的时间赚回来。

晚年受到眼疾困扰,孙承纬的视力严重下降,左右眼加起来大概只有一个眼的完整视力。但他读书研学的精神却丝毫未减,书上的字看不清楚,他就借助放大镜来看;电脑显示器看起来费劲了,就买一个更大尺寸的显示器。放大镜的倍数越来越高,电脑显示器的亮度也是越调越高,孙承纬仍以惊人的毅力坚持天天读书。

图14-7 孙承纬常用的放大镜(流体物理研究所提供)

看书之外,孙承纬还喜欢动手制作或修理一些小东

[①] 赵剑衡:老师。见:《孙承纬院士八十华诞文集》编辑组编,《孙承纬院士八十华诞文集》。北京:中国原子能出版社,2019年,第70页。

[②] 庄仕明:授业有道,可以传世。见:《孙承纬院士八十华诞文集》编辑组编,《孙承纬院士八十华诞文集》。北京:中国原子能出版社,2019年,第81页。

西。家中买来的家具但凡有尺寸上不标准、设计上不合理的地方，他就会拿着卡尺这里量量那里量量，挥舞起锥子、凿子、刨子进行一番"修改""矫正"。

有一次，家中新买了一个明清风格的典雅书桌，原本是由两个柜式腿作支架，上端有几个抽屉，下端悬空。坚持实用主义的孙承纬认为这个书桌的抽屉太少，两边下端的位置空闲着，于是他就动手另外做了四个抽屉组装上去，做出来的抽屉尺寸精准又美观。

沉浸在自己的爱好里，全身心地投入其中，让孙承纬感到精神无比富

图 14-8　孙承纬家中加装了 4 个抽屉的书桌（流体物理研究所提供）

足。与精神富足形成强烈反差的是生活上的简朴。在生活中，孙承纬要求不高，吃饭填饱肚子即可；出行从不要求坐公车，而是乘坐公共交通工具或走路；飞机来回几乎全是经济舱，除了偶然买不到经济舱或者是别人买的票。孙今人回忆：

> 原来有一段时间，他们（孙承纬和陶洁贞）两个人到嘉定[1]来，经常是坐地铁来的。我爸妈觉得用公家的车不好。我们的意思是，你万一摔一跤呢？我说，要觉得用公家的车不好就打个车吧，他俩那是不舍得了。[2]

"我自己的钱是钱，国家的钱也是钱"，[3]这是孙承纬常挂在嘴边的一句

---

[1]　孙承纬的女儿孙今人工作地点位于上海嘉定。
[2]　孙今人访谈，2022 年 1 月 5 日，上海市。资料存于采集工程数据库。
[3]　陶洁贞访谈，2022 年 1 月 11 日，上海市。存地同[2]。

话。孙承纬以前有大致记账的习惯，但他记账并不是为了理财，而是为了记清楚账上每一笔资金的来源。陶洁贞回忆：

> 他管这个很仔细，他要写清楚存折上钱的来龙去脉，不能有乱七八糟的事情。每笔存款下面都要写，这个钱是几号转来的，什么事情转来的，这里加上了工资和奖金什么的，就是不能有"乱钱"，到时候说不清。①

清清楚楚记账，明明白白做人，不管人情上的来来往往，不顾官场上的是是非非。孙承纬的学生很多，当中更有不少已成为高官、骨干。对于学生们，孙承纬更是坚持着他"不近人情"的原则："过年过节的时候，学生拿着水果来，非要人家提回去，一直就这样。他的几个学生都知道，来拜年干啥的从来不带东西，带了东西他要叫人家拿回去，要说人家的。"②

中国科学院院士、原中国工程物理研究院院长刘仓理回忆：

> 我与孙老师个人感情一直很好，但不论我在所里还是院里，他从未向我提及过关于个人待遇一类的事情。不论是年轻时，还是当选院士以后，孙老师对待生活的淡泊态度一直没有改变，也影响着身边的科技人员，让大家为之折服和景仰。③

"中国知识分子淡泊明志的风骨在他身上体现无遗"④。正如古语有言，"夫君子之行，静以修身，俭以养德。非淡泊无以明志，非宁静无以致远"，正是因为孙承纬立身端方、宁清正节，有意在内心涵养一汪清泉，才能做到淡泊处世、静心思考，才能力戒浮躁、砥砺志趣。

2003年12月，孙承纬凭借在爆轰物理、激光效应等领域对学科发展

---

① 陶洁贞访谈，2022年1月11日，上海市。资料存于流体物理研究所。
② 同①。
③ 刘仓理：大家之风 可敬可佩。见：《孙承纬院士八十华诞文集》编辑组编，《孙承纬院士八十华诞文集》。北京：中国原子能出版社，2019年，第8页。
④ 同③。

图 14-9　2021 年 2 月 11 日，除夕，孙承纬在上海家中的电脑前阅读（孙今人提供）

和武器研制方面的突出贡献，当选中国工程院能源与矿业工程学部院士，时年他已 65 岁。当选为院士后，孙承纬并不甘于躺在已有的功劳簿上，他对科研知识的渴求不仅丝毫未减，反而为推进新时代国防科技事业的发展更加尽心竭力。在后续的时间里，孙承纬开辟并推动了强激光效应、高功率脉冲技术、等熵压缩技术等多个新领域新方向的发展，培养出一批引领国防科技前沿的新型人才。杜祥琬院士评价："他的很多学术工作是在当选院士以后才开始的，真所谓'老骥伏枥，壮心未已'。"[1]

在孙承纬"八十自述"中，他坦露了晚年的心愿："保持健康和良好心态，做些力所能及的事情，助力青年一代顺利成长，为所热爱的科技事业略尽绵薄"[2]。2021 年 2 月 11 日，正值除夕，大家都忙着刷拜年信息、唠家长里短、做团年美食时，伴着窗外的黄昏，82 岁高龄的孙承纬仍旧静静地坐在宽大的书桌旁，聚精会神地浏览着电脑上的文献资料。他的女儿孙今人用手机记录下了这一幕。

正如无数个寻常的日日夜夜一样，他依然沉浸在自己学问的世界里。

---

[1]　杜祥琬：序。见：《孙承纬院士八十华诞文集》编辑组编，《孙承纬院士八十华诞文集》。北京：中国原子能出版社，2019 年。

[2]　孙承纬：八十自述。见：《孙承纬院士八十华诞文集》编辑组编，《孙承纬院士八十华诞文集》。北京：中国原子能出版社，2019 年，第 4 页。

附录一　孙承纬年表

1939年

12月12日，出生于上海市静安区赫德路赵家桥路76号。

1941年

春，从二楼坠落，幸无大碍。

1943年

11月，大弟孙承统出生。

1945年

4月，二弟孙承绶出生。

9月，在上海市私立华华小学读小学一年级。

1946年

1—7月，完成小学一年级学业。

9月，在上海市私立华华小学读小学二年级。

1947年

1—7月，完成小学二年级学业。

4月，三弟孙承维出生。

9月，因父亲孙启粹到江苏常州工作，全家由上海搬至常州，插班到江苏省武进县河南镇中心国民小学读三年级。

1948年

1—7月，完成小学三年级学业。

12月，转回上海市私立华华小学读四年级。

1949年

1—7月，完成小学四年级学业。

9月，在上海私立华华小学读五年级。

1950年

1—7月，完成小学五年级学业。

9月，在上海私立华华小学读六年级。

1951年

1—7月，完成小学六年级学业，从上海市私立华华小学毕业。

9月，考入上海市虹口中学读初中一年级。

1952年

1—7月，完成初中一年级学业。

9月，在上海市虹口中学读初中二年级。

1953年

1—7月，完成初中二年级学业。

9月，在上海市虹口中学读初中三年级。

1954年

1—7月，完成初中三年级学业。

9月，在上海市虹口中学高中部读高中一年级。

11月，加入上海市虹口中学少先队独立小队。

1955年

1—7月，完成高中一年级学业。

9月，在上海市虹口中学高中部读高中二年级。

1956年

1—7月，完成高中二年级学业。

9月，在上海市虹口中学高中部读高中三年级。

12月19日，加入中国共产主义青年团，介绍人为朱贻琯、沈林根。

1957年

1—7月，完成高中三年级学业。

9月，考入北京大学数学力学系力学专业读大学一年级。

1958年

7月，完成大学一年级的学业。第二学期因学校搞"双反运动"未考试。

9月，在北京大学数学力学系力学专业读大学二年级。

1959年

7月，完成大学二年级的学业。

8月底，大学三年级开学前夕，撰写《自传》。

9月，在北京大学数学力学系力学专业读大学三年级。

1960年

7月，完成大学三年级的学业。

9月，在北京大学数学力学系力学专业读大学四年级，被分配到固体力学专门化班。

1961年

7月，完成大学四年级的学业。

8月，在北京大学数学力学系接受政治审查。

9月，在北京大学数学力学系力学专业读大学五年级。

1962年

7月，完成大学五年级的学业。

9月，在北京大学数学力学系力学专业读大学六年级。

12月，准备报考北京师范大学理论力学研究生。

1963年

7月，完成大学六年级的学业。

8月，从北京大学数学力学系力学专业固体力学专门化班毕业，毕业论文题为"三角形截面重力坝的固有振动"，导师为王大钧，论文成绩优。

9月，被分配到第二机械工业部青海221厂实验部工作。

10月，在实验部二室一组开始从事聚焦元件的设计和实验研究。

1964年

秋，提出利用剩余炸药药盘进行降低元件总高的探索实验。

9月，见习期满鉴定时被认为有"白专"倾向，拟予延期转正，作出深刻检查后按期转正。

1965年

春，正式担任某课题方案负责人。

秋，完成课题工作，编写"×××聚焦元件设计调整总结"。

年内，完成文章"概率论、误差理论和实验数据处理"的撰写。

1966年

1—3月，在实验部七厂区锅炉房劳动锻炼，期满后回二十二室编写"降低元件总高探索实验总结"。

4月19日—11月5日，被派至青海省互助土族自治县红崖子沟公社加克大队，参加农村"四清"运动。

11月，向王淦昌副院长提出"关于激光引爆炸药调研报告和设想方案"。

1967年

2—6月，与刘文翰分工撰写"××聚焦元件设计总结（卷一、卷二）"。

4月，在北京中国科学院物理研究所使用其自由振荡红宝石激光器，进行激光引爆炸药实验。

10—11月，提出光学窗口实验构型和引爆过程的热爆炸机理，在上海光学精密机械研究所进行激光引爆炸药实验。

1968年

7—9月，在上海光学精密机械研究所实验研究压装PETN炸药的激光引爆机理和过程，并向王淦昌写信汇报。

11月下旬，提出起爆元件参数影响和允差的新计算方法，向副院长王淦昌、郭永怀汇报。

1969年

5—9月，在上海光学精密机械研究所实验研究激光引爆过程的快速燃爆转变。

9月，返回青海221厂，参加"清队破案"运动，并准备向四川搬迁，科研工作停止。

1970年

2—7月，在"清队破案"运动中被隔离审查数月，交代检查和劳动改造。

11月，突发甲型肝炎，住院半月后带病从青海221厂搬迁至四川902地区。

12月，编制转到流体物理研究所103室。搬迁至四川剑阁西沟后，被送到梓潼县九院医院继续治疗，随后参加一周时间长距离的"拉练"活动。

1971年

6月，获准回上海探亲。

10—11月，留守四川剑阁西沟从事养猪劳动。

1972年

6月，恢复科研工作，回到流体物理研究所103室继续从事激光引爆炸药研究。

7—8月，撰写"1967—1969年激光引爆实验研究"报告，开始筹建流体物理研究所激光引爆实验室。

1973年

5月16日，在上海与陶洁贞结婚。

7月，翻译三篇俄文论文："用量光子振荡器的辐射引爆凝聚炸药""用Q开关红宝石激光器引爆钝感的高能炸药""光学玻璃纤维衰减率的测量"。

8—9月，在上海参加全国激光重点规划会议。

1974年

5月28日，女儿孙今人出生于上海。

年内，组建成功100MW转镜调Q巨脉冲激光器及配套实验设施，建成激光引爆实验室。

1975年

6—7月，解决10~12路激光雷管起爆的不同步问题。

11月，妻子陶洁贞和女儿孙今人从上海迁入流体物理研究所所在地剑阁县马灯公社。

12月，撰写科研总结报告"起爆药激光雷管第一阶段实验总结"。

年内，研制高灵敏度小碳斗能量计，绕制传输光导束，设计并进行激光雷管多路引爆实验。

1976年

5月，总结激光引爆课题阶段成果，转入百路同步起爆研究阶段。

8月，撰写"光导束、激光雷管核辐照实验设想方案"。

12月，撰写"改善$\phi 20 \times 500$激光器输出均匀性的实验"总结报告。

1977年

2月，参加北京工业学院召开的激光引爆学术讨论会，宣读三篇论文。

3月，带队参观位于陕西省长安县的兵器部某激光器研究所。

4—6月，提出小型化调Q激光器总体设计参数和方案，进行试制。

1978年

1月30日，被评为流体物理研究所先进工作者。

1—2月，提出百路以上均匀分叉光导束绕制工艺及绕车设计。

3—4月，完成激光百路同步引爆实验，并编写总结报告"激光雷管百路同步引爆装置的研制及实验"。

5月，赴成都420厂参加"激光测距机"学术交流会。

10月，担任103室副主任。

10月27日，职称晋升为工程师。

11月，撰写三篇文章"激光引爆炸药的机理和实验""激光引爆炸药的实验装置和测试技术""国外激光引爆炸药问题研究概况"，在北京工业学院《激光引爆》文集上发表。

1979年

5月，进行改善大激光器输出均匀性的实验研究。探讨激光雷管应用于普通爆轰实验的可行性。

7月26—31日，赴兰州参加第一届全国爆轰学术讨论会，并提交"球面爆轰波及其对飞片的驱动问题"等论文数篇。

10月，撰写的文章"一维爆轰产物对刚性飞片的抛射运动"在流体物理研究所所刊《高能密度物理》上发表。

1980年

3月，撰写的文章"炸药反向驱动飞片问题的估算"在《高能密度物理》期刊上发表。

5月，译文"钝感猛炸药的激光起爆"在《高能密度物理》期刊上发表。

8月，从流体物理研究所高级英语口语培训班结业。

9月，撰写的文章"关于反向爆轰驱动问题解析解法的一些讨论"在《高能密度物理》期刊上发表。

1981年

4—5月，通过中物院和二机部出国进修预备人员的两次选拔考试。

6—7月，进入二机部出国留学人员培训班（苏州医学院）学习。

7月，与王作妮、贾保仁等合作撰写的文章"激光引爆炸药的实验研究"在《爆炸与冲击》创刊号上发表。

11月，在二机部出国留学预备人员培训班结业，参加教育部出国人员英语考试，成绩优秀，获得公派出国学习的资格。

1982年

2月，经各级主管单位审查后获批赴美国进修。

5月，被美国华盛顿州立大学（WSU）接受为期两年的访问学者。

8月，撰写的文章"一维爆轰波自型运动的近似解"在《高能密度物理》期刊上发表。撰写"103室爆轰物理研究的进展"总结。

11月，前往美国华盛顿州立大学物理系冲击波动力学实验室作访问学者，职称是"Research Associate"。

12月，在中国工程物理研究院的职称晋升为副研究员。

1983年

5月，在美国华盛顿州立大学完成论文"One-Dimensional Diverging Detonation Waves"（一维散心爆轰波），导师为Fowles教授。

7—12月，完成Fowles教授实验室的激光器调试工作。编写并调试成功通用一维反应流体弹塑性力学程序SSS。

8月，出国前撰写的"爆轰学研究的若干问题"，发表在中国工程物理研究院《科技学报》上。

1984年

1—2月，编写SSS程序总结报告，研读和改写二维Lagrange反应流体动力学程序2DL。

3—6月，新编Lagrange二维反应流体力学程序WSU并调试成功。

8—10月，改进二维冲击波不稳定性计算，编写WSU程序的总结报告。

10月16日，获得核工业部颁发的"纪念我国第一颗原子弹爆炸成功20周年"荣誉证书。

11月9日，留美进修结束，回国返回流体物理研究所工作。

12月，任流体物理研究所103室主任。

1985年

1月，从事的"激光雷管百路同步引爆装置"项目获国家技术发明奖三等奖，为第一发明人。

4月，参加中国工程物理研究院院级会议，撰写"爆轰理论和实验技术"的论证报告，提出开展爆轰基础研究的意见。

9月，参加院关于科技发展动向的座谈会，提议电磁轨道炮研究立项。

10月，获核工业颁发的荣誉证书。

年内，编写"爆轰与冲击动力学的数值模拟技术"研究生教材。

1986年

1月，参加核工业部学位委员会会议。撰写"电磁轨道炮原理模型设想方案"。

3月，撰写"电磁轨道炮综合论证报告"。

6月上旬，赴北京参加首届"强动载荷及其效应（IDL）"国际会议，并作口头报告"Initiation Of Explosives By Laser Radiation"。

6月，撰写的文章"一维冲击波和爆轰波计算程序SSS"在《计算物理》期刊上发表。

7月14—17日，赴美国新墨西哥州圣塔菲市参加"第四届国际百万高斯磁场会议"，并作大会报告"A Compact Magnetic Flux Compression Generator Driven by Explosive"。会后参观几个单位的实验室和爆轰场地。

7月，担任硕士研究生导师，开设"流体力学数值模拟计算"和"固体中的非线性波"课程，翻译《爆轰理论导引》一书作为研究生教材。

8月3日下午，在北京八宝山参加邓稼先院长追悼会。

11月，立项的小型电磁轨道炮实验装置发射实验成功。

1987年

1月，与王淦昌合著的"激光引爆炸药的热机理"发表于《王淦昌论文选集》。撰写的文章"自持的和活塞驱动的散心爆轰波"在《爆炸与冲击》期刊上发表。

2月，完成并成功应用炸药爆轰反应速率计算程序RATFIT。

4—5月，参加"863计划"专家论证会。

4月，参加动能武器组论证，主动提出电磁轨道炮项目天基使用尚不可行，获得论证组共识；5月，转为强光组论证。

8月1日，任流体物理研究所副总工程师。

8月15—18日，赴成都参加三省一市（云贵川渝）爆炸力学及其应用学术会议，并在会上作"炸药平面波透镜的有效药量"报告。

9月10日，被聘为《中国军事百科全书》军事航天技术学科撰写人。

10月，在成都科技大学应用物理研究所接待应邀来访的美国、俄罗斯等国专家，主持学术交流活动。

11月，随陈能宽访问美国高校和研究所，参加在波士顿召开的美国材料研究协会秋季会议。

1988年

1月，撰写的文章"激光引爆PETN炸药的数值模拟"在《爆炸与冲击》期刊上发表。

6月8日，职称晋升为研究员。

7月7日，父亲孙启粹因心肌衰竭去世，享年83岁。

9月，任"国家高技术'863计划'"激光技术主题激光效应专题专家组组长。

10月7日，赴北京参加《强激光与粒子束》第一届编委会第一次会议，被聘为《强激光与粒子束》期刊编委。

10月，撰写的文章"炸药反应速率函数的数值拟合"在中物院《科技学报》期刊上发表。

12月，进行充压柱筒激光辐照效应实验。

1989年

1月，接待著名力学家郑哲敏、王仁院士到一、四所参观指导。

2月，提出轨道炮弹丸连续测速的阴影照相方法。

4月中旬，赴成都参加"激光效应专题首次学术会议暨1989年激光的热和力学效应学术会议"。

5—6月，撰写综述论文"激光与物质相互作用及破坏机理"发表于华欣生主编的《强激光技术分析与评论》一书。

10月上旬，在上海嘉定参加激光技术主题专家组工作会议，汇报专题年度计划和研究方向。

1990年

3月5日，参加流体物理研究所首届物理学术报告会，撰写的论文"爆轰理论解析研究的近代方法"编入《物理（Ⅰ）首届学术报告会文集》。

3月上旬，参加激光技术主题专家组工作会议，讨论"八五"规划。

4月中旬，参加"1990年激光的热和力学效应学术会议"，作大会报告"脉冲激光引起金属靶板层裂的阈值条件"。

4月下旬，赴合肥参加第4次全国爆炸力学会议，作报告"炸药反应速率的实验和数值拟合""硝基甲烷爆轰波的直角绕射"。

7月，赴北戴河参加激光技术主题专家组工作会议，明确激光效应专题工作重点。

8月25日，赴安徽歙县参加中国兵工学会兵器材料动力学专委会学术会议，被聘为兵器材料动态力学专业委员会委员。

10月，撰写的文章"爆轰传播理论的解析研究方法（一）"在《爆炸与冲击》期刊上发表，全文分六期连载。

11月20日，经国务院学位委员会批准，获得博士生指导教师资格，暂时挂靠中国科学院力学研究所博士点。

12月，建议开展电热化学炮和电磁线圈炮的实验研究。

1991年

1月7日，向激光技术主题专家组建议增设HPM（高功率微波）专题。

1月，撰写的文章"爆轰传播理论的解析研究方法（二）"在《爆炸与冲击》期刊上发表。

3月5日，被评为中国工程物理研究院研究生先进导师。

3月，赴北京参加高技术主题专家组工作会议。

4月，出访白俄罗斯科学院和俄罗斯气动强激光实验室；撰写的文章"爆轰传播理论的解析研究方法（三）"在《爆炸与冲击》期刊上发表。

5月28日，被国防科工委评为"863计划"工作先进生产者。

5月，指导庄仕明在国内首次进行激光层裂实验。

6月，赴上海嘉定参加中俄激光等离子体学术交流会议，在会上发表文章"Interferometric Measurement Of Laser Induced Plasma Plume"。

7月，撰写的文章"爆轰传播理论的解析研究方法（四）"在《爆炸与冲击》期刊上发表；与袁钢合作撰写的文章"Measurements of laser induced stress waves by eddy-current velocity gauge"在1991年美国物理学会"凝聚物质冲击压缩"（SCCM-1991）会议上发表。

7月20日—8月9日，赴日本参加第十八届国际冲击波学术会议及第十三届国际爆炸动力学及反应系统会议。

8月，与温义德合作撰写的"动能武器（KEW）"条目收录在"中国军事百科全书"军事航天技术分册中。

10月，撰写的文章"爆轰传播理论的解析研究方法（五）"在《爆炸与冲击》期刊上发表。

11月下旬，中国工程物理研究院举行IHE（钝感炸药）讨论会，与卫玉章等提出IHE配方一步到位的主张和论证。

11月，证实了激光热力联合作用的效应机制。

1992年

1月，收到关于编写《中国发明家大辞典》的通知，撰写"激光多路同步引爆"。

2月23日，收到于敏关于炸药爆轰性能与其安全性能等问题的回信。

3月，赴北京参加高技术主题专家组工作会议。撰写的文章"钝感高能炸药研究与武器爆轰物理的发展"在《爆轰波与冲击波》期刊上发表。

4月5日，被评为中国工程物理研究院先进工作者。

4月23日，在绵阳中国工程物理研究院接待到访的俄罗斯技术物理研究院专家。

6月3日，参加在绵阳科学城举办的第三届全国爆轰学术会议，并作报告"二维爆轰波传播的DSD方法"。

6月12—13日，赴成都参加第二届强动态加载及其效应（IDL）国际会议，并作报告"Rectangular Diffraction of Detonation Wave in Nitromethane"。

7月，赴大连参加激光技术主题专家组工作会议，提出激光器连续波体制适合于激光效应的优越性，并作专题学术报告。

9月，参加"1992年度激光的热和力学效应学术会议"，作学术报告"大气环境中金属表面激光气化产生的压力和冲量"。

10月1日，享受国务院发放的政府特殊津贴。

10月24日，加入中国共产党，入党介绍人为章冠人、黄明远。

11月，接待朱光亚、陈能宽等到流体物理研究所考察MC-2发生器研究情况，并做HPM论证报告。中旬在绵阳举行的主题工作会议上，再次论证了HPM项目的重要性。

12月9日，被评为"1992年度有突出贡献的国家级中青年专家"。

1993年

1月15日，任流体物理研究所科技委主任，至2003年3月。

2月，赴华东工学院（今南京理工大学）参加电磁发射技术专家组成立会议，并作论证报告。

5月，在绵阳中国工程物理研究院接待到访的俄罗斯科学院高能量密度科技中心明采夫教授一行。

6月3日，赴北京参加第二届全国激光科学技术青年学术交流会，作大会报告"激光对金属和复合材料的热和力学效应"。

6月5日，拜访于敏先生，听取他对流体物理所科研规划的修改意见。

7月4—16日，赴美国参加"24届AIAA等离子体及激光会议"作报告"Laser Induced Pressure and Impulse on a Solid Surface in Air"。顺访马里兰大学、斯坦福大学等院校实验室。

7月，与庄仕明等撰写的文章"Dynamic Fracture of Iron Under Shock Loading Induced by Pulsed Laser Beam"在SCCM-1993会议上发表。

7月，从事的"连续CO_2强激光对预应力铝合金结构的破坏效应"项目获国防科工委科技进步奖二等奖。

8月19日，赴北京参加"北京大学数学力学系1957级力学专业同学毕业三十周年"纪念活动。

8月，主编的流体物理研究所"爆轰研究论文集"（1970—1993，三卷本）刊印，陈能宽先生题词"斩棘披荆集风雨春秋成果，乘风破浪攀未来世纪高峰"。

10月25日，撰写的文章"美国武器物理研究的关键问题"在《爆炸与冲击》期刊上发表。

10月，赴北京参加国际理论与应用力学协会（IUTAM）Symposium on Impact Dynamics 会议，并作大会报告"Dynamic Failure and Fracture in Metals at High Strain Rate"。

11月24日，向中国工程物理研究院科技委提出开展电磁内爆研究的论证和建议。

12月14日，赴北京参加激光技术主题专家组工作会议，被聘为激光技术主题项目专家组第二届成员。

12月30日，经上级党委批准按期转为中国共产党正式党员。党龄自1993年10月24日算起。

1994年

1月6—7日，参加在北京召开的高技术联合研讨会，作激光效应机理报告。

3月，参加四川省人才培养研讨会，作题为"关键是培养学术带头人"报告。

春，组织开展小型脉冲功率加载技术研究。

5月，赴安徽滁县指导流体物理研究所激光技术团队开展实验。

6月下旬，赴美国参加第25届AIAA等离子体及激光会议，并作报告"A Stress Wave Model For Laser Induced Spall in Metals"。

7月，与庄仕明等撰写的文章"Dynamic Fracture of Aluminium at Ultra High Strain Rate Over 10^7 s^{-1}"在期刊 *Mater. Sci. Letters* 上发表。

7月，与高顺受、龚兴根等撰写的文章"Experimental Investigation of Plasma Amature Railgun Performance"发表于MG-6会议文集"Megagauss Magnetic Field Generation and Pulsed Power Applications"（Part 2）。

8月初，赴山海关参加第四届全国爆轰学术会议，作大会报告"曲面发散爆轰波理论的进展";撰写的文章"冲击载荷下金属极内细观损伤的统计分布"发表于《第四届全国冲击动力学学术会议论文集》。

8月中旬,赴南京理工大学参加电磁发射技术专家组会议,讨论"九五"规划。

9月,与丰树平、龙新平等人合作撰写的文章"Dynamic Micro-fracture of Metals Under Shock Loading by Electric Gun"在 Journal de Physique IV 期刊上发表。

10月,在中美专家交流研讨会上报告中国工程物理研究院爆炸力学基础研究进展。

10月,与庄仕明等撰写的文章"Dynamic Fracture of Metallic Targets under Shock Loading Induced by Laser Beam"发表于文集 Proc. of IUTAM Symp. on Impact Dynamics。

11月3日,从事的"钝感炸药主装药中发散爆轰波的传播行为的研究"项目获国防科工委科技进步奖一等奖。

11月,参加中国工程物理研究院发展战略研讨会,并作有关"电磁内爆"的学术报告。

1995年

2月,与庄仕明等撰写的文章"Transition of Fracture Behaviors of Metals at Ultra-High Strain Rates"在期刊 J. of DYMAT 上发表。

3月,编写流体物理研究所申请"爆炸理论及应用"博士点文件及论证报告。

5月上旬,接待来访的法国原子能委员会军事应用部专家代表团。

6月,赴法国参加第四届国际高动压(HDP)学术会议,作报告"The Generalized Geometrical Optics Model for the Detonation Shock Dynamics"。

6月,赴美国参加第26届AIAA等离子体及激光会议并作大会报告"Recent Developments of Chinese Activities in Lasers and Laser Beam Interactions With materials",顺访美国洛斯·阿拉莫斯国家实验室,在×部做学术报告和技术交流;顺访加州理工学院航空系实验室。

7月，与刘宗德等撰写的文章"An Experimental Study on Yield-Strength of Metal under Rapid Heating"发表在国际会议文集 *Proc. Of Plasticity'95*。

8月11日，参加国家"863计划"强辐射重点实验室成立典礼，担任该实验室学术委员会主任。

10月7日，对在中国科学院安徽光学精密机械研究所某实验中出现的问题，向上级领导作书面检讨。

10月18—21日，赴合肥参加激光技术主题集成实验。

10月24日，赴中国科技大学讨论研究生教育事宜并作学术报告。

11月，从事的"×××破坏机理研究"项目获国防科工委科技进步奖二等奖。

12月29日，参加《爆轰波与冲击波》第一届编委会第二次扩大会议，任期刊副主编。

1996年

1月4日，在成都接待来访的俄罗斯专家并作电热轻气炮的学术交流。

1月底，接待来访的美国劳伦斯·利弗莫尔国家实验室 Tao 博士，讨论炸药爆炸安全问题的研究途径。

5月29—31日，赴北京中国科学院力学研究所参加40周年所庆。

7月25日，与赵峰、高文合作撰写的文章"研究爆速直径效应的爆轰冲击波动力学方法"在《爆炸与冲击》期刊上发表。

7月，撰文"研究爆速直径效应的爆炸冲击波动力学方法"发表于《爆炸与冲击》。

7—9月，参与组织爆炸磁压缩发生器驱动微波发生器正式联试实验。

10月，从事的"六分圆爆炸逻辑网络研究"项目获国防科工委科技进步奖二等奖。

11月，赴华南师范大学参加激光技术主题专家组工作会议，被聘为激光技术主题项目专家组第三届成员。

12月，赴浙江宁波大学参加"1996年度激光的热和力学效应学术会议"，并作关于激光引发炸药热爆炸可能性的学术报告。

1997年

1月，与宋盛义等撰写的文章"Discharge of the Plasma Generator in Electrothermal-chemical Launchers"在期刊 *IEEE Trans. Mag.* 上发表。

1月29日，赴北京参加《宇航学报》第三届编委会成立会议。

2月，提出加快等离子体内爆（Z箍缩）研究的建议。

4月14日—5月5日，率团访问俄罗斯实验物理院流体力学研究所。

5月15日，与王伟平、刘绪发等撰写的文章"激光时控分布对钢靶温度场及热软化的影响"在《强激光与粒子束》期刊上发表。

5月下旬，赴上海参加激光效应主题专家组会议，初审"激光辐照效应"书稿。

6月，与赵锋合写的文章"固体高能炸药和推进剂的滞后起爆"发表于期刊《爆轰波与冲击波》。

7月，在SCCM-1997会议上发表论文"High Velocity Flyers Accelerated by Multi-stage Explosive Slabs"。

8月1日，被评为中国工程物理研究院优秀专业教研室主任。

8月15日，与庄仕明等撰写的文章"激光驱动飞片冲击引爆炸药的计算"在《强激光与粒子束》期刊上发表。

8月下旬，赴西安主持召开全国第五次爆轰与冲击动力学学术会议，在西安兵器部213所作爆轰讲座。

9月25日，撰文"爆轰传播研究的近代进展"发表于《爆轰波与冲击波》。

10月，与陈林等合写的文章"电热化学发射中等离子体发生器放电特性的实验研究"发表于期刊《爆炸与冲击》。

10月3日，赴上海参加虹口中学高中毕业四十周年同学聚会。

11月，从事的"氧碘激光对×××破坏机理及激光遥控同步研究""爆炸磁压缩装置驱动×××研究""射弹撞击带盖炸药引发爆轰的机制和倾斜撞击引爆阈值条件"等项目均获国防科工委科技进步奖二等奖。

11月12日，电热化学炮发射实验达标，质量100g弹丸的出口速度超过2千米/秒。

12月7—14日，赴香港科技大学参加第三届国际固体断裂与强度会议，作大会报告"Dynamic Fracture Feature in Metals Under Very High Strain Rate Induced by Shock Loading"，并在1998年9月发表于期刊 Key Eng. Mater.。会后顺访香港大学机械系。

12月，中国军事百科全书"核武器与航天技术"分册出版，受邀撰写的"核武器物理实验室模拟研究""动能武器""电磁轨道炮"等条目收录书中。

1998年

2月下旬，赴成都参加四川省硕士点审核会议，协助中国工程物理研究院结构力学研究所获得固体力学硕士学位授权点。

3月中旬，赴昆明参加"1998年度激光的热和力学效应学术会议"，作大会报告"激光辐照引起钢板覆盖下炸药热爆炸的临界条件"，文章发表于期刊《研究与发展》。

3月25日，与杨礼兵合作撰写的文章"国外电磁内爆研究的最近进展"发表于期刊《爆轰波与冲击波》。

7月，从事的"DC-01A炸药球壳中长程绕射爆轰波的非理想传播行为""×××战斗部叠圈模型的设计和实试验技术研究"项目均获国防科工委科技进步奖二等奖。

7月，赴美国参加第十一届国际爆轰会议并作大会邀请报告"An Approach to Incorporate the Detonation Shock Dynamics into the Calculation of Explosive Acceleration of Metals"。与赵同虎等合写文章"An Experimental Study of Detonation Propagation in the Arc Insensitive High Explosive Initiated on Its Basal Plane"发表于会议文集 Proc. of 11th Int. Symp. on Detonation。会后顺访堪萨斯大学流体力学实验室、加州理工学院航空系和行星科学系。

8月24日，赴北京参加国防科工委"抗核加固"专业组会议，代表激光技术主题作关于激光效应机理的报告。

10月，与杨礼兵等撰写文章"FP-1直接驱动套筒内爆技术研究"发表于期刊《爆炸与冲击》。

10月，接待来访的俄罗斯实验物理院流体力学所专家。赴美国参加第八次国际百万高斯磁场会议（MG-8）并作报告"The Output Characteristics of a Two-staged Explosive Magnetic Compression Generator with High Inductance Load"。

12月，与李庆忠等撰写的文章"爆轰冲击波动力学方法在爆轰驱动加速飞片计算中的应用（英文）"在《中国核科技报告》上发表。

1999年

1月，与周之奎等撰写的"The Effects of Projectile Injection on Rail Ablation in Arc-Driven Railguns"以及与高顺受合写的文章"The Test and Analysis of a 3-Stage Reconnection Coilgun"都发表于期刊 *IEEE Trans. Mag.*。

4月，在宁波大学参加力学学会爆炸力学专委会会议，汇报爆轰专业组工作。与北京大学力学系王仁先生和黄筑平教授会面。

赴合肥参加"1999年度激光的热和力学效应学术会议"，作学术报告"分束镜的非工作波段激光作用失效机制""激光辐照下光学材料温度脆性断裂"。

5月4日，被聘为"2020年前新概念武器发展战略研究"专家组成员，并负责电磁发射技术发展领域的专题论证研究。

6—7月，美国纽约时报登载William J. Broad所撰、反映对考克斯（Cox）报告争议的文章"The Breakthrough: China Takes Giant Nuclear Step"。文末提道：1996年6月下旬，孙承纬在美国洛斯·阿拉莫斯国家实验室×部做学术报告的情况。

6月，与谭多望合写的文章"滑移爆轰作用下飞板运动的解析解"发表于期刊《高压物理学报》。

7月中旬，参加在北京召开的"国家自然科学基金会Z箍缩项目论证会"，代表中国工程物理研究院作申请论证报告。

7月，赴英国参加第二十二届国际冲击波会议，顺访英国剑桥大学卡文迪许实验室，进行激光引爆炸药问题的交流。撰写的参会与顺访汇报发表于期刊《爆轰波与冲击波》。

7月，与赵剑衡等合写的文章"Crack Formation on the Cylindrical Shell Damaged by Inner Pressure and Surface Lasaer Irradiation"发表于第30届 AIAA Plasma Dynamics and Lasers Conference。

10月上旬，赴上海参加《激光辐照效应》书稿和《高技术要览（激光卷）》第12章稿件复审会。

10月，从事的"FP-1脉冲功率电磁内爆装置研制""×××动态实验技术和破坏效应研究""面杀伤战斗部设计技术研究"三个项目均获得军队科技进步奖二等奖。撰写的文章"多级炸药装置驱动高速飞片研究"发表于《中国核科技报告》。

11月4日，赴北京参加激光技术主题专家组工作会议，任某直属课题专家组成员。

12月，参加主题组织的专家组，参观访问甘肃鼎新的东风航天城。

2000年

1月18日，讲授的"爆轰数值模拟"课程被评为1999年研究生优质课程。

2月下旬，参加中国工程物理研究院Z箍缩研讨会，作报告"金属丝阵Z箍缩内爆动力学"。

3月10日，被评为流体物理研究所"1999年度所级先进工作者"。

4月，与陈林等撰写的文章"等离子体发生器放电参数对推进剂燃烧特性的影响"发表于期刊《爆炸与冲击》。与杨礼兵等合写的文章"电磁驱动固体套筒的内爆"发表于期刊《爆炸与冲击》。

4月，赴广西北海参加"2000年度激光的热和力学效应学术会议"，作大会报告"激光驱动空间飞行器的原理分析"。

5月，赴北京参加激光技术主题先进集体表彰大会，代表流体物理研究所领取先进集体奖。

7月1日，在流体物理研究所"创先争优"活动中被评为优秀共产党员。

7月，与赵剑衡等撰写的文章"Using High-speed Camera to Research Failure Wave in K9 Glass"发表于期刊 Key Eng. Mater.。

7月14日，被中国工程物理研究院团委、青年科协聘为第七届邓稼先青年科技奖评审委员会委员。

8月16—18日，赴韩国参加第四届国际固体强度和断裂会议。

9月中旬，赴北京参加激光技术主题专家组工作会议，布置"863计划"总结验收和办展览事项。被评为该主题"九五"期间先进个人。

11—12月，参加绵阳、大连、成都和合肥等地"863计划"重点实验室的评估工作。

10月，与谭多望等撰写的文章"炸药爆轰产物驱动不可压缩刚粘塑性柱壳的运动"发表于期刊《爆炸与冲击》。

12月，与卫玉章、周之奎合著的《应用爆轰物理》由国防工业出版社出版发行。被《强激光与粒子束》期刊聘为第四届编辑委员会委员。

年内，参与王大珩、王淦昌主编的《高技术辞典》的编写工作，撰写"激光对物质的热和力学效应"等6个条目。

2001年

1月，与赵锋等撰写的文章"多级串联式超高速飞片装置实验研究"发表于期刊《爆炸与冲击》。

3月2日，赴北京参加国家"863计划"十五周年表彰大会，荣获国家高技术研究发展计划（"863计划"）工作先进个人荣誉称号。

3月，与谷卓伟合写的文章"激光驱动飞片技术在模拟太空微粒方面的应用"发表于期刊《爆轰波与冲击波》。

3月25日，与赵剑衡合作撰写的文章"第四届国际固体材料断裂和强度学术会议情况介绍"发表于期刊《爆轰波与冲击波》。

3月，在长沙国防科大讲授爆轰物理（为期三天），被该校理学院聘为兼职教授。

4月，荣获中国工程物理研究院高技术研究工作先进个人荣誉称号；参加在北京召开的激光技术主题专家组最后一次工作会议，作个人述职报告。

6月22日—7月2日，赴美国参加SCCM-2001会议并顺访加州理工学院。

7月1日，被授予中国工程物理研究院"九五"期间"特等劳模"荣誉称号。

10月，赴贵州贵阳参加"第六届全国激光科学技术青年学术交流会"。

11月，组织并参加"中俄科学家爆轰物理与含能材料双边研讨会"。会上与文尚刚等撰写的文章"A Study on Hyper-Velocity Flyer Driven by Strong Detonation"发表于俄期刊 Theory and Practice of Energetic Materials。

11月29日—12月8日，参加四川省优秀专家学习考察组，赴广州、深圳、香港、澳门等地参观考察。

12月，从事的"大型鱼雷聚爆兼容战斗部设计技术研究"项目获军队科技进步奖一等奖。被聘为"863计划"新主题专家组顾问。

12月，与于川等合写的文章"带尾翼翻转型爆炸成形弹丸设计与试验"发表于期刊《中国工程物理研究院科技年报2001》。

2002年

1月，主编的专著《激光辐照效应》由国防工业出版社出版发行。

1月，与谷卓伟合写的文章"Experimental and Numerical Research on The Laser Driven Flyers"发表于期刊 Applications of Photonic Technology。

3月，参加激光效应与机理研讨会，作软科学研究开题报告。

4月20日，被中国工程物理研究院聘为院第五届学位评定委员会委员。

5月15日，被中国工程物理研究院聘为冲击波与爆轰物理国家级重点实验室第四届学术委员会委员。

5月，撰文"High Speed Flyers Driven by Laser Radiation"发表于 The 33rd AIAA Plasma Dynamics and Lasers Conference。

7月5—17日，赴俄罗斯圣彼得堡参加"第9次国际百万高斯磁场会议（MG-9）"，发表2篇张贴论文"An Effective Explosive Magnetic Flux Compression Generator with 102nH Inductance Load"和"The FP-1 Facility and Solid Liner Implosion"，均被收录在本次会议文集中。

8月11—24日，赴美国圣地亚哥参加"第12次国际爆轰会议"，担任分会场主席，发表张贴论文"The Level Set Method Applied to Three-dimensional Detonation Wave Propagation"，收录于本次会议文集。

8月，荣获中国工程物理研究院"2001—2002年度优秀教研室主任"。

9月25—28日，赴澳大利亚参加"国际结构强度与断裂会议"。

11月15日，被聘任为《爆轰波与冲击波》期刊主编。

11月20—24日，赴广东省珠海市参加"2002年火炸药技术及钝感弹药学术研讨会"。

12月，与杨礼兵等合写的文章"The RT Instability in Cylindrical Implosion of a jelly ring"发表于国际会议文集 *Dense Z-Pinches*。

12月，在四川绵阳参加"国家高技术计划强辐射重点实验室2002年学术研讨会"。专著《应用爆轰物理》被评为全国研究生优秀教材。

2003年

1月，译著《高密度Z箍缩等离子体物理学》由国防工业出版社出版发行。向科学出版社申请翻译俄罗斯包曼工业大学俄文专著《爆炸物理学》（第三版）获批准。

1月，与谭多望合写的文章"Acceleration and Viscoplastic Deformation of Spherical and Cylindrical Casings under Explosive Loading"发表于期刊 *Propellants*，*Explosive*，*Pyrotechnics*。

2月25日，被聘为《中物院科技丛书》第五届编审委员会委员。

2月，赴北京参加国家"863计划"某领域专家委员会工作会议，被聘为该领域专家委员会成员。

2—3月，申报2003年度中国工程院能源与矿业学部院士候选人，推荐人为杜祥琬、彭先觉、乔登江、周邦新和翁史烈。

4月28日，赴成都参加全国"五一劳动奖章"授奖仪式，荣获年度全国"五一劳动奖章"。

4月，与陈军合写的文章"滑移爆轰对碰驱动金属圆管的研究"发表于《第六届全国爆轰学术会议论文集》。

6月25日，撰写的文章"爆轰学科研究发展的动向""'凝聚物质冲击压缩'研究的若干论题"在《爆轰波与冲击波》期刊上发表。

7月9日，被批准为第四批四川省自然科学和工程科学技术学术和技术带头人。

8月2—6日，赴大连参加"863计划"某领域委员会第七次工作会议。

8月16日，赴北京参加"陈能宽院士80华诞学术座谈会"。

8月，赴俄罗斯参加高能量密度流体动力学会议，作报告"R-T Instability Evolution in An Imploding Jelly Ring"。被聘为国家"863计划"强辐射重点实验室学术委员会委员。

9月15日，赴安徽合肥中国科学技术大学参加中国物理学会第八次全国会员代表大会，被选为该学会第八届理事会常务理事。

9月，被中国物理学会聘为《物理》杂志第八届编委会委员。

10月，参加编写的《高技术要览 激光卷》出版发行。

11月14日，赴北京参加中国物理学会第八届理事会第二次常务理事会议。

11月25日，与赵峰、文尚刚等合写的文章"一般物态方程形式下爆轰产物的一维等熵流动"发表于期刊《爆炸与冲击》。

12月，经过自我介绍和第二轮评审，当选为中国工程院能源与矿业工程学部院士；被聘为四川省第五届科学技术顾问团顾问。

12月，从事的"×××实验系统研制与××试验"项目获得国家科学技术进步奖二等奖，为第五完成人。

2004年

1月27日，申请的中国工程物理研究院重点基金课题"磁驱动等熵压缩技术及其在材料动力学研究中的应用"获批。

2月，与宋盛义等合写的文章"共顶点同轴圆锥形及圆盘形传输线的电参数计算公式"发表于期刊《强激光与粒子束》。

6月，在流体物理研究所2002—2003年"创先争优"活动中被评为优秀共产党员。

7月，与谷卓伟合写的文章"Experimental and Numerical Research on Shock Initiation of Pentaerythritol Tetranitrate"发表于期刊 *J. of Appl. Phys.*。

7月18—28日，赴德国参加"第10次百万高斯磁场会议（MG-10）"并作大会报告"High-power and High-voltage Pulse Generation on Resistance Loads by Means of HEMGS"。

7月，与文尚刚、赵峰等人合作撰写的文章"多级炸药爆轰高速驱动技术的Gurney模型优化分析"发表于期刊《爆炸与冲击》。

9月，获"中国工程物理研究院研究生教育工作先进个人称号"。

9月，与谷卓伟合写的文章"One-dimensional Numerical Simulation of Laser-driven Flyer Plates"发表于期刊 *J. of Appl. Phys.*。

9月，与赵剑衡等合写的文章"一维平面磁驱动等熵加载发射飞片技术探索"发表于《祝贺郑哲敏先生八十华诞应用力学报告会——应用力学进展论文集》。

10月，与杨礼兵等合写的文章"RT Instability in Cylindrical Implosion of Jelly Ring"发表于期刊 *Chinese Physics*。

10月上旬，在上海与俄罗斯包曼工业大学专家进行技术交流，讨论出版《爆炸物理学》中译本事宜。

11月16—20日，赴福建厦门参加"2004年全国含能材料发展与应用学术研讨会"，在会上作关于"爆轰驱动"的大会报告。

12月，与王刚华等合写的文章"Simulation for Double Shell Pinch"发表于期刊 *Chinese Physics*。

12月25日，参加绵阳市科学技术协会第五次代表大会，被选为绵阳市科协第五届主席。

12月，被中国力学学会聘为第六届《爆炸与冲击》期刊编委会常务副主编。被中国工程物理研究院团委、青年科协聘为院第九届邓稼先青年科技奖评审委员会委员。

2005年

3月，赴北京参加第246次香山科学会议"高能量密度物理研究"，作报告"电磁加载下的高能量密度物理问题研究"。

4月2日,在绵阳参加国家"863计划"强辐射重点实验室2005年度学术交流会。

4月20日,被中国工程物理研究院聘为院第六届学位评定委员会委员。

6月26日—7月1日,赴北京参加中国工程院院士增选会议。

6月,撰文"磁驱动等熵压缩和高速飞片的实验技术"发表于期刊《爆轰波与冲击波》,全文分五期连载。

7月,与赵剑衡等合写的文章"维平面磁驱动等熵加载发射飞片技术"以及与桂毓林等合写的文章"带尾翼的翻转型爆炸成形弹丸的三维数值模拟"均发表于期刊《爆炸与冲击》。

7月上旬,赴江西九江参加2005年度激光与物质相互作用学术会议,作大会报告"耐热型固体激光器及其效应"。

7月31日—8月5日,赴美国参加SCCM-2005学术会议。

8月,当选政协绵阳市第五届委员会常委。

9月11—19日,赴加拿大参加第八届国际激光烧蚀会议。

10月26日,在绵阳中国工程物理研究院接待来访的俄罗斯科学院流体力学研究所希维绍夫教授。

10月,被评为中国工程物理研究院"十五"人才队伍建设工作先进个人。赴烟台海军航空兵学院参加电子对抗学会2005年年会,作报告"固体激光技术"。

12月,撰写的新概念武器中的"电磁炮""电热化学炮"等三个条目被收录在军事科学院军事百科研究所主编的《兵器百科全书》中。

2006年

1月,撰文"'高能量密度物理'更好地牵引研究方向和反映研究进展——写在'爆轰波与冲击波'更名之际"发表于期刊《高能量密度物理》刊头语。

1月12日,被北京大学聘为北京大学先进技术研究院科技委员会委员。

5月17日,主编的国家军用标准《爆轰术语》(GJB5720—2006)

发布。

5月，经福谦、陈俊祥主编的《动高压原理与技术》出版发行，撰写其中的第五章"磁驱动等熵压缩和高速飞片技术"。

6月，与赵剑衡等合写的文章"高效能电炮实验装置的研制"发表于期刊《实验力学》。

7月23日，赴海拉尔参加"2006年度激光与物质相互作用学术会议"，作大会报告"脉冲激光技术在温密物质和动高压物理实验研究中的应用"。

7月，在流体物理研究所2004—2005年"创先争优"活动中被评为优秀共产党员。

8月，与王伟平、马弘舸赴美参加美国定向能协会"定向能武器试验与评估（DETE）"国际会议，作学术报告"The Optical Limiting of Vanadium Oxide Thin Films Under Radiation of Near-IR Laser Beams"。

9月7日，赴宁夏银川参加高技术某领域专家组会议。

9月，与谭多望合写的文章"大锥角罩聚能装药射流理论计算方法"发表于期刊《高压物理学报》。

9月10—14日，赴英国参加第11次百万高斯磁场国际会议，作报告"Compact Two-Staged Helical EMGs with High Inductive Loads"。

10月22日，母亲周静诤因病去世，享年93岁。

11月20日，赴北京参加"863计划"军口专家组成立大会，任某领域专家委员会顾问。被评为"863计划""十五"期间先进个人。

11月，与桂毓林合写的文章"实现金属环动态拉伸的电磁加载技术研究"发表于期刊《爆炸与冲击》。

2007年

1月9日，赴大连参加国家"863计划"某项目成果鉴定会。

3月初，参加绵阳市政协全体会议，并列席绵阳市人大会议。

3月25日，撰文"电磁加载下的高能量密度物理问题研究"发表于期刊《高能量密度物理》，全文分四期连载。

3月，赴西北核技术研究所调研准分子激光器装置。应中国力学学会邀请，撰写的文章"爆炸力学"被收录在《2006—2007 力学学科发展报告》书中出版。

4月，被聘为第七届《爆炸与冲击》编辑委员会主编。

5月下旬，完成从 Vinet（等温线）方程推导高压等熵线的工作。

6月17日，参加"中国工程物理研究院纪念氢弹爆炸成功40周年学术会议"。

6月25日，撰文"脉冲激光技术在温密物质和动高压物理实验研究中的应用"在《高能量密度物理》期刊上发表。

6月，赴美国参加 SCCM-2007 学术会议，宣读论文"Magnetically Driven Isentropic Compression and Flyer Plate Experiments Using a Capacitor Bank"。发表与王桂吉等合写的文章"Large Area and Short-pulse Shock Initiation of a TATB-HMX Mixed Explosive"。会后顺访加州理工学院，作报告"Magnetically Driven Isentropic Compression and Flyer Plate Experiments Using a Compact Capacitor Bank"，并进行了长时间的讨论。

7月，访问俄罗斯实验物理院；重访位于青海的221厂旧址。

8月下旬，赴北京参加"庆祝中国力学学会成立50周年暨中国力学学会学术大会"，作大会邀请报告"磁驱动准等熵压缩和高速飞片的实验研究"。

9月17日，赴南京参加中国物理学会第九次全国会员代表大会，再次当选中国物理学会第九届理事会常务理事。

9月，赴江西吉安参加第八届全国爆炸力学学术会议。

12月25日，撰文"关于爆炸力学发展方向的若干思考"发表于期刊《高能量密度物理》。

12月，作为特邀代表参加中国工程物理研究院第六次党代表大会以及四川省科协第七次代表大会。

2008年

2月5日，接受《科学中国人》记者王景采访，"一路跋涉，一路峥嵘"的报道发表在《科学中国人》期刊2008年第2期。

2月，赴北京理工大学参加爆炸学科与技术国家重点实验室学术委员会会议，被聘为该实验室学术委员会委员、副主任。

3月7日，在绵阳主持绵阳市科协第五届三次全委会会议。

4月，译著《磁通量压缩发生器》由国防工业出版社出版发行。

6月13日，人事关系由中国工程物理研究院流体物理研究所转入上海激光等离子体研究所。

7月5日，被冲击波物理与爆轰物理国家级重点实验室聘为第六届学术委员会委员。

7月13—22日，赴俄罗斯参加"第12次百万高斯磁场及相关议题国际学术会议"和"第二届高能量密度流体动力学国际讨论会"。成功争取到2010年第十三次百万高斯磁场及相关议题国际学术会议在中国举办，并负责组织。

9月，接待应邀来访的美国洛斯·阿拉莫斯实验室福勒和盖尔斯博士，进行爆磁压缩技术方面的交流。从事的中国工程物理研究院科学技术基金重大项目"磁驱动等熵压缩技术及其在材料动力学研究中的应用"结题验收。

10月20—22日，在绵阳参加中国工程物理研究院第四届学术年会。

11月，被聘为"四川省青少年科技创新教育基地"科学顾问。

12月中旬，在上海光学精密机械研究所做关于激光辐照效应的学术报告。

12月下旬，赴暨南大学参加中国科协第187次青年科学论坛，作特邀报告"关于爆轰与冲击动力学发展方向"。

12月，被中共四川省委、四川省人民政府聘为四川省第六届科学技术顾问团顾问。被《强激光与粒子束》期刊聘为第六届编辑委员会委员。自述"孙承纬"收录进《中国工程院院士自述（第二卷）》。

2009年

1月，与王刚华等撰文"带窗口准等熵压缩实验的流场反演技术"发表于期刊《爆炸与冲击》；从事的"炸药泵浦激光器技术研究"项目获军队科技进步奖二等奖。

2月9日，被四川省人事厅聘为第二届四川省专家评议（审）委员会委员。

2月，参加流体物理研究所爆轰研讨会，作报告"爆炸力学的发展方向和前沿问题"。

4月，与文尚刚等撰文"平面二级炸药强爆轰驱动装置的优化设计"发表于期刊《高压物理学报》。

4月14日，在绵阳主持绵阳市科协第五届四次全委会会议。

8月27日，赴北京参加国家高技术"863计划"某专题专家组研讨会。

8月，参加中国工程物理研究院学术年会，作大会报告"高能量密度动力学研究的内容和意义"；与桂毓林等撰文"延性金属膨胀环的运动及断裂的三维数值模拟"发表于期刊《计算力学学报》；与姜洋等撰文"点起爆炸药驱动平板飞片运动的数值模拟研究"发表于期刊《高压物理学报》。

9月17日，赴上海参加中国物理学会第九届理事会第二次会议（扩大）。

10月23日，参加在中国工程物理研究院高功率微波重点实验室会议，担任该实验室学术委员会主任。

10月，回母校上海市虹口中学参加六十周年校庆，并作大会发言。

11月17日，被聘为"激光与物质相互作用国家重点实验室"第一届学术委员会委员。

11月，参加在绵阳召开的中俄专家技术交流会，作报告"Isentropic Compression and Flyer Plate Experiments Under Magnetic Pressure Loading"。

11月下旬，担任国家重点项目"点火工程"评审组成员。参加点火工程Z箍缩组规划会，发言指出：当前设想的Z箍缩聚变和驱动器方案风险极大。

12月，在流体物理研究所113室参加激光清理空间碎片研讨会。

12月，赴成都参加第一届全国高能量密度物理学术会议以及中国物理学会高能量密度物理专业委员会会议。参加流体物理研究所所庆40周年报告会，作报告"从炸药爆轰到高能量密度"；辞去绵阳市政协常委兼职。

2010年

1月，与袁红合写的文章"激光驱动固体材料状态方程实验研究进展"发表于期刊《力学进展》。

3月，赴北京参加"辐射能束与物质相互作用会议"，作大会报告"高能量密度动力学研究的概念、内容和意义"；与姜洋等撰文"一点起爆半球形装药装置中散心爆轰波传播的数值模拟研究"发表于期刊《应用力学学报》；辞去绵阳市科学技术协会主席兼职。

5月24—28日，率团赴法国巴黎参加冲击波模型和计算方法国际会议，回国后作"国际学术会议情况汇报——New Models and Hydrocodes for Shock Wave Processes in Condensed Matter"。

6月7日，赴北京参加中国工程院第十次院士大会。

7月6日，被复旦大学聘为应用离子束物理教育部重点实验室学术委员会委员、现代物理研究所核科学与技术系学术委员会委员。

7月，在北京理工大学毁伤与安全暑期讲习班讲课"爆炸力学研究进展和前沿方向"。

7月6—10日，赴苏州参加"第13次国际百万高斯磁场会议（MG-13）"，任大会和国际组委会主席，并作大会邀请报告"Historical Overviews of Research on Explosive Magnetic Generators in the Institute of Fluid Physics（IFP），CAEP"，本次会议还发表了"An 1MA.580ns Scaled Pulsed Power Gnerator"等数篇论文。

7月中旬，提出申请院某项目的CQ-3磁驱动装置的论证报告。

8月，与李牧等撰文"激光驱动准等熵压缩实验研究"发表于期刊《兵工学报》。

8月15—18日，赴中国科学院长春光学精密机械与物理研究所参加首届"激光与物质相互作用国际会议（LIMIS—2010）"，担任大会主席并作大会报告"Effects of Laser Irradiation on Matter"。

11月，在北京参加总装国防重大专项×××项目启动仪式，任该项目专家组成员；与陈军等撰文"JB_9014炸药超压爆轰产物的状态方程"发表于期刊《爆炸与冲击》。

11月29日，在绵阳参加中国工程物理研究院举办的激光诞生50周年庆祝仪式。负责申请的院某专项基金项目"爆炸强磁场实验技术"获得批准。

12月19日，下午五时半圆满完成了×××任务。

2011年

1月，与罗斌强等撰文"预压下锆基块体非晶合金的热冲击变形与破坏"，与张红平等撰文"准等熵实验数据处理的反积分方法研究"发表于期刊《力学学报》。

1月，参加在上海"神光Ⅱ"装置上进行的国内首次正式激光等熵压缩实验。

3月，赴中国科学院物理研究所参加中国物理学会常务理事会。

4月，带领的高技术创新团队在中国工程物理研究院创优争先活动中被评为优秀团队，事迹刊登于《砺锋》一书中。

5月25日，赴北京参加国家高技术"863计划"某领域专家委员会会议。

6月5—8日，赴美国加州参加"2011年度温密物质国际研讨会（WDM—2011）"。

6月，译著《爆炸物理学（上、下册）》由科学出版社出版发行。

7月，作为名誉主编并作序的《爆轰物理研究论文集1994—2010（1-4卷）》出版发行。在所重点实验室20周年座谈会报告"流体物理研究所爆轰研究的回顾和展望"。

8月下旬，赴北京参加"863计划""十二五"领域专家委员会成立仪式，续任专家委员会顾问。在中物院参加高速空间碎片重大专项立项任务书的审查会议。

9月16日，赴宁波参加"两院院士职校行暨浙江省重点地市职业院校改革和发展座谈会"。

9月20日，赴西安参加"全国脉冲功率学术会议"，作大会报告"磁驱动准等熵加载材料动力学实验平台——CQ-4"。

9月22日,在绵阳参加"冲击波物理与爆轰物理国家级重点实验室评估会议"。

9月,赴杭州参加"中国物理学会第十次全国会员代表大会理事会换届会议"。

12月,赴北京理工大学参加爆炸科技国家重点实验室学术委员会,作报告"磁压驱动的准等熵压缩和高速飞片实验技术"。任流体物理研究所与重庆第三军医大学联合交叉实验室学术委员会主任。

2012年

2月,在中国工程物理研究院参加某项目磁化靶聚变FRC课题评审会。

3月25日,与赵剑衡、王桂吉等人合写的文章"磁驱动准等熵平面压缩和超高速飞片发射实验技术原理、装置及应用"发表于期刊《力学进展》。

3月,开始一维磁流体力学多场耦合程序SSS-MHD的编制工作。

4月20日,任职中国工程物理研究院研究生部主任,主持院学位委员会会议和学位授予仪式。

4月,参加中物院材料科技会议,作报告"含能材料的反应和爆炸"。

5月,与王桂吉等合写的文章"Advances in Quasi-isentropic Compression Experiments at Institute of Fluid Physics of CAEP"发表于期刊 *Eur. Phys. J.*。

6月13日,赴北京参加中国工程院第十一次院士大会。

6月20日,在绵阳主持"中国工程物理研究院2012年研究生学位授予仪式暨毕业典礼"。

7月,在哈尔滨工业大学参加国家自然科学基金联合课题(非晶态金属的力学性质)结题评审;赴青海西宁参加第九届全国爆炸力学学术会议,做大会报告"凝聚物质的等熵压缩"。

8月25日,赴清华大学参加"中国物理学会成立八十周年暨21世纪物理学前沿学术研讨会"。

8月,与李牧等合写的文章"Laser-driven Plasma Loader and Solid Matter

Ramp Compression"发表于期刊 *EPJ Web of Conferences*。

8月,赴四川大学参加"第七届高校物理实验研讨会",作大会报告"脉冲激光技术在冲击动力学实验研究中的应用"。

9月10日,赴西安交通大学参加"激光与物质相互作用国际会议(LIMIS-2012)",作大会报告"High Pressure Ramp Compression Experiments on Metals on the SG-II Laser"。

9月,赴北京参加"北京大学数学力学系60周年庆典报告会";在中国科学院上海光学精密机械研究所做学术报告"物质的动态压缩";被《强激光与粒子束》期刊聘为第七届编辑委员会委员。

10月下旬,参加在美国夏威夷毛伊岛举行的第14次百万高斯磁场国际会议。

11月30日,赴北京理工大学参加爆炸科学与技术国家重点实验室学术委员会会议和"强动载荷及其效应"学术会议,作大会报告"High Power Laser Driven Ramp Compression of Condensed Matter";被聘为"爆炸科学与技术国家重点实验室"学术委员会副主任。

12月,与王桂吉等撰文"固体炸药的磁驱动准等熵压缩特性研究"发表于期刊《中国工程物理研究院科技年报》。

2013年

1月,与罗斌强等合写的文章"Unified Numerical Simulation of Metallic Foil"发表于期刊 *IEEE Trans. Plasma Sci.*;与王桂吉等合写文章"A 4MA, 500ns Pulsed Power Generator CQ-4 for Characterization of Material Behaviors Under Ramp Wave Loading"发表于期刊 *Rev. Sci. Instrum.*。

1月,译著《高能量密度物理——基础、惯性约束聚变和实验天体物理学》由国防工业出版社出版发行。

3月,任复旦大学核科学与技术系应用离子束物理教育部重点实验室学术委员会委员。

5月,赴北京参加第460次香山科学会议"爆炸力学的进展与前沿",任执行主席;在北京大学力学系新大楼参加57级校友毕业50周年聚会;

参加流体物理研究所学术年会，作大会报告"高能量密度物理的概念"。

6月，到闵行航天八院考察，参观航天馆和几个总成车间；在北京西郊宾馆参加赵剑衡申请的国家自然科学基金重大科仪项目答辩。

7月3日，在绵阳主持中国工程物理研究院2013年研究生学位授予仪式暨毕业典礼。

8月，赴山东威海参加"第五届实验室天体物理国际研讨会"，会见美国密执安大学教授、《高能量密度物理》作者R.P.Drake，互赠该著作的原文本和中译本。

9月，与谷卓伟等合写的文章"炸药柱面内爆磁通量压缩实验技术研究"发表于期刊《物理学报》。

9月6日，在北京航天五院院部参加中国空间技术研究院钱学森空间技术实验室成立大会，任该实验室学术委员会委员（至2018年）。

9月，在绵阳中物院研究生部会议作报告："提高科学素养，学习科研方法"。

9月24—27日，赴成都参加"2013年国际推进剂、炸药、烟火技术秋季研讨会（2013' IASPEP）"，担任大会主席，主持开幕式并作大会报告"Reaction and Dynamic Behaviors of HEs under High Pressure Ramp Wave Loading"。

10月，在绵阳接待瑞典科学家、专著《高密度Z箍缩等离子体物理学》第一作者M.A.Liberman教授，互赠该著作的原文本和中译本。

11月，从事的"亚声速环境下DDZDB的激光毁伤机理和有效性研究"项目获军队科技进步奖一等奖。

12月，在中国科学院力学研究所高温气体动力学国家重点实验室作报告"高压斜波加载下炸药的反应和动力学行为"，参观怀柔基地的爆轰驱动风洞；参加某项目"爆炸磁通量压缩技术"院级结题验收会议，评定为"优秀"；到山西太原发射基地参观航天八院的卫星发射活动。

12月，赴北京理工大学参加"爆炸科技国家重点实验室学术委员会"会议，主持开幕式，作大会报告"凝聚物质（炸药）的准等熵压缩"。

年内，开展磁流体力学多物理场耦合程序SSS-MHD初步编制和调试工作。

2014年

2月，与赵继波等合写的文章"低冲击作用下炸药中反应传播的初步研究"发表于期刊《高压物理学报》。

3月，与罗斌强等合写的文章"磁驱动准等熵压缩下LY12铝的强度测量"发表于期刊《力学学报》。

3月，赴南京参加工业和信息化部协同创新中心会议。

5月，带领中物院研究生部赴南京理工大学和中国科技大学商谈联合培养研究生事宜，解决中物院研究生招生名额不足问题。与张旭平等合写的文章"High Velocity Flyer Plates Launched by Magnetic Pressure on Pulsed Power CQ-4 and Applied in Shock Hugoniot Experiments"发表于期刊 *Rev. Sci. Instrum.*。

6月，与金云声合写的文章"Optimization of Loading Pressure Wave Forms For piston Driven Isentropic Compression"发表于期刊 *J. of Appl. Phys.*。

6月20日，在绵阳主持中国工程物理研究院学位委员会会议和2014年度研究生毕业典礼。

7月，与谷卓伟等合写的文章"Cylindrical Isentropic Compression by Ultrahigh Magnetic Field"发表于国际会议SCCM-2014。

7月10日，在绵阳参加冲击波物理与爆轰物理国家级重点实验室第七届学术委员会会议。

7月27日，赴贵州贵阳参加第十届全国爆炸力学学术会议，作报告"磁驱动准等熵加载技术与材料动力学实验研究"。

8月，参加上海市科协组织的发展规划论证和千人计划评审。

9月，与罗斌强、赵剑衡等人合写的文章"从'准'等熵到'净'等熵"发表于期刊《高能量密度物理》。

9月，与赵继波等合写的文章"磁驱动等熵压缩实验构形的磁流体力学计算模拟"发表于期刊《力学学报》。

10月10—12日，赴成都参加"2014年全国固体力学学术会议"，作大会报告"斜波加载下材料动力学的实验研究"。

10月，与罗斌强等撰文"Verification of Conventional Equations of State for Tantalum Under Quasi-isentropic Compression"发表于期刊 J. of Appl. Phys.。

10月17—19日，赴湖南湘潭参加"第十三届全国物理力学会议"，作大会报告"从'准'等熵到'净'等熵"。

10月，赴北京参加"2014年国际实验力学会议（秋季）暨强动载荷及其效应会议"，作大会报告"Material Dynamics Experiments under Ramp Wave Loading"。

11月18日，在北京参加兵工学会全国会员代表大会，被选为兵工学会理事，被聘为"复杂辐射场技术及应用专业委员会"第一届委员会顾问委员。

11月，赴南京理工大学参加"2014年激光与物质相互作用国际会议（LIMIS-2014）"，作大会报告"Dynamic Response of Single-Crystal Iron under Laser High Rate Compression"；在成都参加2014年全国高能量密度物理学术会议，作报告"斜波加载下材料的压缩和响应"。

11月，与赵继波等撰文"炸药爆轰驱动套筒压缩磁场计算"发表于《2014年（第6届）含能材料与钝感弹药技术研讨会论文集》。

12月，作为技术指导和主要完成人的"紧凑型磁驱动准等熵加载装置和实验技术"项目，荣获军队科技进步奖一等奖。

12月，参与上海激光等离子体所与上海嘉定地区的军地共建活动，在嘉定一中作科普讲座"爆炸及其应用"。

2015年

1月，《20世纪中国知名科学家学术成就概览·能源与矿业工程卷（核科学技术与工程分册）》出版发行，生平经历、成就被收录书中。

2月，参加上海科协组织的院士候选人推荐会议。

3月，与李牧等撰文"固体材料高功率激光斜波压缩研究进展"发表于期刊《爆炸与冲击》。

3月20日，被北京理工大学聘为"安全与防护协同创新中心"科学技术委员会副主任。

3月，作为名誉主编并作序的文集《材料准等熵压缩实验研究进展》出版发行，撰写的多篇论文收录书中。与李牧等合写的文章"固体材料高功率激光斜波压缩研究进展"发表于期刊《爆炸与冲击》。

4月，与赵继波等撰文"Loading Circuit Coupled Magnetohydrodynamic"发表于期刊 *IEEE Trans. Plasma Sci.*；与王桂吉等撰文"磁驱动准等熵加载装置CQ-4的加载能力及主要应用"发表于期刊《实验力学》。

4月上旬，赴上海参加第526次香山科学会议"超强激光光源及其前沿应用"；在成都双流参加中物院电子工程所召开的特殊电磁环境会议。

5月，赴北京参加中国工程院第五届能源论坛。

6月，应中物院科技部要求，提出对一、二所Z箍缩产额测量对比实验的评审意见。

7月，赴北京理工大学参加丁儆先生塑像揭幕仪式暨纪念丁先生学术研讨会，作报告"柱面内爆磁通量压缩技术研究"。

7月，在流体物理研究所人教处举办的爆炸与冲击动力学高级研修班做两个讲座报告："爆轰——概念和应用"和"高能量密度物理的概念"。

8月，为中物院人教部举办的凝聚态物理博士后论坛做报告："高能量密度物理的概念（物理部分）"。

8月，与赵继波合写的文章"爆轰驱动固体套筒压缩磁场计算及准等熵过程分析"发表于期刊《物理学报》。

10月，赴上海闵行参加2015中国力学大会。

11月，与杨华等合写的文章"Long Plasma Channels and High-voltage Discharges Induced by Strong Picosecond Laser Pulses"发表于期刊 *Chinese Optics Letters*。

12月，参加中物院某项目磁驱动实验技术（CQ-3、CQ-4装置和物理实验）考核会议，通过院级验收鉴定；与张旭平等合写的文章"流体模型假定下无氧铜等熵卸载线的计算与分析"发表于期刊《北京理工大学学报》。

2016年

1月，与赵继波合写的文章"平面和圆柱面构形的磁流体力学计算"发表于期刊《爆炸与冲击》。在上海激光等离子体所给青年科技人员做科研方法的报告。

4月，赴北京参加中国工程物理研究院"挑战计划"评审会；与张旭平等合写的文章"磁驱动准等熵加载下Z切石英晶体的折射率"发表于期刊《物理学报》。

5月7日，兄长孙承绪因病在上海去世，享年83岁。

5月，在绵阳参加第十二届彭桓武理论物理论坛，作报告"准等熵压缩下物质的强度和相变"。

5月29日—6月3日，赴北京参加全国科技创新大会、两院院士大会和中国科协第九次全国代表大会。

6月2日上午，在北京八宝山参加陈能宽先生遗体告别仪式。

6月，与王桂吉等合写的文章"A High Current Pulsed Power Generator CQ-3-MMAF with Co-axial Cable Transmitting Energy for Material Dynamics Experiments"发表于期刊 *Rev. Sci. Instrum.* 。

9月，赴南疆麦盖提县参加"2016院士春秋论坛"，发表论文"聚变能源展望"。

9月27—29日，在绵阳参加"第十四届全国物理力学学术会议"，任大会组织委员会委员，作大会报告"流体物理研究所关于物理力学若干前沿问题的研究进展"。

10月，与陈学秒等合写的文章"用于电磁驱动实验装置CQ-7的多间隙气体开关"发表于期刊《强激光与粒子束》；被聘为"中国宇航学会第一届弹药安全技术专业委员会"顾问专家。

11月，与罗斌强等合写的文章"磁驱动压-剪联合加载下材料动态强度的直接测量"发表于期刊《中国科学 物理学 力学 天文学》；赴南京参加南京理工大学先进固体激光工业和信息化部重点实验室会议，被聘为该实验室第一届学术委员会主任；赴珠海参加"第十一届全国爆炸力学学术会议"作报告"斜波加载下物质的强度"。

2017年

3月,在上海浦东张江高压科技中心(HPSTAR)作学术报告"物质的动态压缩",参观实验室并和毛河光院士等座谈;参与编撰的《中国军事百科全书》(第二版)荣获军事科学院军事科学优秀成果奖特别奖。

5月中旬,赴中国科学院上海分院参加上海大科学中心关于硬X射线自由电子激光方案论证会。

5月,赴江苏常熟参加王淦昌先生雕像落成揭幕仪式;参加流体物理研究所"纪念氢弹爆炸50周年座谈会",作主题发言"峥嵘岁月稠——纪念我国第一颗氢弹爆炸成功五十周年"。

6月,与金云声等合写的文章"气流环境下激光辐照金属能量耦合特性"发表于期刊《中国激光》。

6月中旬,在上海图书馆会议厅参加沪江浙二九联谊会举办的氢弹爆炸50周年纪念会。

7月3日,赴北京参加北京理工大学爆炸科技国家重点实验室会议。

7月,赴上海参加中国工程院核工程论坛。与罗斌强等合写的文章"Dynamic Strength Measurement of Aluminum under Magnetically Driven Ramp Wave Pressure-shear Loading"发表于期刊 *International Journal of Impact Engineering*。

8月,与罗斌强等合写的文章"Strain Rate and Hydrostatic Pressure Effects on Strength of Iron"发表于期刊 *Mechanics of Materials*。

8月13—16日,赴北京参加"中国力学大会(2017)暨庆祝中国力学学会成立60周年大会"。在旅顺海军试验基地作学术报告"爆炸及其应用",并参加成果申报材料讨论。

9月26日,赴上海浦东参加中国工程物理研究院高科中心科研工作评估会。

10月,在海军医科大学举办的"第二届东方创伤会议"作报告"爆炸及其效应"。

11月10日,应邀回北京大学力学系参加王仁先生力学讲座,作学术报告"高应变率加载下金属材料强度的实验研究"。

11月18日，赴南京参加南京理工大学先进固体激光工业和信息化部重点实验室学术委员会会议。

12月上旬，赴北京参加第538次香山科学会议"快Z箍缩科学前沿问题及关键技术"，任执行主席。作报告"极端条件下物质动态压缩研究"。

2018年

1月下旬，在绵阳科学城中物院信息中心会议厅参加中物院年度工作会议；赴成都参加第四代光源国际合作研讨会。

3月13—14日，赴上海参加中国工程院高端论坛"地球深部挥发物与能源环境（DVEE 2018）"会议，任大会联合主席。

3月，参与论证的高压压缩实验重大项目获得通过，进入计划实施阶段。

4月12日，赴中国科学院大连化学物理研究所参加"863计划"高技术激光30年回顾与展望研讨会。

4月，赴浙江大学参加"两弹一星"精神座谈会。

5月，与张旭平等合写的文章"Refractive Index and Polarizability of Polystyrene Under Shock Compression"发表于期刊 *Journal of Materials Science*。

5月上旬，参加北京大学建校120周年纪念活动，并参加年级校友的聚会；在上海东方慕雅酒店参加中国工程院咨询项目"含能材料"总结汇报材料的讨论。

5月中下旬，参加北京大学应用物理与技术研究中心2018年"黉门对话"主题演讲活动，作大会报告"超短激光对固体材料的烧蚀效应"；在北京会议中心参加中国工程院院士大会，在人民大会堂聆听中央领导报告。

6月，应马余刚院士邀请，在中国科学院上海应用物理所讨论离子束聚变问题，并作讲座报告"飞秒激光的烧蚀效应"；与李牧等合写的文章"Continuous Sound Velocity Measurements along the Shock Hugoniot Curve of Quartz"发表于期刊 *Physical Review Letters*。

8月，与王桂吉等合写的文章"Characterizations of Dynamic Material

Properties on Compact Pulsed Power Generator CQ-4"发表于文集 *EPJ Web of Conferences-DYMAT 2018*；在北京参加中国石油勘探开发设计院建院60周年学术报告会；参加中物院科技年会，在113室参加MC-1课题和CQ-7装置的讨论。

9月，参加中国工程物理研究院朱光亚战略研究院落户上海张江典礼。

10月，与谷卓伟等合写的文章"A Compact Explosive-Driven Flux Compression Generator for Reproducibly Generating Multi-megagauss Fields"发表于期刊 *IEEE Trans. On Plasma Sci.*；赴安徽合肥光学精密机械研究所参加高技术研讨会议，缅怀20年前完成的实验工作；在浦东上海通茂大酒店参加中国工程院举办的守正扬清报告会。

11月，与罗斌强等合写的文章"Direct Calculation of Sound Speed of Materials Under Ramp Wave Compression"发表于期刊 *AIP Advances*。

11月上旬，赴浙江桐乡参加"第十二届全国爆炸力学学术会议"，作大会报告"炸药内爆磁通量压缩发生器概念及应用"；在北京九所西山会议中心参加中物院杰出专家评审会议。

11月中旬，在北京航天五院参加钱学森空间技术实验室学术委员会会议；参加由中物院三所在海口召开的兵工学会含能材料专业委员会会议，以及相关的学术会议；参加南京理工大学先进固体激光工信部重点实验室学术委员会会议。

11月下旬，赴上海电力公司总部参加公司科技咨询委员会成立会议，被聘为该公司科技咨询委员会副主任，任期至2020年11月。

12月上旬，邀请流体物理研究所老同志和学生近50人在绵阳富乐山酒店聚会，祝贺80岁生日。

12月下旬，参加四川省人才办邀请的院士专家赴海南三亚休假考察活动；接受上海市科技协会主办"科技精英"杂志采访，并刊登报道文章。

2019年

3月，正式办理退休手续。

与毛河光先生合写的文章"Editorial for the Special Issue on Deep Matter & Energy（深地物质与能源专题编者按）"发表于期刊 Engineering。

4月中旬，参加长三角院士G60论坛，被上海市松江二中聘为特聘专家。

4月20日，在上海家中接受中国工程物理研究院新闻中心采访，在"五四运动"100周年之际寄语院青年科技人员。

5月，与金云声等合写的文章"ICE自由面台阶靶数据处理的直接计算方法"发表于期刊《爆炸与冲击》。

6月，在哈尔滨工业大学参加全国第三届超高速碰撞学术会议，作"磁驱动高速飞片"发言。

7月，与赵小明合写的文章"Simulation on the Compressed Field-reversed Configuration with Alpha Particle Self-heating"发表于期刊 PlasmaPhys.Control.Fusion。

8月，在杭州参加2019年全国力学大会，与北京大学老师王大钧、武际可会面。

9月1日，被中国科学技术大学聘请为该校工程力学学科兼职博士生导师。

9月18日，在上海激光等离子体所参加建国七十周年荣誉奖章颁发仪式。

11月，参加2019年中国工程院院士大会，并应邀参观北京大学校史馆。

12月，与赵小明合写的文章"反场构型等离子体靶压缩过程中强磁场对阿法粒子能量的约束效应"发表于期刊《强激光与粒子束》。

12月20日，流体物理研究所所庆五十周年会议，作报告"根深叶茂固本强枝"。

12月23日，参加中国工程物理研究院为其召开的八十华诞学术座谈会，发言"八秩初度，感恩述怀"；收到中国工程院庆贺其八十华诞的贺信。

12月25日，岳母李敏珍因病于上海去世，享年89岁。

2020年

4月19日，参加一、九所MHD计算结题评议。

6月，被四川省人民政府聘为第四届四川省专家评议（审）委员会委员。

6月中旬，参加十一所工会会员大会。

6月24日，参加赵剑衡组织的视频会议，讨论有关项目建议书。

8月10日，在上海科学会堂，听取葛剑雄关于上海建筑历史的讲座。

9月中旬，在上海国际会展中心，中国工程院组织参加2020年创新与新兴产业发展国际会议（IEID），听取了龚正市长讲话，参观创新项目展览。

11月下旬，参加在北京九所西山会议中心举行的2021年院士候选人（特殊通道）遴选会议。

12月上旬，从北京经成都至绵阳，参加采集工程采访和文档整理活动多次。

12月2日，在流体物理研究所主持博士生陆禹学位论文开题报告和中期考评。

2021年

1月中旬，在绵阳参加谷卓伟课题工作汇报会，辅导学生论文，整理资料上交采集工程。

1月26日，与103室科研人员座谈并合影，讨论怎样做好创新研究。

2月12日，在上海家中完成文稿，关于金属氢氘的"研究方向分析"。

4月中下旬，在绵阳配合采集工程工作，接受流体物理研究所宣传部的采访、整理文档。

4月14日，在两处爆炸塔参加了两种尺度的MC-1发生器实验。

5月16日，在北大参加王仁先生百年诞辰纪念会暨固体力学前沿研讨会，纪念会发言并作报告"极端加载条件下材料动力学的实验研究"。

5月28日，参加中物院在十一所举行的激光聚变论坛——ICF物性参数研讨会，作报告"高能量密度动力学现象探讨"。

6月，在国网上海嘉定供电公司——百年风华修身讲堂作报告"峥嵘岁月稠"。

7月1日，在十一所集体收看北京庆祝中国共产党建党100周年大会实况。

7月14日，赴成都双流参加"冲击波物理与爆轰物理重点实验室成立30周年学术研讨会"，作大会特邀报告"极端加载条件下材料动力学的实验探索"。

7月15日，赴长春参加中国科学院长春光学精密机械与物理研究所学术会议，并参观了该所实验室和车间。

7月下旬，在上海安亭车展中心听取中国工程院李晓红院长讲话和宣讲报告，在十一所神光Ⅱ实验室作有关实验课题设想的学术报告。

8月下旬，在十一所神光Ⅱ实验室观看、讨论了有关实验结果。

10月下旬，在绵阳参加流体物理研究所光电中心会议，听取十一所程本源报告，讨论测试技术问题；在绵阳参加采集工程多项工作，至11月上旬。

11月上中旬，参加十一所多个实验方案的评审会；上海激光等离子体所二室党支部与上海交通大学物理学院激光等离子体研究生党支部结对共建活动，作党课报告"峥嵘岁月稠"。

12月6日，在中国科学院上海光学精密机械研究所做党课报告。

2022年

1月中旬，在上海参加西安21所的视频会议，讨论邱爱慈院士提出的15MA装置的方案和可能应用；参加十一所召集的讨论2021年11月神光Ⅱ实验结果的视频会议。

3月下旬，在上海收看中国工程院高端论坛的视频会议。

4月18日，大姐孙承永患肺癌去世，享年86岁。

5月16日，在上海线上参加绵阳举行的陆禹博士学位论文答辩会，顺利通过。

7月，与陆禹、谷卓伟等人合作撰写的文章"内爆磁压缩准等熵加载过程分析与实验验证"发表于期刊《爆炸与冲击》。

7月下旬，参加中国工程院能源学部组织的参观秦山核电站活动。

9月，撰文"高能量密度流体动力学行为"发表于期刊《高能量密度物理》2022年第三期（总161期）。

9月下旬，在十一所参加"科学家精神"宣讲会。

10月下旬，学习党的二十大文件，写心得体会，交十一所党办。

12月中旬，在上海线上参加流体物理研究所的学位评定分委员会会议，讨论通过两位博士生的博士学位资格。

2023年

1月中旬，对于风险投资项目——磁镜聚变装置写出评审咨询意见，提交有关方面参考。

2月上旬，在十一所与50MA项目论证人员继续就该项目的靶物理进行辩论。

3月上旬，参加十一所年度学术会议，作报告"斜波（准等熵）压缩途径——实验技术和学术意义"。

3月下旬，在十一所接受中国核学会访谈，回顾关于王淦昌先生的往事。

4月上旬，在十一所接受中物院九所访谈，回顾与于敏先生的交往。

4月中旬，参加上海市委组织部组织的去乌镇、嘉兴参观。

4月下旬，在十一所参加流体物理研究所与西北核技术院、西安交通大学的技术交流会，作报告"准等熵压缩实验的成败因素"。

4月28日，参加中国工程物理研究院在北京召开的纪念陈能宽先生百年诞辰座谈会并作发言。

6月中下旬，在北京远望楼参加西北核技术院国家重点实验室召集的专家会议，讨论效应工作；在海南博鳌参加"含能材料"期刊编委会及第九届含能材料与安全弹药技术研讨会；参加嘉定区科技协会党课活动，做"两弹一星"精神的报告。

7月上旬，在流体物理研究所参加《爆炸与冲击》期刊编委会；参加中国工程物理研究院在绵阳举行的"两弹一星"功勋科学家陈能宽诞辰100周年暨建院65周年"两弹精神"报告会，并做特邀报告"缅怀陈能宽主任，努力开拓新学科方向！"；参观十所各实验楼和工号。一周后，在十所参加发聘书仪式，并作关于"两弹一星"精神的报告。

10月，与陆禹等人合写的文章"电磁驱动高能量密度动力学实验的一维磁流体力学多物理场数值模拟平台：SSS-MHD"发表于期刊《爆炸与冲击》。

10月上旬，在十一所参加院庆65周年座谈会，放了贺词视频并做发言。

11月上旬，在上海福寿园公墓为父母亲扫墓，参加大姐的安葬仪式；在嘉定中国科学院上海实验学校作"爆炸及其应用"的科普讲座。

11月中旬，在十一所接受王淦昌传记片创作组视频采访。

2024年

1月下旬，撰写关于近几年氢氚金属化研究动向的综述"动静结合"。

2月上旬，在中物院副院长邱勇慰问十一所老同志座谈会上讲话。

3月下旬，参加上海市嘉定第一中学会议，出席颁奖仪式，接受记者访问。

5月13—17日，参加在杭州举办的第七届极端条件下的物质与辐射国际会议（ECMRE-2024）。

5月下旬，参加在嘉定区马陆镇宋嘉实验学校剧场举行的嘉定教育集团核心价值观教育汇报，接受聘书和采访。

7月，中物院研究生教育40周年，题词祝贺：踏实进取，青出于蓝胜于蓝；厚德载物，甘为事业筑基石。

7月中旬，去嘉定菊园中心观看邓稼先诞辰百年展览，并参加纪念会议，听取邓稼先儿子邓志平纪念邓稼先的专题报告。

7月21—25日，参加中物院流体物理研究所"寻根青海致敬党性"教育活动，重返60年前工作和生活过的221厂。参观原爆炸工号（656）时，接受流体物理研究所关于建所55周年的采访并作谈话。

8月中下旬，参加院计划部组织的50MA项目第二次论证，提交对于论证报告的物理、工程部分的两份书面意见，并在8月24日论证会议上提出意见。

9月28日，参加上海师范大学附属虹口中学揭牌仪式，作为57届校友在大会发言祝贺。

附录二 孙承纬主要论著目录

一、论文

[1] 孙承纬. 一维爆轰产物对刚性飞片的抛射运动[J]. 高能密度物理，1979，(5)：1-11.

[2] 孙承纬. 球面和柱面散心爆轰波后产物流动的近似解[J]. 科技学报，1980，(2)：68-87.

[3] 孙承纬，王作妮，贾保仁，等. 激光引爆炸药的实验研究[J]. 爆炸与冲击，1981，1(1)：84-91.

[4] 孙承纬. 一维冲击波和爆轰波计算程序 SSS[J]. 计算物理，1986，3(2)，142-154.

[5] Sun Chengwei, Wang Zuoni, Fang Qing. Initiation of Explosives by Laser Radiation[C] // Proct. or 1st Int. Symp. on IDL. 北京：科学出版社，1986：192-201.

[6] 孙承纬. 自持的和活塞驱动的散心爆轰波[J]. 爆炸与冲击，1987，7(1)：15-26.

［7］孙承纬，王淦昌等．激光引爆炸药的热机理［M］//王淦昌论文选集．北京：科学出版社，1987：147-150.

［8］Gong Xinggen, Sun Chenwei, et al. A Compact Magnetic Flux Compression Generator Driven by Explosive-.Proc. of MG4, 1987：417-424.

［9］龚兴根，孙承纬，周之奎，等．原理性电磁轨道炮的实验研究［J］．爆炸与冲击，1987，7（2）：164-169.

［10］孙承纬．激光引爆PETN炸药的数值模拟［J］．爆炸与冲击，1988，8（1）：1-5.

［11］孙承纬．炸药反应速率函数的数值模拟［J］．科技学报，1988（3）：10-24.

［12］Zhao Feng, Sun Chenwei, Chen Peiqi, et al. Reaction rates of PBH-9D Explosive［C］//Proc. of 9th Int. Symp. on Detonation. Office of Naval Research, 1989：142-152.

［13］孙承纬，庄仕明．脉冲激光引起金属靶板层裂的阈值条件［J］．强激光与粒子束，1990，2（3）：345-352.

［14］张忠珍，孙承纬，段祝平等．激光引爆炸药和冲击加载铝板的数值研究［J］．强激光与粒子束，1990，2（3）：359-365.

［15］孙承纬，赵锋，卫玉章等．炸药反应速率的实验与数值拟合，第四届全国爆炸力学学术会议论文集EM4-512，中国科技大学，1990，7：479-484.

［16］Sun Chengwei. LASER INITIATION OF EXPLOSIVES AND ITS APPLICATION, Proc. of 17th Protech. and 2nd ISPE, BMTP（北京理工大学出版社），1991，10：836-843.

［17］孙承纬．强激光对材料和结构的破坏机理分析［M］//华欣生．强激光技术进展评论．中国工程物理研究院，1991：187-205.

［18］孙承纬．钝感高能炸药研究与武器爆轰物理的发展［J］．爆轰波与冲击波，1992（1）：10-18.

［19］Sun Chengwei, Li Liangzhong, Zhao Feng, et al. Rectangular Diffraction of Detonation Wave in Nitromethane, Proc. of 2nd IDL，成都：四川大

学出版社，1992：87-91.

[20] 孙承纬. 二维爆轰波传播的 DSD 方法，第三届全国爆轰学术会议论文集，西南化工材料研究所，1992：357-367.

[21] 孙承纬. 美国武器物理研究的关键问题[J]. 爆炸与冲击，1993，13(4)：370-372.

[22] Sun Chengwei, Zhuang Shiming, Luo Fu, et al. Laser Induced Pressure and Impulse on a Solid Surface in Air. 24th AIAA Plasmadynamics and Lasers Conference, AIAA 1993, 3204: 1-5.

[23] Zhao Feng, Sun Chengwei, Wei Yuzhang. A Developed Unified Critical Criterion for the Initiation of Bare Explosives [C] //Proc.of APS Conf. on High Pressure Sci., 1994, 309: 1361-1364.

[24] Sun Chengwei, Zhuang Shiming, Wang Chunyan. A Stress Wave Model for Laser Induced Spall in Metals. 25th AIAA Plasmadynamics and Lasers Conference, AIAA, 1994, 2462: 1-7.

[25] Sun Chengwei, Feng Shuping, Long Xinping, et al. Dynamic Micro-Fracture of Metals under Shock Loading by Electric Gun.J. de Phys. IV, 1994, 4(C8): 355-360.

[26] Sun Chengwei, Zhuang Shiming, Wang Yanping, et al. Dynamic Failure and Fracture in Metals at High Strain Rate-Proc. of IUTAM Symp. on Impact Dynamics，北京：北京大学出版社，1994：335-346.

[27] Sun Chengwei, Du Xiangwan, Zhang Ning. Recent Developments of Chinese Activities in Lasers and Laser Beam Interaction with Materials [C] //26th AIAA Plasmadynamics and Lasers Conference, 1995, 1920. 1-7.

[28] Liu Zongde, Sun Chengwei, Han Mingbao, et al. An Experimental Study on Yield-Strength of Metal under Rapid Heating-.Proc. of Plasticity'95, Gorden & Breach Pub, 1995, 7: 849-852.

[29] Sun Chengwei, Wang Chunyan, Yuan Yonghua, et al. Shock Initiation of Explosives Impacted by Laser-driven Flyer-Proc. of 3rd ISPE, BITP

北京：北京理工大学出版社，1995：490-497.

[30] Sun Chengwei, Zhuang Shiming, Liu Cangli, et al. Ch.3: Dynamic Fracture in Metals at High Strain Rate [M] //High-Pressure Shock Compression of Solids II.Ed.by L.Davison, D.E.Grady et al. Springer, New York, 1996：71-89.

[31] 孙承纬，赵峰，高文. 研究爆速直径效应的爆轰冲击波动力学方法. 爆炸与冲击，1996，16（3）：193-201.

[32] Song Shengyi, Zhou Zhikue, Sun Chengwei.Discharge of the Plasma Generator in Electrothermal-Chemical Launchers.IEEE Trans. Mag., 1997, 33（1）：327-333.

[33] Sun Chengwei, Zhao Feng, Wen Shanggang, et al. High Velocity Flyers Accelerated by Multi-stage Explosive Slabs [J]. AIP SCCM. 1997, 429：971-974.

[34] 蒋德春，孙承纬，曾凡群. 六分圆爆炸逻辑网络研究. 爆炸与冲击，1997，17（3）：228-236.

[35] 孙承纬. 爆轰传播研究的近代进展 [J]. 爆轰波与冲击波，1997（3）：1-22.

[36] 孙承纬，杨礼兵. 国外电磁内爆研究的最近进展 [J]. 爆轰波与冲击波，1998（1）：1-6.

[37] 孙承纬，谷卓伟，王伟平. 激光辐照引起钢板覆盖下炸药热爆炸的临界条件 [J]. 研究与发展，1998，82：1-7.

[38] Li Qingzhong, Sun Chengwei, Zhao Feng, et al. An Approach to Incorporate the Detonation Shock Dynamics Into the Calculation of Explosive Acceleration of Metals, Proc. of 11th Int. Symp.on Detonation, Office of Naval Research, 1998：36-42.

[39] Zhao Tonghu, Sun Chengwei, et al. An Experimental Study of Detonation Propagation in the Arc Insensitive High Explosive Initiated on its Basal Plane [C] //Proc.of 11th Int.Symp.on Detonation, Office of Naval Research, 1998：1023-1028.

[40] Sun Chengwei, Feng Shuping, Zhuang Shiming, et al. Dynamic Fracture Feature in Metals under Very High Strain Rate Induced by Shock Loading, Key Eng. Mater., 1998, 145-149: 273-278.

[41] 杨礼兵, 孙承纬, 丰树平等. FP-1直接驱动套筒内爆技术研究. 爆炸与冲击, 1998, 18 (4): 338-343.

[42] Gong Xinggen, Sun Chengwei, Xie Weiping, et al. The Output Characteristics of a Two-Staged Explosive Magnetic Compression Generator with High Inductance Load, Proc. of MG-8, Los Alamos National Laboratory, 1998: 380-385.

[43] Zhou Zhikui, Shi Jianxun, Sun Chengwei, et al. The Effects of Projectile Injection on Rail Ablation in Arc-Driven Railguns-IEEE Trans. Mag., 1999, 35 (1): 469-472.

[44] 谭多望, 孙承纬. 滑移爆轰作用下飞板运动的解析解[J]. 高压物理学报, 1999, 139 (2): 120-126.

[45] Gao Shunshou, Sun Chengwei. The Test and Analysis of a 3-Stage Reconnection Coilgun [J]. IEEE Trans. Mag., 1999, 35 (1): 142-147.

[46] 廖海东, 孙承纬, 李永池等. 有限厚度流体层界面运动Rayleigh-Taylor不稳定性的数值模拟. 爆炸与冲击, 1999, 19 (2): 139-145.

[47] 赵剑衡, 孙承纬, 马如超. 一种新型VISAR探头的研制及应用[J]. 爆炸与冲击, 1999, 19 (增刊): 128-131.

[48] Zhao Jianheng, Sun Chengwei, Yuan Yonghua, et al. Crack Formation on the Cylindrical Shell Damaged by Inner Pressure and Surface Laser Irradiation—The 30th Plasma Dynamics and Lasers Conference, AIAA 1999, 3548: 1-5.

[49] 谭多望, 孙承纬, 王彦平. 炸药爆轰产物驱动不可压缩刚粘塑性柱壳的运动[J]. 爆炸与冲击, 2000, 20 (4): 348-352.

[50] 杨礼兵, 孙承纬, 廖海东等. 电磁驱动固体套筒的内爆[J]. 爆炸与冲击 2000, 20 (2): 156-159.

[51] 文尚刚, 孙承纬, 赵锋, 等. 多级爆轰驱动——超高速碰撞的一种

新的加载技术［J］. 高压物理学报, 2000, 14（1）: 22-27.

［52］Zhao Jianheng, Sun Chengwei, Duan Zhuping, et al. Using High-Speed Camera to Research Failure Wave in K9 Glass, Key Eng. Mater, 2000, 183: 343-348.

［53］赵剑衡, 孙承纬, 段祝平. 冲击压缩下玻璃等脆性材料中的失效波研究进展［J］. 物理学进展, 2001, 21（2）: 157-175.

［54］谷卓伟, 孙承纬. 激光驱动飞片技术在模拟太空微粒方面的应用［J］. 爆轰与冲击, 2001（1）: 8-10.

［55］赵剑衡, 孙承纬, 段祝平, 等. 玻璃表面对失效波萌生的影响［J］. 力学学报, 2001, 33（6）: 834-838.

［56］文尚刚, 赵锋, 孙承纬, 等. 用SVR相机进行多点起爆实验研究［J］. 爆炸与冲击, 2001, 21（3）: 233-236.

［57］Wen Shanggang, Sun Chengwei, Zhao Feng. A Study on Hyper-Velocity Flyer Driven by Strong Detonation-Theory and Practice of Energetic Materials, VNIIEF, 2001, 4: 255-260.

［58］谷卓伟, 孙承纬, 苏小勇. 小型激光器驱动飞片冲击引爆炸药实验研究［J］. 爆炸与冲击, 2002, 22（1）: 88-91.

［59］孙奇志, 孙承纬. 国外磁化靶聚变研究进展. 爆轰波与冲击波, 中国工程物理研究院流体物理所, 2002（1）: 24-29.

［60］谷卓伟, 孙承纬. 小型脉冲激光器驱动高速飞片的实验研究［J］. 中国激光, 2002, A29（5）: 406-409.

［61］Sun Chengwei, Gu Zhuowei, Wang Chunyan, et al. High Speed Flyers Driven by Laser Radiation. 33rd Plasma Dynamics and Lasers Conference, AIAA. 2002, 2156: 1-7.

［62］谷卓伟, 孙承纬, 罗利军. 激光驱动飞片实验研究及其应用分析［J］红外与激光工程, 2002, 31（5）: 428-431.

［63］杨礼兵, 孙承纬, 廖海东, 等. 高能密度物理实验装置FP-1及其应用［J］. 强激光与粒子束, 2002, 14（5）: 767-770.

［64］Sun Qizhi, Sun Chengwei, Gong Xinggen, et al. An Effective Explosive

Magnetic Flux Compression Generator with 102nH Inductance Load. Proc. of 9th Int. Conf. on Maggauss Magnetic Field Generation and Related Topics, 2002: 185-188.

[65] Wen Shanggang, Sun Chengwei, Zhao Feng, et al. The Level Set Method Applied to Three-Dimensional Detonation Wave Propagation. Proc. of 12th Int. Symp. on Detonation, Office of Naval Research, 2002: 667-674.

[66] Yang Libing, Liao Haidong, Sun Chengwei, et al. The RT Instability in Cylindrical Implosion of a Jelly Ring.CP651, Dense Z-Pinches-.5th International Conference on Dense Z-Pinches-edited by J. Davis et al, 2002: 309-312.

[67] 谭多望,孙承纬,赵继波,等. 大锥角聚能射流实验研究 [J]. 高压物理学报, 2003, 17 (3): 204-208.

[68] 孙奇志,孙承纬. 轴线起爆式螺线管型爆磁压缩发生器理论模型 [J]. 强激光与粒子束, 2003, 15 (4): 385-390.

[69] Tan Duowang, Sun Chengwei, Wang Yanping. Acceleration and Viscoplastic Deformation of Spherical and Cylindrical Casings under Explosive Loading [J]. Propellants, Explosive, Pyrotechnics, 2003, 28 (1): 43-47.

[70] 陈军,孙承纬. 滑移爆轰对碰驱动金属圆管的研究 [J]. 第六届全国爆轰学术会议论文集, 北京理工大学学报. 2003 (增刊): 225-229.

[71] 于川,董海东,孙承纬,等. 带尾翼翻转型爆炸成形弹丸试验研究 [J]. 爆炸与冲击, 2003, 23 (6): 561-564.

[72] 孙承纬,赵锋,文尚刚,等. 一般物态方程形式下爆轰产物的一维等熵流动 [J]. 爆炸与冲击, 2003, 23 (6): 481-487.

[73] 宋盛义,孙承纬,冯晓晖. 求解三种导体构形中相对论电子形成的空间电荷限制流 [J]. 强激光与粒子束. 2004, 16 (3): 404-408.

[74] 孙承纬,文尚刚,赵峰. 多级炸药爆轰高速驱动技术的 Gurney 模型优化分析 [J]. 爆炸与冲击, 2004, 24 (4): 299-304.

［75］Sun Qizhi, Sun Chengwei, Gong Xinggen, et al. High-Power and High Voltage Pulse Generation on Resistance Loads by Means of Hemgs. Proc. of MG-10, 2004: 201-206.

［76］孙承纬，文尚刚，赵锋. 多级炸药爆轰高速驱动技术的 Gurney 模型优化分析［J］. 爆炸与冲击 2004, 24（4）: 299-304.

［77］Gu Zhuowei, Sun Chengwei, Zhao Jianheng, et al. Experimental and Numerical Research on Shock Initiation of Pentaerythritol Tetranitrate［J］. J. of Appl. Phys. 2004, 96（1）: 344-347.

［78］Gu Zhuowei, Sun Chengwei, Zhao Jianheng, et al. One-dimensional Numerical Simulation of Laser-Driven Flyer Plates［J］. J. of Appl. Phys. 2004, 96（6）: 3486-3490.

［79］赵剑衡，孙承纬，谭福利，等. 一维平面磁驱动等熵加载发射飞片技术探索. 洪友士主编：祝贺郑哲敏先生八十华诞应用力学报告会——应用力学进展论文集［M］. 北京：科学出版社，2004: 332-339.

［80］Yang Libing, Sun Chengwei, Liao Haidong, et al. RT instability in Cylindrical Implosion of Jelly Ring［J］. Chinese Physics, 2004, 13（10）: 1747-1752.

［81］Wang Ganghua, Hu Xijing, Sun Chengwei. Simulation for Double Shell Pinch［J］. Chinese Physics, 2004, 13（12）: 2105-2108.

［82］孙承纬. 磁驱动等熵压缩和高速飞片的实验技术［J］. 爆轰波与冲击波，2005,（2）: 84-92.

［83］赵剑衡，孙承纬，谭福利，等. 一维平面磁驱动等熵加载发射飞片技术［J］. 爆炸与冲击，2005, 25（4）: 303-308.

［84］文尚刚，孙承纬，赵锋. 二维拟定常爆轰波反应区的初步研究［J］. 爆轰波与冲击波，2005（3）: 93-96.

［85］孙承纬.《高能量密度物理》更好地牵引研究方向和反映研究进展——写在《爆轰波与冲击波》更名之际［J］. 高能量密度物理，2006（1）: 1-2.

[86] 莫建军，孙承纬. 200GPa压力范围内铝和铜的等熵压缩线计算[J]. 高压物理学报，2006，20（4）：386-390.

[87] 赵剑衡，孙承纬，唐小松，等. 高效能电炮实验装置的研制[J]. 实验力学，2006，21（3）：369-375.

[88] Sun Chengwei, Wang Weiping, Luo Yongquan, et al. The Optical Limiting of Vanadium Oxide Thin Films under Radiation of Near-IR Laser Beams[R]. 2006：1-6.

[89] Sun Qizhi, Sun Chengwei, Liu Wei, et al. Compact Two-Staged Helical EMGs with High Inductive Loads—Proc. of MG-11, 2006：109-113.

[90] 桂毓林，孙承纬，李强，等. 实现金属环动态拉伸的电磁加载技术研究[J]. 爆炸与冲击，2006，26（6）：481-485.

[91] 孙承纬. 电磁加载下的高能量密度物理问题研究[J]. 高能量密度物理，2007，（1）：41-46.

[92] 孙承纬，谷卓伟. 脉冲激光技术在温密物质和动高压物理实验研究中的应用[J]. 高能量密度物理，2007（2）：74-81.

[93] 孙承纬. 关于爆炸力学发展方向的若干思考[J]. 高能量密度物理，2007（4）：139-142.

[94] Sun Chengwei, Wang Guiji, Liu Cangli, et al. Magnetically driven isentropic compression and flyer plate experiments using a capacitor bank[J]. SCCM-2007, AIP Conference Proceedings. 2007, 955：1196-1199.

[95] Wang Guiji, Sun Chengwei, Chen Jun, et al. Large Area and Short-Pulse Shock Initiation of a TATB-HMX Mixed Explosive. Shock Compression of Condensed Matter-2007, AIP Conference Proceedings. 2007, 955：1014-1017.

[96] 孙承纬，赵剑衡，王桂吉，等. 磁驱动准等熵压缩和高速飞片的实验研究[R]. 庆祝中国力学学会成立50周年暨中国力学学会学术大会；大会特邀报告，2007：1-17.

[97] 孙承纬. 爆炸力学. 中国科学技术协会主编：(2006—2007)力学学科发展报告[M]. 北京：中国科学技术出版社，2007：174-177.

[98] 谭多望，孙承纬. 成型装药研究新进展 [J]. 爆炸与冲击，2008，28（1）：50-56.

[99] 王刚华，柏劲松，孙承纬，等. 准等熵压缩流场反演技术研究——高压物理学报，2008，22（2）：149-152.

[100] 王刚华，孙承纬，赵剑衡，等. 磁驱动平面飞片的一维磁流体力学计算 [J]. 爆炸与冲击，2008，28（3）：261-264.

[101] 王刚华，孙承纬，王桂吉，等. 带窗口准等熵压缩实验的流场反演技术 [J]. 爆炸与冲击，2009，29（1）：101-104.

[102] 莫建军，蒋吉昊，孙承纬. 超高压范围内金属铝的 Hugoniot 线和等熵压缩线计算 [J]. 高能量密度物理，2009（2）：49-52.

[103] 姜洋，孙承纬，李平，等. 点起爆炸药驱动平板飞片运动的数值模拟研究 [J]. 高压物理学报，2009，23（4）：261-265.

[104] 桂毓林，谭多望，孙承纬. 延性金属膨胀环的运动及断裂的三维数值模拟 [J]. 计算力学学报，2009，26（4）：579-584.

[105] 桂毓林，孙承纬，李强，等. Y 态 TU1 环的动态脆性碎裂特性 [J]. 爆炸与冲击，2009，29（6）：596-600.

[106] Sun Chengwei, Wang Guiji, Zhao Jianheng, et al. Isentropic Compression and Flyer Plate Experiments Under Magnetic Pressure Loading—CAEP-VNIIEF Workshop, 2009：1-49.

[107] 姜洋，孙承纬，李平，等. 点起爆半球形装药装置中散心爆轰波传播的数值模拟研究 [J]. 应用力学学报，2010，27（1）：44-48.

[108] 袁红，孙承纬. 激光驱动固体材料状态方程实验研究进展 [J]. 力学进展. 2010，40（1）：28-40.

[109] 姜洋，钟敏，孙承纬，等. 非理想爆轰波阵面传播的 Level Set 方法应用研究 [J]. 兵工学报，2010，31（7）：896-901.

[110] 陈军，曾代朋，孙承纬，等. JB-9014 炸药超压爆轰产物的状态方程 [J]. 爆炸与冲击，2010，30（6）：583-587.

[111] 袁红，童慧峰，孙承纬，等. 真空环境下激光烧蚀铝靶冲量耦合系数的数值模拟 [J]. 强激光与粒子束，2010，22（12）：2853-2856.

[112] 张红平, 孙承纬, 李牧, 等. 准等熵实验数据处理的反积分方法研究[J]. 力学学报, 2011, 43(1): 105–111.

[113] 桂毓林, 孙承纬, 张光升, 等. 无氧铜环颈缩区孔洞长大与局域化温升效应研究[J]. 高压物理学报, 2011, 25(2): 183–187.

[114] 李牧, 孙承纬, 赵剑衡, 等. 激光驱动薄膜产生等离子体射流的条件分析[J]. 高压物理学报, 2011, 25(4): 65–72.

[115] Li Mu, Zhang Hongping, Sun Chengwei, et al. Numerical Analysis of Laser-Driven Reservoir Dynamics for Shockless Loading[J]. J.of Appl. Phys., 2011, 109(9): 093525.

[116] 孙承纬, 赵剑衡, 王桂吉, 等. 磁驱动准等熵平面压缩和超高速飞片发射实验技术原理、装置及应用[J]. 力学进展, 2012, 42(2): 206–219.

[117] 罗斌强, 赵剑衡, 孙承纬, 等. 二级电炮加载技术研究[J]. 高压物理学报, 2012, 26(3): 251–258.

[118] Luo Binqiang, Sun Chengwei, Zhao Jianheng, et al. Unified Numerical Simulation of Metallic Foil Electrical Explosion and its Applications[J]. IEEE Trans.Plasma, 2013, 41(1): 49–57.

[119] Zhao Jianheng, Wang Guiji, Sun Chengwei, et al. CQ-4 Pulsed Power Generator for Rampwave Loading. IUTAN Symp. on Recent Development of Experimental Techniques Under Impact Loading, 2013: 1.

[120] 孙承纬, 罗斌强, 赵剑衡, 等. 从"准"等熵到"净"等熵[J]. 高能量密度物理, 2014, (3): 93–97.

[121] Luo Binqiang, Wang Guiji, Mo Jianjun, et al. Verification of Conventional Equations of State for Tantalum under Quasi. Isentropic Compression[J]. J. of Appl.Phys., 2014, 116(19): 193506.

[122] Jin Junsheng, Sun Chengwei, Zhao Jianheng, et al. Optimization of Loading Pressure Wave Forms for Piston Driven Isentropic Compression[J]. J. of Applied. Physics., 2014, 115, 243506: 1–8.

[123] 赵继波, 孙承纬, 谷卓伟, 等. 内爆圆柱套筒磁通量压缩的磁流体

力学计算［J］. 强激光与粒子束，2014，26（9）：26095003.

［124］赵继波，孙承纬，罗斌强，等. 磁驱动等熵压缩实验构形的磁流体力学计算模拟［J］. 力学学报，2014，46（5）：1-8.

［125］王桂吉，赵剑衡，孙承纬，等. 磁驱动准等熵加载装置CQ-4的加载能力及主要应用［J］. 实验力学，2015，30（2）：252-262.

［126］李牧，孙承纬，赵剑衡. 固体材料高功率激光斜波压缩研究进展［J］. 爆炸与冲击，2015，35（2）：145-156.

［127］Zhao Jibo, Sun Chengwei, Luo Binqiang, et al. Loading Circuit Coupled Magnetohydrodynamic—IEEE Trans. Plasma Sci. 2015，43（4）：1068-1076.

［128］孙承纬. 磁驱动准等熵加载装置CQ-4的加载能力及主要应用［J］. 实验力学，2015，30（2）：252-262.

［129］Luo Binqiang, Wang Guiji, Tan Fuli, et al. Dynamic Behaviors of a Zr-based Bulk Metallic Glass under Ramp Wave and Shock Wave Loading. AIP Advances. 2015，5，067161：1-8.

［130］赵继波，孙承纬，谷卓伟，等. 爆轰驱动固体套筒压缩磁场计算及准等熵过程分析［J］. 物理学报，2015，64（8）：080701：1-9.

［131］Yang Hua, Tang Xiaosong...Sun Chengwei. Long Plasma Channels and High-Voltage Discharges Induced by Strong Picosecond Laser Pulses—Chinese Optics Letters，2015，13（11），113201：1-5.

［132］赵继波，孙承纬，谷卓伟，等. 平面和圆柱面构形的磁流体力学计算［J］. 爆炸与冲击，2016，36（1）：9-16.

［133］孙承纬. 聚变能源展望［M］// 文福来，费滨海. 2016院士春秋论坛纪实. 北京：中译出版社，2016.

［134］罗斌强，张红平，赵剑衡，等. 斜波压缩实验数据的正向Lagrange处理方法研究［J］. 爆炸与冲击，2017，37（2）：243-248.

［135］金云声，张兴卫，谭福利，等. 干涉式冲量摆测试装置及其双精度数据处理方法［J］. 光学学报，2017，37（5），0512001：1-6.

［136］Mao Ho-Kwang, Sun Chengwei. Editorial for the Special Issue on Deep

[136] Matter & Energy（深地物质与能源专题编者按）–. Engineering. 2019, 5（3）, 351: 390-392.

[137] 金云声，孙承纬，赵剑衡，等. ICE自由面台阶靶数据处理的直接计算方法[J]. 爆炸与冲击，2019, 39（4）: 044201.

[138] Zhao Xiaoming, Sun Chengwei, Sun Qizhi, et al. Simulation on the Compressed Field-Reversed Configuration with Alpha Particle Self-Heating[J]. Plasma Phys.Control.Fusion，2019, 61: 075015.

[139] 孙承纬. 高能量密度流体动力学行为,[J]. 高能量密度物理，2022（3）: 87-112.

[140] 孙承纬，陆禹，赵继波，等. 电磁驱动高能量密度动力学实验的一维磁流体力学多物理场数值模拟平台：SSS-MHD[J]. 爆炸与冲击，2023, 43（10）: 104201.

二、著作

[1] 孙承纬，卫玉章，周之奎. 应用爆轰物理[M]. 北京：国防工业出版社，2000.

[2] 孙承纬，陆启生，范正修，等. 激光辐照效应[M]. 北京：国防工业出版社，2002.

[3] M. A. Liberman，等. 高密度Z箍缩等离子体物理学[M]. 孙承纬，译，胡熙静，校. 北京：国防工业出版社，2003.

[4] 孙承纬. 爆轰术语 GJB 5720—2006[M]. 中国人民解放军总装备部，2006.

[5] L. L. Altgilbers，等. 磁通量压缩发生器[M]. 孙承纬，周之奎，译. 北京：国防工业出版社，2008.

[6]（俄）Л.П.奥尔连科. 爆炸物理学（第3版）（上、下册）[M]. 孙承纬，译. 北京：科学出版社，2011.

[7] R. P. Drake. 高能量密度物理——基础、惯性约束聚变和实验天体物理学[M]. 孙承纬，译. 北京：国防工业出版社，2013.

参考文献

[1] 王学珍，王效挺，黄文一，等. 北京大学纪事1898—1997[M]. 北京：北京大学出版社，2008.

[2] 朱正邦. 孕育生命的沃土——学子发展篇[M]. 上海：学林出版社，2009.

[3] 朱正邦. 孕育生命的沃土——教师发展篇[M]. 上海：学林出版社，2009.

[4] 孙承永. 温暖——孙承纬家庭纪念文集[M]. 未刊稿，2014.

[5] 孙承永. 仁里弄孙家旧事[M]. 未刊稿，2021.

[6] 北京大学力学专业建立65周年采访文集编委会编. 师道心语[M]. 北京：北京大学出版社，2018.

[7]《孙承纬院士八十华诞文集》编辑委员会. 孙承纬院士八十华诞文集[M]. 北京：中国原子能出版社，2019.

[8] 邓力群，马洪，武衡. 当代中国的核工业[M]. 北京：中国社会科学出版社，1987.

[9]《中国工程物理研究院院史》编审委员会. 中国工程物理研究院院史[M]. 内部资料，2001.

[10]《大国基石——中国核武器事业发展纪实》编辑委员会. 大国基石——中国核武器事业发展纪实[M]. 内部资料，2021.

[11] 中国工程院学部工作局. 中国工程院院士自述（第二卷）[M]. 1版. 北京：高等教育出版社，2008：345-347.

[12] 杜祥琬. 20世纪中国知名科学家学术成就概览·能源与矿业工程卷·核科学技术与工程分册[M]. 北京：科学出版社，2015.

[13] 孙勤. 核铸强国梦 [M]. 北京：中国原子能出版社，2015：84-92.

[14] 中国工程院科学道德建设委员会. 工程科技的实践者——院士的人生与情怀（第二册上）[M]. 1版. 北京：高等教育出版社，2010：607-614.

[15] 孙承纬. 高密度Z箍缩等离子体物理学 [M]. 北京：国防工业出版社，2003.

[16] 刘亚东. 春颂——邓小平同志与中国科技事业 [M]. 北京：科学技术文献出版社，2004.

[17] 吴明静，凌晏，逄锦桥. 许身为国最难忘——陈能宽 [M]. 上海：上海交通大学出版社. 中国科学技术出版社，2015.

[18] 杜祥琬. 激光辐照效应 [M]. 北京：国防工业出版社，2002.

后 记

2019年，中国科协启动了孙承纬院士学术成长资料采集工程项目，领导让我承担采集小组负责人的工作，在了解到采集工作的意义就是要通过深入研究科学家的成长规律，弘扬科学家求真务实、无私奉献的精神，我感到作为孙承纬院士的学生，做采集负责人是一项义不容辞的责任，我很想将老师身上闪耀着的勇于创新的科学精神、求真务实的科学态度以及平易近人、谦逊低调、勤俭克己、奖掖后学的个人品格传扬给更多人知道，我相信这些一直激励我奋进不止的精神和品格也同样会感染更多的年轻科技工作者。

人们常说，不忘初心、方得始终。在孙老师身上我们看到初心如磐、驰而不息，自少年立志科学报国，他的初心从未有过一丝一毫的改变，数十年如一日孜孜以求，始终能量充沛地深耕于研究工作，以科技报国为己任。

他在"八十自序"中这样写道："好好读书，潜心做好自己的科研工作，就是对党和国家最好的贡献。"2019年12月12日，刚刚跨入耄耋之年的孙老师收到了来自中国工程院院长李晓红的贺信，信中对他给予了高度的评价："您以崇高的爱国情怀，勇敢扛起我国爆轰物理事业自主创新的旗帜。"

孙老师留给我最深刻的印象就是他认为科学就要敢于创新，但是要有科学的方法。为此，他特意送了我一本书，法国数学家、物理学家彭加勒所著《科学与假设》，这是一本被称为科学领域的哲学书籍，孙老师告诫我："你要发扬啃木头的精神，把枯燥的书读懂。"通过这本书，彭加勒的"没有假设，科学家将永远寸步难行"的观念对我影响至深。

正是凭借着这种敢于假设、敢于创新的科学家精神，孙老师自1963年从北京大学数学力学系毕业至今，在近六十年的科研生涯中，在炸药爆轰、激光辐照效应、应用脉冲功率技术以及材料动态响应和高能量密度动力学等不同领域进行了多次大跨度的转换，他凭借深厚的数理基础和数十年如一日的刻苦钻研，在这些领域都作出了杰出的贡献。

在所党委的高度重视下，在项目责任主体政治部积极组织下，采集小组很快就以饱满的工作热情投入采集工作中。

采集工作之初，孙老师并不太愿意开展这项工作，这源于老师谦逊低调的性格，他无意为自己立碑树传，但是当我们详细地向他解释了采集工作的意义之后，孙老师表示愿意配合。

小组成员大多之前和孙老师并不熟悉，但是在一次次不远千里奔赴北京、上海的口述访谈中，在一次次不辞辛劳奔波在档案馆、图书馆收集资料中，在一遍又一遍不厌其烦地翻看实物资料中，他们不无感慨地说："太佩服孙老师了，走近方知山高水长！"

有些小组成员并不是搞科研出身，但为了能够更真实、准确并客观地描述孙老师的科研历程，随时随地拿着相关科研书籍死磕，想尽一切办法找到懂行的科研人员讨论，努力让自己能够理解孙老师的科研工作，并从中厘清科研脉络。

所有这些努力，都被孙老师看在眼里，他看见了小组成员的认真、负责和强烈的使命感，源于这种对采集小组工作的认可和信任，孙老师将其珍藏的实物资料，其中包括珍贵手稿近900件（保密审查后实际赠送给采集工程630件）和证件、证书件都赠送给了采集小组，这些实物的获得对采集小组厘清孙老师求学经历、师承关系及科研攻关经历的关键点帮助良多，这些沉寂多年的史料，多方面、多角度地用丰富、翔实、真实的文字、图片及实物讲述并展示着孙老师不断求索的科研历程以及取得的卓越科研成就。

也正是通过这些早已泛黄的实物资料和口述访谈，我们得以探寻到孙老师的家世传承以及师承关系对其科研精神形成所产生的重要影响。

一张七十年前孙老师父亲手书的座右铭，字迹苍劲有力、洒脱飘逸，重现了敏思、笃学、自强的家风，勾勒出孙老师品格形成的关键因素。孙老师的父亲孙启粹前半生历经动乱，从辛亥革命到北洋军阀再到国民党执政，特别是抗日战争爆发后，孙启粹一家也陷入了动荡不安的生活，新中国成立后，社会发生了翻天覆地的变化，一如孙老师在自传中写到的"人民安居乐业，充满希望，新社会朝气蓬勃，欣欣向荣"，面对此情此景，孙启粹有感而书座右铭，以此自勉并激励子女："只有一代胜一代，社会才能发展，国家才能前进，民族才有希望。要看看别人，努力前进；想想自己，莫虚我生。"

孙启粹非常重视子女的教育，他不仅仅只是关注子女的学习成绩，更多的是培养和引导他们的兴趣爱好，晚年的孙老师曾说："生在这样的家庭是我最大的幸福"。孙老师的家庭揭示了父母是孩子第一任老师，道破爱是孩子前行不竭的动力。

在父亲的关心和引导下，孙老师自小就培养了广泛的兴趣爱好及爱思考、勇于探索的习惯，并对科学产生了浓厚的兴趣。孙老师 1956 年 12 月 19 日入团时，他的介绍人曾这样评价："孙承纬同学热爱祖国，关心时事，决心为使祖国赶上世界先进科学水平而努力，有强烈的求知愿望，学习努力认真。"

孙启粹重视记录子女的成长轨迹，他将子女从小学到高中的成绩手册都精心保存了下来。孙老师的十二年完整成绩手册和十几本读书笔记，描画了青葱少年的成长轨迹，奠定了科学报国的如磐初心。1956 年 1 月 14 日，周恩来总理在中央关于知识分子问题的会议上作报告，发出"向科学进军"的号召，强调"科学是关系我们的国防、经济和文化各方面的有决定性的因素"。3 月 29 日，物理老师郁青田把"向科学进军"的号召在班里向学生们进行了传达，鼓励学生们努力学习科学知识，刚过完 16 岁生日不久的孙承纬和同学们听得热血沸腾，为响应党中央号召，他和同学朱贻琯共同制定了"向科学进军"的学习计划。与此同时，孙老师也在自己学习《形式逻辑》一书的读书笔记本封面上端正写下:"立志攀登科学高峰"。

高中临别赠语透露出未满 18 岁的孙老师的雄心壮志。1957 年 6 月,即将高中毕业的孙老师在给他的同学朱贻瑁临别寄语中这样写道:"青年人都有美好的理想,推动世界进步,但是困难是不少的,我希望你能下定决心,为自己的理想干一辈子,唯有这样,祖国才能在百十年内跃进先进国家行列之中。"从这段寄语中可以看出,孙老师从那时起就下定决心,为科技报国的理想奋斗终生。同时,他也坚信,少年强则中国强,只要青年人不懈努力,祖国就会越来越强大。

1957 年 9 月,孙老师考入北京大学数学力学系,在北京大学的六年是孙老师学术成长的关键阶段,在这里他求教于名师,打下了坚实的理论基础并培养了他独立思考的能力。虽然从 1957 年至 1960 年适逢"反右""大跃进"等政治运动和"三年困难时期",孙老师回忆"正常上课就只有三年多时间嘛,我没浪费多少时间,就说很多不该我上的课我去上了,都是感谢北大的自由。"

除了自己的专业课外,孙老师特意找来物理系的课程表,挑选和自己的课程不冲突的课去听,基本上物理系的基础课都旁听了,包括电动力学、量子力学、分析力学等,还选修了很多数学专业的课程。

1958 年 2 月,"双反运动"开始了,全国高等院校和科研机构将"双反"的矛头指向了知识分子的"资产阶级思想",由此形成了所谓的"争取红透专深"的运动。3 月底,数学力学系开展了"红专辩论"。孙老师和同学们在 1956 年国家提出"向科学进军"以后,人人都认为念好功课、多学本事,就可以为国家效力,但是"红专辩论"时期,这种想法就成了错误思想,爱看书、认真学习变成了要被批判的"白专"道路。

大学时期的日记和二十多本读书笔记,展现了心无旁骛、焚膏继晷的学习态度,夯实了科学研究的坚实基础,让我们得以窥探到孙老师深厚坚实功底的原因。孙老师和同学们偷偷去图书馆,一有机会就拿起书来看,通过博览群书为自己构建了丰富多元而扎实的知识体系。孙老师告诉我:"你学习了以后不会立竿见影,你有这个基础的话,碰到合适的时候就会发个芽。"

1960年12月12日，是孙老师21岁的生日，他在日记中写道："今天是生日，生命开始日的纪念，猛醒，猛醒，别虚度年华。打起战鼓来，追求科学真理的殿堂，驰而不息。"

孙老师的勤奋好学给当时的老师留下了深刻印象，论文导师王大钧记忆中："孙承纬的特点比较突出，比较清瘦，挺机灵，反应比较快，毕业论文基本上是独立完成的。"

孙老师所在的固体力学专门化班，只有他是自己拟定的毕业论文题目，早已泛黄的毕业论文手稿《三角形截面重力坝的固有振动》，呈现了孙老师独立思考勇于创新的精神，论文撰写过程为他培养了科研工作的模式和方法，是科研工作的第一次实践，孙老师说："学会怎么做题目，怎么调研，对自己有很大帮助"，该论文获得了"优等"的好成绩。

一张周恩来专场报告会入场券，让我们挖掘出矢志不渝科技报国背后的故事，验证了理想信念对人生走向的影响至深。1963年7月21日晚8时，孙老师作为应届大学毕业生和同学们一起来到了人民大会堂，参加了北京市高等院校毕业生报告会，见到了仰慕已久的周恩来总理，聆听周总理的报告。

在这次报告会上，周总理从六个方面概括了应该学习和掌握的内容：一是掌握学习工具；二是学好哲学；三是学习社会科学；四是学习生产知识；五是加强科学研究；六是学点革命文艺。特别是在加强科学研究方面，周总理向在场的青年学生提出了努力"突破科学技术尖端，赶上世界先进水平"的期望。

因为当时三年自然灾害刚过去不久，国家各个层面也在针对大跃进等运动做反思，周总理告诉大学生们："考虑问题都应该用五千年历史的角度和眼光。"孙老师回忆，"总理很了不起啊！总理的意思是我国五千年历史上比这严重的得多的风浪也过来了，这个困难时期我们也过得去，年轻人要有历史观念。"

可以说，周恩来总理对孙老师影响至深，从17岁时响应周总理提出"向科学进军"的号召立下科技报国的志愿，到24岁大学毕业时再次聆听到周总理的"赶上世界先进水平"的殷切期望，孙老师更加坚定了科技报国的初心，正如他在1960年12月19日的日记中摘抄的句子那样"人们已经几千次地证明了，'他要成为怎样的人，就能成为怎样的人'"，此时的孙老师内心坚定，胸怀一腔报国之志，即将奔赴工作岗位，并在其中施展他的抱负和才华。

1963年，孙老师从北大数学力学系毕业被分配到二机部九院（即中国工程物理研究院）实验部工作，从北京来到位于青海湖畔空气稀薄的金银滩草原，在艰苦的生活中，投入我国第一颗原子弹攻关。

正如孙老师的回忆"基建尚未完成，天寒地冻、供应困难，但是大家心里有团火在燃烧，一定要尽早造出我国第一颗原子弹，尽快增强国防实力。"从此，开始他一生所孜孜追求并终身不悔的科学报国，可谓心怀弘毅之志、勇猛精进不退转，这样一种精神从青葱年少一直到耄耋之年，在"八十自序"一文中，孙老师写道："保持健康和良好心态，做些力所能及的事情，助力青年一代顺利成长，为所热爱的科技事业略尽绵薄，就是我晚年的心愿。"

2020年9月11日，习近平总书记在科学家座谈会上指出："要大力弘扬科学家精神"，并重点强调了爱国精神和创新精神。科学成就离不开精神支撑，科学家精神是科技工作者在长期科学实践中积累的精神财富。通过两年多的采集工作，我们被孙老师的拳拳爱国之心和勇于创新的精神所折服，被孙老师为国家的科技事业矢志不渝、奋斗终生的精神所感动，我和采集小组的同事们深深理解了采集工程的重要意义，深以为有责任尽心尽力将孙老师的学术成长采集工作做好，为弘扬科学家精神贡献一份力量。

2024年6月，我们收到了由老科学家学术成长资料采集工程领导小组办公室开具的结项证明，给出了资料采集"优秀"和编研工作"优秀"的双优成绩，验证了我们一直坚守的信念"竭尽全力，使命必达"。相信随着这本科学家传记的出版，孙老师身上的科学家精神将会如水波纹一样深远传播，震荡影响更多的人。

谭多望

2023年8月

老科学家学术成长资料采集工程丛书
已出版（161种）

《卷舒开合任天真：何泽慧传》　　《此生情怀寄树草：张宏达传》
《从红壤到黄土：朱显谟传》　　　《梦里麦田是金黄：庄巧生传》
《山水人生：陈梦熊传》　　　　　《大音希声：应崇福传》
《做一辈子研究生：林为干传》　　《寻找地层深处的光：田在艺传》
《剑指苍穹：陈士橹传》　　　　　《举重若重：徐光宪传》

《情系山河：张光斗传》　　　　　《魂牵心系原子梦：钱三强传》
《金霉素·牛棚·生物固氮：沈善炯传》《往事皆烟：朱尊权传》
《胸怀大气：陶诗言传》　　　　　《智者乐水：林秉南传》
《本然化成：谢毓元传》　　　　　《远望情怀：许学彦传》
《一个共产党员的数学人生：谷超豪传》《没有盲区的天空：王越传》

《含章可贞：秦含章传》　　　　　《行有则　知无涯：罗沛霖传》
《精业济群：彭司勋传》　　　　　《为了孩子的明天：张金哲传》
《肝胆相照：吴孟超传》　　　　　《梦想成真：张树政传》
《新青胜蓝惟所盼：陆婉珍传》　　《情系梁菽：卢良恕传》
《核动力道路上的垦荒牛：彭士禄传》《笺草释木六十年：王文采传》

《探赜索隐　止于至善：蔡启瑞传》《妙手生花：张涤生传》
《碧空丹心：李敏华传》　　　　　《硅芯筑梦：王守武传》
《仁术宏愿：盛志勇传》　　　　　《云卷云舒：黄士松传》
《踏遍青山矿业新：裴荣富传》　　《让核技术接地气：陈子元传》
《求索军事医学之路：程天民传》　《论文写在大地上：徐锦堂传》

《一心向学：陈清如传》　　　　　《铃记：张兴铃传》
《许身为国最难忘：陈能宽传》　　《寻找沃土：赵其国传》

《钢锁苍龙　霸贯九州：方秦汉传》
《一丝一世界：郁铭芳传》
《宏才大略　科学人生：严东生传》

《我的气象生涯：陈学溶百岁自述》
《赤子丹心　中华之光：王大珩传》
《根深方叶茂：唐有祺传》
《大爱化作田间行：余松烈传》
《格致桃李半公卿：沈克琦传》
《躬行出真知：王守觉传》
《草原之子：李博传》

《此生只为麦穗忙：刘大钧传》
《航空报国　杏坛追梦：范绪箕传》
《聚变情怀终不改：李正武传》
《真善合美：蒋锡夔传》
《治水殆与禹同功：文伏波传》
《用生命谱写蓝色梦想：张炳炎传》
《远古生命的守望者：李星学传》

《善度事理的世纪师者：袁文伯传》
《"齿"生无悔：王翰章传》
《慢病毒疫苗的开拓者：沈荣显传》
《殚思求火种　深情寄木铎：黄祖洽传》
《合成之美：戴立信传》
《誓言无声铸重器：黄旭华传》
《水运人生：刘济舟传》
《在断了 A 弦的琴上奏出多复变
　　最强音：陆启铿传》

《虚怀若谷：黄维垣传》
《乐在图书山水间：常印佛传》
《碧水丹心：刘建康传》

《我的教育人生：申泮文百岁自述》
《阡陌舞者：曾德超传》
《妙手握奇珠：张丽珠传》
《追求卓越：郭慕孙传》
《走向奥维耶多：谢学锦传》
《绚丽多彩的光谱人生：黄本立传》

《探究河口　巡研海岸：陈吉余传》
《胰岛素探秘者：张友尚传》
《一个人与一个系科：于同隐传》
《究脑穷源探细胞：陈宜张传》
《星剑光芒射斗牛：赵伊君传》
《蓝天事业的垦荒人：屠基达传》

《化作春泥：吴浩青传》
《低温王国拓荒人：洪朝生传》
《苍穹大业赤子心：梁思礼传》
《仁者医心：陈灏珠传》
《神乎其经：池志强传》
《种质资源总是情：董玉琛传》
《当油气遇见光明：翟光明传》
《微纳世界中国芯：李志坚传》
《至纯至强之光：高伯龙传》

《弄潮儿向涛头立：张乾二传》　　　　《材料人生：涂铭旌传》
《一爆惊世建荣功：王方定传》　　　　《寻梦衣被天下：梅自强传》
《轮轨丹心：沈志云传》　　　　　　　《海潮逐浪　镜水周回：童秉纲
《继承与创新：五二三任务与青蒿素研发》　　　口述人生》

《淡泊致远　求真务实：郑维敏传》　　《采数学之美为吾美：周毓麟传》
《情系化学　返璞归真：徐晓白传》　　《神经药理学王国的"夸父"：
《经纬乾坤：叶叔华传》　　　　　　　　　　金国章传》
《山石磊落自成岩：王德滋传》　　　　《情系生物膜：杨福愉传》
《但求深精新：陆熙炎传》　　　　　　《敬事而信：熊远著传》
《聚焦星空：潘君骅传》

《逐梦"中国牌"心理学：周先庚传》　《恬淡人生：夏培肃传》
《情系花粉育株：胡含传》　　　　　　《我的配角人生：钟世镇自述》
《情系生态：孙儒泳传》　　　　　　　《大气人生：王文兴传》
《此生惟愿济众生：韩济生传》　　　　《历尽磨难的闪光人生：傅依备传》
《谦以自牧：经福谦传》　　　　　　　《思地虑粮六十载：朱兆良传》

《世事如棋　真心依旧：王世真传》　　《心瓣探微：康振黄传》
《大地情怀：刘更另传》　　　　　　　《寄情水际砂石间：李庆忠传》
《一儒：石元春自传》　　　　　　　　《美玉如斯　沉积人生：刘宝珺传》
《玻璃丝通信终成真：赵梓森传》　　　《铸核控核两相宜：宋家树传》
《碧海青山：董海山传》　　　　　　　《驯火育英才　调土绿神州：
　　　　　　　　　　　　　　　　　　　　徐旭常传》

《追光：薛鸣球传》　　　　　　　　　《通信科教　乐在其中：李乐民传》
《愿天下无甲肝：毛江森传》　　　　　《力学笃行：钱令希传》
《以澄净的心灵与远古对话：吴新智传》《与肿瘤相识　与衰老同行：
《景行如人：徐如人传》　　　　　　　　　童坦君传》

《没有勋章的功臣：杨承宗传》　　　《科学人文总相宜：杨叔子传》

《百年耕耘：金善宝传》　　　　　　《一生情缘植物学：吴征镒传》
《耕海踏浪谱华章：文圣常传》　　　《一腔报国志　湿法开金石：
《守护女性生殖健康：肖碧莲传》　　　　陈家镛传》
《心之历程：夏求明传》　　　　　　《"卓"越人生：卓仁禧传》
《仰望星空：陆埮传》　　　　　　　《步行者：闻玉梅传》
《拥抱海洋：王颖传》　　　　　　　《潜心控制的拓荒人：黄琳传》
《爆轰人生：朱建士传》

《献身祖国大农业：戴松恩传》　　　《一位"总总师"的航天人生：
《中国铁路电气化奠基人：曹建猷传》　　任新民传》
《一生一事一方舟：顾方舟传》　　　《扎根大地　仰望苍穹：
《科迷烟云：胡皆汉传》　　　　　　　　俞鸿儒传》
《寻找黑夜之眼：周立伟传》　　　　《锻造国防"千里眼"：毛二可传》
《泽润大地：许厚泽传》　　　　　　《地学"金钉子"：殷鸿福传》